L'ÂGE D'OR DE LA DISTILLATION À FOUGEROLLES

QUESTIONS ALIMENTAIRES ET GASTRONOMIQUES
Collection dirigée par Kilien Stengel,
ancien professionnel des secteurs alimentation et gastronomie,
enseignant et chercheur de l'université de Tours
spécialisé sur le fait culinaire et œnologique

Cette collection d'ouvrages culturels, économiques, historiques, sociologiques, anthropologiques, ou techniques, contribue aux progrès de la recherche et de la réflexion sur les cultures alimentaires et gastronomiques. Ouverte sur le monde, elle permet de mieux comprendre les rapports entre l'homme et son alimentation. Ici, il n'est pas seulement question de cuisine, on se positionne à la frontière de ce qui rapproche ou sépare l'alimentation de la gastronomie, les représentations du bon et du bien-manger, le patrimoine et l'authenticité, le terroir et les identités alimentaires. Autant d'imaginaires qui hantent nos assiettes, comme nos verres.

Dernières parutions

Olivier LANDRON et Paul SALAÜN (dir.), *Le vin sous toutes ses couleurs. Plongée au cœur du vignoble français et de ses enjeux,* 2025.
Matéo DESCHAMPS, *Les paysages sonores des lieux de restauration, Ambiances et identités sonores du bistrot : quelques exemples tourangeaux*, 2025.
Madeleine KULLMANN, *L'alimentation des personnes détenues. Outil de contrôle et de résistance*, 2025.
Aomar BELKACEM BENOUNNANE, *L'Agriculture algérienne. Histoire et perspectives innovantes*, 2025.
Kilien STENGEL, *Le mythe de la gastronomie. Une nourriture de l'esprit*, 2025
Kilien STENGEL, *Manger, c'est penser. Une philosophie de l'alimentation*, 2025
Nato MAMUKASHVILI, *Les climats de Bourgogne et la méthode de vinification en Géorgie. Entre terroirs et traditions*, 2025.
Sélénie RIMAUD, *L'insecte, un aliment en débat. L'entomophagie en Europe : enjeux culturels et institutionnels,* 2025.
Thomas-Frank BANCÉ, *La nouvelle société sucrière de la COMOÉ au Burkina Faso. Un patrimoine industriel à valoriser*, 2025.
Olivier BORNEUF, *Le temps d'un vin*, 2025.
Oudah YOBOM, *Nourrir le Sahel aujourd'hui et demain. Politiques, stratégies et innovations*, 2025.
Corentin DELON, *L'avenir de la culture viticole française : entre tradition et réglementation*, 2025.
Christophe RABU, *Les grands chefs cuisiniers et leur temps. Le goût de l'Histoire du Moyen Âge à nos jours*, 2024.

Abdelhak El Mostain

L'ÂGE D'OR DE LA DISTILLATION À FOUGEROLLES

Essor, défi et héritage des distilleries familiales

(1839-1940)

L'Harmattan

5-7, rue de l'École-Polytechnique - 75005 Paris
www.editions-harmattan.fr
ISBN : 978-2-336-54432-8
EAN : 9782336544328

À mon épouse et à mes enfants

Remerciements

Je tiens tout d'abord à remercier chaleureusement mon épouse pour son aide précieuse et son soutien indéfectible dans l'élaboration de cet ouvrage, issu de ma thèse doctorale soutenue à l'Université de Technologie Belfort-Montbéliard en 2017.

Je souhaite également exprimer mes sincères remerciements à MM. Robert Belot et Pierre Lamard, qui ont accepté de diriger mes recherches et m'ont accompagné pendant quatre ans, de 2013 à 2017, en m'apportant leur soutien et leurs nombreux et précieux conseils.

Je suis profondément reconnaissant envers toutes les personnes qui m'ont accueilli et soutenu en me consacrant du temps pour répondre à mes questions et, surtout, en me confiant les archives de leurs structures et/ou leurs documents privés. Je pense particulièrement à :

Mme Laetitia Morand, directrice de l'Écomusée du Pays de la Cerise à Fougerolles, pour sa disponibilité, le soutien du personnel de son établissement, et surtout pour m'avoir ouvert, sans réserve, les archives liées à l'industrie de la distillation.

M. Alain Aureggio, ancien directeur de l'Établissement Lemercier Frères, qui a mis à ma disposition l'intégralité des archives de son entreprise, l'une des plus anciennes distilleries de Fougerolles.

Mme et M. de Miscault, propriétaires et gérants de la distillerie artisanale Paul Devoille, pour leur soutien précieux et leur collaboration engagée dans le travail de reconstitution de recettes datant du début du XIXe siècle. Ce travail a permis de redonner vie à deux marques emblématiques de l'âge d'or de l'absinthe à Fougerolles : les Absinthes Abel Bresson et Pierrot.

Le défunt M. Claude Roussey, ancien président des Amis de l'Écomusée du Pays de la Cerise à Fougerolles et ancien vice-président de « Fougerolles, terroir et traditions ».

Le défunt M. Marcel Saire, l'un des fondateurs de l'Écomusée du Pays de la Cerise à Fougerolles, et l'une des personnes ayant préservé les archives de l'Établissement Abel Bresson, qu'il a, en grande partie, confiées aux archives départementales de la Haute-Saône (ADHS) à Vesoul.

M. Pierre Grandjean, président de l'ADEF (Association pour la Défense de l'Environnement des Communes de Fougerolles), ancien professeur agrégé d'histoire-géographie et auteur local.

M. Bernard Oudot, ancien exploitant agricole fougerollais, bouilleur de cru, et l'un des membres actifs à l'origine du « kirsch AOC ».

M. Jacques Simon, fils de Paul Simon, une figure locale et ancien instituteur à Fougerolles, qui a laissé un riche héritage documentaire lié à l'histoire de Fougerolles, et en particulier à l'histoire de la distillation locale.

M. Auguste Koeberle, ancien secrétaire de mairie, qui m'a apporté une aide précieuse pour retranscrire les écrits notariaux et administratifs du XIXe siècle.

Enfin, je tiens à remercier sincèrement et respectueusement deux membres de la famille Bresson qui m'ont aimablement renseigné et fourni plusieurs documents concernant la vie familiale de leurs ancêtres et l'histoire de la société Abel Bresson : M. Hubert Bresson, représentant la quatrième génération et arrière-petit-fils d'Abel Bresson, le dernier PDG des Établissements Abel Bresson dont le siège était à Béziers, ainsi que M. Dominique Bally, représentant la cinquième génération et arrière-arrière-petit-fils d'Abel Bresson, le fondateur.

Ne pouvant citer tout le monde, je remercie toutes celles et tous ceux qui, de près ou de loin, m'ont soutenu dans la conduite de mes recherches. Par leur aide, sous des formes diverses, ils ont contribué à l'aboutissement de ce travail et à la réalisation de ce modeste ouvrage.

Introduction générale

Genèse du projet de recherche

Cet ouvrage est issu d'un travail de recherche mené entre 2013 et 2017, dans le cadre d'une thèse de doctorat en histoire économique et industrielle soutenue en 2017 à l'Université de Technologie de Belfort-Montbéliard (UTBM). Intitulée *L'industrie de la distillation des alcools de bouche à Fougerolles de 1839 à 1940 : capacité de résistance et dynamique socioéconomique des firmes familiales rurales*, cette recherche propose une analyse approfondie d'une histoire industrielle à la fois riche et largement méconnue, profondément ancrée dans le territoire rural de la Haute-Saône.

Dès son origine, ce projet scientifique s'inscrit dans une dynamique collective portée par les acteurs locaux. Il répond à une volonté partagée de valoriser un patrimoine industriel pluriséculaire en mobilisant les outils d'une recherche académique rigoureuse. À travers l'étude de la distillation des eaux-de-vie, activité emblématique de la région, il s'agissait aussi de contribuer à la redynamisation d'un territoire marqué par les effets de la désindustrialisation, en mettant en lumière ses savoir-faire, ses ressources humaines et son héritage matériel.

Mais derrière cette intention institutionnelle, la genèse du projet plonge aussi ses racines dans une expérience professionnelle concrète. Pendant plus de douze ans, j'ai enseigné l'économie d'entreprise, la comptabilité et le marketing au sein d'une Maison Familiale Rurale (MFR), dans le cadre d'un BTSA agroalimentaire. Mon travail m'a conduit à collaborer étroitement avec des acteurs locaux, en particulier des distillateurs, et à m'immerger dans les réalités économiques et culturelles de la région.

C'est de manière progressive que le sujet de la distillation à Fougerolles s'est imposé à moi, non seulement comme un objet d'étude pertinent, mais aussi comme une thématique chargée de sens et d'échos historiques. Au fil de mes recherches, j'ai été frappé par la richesse à la fois humaine, économique et patrimoniale de cette activité, que j'ai pu approcher à travers deux maisons emblématiques : la distillerie Paul Devoille et l'établissement Lemercier Frères, toutes deux profondément ancrées dans l'histoire locale. Parallèlement, une découverte personnelle est venue donner une résonance singulière à mon intérêt : j'ai appris que le bâtiment abritant la Maison familiale rurale (MFR) où j'enseignais, une demeure connue sous le nom de « Villa Bresson », appartenait autrefois à la famille d'Hubert Bresson, fils du fondateur de la célèbre société Abel Bresson. Ce lien direct entre lieu d'enseignement, patrimoine industriel et mémoire familiale m'a profondément interpellé. À l'époque, l'histoire de ce lieu et la portée symbolique qu'elle recelait restaient largement méconnues.

Animé par une curiosité croissante, j'ai entamé des recherches personnelles sur cette entreprise oubliée, en m'appuyant sur les souvenirs des fondateurs et anciens membres de la MFR de Fougerolles. J'ai ainsi pu échanger avec M. Georges Vuillminey, son premier président, avec Mme Vuillminey, qui fut à la fois secrétaire de la MFR et de la société Abel Bresson dans les années 1930, ainsi qu'avec M. Claude Roussey, ancien directeur de la MFR et alors président de la Confrérie des gousteurs de kirsch, aujourd'hui disparu. Leurs témoignages m'ont permis de recueillir de précieuses informations sur l'histoire industrielle de la commune et sur les parcours de celles et ceux qui en furent les acteurs.

Ces premiers matériaux m'ont conduit à concentrer mes recherches sur la société Abel Bresson, dont l'histoire familiale et entrepreneuriale s'est avérée d'une richesse insoupçonnée. Active sur le marché des alcools de bouche jusqu'aux années 1950, puis dans le secteur plus large des boissons alcoolisées et non alcoolisées jusqu'à son rachat par le groupe Marie Brizard en 1995, cette entreprise a marqué durablement le paysage économique local.

La possibilité de consulter une documentation précieuse conservée aux Archives départementales de la Haute-Saône (ADHS), rendue accessible notamment grâce à la vigilance et à l'engagement de Marcel Saire et de Claude Roussey, ainsi que les fonds de l'écomusée de Fougerolles, a permis de reconstituer cette trajectoire singulière. À cela se sont ajoutés des documents inédits retrouvés dans la demeure familiale, ainsi que des rencontres marquantes avec des membres de la famille Bresson, notamment M. Hubert Bresson Jr., arrière-petit-fils du fondateur et dernier PDG de l'entreprise. Ces apports ont nourri la rédaction d'une monographie d'entreprise, présentée lors d'une conférence à la Villa Bresson devant un public rassemblant habitants, membres de la famille, et représentants du monde économique, culturel et politique.

L'intérêt suscité par cette première présentation, tant chez les passionnés d'histoire locale que parmi les descendants de la famille Bresson et les responsables de l'Écomusée du Pays de la Cerise, a confirmé la pertinence d'un projet de thèse. Surtout, il a révélé l'absence d'étude académique approfondie sur une industrie pourtant fondatrice du tissu économique de Fougerolles. Il n'existait alors aucune thèse de doctorat consacrée à l'émergence, au développement et à la structuration socio-économique de l'industrie de la distillation dans cette région.

Par ailleurs, le contexte institutionnel et juridique a donné une actualité nouvelle à cette recherche. L'abrogation, en 2010, de l'interdiction de l'absinthe en France, en vigueur depuis 1915, a relancé la production de cette liqueur emblématique. Dans le même temps, des distillateurs suisses de la région de Val-de-Travers ont entrepris des démarches pour faire reconnaître une appellation contrôlée limitant l'usage du mot « absinthe » à leur seul territoire. Dans ce contexte, la mise en évidence de l'antériorité et de la légitimité du savoir-faire fougerollais pouvait contribuer à une reconnaissance nationale, voire européenne, du patrimoine industriel local.

Ainsi, à l'interface entre mémoire vivante, histoire industrielle et valorisation territoriale, ce projet de recherche doctorale a vu le jour. Il a bénéficié du soutien précieux de l'Écomusée du Pays de la Cerise, sous l'impulsion de sa directrice Mme Laetitia Morand, ainsi que de la Confrérie des Gousteurs de Kirsch, à travers l'implication personnelle et financière de son président, M. Claude Roussey.

Grâce à la confiance progressivement acquise auprès des industriels locaux, et en particulier de M. Aureggio, alors directeur de l'Établissement Lemercier Frères, nous avons pu accéder à des archives industrielles rares et précieuses. L'entreprise Lemercier Frères est en effet l'une des plus anciennes distilleries de Haute-Saône encore en activité. Associée à la trajectoire d'Abel Bresson, elle constitue l'un des deux piliers sur lesquels s'appuie notre étude.

Constats et objectifs de l'étude

Le présent ouvrage s'ancre dans un double constat. D'une part, Fougerolles, autrefois désignée comme la capitale française du kirsch, a vu s'éroder progressivement son tissu industriel consacré à cette eau-de-vie emblématique. Si quelques bouilleurs de cru maintiennent encore vivante une tradition artisanale, seules quatre entreprises sont encore actives dans le secteur des boissons alcoolisées : les Grandes Distilleries Peureux, la distillerie Paul Devoille, la distillerie Émile Coulin et l'établissement Lemercier Frères. Ces deux dernières ont été intégrées, depuis 2015, aux Grandes Distilleries Peureux, elles-mêmes membres du groupe La Martiniquaise.

D'autre part, malgré une histoire industrielle profondément ancrée dans le territoire, les origines, les mécanismes de développement, les stratégies de résistance ou d'adaptation des firmes familiales locales n'avaient encore fait l'objet d'aucune étude systématique. Ce vide historiographique, à la croisée de l'histoire économique, de la sociologie des entreprises rurales et de la patrimonialisation, justifiait pleinement une recherche approfondie.

Ce livre entend donc retracer les trajectoires d'entreprises emblématiques, replacer la distillation dans son contexte agricole, économique et social, et interroger les dynamiques d'innovation, de transmission et de résilience portées par les firmes familiales de Fougerolles entre 1839 et 1940.

La présente recherche s'appuie sur une double observation. D'une part, Fougerolles a connu un développement économique remarquable grâce à l'industrie de la distillation aux XIXe et XXe siècles. Ce passé industriel est encore visible à travers de nombreux vestiges architecturaux et le témoignage de l'Écomusée du Pays de la Cerise, qui retrace plus de 200 ans de savoir-faire autour du kirsch. Cet héritage invite à s'interroger sur les causes du déclin de cette activité, autrefois florissante, qui permit à plusieurs entreprises familiales locales de rayonner à l'échelle nationale et internationale. Il soulève également la question de la valorisation d'un patrimoine industriel oublié, potentiellement porteur de renouveau territorial[1] sur les plans économique, culturel et touristique.

D'autre part, le marché français des alcools de bouche, issus de la distillation, reste très peu étudié par la recherche universitaire. Alors que plus de 4.400 thèses ont été consacrées au vin entre 1800 et 2016, souvent dans une logique valorisante, seules 243 thèses abordent les spiritueux, et aucune ne traite du kirsch de Fougerolles. Cette asymétrie se retrouve également dans les publications scientifiques : une simple requête sur la plateforme Isidore révèle plus de 40.000 articles traitant du vin (dont la moitié en histoire), contre à peine 7.000 pour l'alcool au sens large, et seulement trois pour le kirsch, malgré sa notoriété locale.

Cette sous-représentation s'inscrit dans un contexte historique marqué par une forte stigmatisation des alcools distillés, particulièrement à partir de la défaite de 1870, qui a alimenté un discours antialcoolique[2] associant distillation, santé publique et déclin moral. Les entreprises productrices d'eaux-de-vie ont dès lors été perçues comme des acteurs nuisibles, éclipsant leur contribution économique. Un exemple significatif est le rejet explicite de la distillerie Pernod lors d'un débat en 1885 à la Société d'économie sociale[3], où les pratiques sociales exemplaires de l'entreprise furent ignorées au profit d'un réquisitoire contre l'alcoolisme.

Cette disqualification implicite se prolonge aujourd'hui : dans les travaux portant sur la « théorie de la firme », les entreprises familiales de la distillation sont quasi absentes, comme si leur secteur ne pouvait prétendre à une reconnaissance scientifique. Pourtant, ces entreprises, souvent rurales et familiales, ont dû affronter non seulement les crises économiques conjoncturelles, mais aussi des contraintes structurelles durables : fiscalité dissuasive, concurrence des lobbies viticoles, image publique dégradée, et pression constante du marché.

À partir de ces constats, notre recherche ambitionne de :

– Réévaluer la place des alcools de bouche dans l'économie française en étudiant les mécanismes de production, consommation, réglementation et perception collective ;

– Redéfinir la notion de « firme familiale » à travers le prisme d'une industrie marginalisée, en explorant ses logiques de résistance face à un environnement hostile ;

---

[1] GASNIER Marina, LAMARD Pierre, *Le patrimoine industriel comme vecteur de reconquête économique*, Paris, Lavauzelle, 2007.

[2] NOURRISSON Didier, « Aux origines de l'antialcoolisme », *Histoire, économie et société*, 1988, 7e année, n°4, Toxicomanies : alcool, tabac, drogue, p. 491-506.

[3] *La Réforme sociale*, publiée par un groupe d'économistes, sous le patronage de M. F. Le Play. Bureaux de la Réforme sociale, Paris, quatrième année, Tome IX 1885.

– Comprendre l'interaction entre ancrage territorial, stratégies entrepreneuriales et dynamiques de marché ;
– Mettre en lumière les logiques commerciales et les savoir-faire spécifiques développés par les distillateurs fougerollais, en particulier à travers une analyse des pratiques de « mercatique » locales.

Cette étude s'inscrit dans une approche empirique centrée sur le territoire de Fougerolles (Haute-Saône), envisagé comme système et contexte d'observation. Deux monographies d'entreprises familiales aux trajectoires contrastées structureront notre analyse : la société Abel Bresson, fondée par un entrepreneur à forte culture commerciale et non originaire de la région, et la société Lemercier Frères, ancrée dans un monde agricole local. Leur comparaison permettra de mieux comprendre la diversité des réponses stratégiques et identitaires des acteurs de cette industrie méconnue.

FIGURE 1. Fiche d'information, Établissements Lemercier Frères et Abel Bresson

SA, disparue en 1995	SARL au capital de 115 000€, toujours en activité Société faisant partie du groupe « La Martiniquaise » depuis décembre 2015.

Caractéristiques

– Société acquise par Marie-Brizard en 1990 après avoir été la propriété, successivement, de PERRIER et de la Holding financière SELLIER-LEBLANC. – Premier fabricant français à obtenir la certification ISO 9002 (en1992). – Troisième producteur national de sirops et concentrés derrière Teisseire et Berger (années 1980). – Propriétaire de la marque internationale «Edouard PERNOD» de 1912 jusqu'à la fin des années 1930. – Leader sur le marché des apéritifs et digestifs en France (années 1900).	– La plus ancienne distillerie à Fougerolles **Données 2014 :** – Chiffre d'Affaires 1 300 000 € – Production : 200 000 litres d'eaux-de-vie de fruit comme le Kirsch, la Mirabelle, la Framboise, la Prune, la Poire William, d'apéritifs et d'absinthe. – Clients : Chaînes de supermarchés, épiceries fines, cafés, hôtels, restaurants, liquoristes, distilleries, chocolatiers, pâtissiers, aromaticiens et particuliers – Exportation : Allemagne, Belgique, Espagne, Italie, Luxembourg, Pays-Bas, Pologne, Royaume-Uni, Japon, Chine, Etats-Unis et Australie.

État de l'art : état des connaissances de la littérature

L'histoire d'entreprise se distingue par sa dimension fondamentalement pluridisciplinaire. Elle constitue un carrefour fécond entre plusieurs champs de recherche, histoire économique, sociale, politique, technique et culturelle, offrant ainsi une lecture complexe et intégrée des dynamiques entrepreneuriales à travers le temps.

Cet objet d'étude suscite un intérêt croissant auprès des chercheurs, toutes disciplines confondues. Une exploration des bases de données Thèse.fr et sudoc.abes.fr permet de recenser plus de 5.000 thèses[4] soutenues dans le domaine de l'histoire d'entreprise, dont moins de 10% s'inscrivent spécifiquement dans le champ disciplinaire de l'histoire. Toutefois, moins de 100 de ces travaux se consacrent à l'étude de l'entreprise familiale, révélant ainsi un champ encore relativement peu investi, malgré son importance dans le tissu économique français.

Parmi ces quelques thèses dédiées à la firme familiale, rares sont celles consacrées à l'histoire des producteurs de boissons spiritueuses, qu'il s'agisse de produits simples ou composés[5]. Hormis les travaux de recherche d'Hubert Bonin sur l'entreprise familiale Marie Brizard[6] née au milieu du XVIIIe siècle, à la suite desquels s'inscrit notre ouvrage, dans les rares cas où le marché des alcools de bouche est évoqué et plus particulièrement le marché des spiritueux, seules les politiques de produit et de communication sont étudiées[7] et les acteurs directs que sont les fabricants, à travers les stratégies de développement de leurs entreprises, ne sont évoqués que superficiellement.

Il convient cependant de souligner une contribution notable : l'ouvrage autobiographique consacré à Paul Ricard, *Paul Ricard et le vrai pastis de*

---

[4] Données actualisées au 3 février 2017.

[5] Les boissons spiritueuses « simples », appelées eaux-de-vie, dont le goût provient directement du processus de distillation comme le kirsch et les boissons spiritueuses « composées », dont le goût est issu de substances végétales, sucre ou arômes, ajoutées à un alcool neutre ou à une eau-de-vie comme l'absinthe et les liqueurs anisées.

[6] Bonin (Hubert), *Marie Brizard, 1755-1995,* Bordeaux, L'Horizon chimérique, 1994 ; Id, « Marie Brizard à l'assaut des grandes maisons de cognac : le rêve d'une troisième grande maison (1890-1916) », *Annales du Midi,* t. 110, n° 223, 1998, p. 343-359 ; Id, « Les femmes d'affaires dans l'entreprise girondine Marie Brizard : mythes et réalités », *Annales du Midi*, t. 118, n° 253, Privat, 2006, p. 103-120.

[7] Delahaye (Marie-Claude), *Pernod : 200 ans d'entreprise*, Auvers-sur-Oise, édition Musée de l'absinthe, 2005 ; Howard (Sarah), *Les images de l'alcool en France, 1915-1942*, Paris, CNRS éditions, 2006 ; Martin (Marc), *Trois siècles de publicité en France*, Paris, Odile Jacob, 1992 ; Tsikounas (Myriam), « La publicité, une histoire, des pratiques », *Sociétés & représentations*, vol. 30, n° 2, 2010, p. 195-209 ; Weill (Alain), *La saga de la marque mondiale Cointreau, 1849-1999*, Paris, éditions du Chêne, 1999.

Marseille[8], co-écrit en 2009 par Xavier Daumalin, Jean Domenichino et Jean-Marie Guillon. Fondé sur des travaux menés par les auteurs et leurs étudiants, il retrace principalement le parcours entrepreneurial de Paul Ricard entre 1932 et 1997, sans toutefois s'attarder sur la structure ou la gouvernance de l'entreprise. Malgré cette focalisation biographique, l'ouvrage offre un éclairage précieux sur les mutations de l'entrepreneuriat français dans les années 1960-1970, en lien avec l'émergence d'un capitalisme populaire et l'essor de nouvelles stratégies de communication. Les auteurs y soulignent que Ricard s'est appuyé sur un savoir-faire déjà solidement implanté dans le sud de la France depuis le XIXe siècle en matière de distillation de boissons anisées, un savoir-faire que l'on doit en grande partie à des distillateurs franc-comtois, parmi lesquels figurent des producteurs fougerollais comme Abel Bresson et Peureux, explicitement cités dans leur travail[9], et que notre propre recherche explore plus en détail. Cependant, bien que la trajectoire de Ricard soit exemplaire à plusieurs égards, elle ne permet pas de documenter les dynamiques entrepreneuriales antérieures à 1915, notamment celles qui précèdent l'interdiction de l'absinthe. Les véritables épreuves de la firme Ricard débutent avec le régime de Vichy, qui marque précisément la borne chronologique terminale de notre étude. L'histoire de cette entreprise constitue donc un prolongement intéressant, mais postérieur à notre champ d'analyse, et ne saurait se substituer à l'examen des trajectoires familiales plus anciennes.

Dans notre étude, l'analyse de la littérature consacrée aux entreprises familiales se veut résolument interdisciplinaire, articulant les apports de l'histoire économique avec les perspectives issues des sciences de gestion. Nous souhaitons en effet construire des ponts entre les thèses récentes sur la théorie de la firme, notamment celles développées à partir des années 1930[10] puis enrichies dès les années 1980, et l'histoire concrète des entreprises familiales, depuis leurs formes les plus artisanales à la fin des années 1830 jusqu'aux prémices de leur industrialisation dans les années 1930.

Dans cette perspective, nous nous inscrivons dans la continuité de la réflexion de Michel Beaud[11], selon lequel « la connaissance économique a besoin de l'histoire ». Partant de ce postulat, nous proposerons d'abord un état des lieux des travaux liés à l'histoire des entreprises familiales au XIXe siècle, avant d'en explorer les développements théoriques à travers la littérature économique et managériale sur la théorie de la firme. Dans un second temps,

8 DAUMALIN Xavier, DOMENICHINO Jean, GUILLON Jean-Marie, *Paul Ricard et le vrai pastis de Marseille*, Marseille, Éditions Jeanne Laffitte, 2009.

9 *Ibid.* p. 28.

10 COASE Ronald, « La nature de la firme », (traduction en français de : *The nature of the firm*, 1937), *Revue française d'économie*, 1987, volume 2, n°1, p. 133-163.

11 BEAUD Michel, « Économie, théorie, histoire : essai de clarification », *Revue économique*, mars 1991, p. 167.

notre attention se portera sur les stratégies de pérennisation et de croissance mises en œuvre par ces firmes familiales, dans un contexte de mutations réglementaires, technologiques et commerciales. Enfin, une part essentielle de notre réflexion sera consacrée à l'une des variables de ces stratégies : le marketing[12], tel qu'il a été conçu, vécu et expérimenté par les entreprises fougerollaises sur le marché des alcools de bouche, bien avant sa formalisation académique en tant que discipline.

La firme familiale… rurale, de la définition conceptuelle aux stratégies de croissance et de pérennisation

La firme familiale, dont les origines plongent dans des temps très anciens, s'est imposée comme l'un des modes d'organisation les plus répandus et résilients dans les économies mondiales. Considérée comme la forme d'entreprise la plus ancienne[13], elle se distingue historiquement par des traits spécifiques, perçus dès la fin du XVIIIe siècle comme des atouts face aux entreprises non familiales. Dans *La Richesse des nations* (1776), Adam Smith critique les sociétés par actions, observant que leurs administrateurs, n'étant pas propriétaires, manquent de vigilance comparés aux associés familiaux investis émotionnellement et financièrement :

> *Les directeurs de ces sortes de compagnies [...] étant les régisseurs de l'argent d'autrui [...] la négligence et la profusion doivent toujours dominer plus ou moins dans l'administration des affaires de la compagnie*[14].

Cependant, à partir de la seconde moitié du XXe siècle, cette forme entrepreneuriale suscite des critiques, en particulier dans les milieux universitaires anglo-saxons. David Landes publie en 1949 dans le *Journal of Economic History* un article influent accusant l'entrepreneur français[15] d'un excès de prudence, marqué par l'autofinancement et la crainte de l'endettement, ce qui aurait freiné l'innovation et contribué au retard économique de la France au XIXe siècle.

---

[12] Concept développé à la fin des années 1950 grâce à l'économiste italien Giancarlo PALLAVICINI. Les travaux de Giancarlo PALLAVICINI, constituant les premiers instruments de ce qui est devenu le marketing moderne, ont été repris et développés ultérieurement par Philip KOTLER qui a largement contribué à fonder le marketing en tant que discipline universitaire.

[13] GERSICK, K.E., DAVIS, J.A., McCOLLOM HAMPTON, M. et I. LANSBERG, *Generation to generation, life cycles of the family business*, Boston, Harvard business school press, 1997.

[14] SMITH Adam, *The wealth of nations, 1776* (traduction française de Germain Garnier), *La richesse des nations*, Tome 2, Édition revue par Adolphe Blanqui, Paris, 1843, p. 398.

[15] LANDES David S, « French Entrepreneurship and industrial Growth in the Nineteenth Century », *Journal of Economic History*, IX, mai 1949, p. 45-61.

Dans les années 1990, Alfred D. Chandler adopte une perspective similaire pour expliquer le déclin britannique[16], soulignant la résistance des entrepreneurs à ouvrir leur capital pour préserver le contrôle familial. Pour Chandler, le problème réside moins dans la nature familiale de l'entreprise que dans son incapacité à répondre aux exigences de l'industrialisation. William Lazonick partage cette position : seule une entreprise managériale et capitalisée peut transformer l'innovation technologique en moteur de croissance[17].

Jean-Claude Daumas rappelle que cette image défavorable du capitalisme familial est largement influencée par les chercheurs de l'école de Harvard, dont Landes est un représentant, mais aussi par les élites modernisatrices d'après-guerre[18]. En France, cette critique est relayée par Jean Lambert[19] et Guy Palmade. Ce dernier, dans *Capitalisme et capitalistes français au XIXe siècle*, décrit un patronat familial attaché au modèle individuel, réticent au changement et paralysé par une prudence excessive. Selon lui, cette mentalité persiste au XXe siècle, où les capitalistes français manifestent « d'étranges timidités, et comme une impuissance à aller jusqu'au bout de leur propre vocation[20] ».

Ce blocage, motivé par la volonté de préserver le patrimoine pour assurer sa transmission[21], fait peser un risque réel de déclin, voire de faillite[22], lorsque la performance économique est sacrifiée à la stabilité patrimoniale[23].

À la fin du XXe siècle, cette perception évolue. L'entreprise familiale est réhabilitée comme un modèle résistant aux crises grâce à ses qualités longtemps jugées désuètes : prudence, vision de long terme, solidarité,

---

[16] CHANDLER A. *Scale and Scope, The Dynamics of Industrial Capitalism*, Harvard University Press Cambridge MA. 1990.

[17] LAZONICK W., *Business Organization and the Myth of the Market Economy*, Cambridge MA.1991.

[18] DAUMAS Jean-Claude, « Les dirigeants des entreprises familiales en France, 1970-2010. Recrutement, gouvernance, gestion et performances », *Vingtième Siècle. Revue d'histoire* 2/2012, n° 114, p. 33-51 ; Le capitalisme familial : logiques et trajectoires », *Actes de la journée d'études de Besançon du 17 janvier 2002*, Presses universitaires franc-comtoises.

[19] LAMBERT Jean, *Le patron : de l'avènement à la contestation*, Paris, Bloud et Gay, 1969.

[20] PALMADE Guy P, *Capitalisme et capitalistes français au XIXe siècle*, Paris, A. Colin, 1961, p. 100-103, 185-186 et 268-270.

[21] DYER W. G., « Potential contributions of organizational behavior to the study of family-owned businesses », *Family Business Review*, 7, 1994, p. 109-131.

[22] MEYER, M.W. and ZUCKER, *Permanently Failing Organizations,* Newbury Park, CA : Sage Publications, 1989.

[23] ANDERSON R. C. et REEB D. M., « Founding-Family Ownership and Firm Performance : Evidence from the S&P 500 », *Journal of Finance*, 58, 2003, p. 1301-1329.

ancrage culturel, gouvernance fondée sur la confiance. Elle regagne ainsi une légitimité[24] avec une culture d'entreprise favorisant sa pérennité[25] et une reconnaissance accrue dans le débat économique.

Avant d'aborder ce retournement d'image, il est nécessaire de retracer l'évolution des recherches sur les firmes familiales. José Allouche et Bruno Amann, dans une étude publiée en 2000 dans *Finance, Contrôle, Stratégie*, analysent 341 publications académiques parues entre 1936 et 1996. Trois grandes périodes se dégagent[26] :

– 1936-1970 : intérêt pour le rôle économique (19,5%), les relations famille/entreprise (14,2%) et l'histoire (14,2%) ;
– 1971-1989 : accent sur la gestion du changement (13,9%), les relations famille/entreprise (11,8%) et la succession (11,1%) ;
– Depuis 1990 : clarification des concepts et définitions (14,8%), tandis que l'intérêt pour la succession (6,4%) et le changement (10,4%) décline.

Fait notable : les stratégies de développement, de pérennité et de compétitivité demeurent marginales (moins de 5%), ce qui traduit une vision implicite et restrictive de l'entreprise familiale, perçue comme conservatrice et peu tournée vers l'innovation et ainsi, cantonnée à une gestion conservatrice de court terme[27].

Par ailleurs, l'absence de consensus sur la définition d'une entreprise familiale reflète la diversité des contextes étudiés. Allouche et Amann distinguent deux approches :

– Mono-critère : fondée sur un seul élément (propriété, contrôle ou lien familial) ;
– Pluri-critères : combinant plusieurs dimensions (part du capital, gouvernance, culture organisationnelle, transmission intergénérationnelle).

Pour notre étude, nous adopterons une définition multi-critères spécifique à Fougerolles : une entreprise familiale est celle détenue par la même famille depuis au moins une génération, dans laquelle ses membres détiennent la majorité du capital, exercent le contrôle stratégique et manifestent clairement l'intention de transmettre l'entreprise. Cette approche met en évidence la continuité patrimoniale, la gouvernance familiale et la volonté de transmission, piliers du modèle entrepreneurial observé dans ce territoire.

---

24 TAGIURI R. et DAVIS J. A., « Bivalent Attributes of the Family Firm », *Family Business Review*, vol. 9, n° 2, 1996, p. 199-208.

25 LUMPKIN G. T., MARTIN W. et VAUGHN M., « Family Orientation : Individual-level Influences on Family Firms Outcomes », *Family Business Review*, vol. 21, n° 2, 2008, p. 127-138.

26 ALLOUCHE J. et AMANN B., « L'entreprise familiale… » *op. cit.*, p. 33-79.

27 MEYER, M.W. and ZUCKER, L. *op. cit.* NORDQVIST M., *Understanding the role of ownership in strategizing : A study of family firms*, Unpublished Ph.D. Dissertation, Jonkoping International Business School, 2005.

Si les critiques de la firme familiale apparaissent dès l'après-guerre, les premières théorisations émergent à la fin des années 1960. Edgar Schein[28] puis Harry Levinson[29] ouvrent la voie à une conceptualisation du modèle. Au début des années 1980, des auteurs comme Davis et Tagiuri[30], Holland et Boulton[31], ou encore John Ward[32], approfondissent ces réflexions. Ward propose un modèle évolutif des firmes familiales, identifiant les enjeux de chaque phase (transmission, conflits intergénérationnels, adaptation).

Plus récemment, les recherches se sont concentrées sur la performance des entreprises familiales en temps de crise. Allouche et Amann avancent qu'elles sont plus performantes que leurs homologues non familiales, en matière de développement commercial et d'adaptation stratégique[33].

Dans la même perspective, une recherche menée par Alain Bloch, Nicolas Kachaner et Sophie Mignon met en évidence la capacité supérieure de certaines entreprises à résister aux périodes de crise[34]. Cette solidité repose sur ce que les auteurs qualifient de « trépied vertueux », composé de trois piliers complémentaires : la frugalité, l'ambidextrie et la fiabilité. Les auteurs associent cette combinaison de pratiques à ce qu'ils nomment la « stratégie du propriétaire », typique des entreprises familiales. Selon ces auteurs, cette philosophie managériale peut être transposée autres formes d'organisations grâce à dix principes opérationnels, présentés comme de véritables « dix commandements »[35], visant à mettre en place des comportements et à prendre des décisions favorisant la résilience en toutes circonstances.

---

[28] SCHEIN E. H., « Organizational Socialization and the Profession of Management », *Industrial Management Review*, vol. 9, n° 2, 1968, p. 1-16.

[29] LEVISON H., « Conflicts that plague family businesses », *Harvard Business Review*, vol. 49, n° 2, 1971, p. 90-98.

[30] DAVIS J. A et TAGIURI R., *Bivalent Attributes of the Family Firm*, Santa Barbara, CA, Owner Managed Business Institute, 1982.

[31] HOLLAND P. G. et BOULTON W. R., « Balancing the family and the business in a family business », *Business Horizons*, vol. 27, n° 2, 1984, p. 16-21.

[32] WARD J. L., *Keeping the Family Business Healthy : How to Plan for Continuing Growth, Profitability and Family Leadership*, San Francisco, CA Jossey-Bass, 1987.

[33] ALLOUCHE José et AMANN Bruno, *Le retour triomphant du capitalisme familial : gestionnaires et organisations*, Toulouse, Presse de l'Université des Sciences Sociales de Toulouse, 1995 et « La confiance : une explication aux performances des entreprises familiales », *Économie et Société*, Série Sciences de Gestion, numéro spécial, n° 25, 1998, p. 124- 154.

[34] BLOCH Alain, KACHANER Nicolas et MIGNON Sophie, *La stratégie du propriétaire*, Collection Village Mondial, Pearson France, 2012.

[35] Viser la pérennité plutôt que le gain immédiat, rester entrepreneurial et innovant, nourrir l'esprit de corps par un récit porteur de sens, stabiliser les ressources humaines, envisager de concilier des voies stratégiques opposées, rester frugal, maîtriser les dépenses, privilégier la croissance organique (internationalisation, partenariats, innovation), limiter les acquisitions à de petites opérations proches du cœur de métier, et garder l'appétit pour la diversification.

Enfin, les recherches sectorielles de Danny Miller[36] confirment cette tendance, en montrant la supériorité comparative des firmes familiales dans plusieurs secteurs, renforçant ainsi leur légitimité dans l'économie contemporaine.

Le concept marketing au sein du marché des alcools de bouche en France

Depuis le début du XXe siècle, la recherche universitaire sur le marché des alcools de bouche en France s'est concentrée presque exclusivement sur ses dimensions sociales et sanitaires, reléguant au second plan les aspects économiques et commerciaux. Lorsqu'elles abordent ce marché, les études privilégient généralement la politique de produit, sans s'attarder sur les stratégies concrètes des producteurs, ni sur l'organisation des circuits de distribution. La thèse *De la Goutte au Calvados*[37] illustre cette tendance : elle retrace l'histoire du Calvados sans véritablement explorer les dynamiques économiques des entreprises artisanales ou industrielles qui en assurent la production.

Dans cette perspective, la majorité des thèses et ouvrages consacrés à l'alcool en France au tournant des XIXe et XXe siècles se focalisent sur les enjeux liés à l'alcoolisme. En témoignent les tableaux établis dans l'ouvrage collectif *Histoire et alcool*[38], qui recensent des dizaines de publications traitant de la consommation problématique d'alcool entre 1870 et 1935, sans qu'aucune ne prenne pour objet principal le fonctionnement économique du secteur ou ses pratiques marchandes.

Quelques travaux isolés abordent néanmoins la question de la communication ou de la publicité. L'ouvrage de Sarah Howard, *Les images de l'alcool en France, 1915-1942*[39], analyse les représentations visuelles des boissons alcoolisées à Paris durant l'entre-deux-guerres. L'auteur y examine l'essor des campagnes publicitaires dans un contexte où les vins restent valorisés, tandis que les spiritueux, souvent assimilés à la fée verte[40], souffrent d'une image dégradée. Si cette étude constitue une contribution originale en matière d'histoire culturelle et de communication, elle ne s'intéresse qu'aux

---

[36] MILLER D. et al, « Combler le vide institutionnel : le comportement social et les performances des entreprises familiales comparés à ceux des autres entreprises des marchés émergents dans le secteur des hautes technologies », *Mangement International*, vol. 14, n°1, 2009.

[37] PELLERIN-DRION Sylvie, *De la Goutte au Calvados, entre artisanat et industrie, l'étonnant parcours d'un produit d'appellation*, Thèse de doctorat en Histoire contemporaine, Paris 10, 2012.

[38] Fillaut, Nahoum-Grappe, Tsikounas, 1999.

[39] HOWARD Sarah, *Les images de l'alcool en France, 1915-1942*, Paris, CNRS éditions, 2006.

[40] Une des dénominations attribuées à la liqueur d'absinthe.

grandes marques disposant de moyens publicitaires conséquents. Les petites entreprises rurales, souvent familiales, sont ainsi laissées dans l'ombre, alors même qu'elles adoptaient des formes de communication plus discrètes, comme les étiquettes, les factures illustrées ou les correspondances commerciales.

De même, l'ouvrage de Marc Martin, *Trois siècles de publicité en France*[41], privilégie une histoire sectorielle de la publicité en s'intéressant principalement aux agences et intermédiaires, au détriment des producteurs eux-mêmes. Quant à Myriam Tsikounas, son article *La publicité, une histoire, des pratiques*[42] propose une synthèse utile sur deux siècles d'évolution des techniques et supports publicitaires, mais ne repose pas sur des études de cas approfondies. Ces approches, bien que précieuses, n'éclairent que partiellement les pratiques concrètes des entreprises locales du secteur des spiritueux.

La rareté des recherches historiques consacrées au marketing des alcools de bouche s'explique en partie par la stigmatisation persistante qui frappe ce secteur depuis la fin du XIXe siècle. Elle traduit également un biais historiographique plus général lié à la conception tardive du marketing en tant que discipline. Ainsi, cette double explication, mêlant facteurs sociaux et limites méthodologiques, contribue à expliquer le faible développement des études sur les stratégies commerciales dans ce domaine spécifique.

En effet, dans la plupart des manuels[43] et synthèses, l'émergence du marketing est située après la deuxième guerre mondiale[44] et plus précisément dans les années 1950[45], au sein d'un triptyque classique : une « ère de la production » (1870–1930), suivie d'une « ère de la vente » (1930–1950), puis d'une « ère du marketing » à partir des Trente Glorieuses. Cette vision repose sur l'idée que la production de masse précède la prise en compte des attentes du consommateur, et que le marketing moderne naît avec la segmentation des marchés, la publicité de masse et les études de marché. De plus, le marketing comme « troisième ère » est soutenu par trois variables[46] : l'élévation du revenu du consommateur, l'élévation du niveau d'éducation du consommateur qui devient de plus en plus exigeant et l'excédent des capacités de production avec une demande inférieure à l'offre.

---

41 MARTIN Marc, *Trois siècles de publicité en France*, Paris, Odile JACOB, 1992.

42 TSIKOUNAS Myriam, « La publicité, une histoire, des pratiques », *Sociétés & Représentations*, n° 30, déc. 2010, p. 197-209.

43 À titre d'exemple : MARQUÈS Pierre et GRANATA Julien, *DUT TC 1re année*, Dunod, 2015.

44 OLIVIER Alain et De MARICOURT Renaud, *Pratique du marketing en Afrique*, Paris, Edicef, 1990, p. 45.

45 RICHARD Ernest, « Historique du marketing », *L'Actualité économique*, vol. 41, n° 3, 1965, p. 461-464.

46 *Ibid.*, p.461-464.

Or cette lecture linéaire est aujourd'hui contestée. Plusieurs chercheurs, dont Pierre Volle[47], Denis Lindon[48] ou Jacques Lendrevie[49], ont montré que les pratiques marketing existaient bien avant leur formalisation académique. Peter Drucker[50] remonte jusqu'aux marchands japonais du XVIIe siècle, et Baker considère même le marketing comme une des plus anciennes activités humaines[51] même si on le considère comme la discipline la plus récente de la gestion des entreprises. René Sédillot, quant à lui, rappelle que l'histoire du commerce est indissociable de celle des marchandises, des marchands et des marchés. Le premier élément conduit à une histoire des flux, le deuxième à une histoire des métiers et le troisième à une histoire des outils[52].

Notre recherche s'inscrit dans cette perspective longue. Elle démontre que certaines entreprises familiales du secteur des alcools de bouche, comme la firme Abel Bresson à Fougerolles, ont élaboré dès les années 1870 de véritables stratégies marketing comme les définissent Kotler, Di Maulo, Armstrong, Cunninghan et Warren dans leur ouvrage *Le marketing : de la théorie à la pratique*[53]. Anticipant l'interdiction de l'absinthe, l'Établissement Abel Bresson développe, à titre d'exemple, dès le début des années 1870, une nouvelle boisson baptisée *Bressonide*, précurseur des anisés contemporains, qu'il positionne avec soin à l'aide de supports variés : documentation commerciale, argumentaires destinés aux grossistes et détaillants, choix du réseau de distribution, différenciation entre produits de marque et sans marque. Cette démarche témoigne d'une compréhension fine du marché et d'une capacité à s'y adapter de façon proactive.

Bien que les outils modernes comme les études de marché ou le libre-service n'apparaissent qu'au XXe siècle, les principes fondamentaux du marketing, analyse des besoins, positionnement de l'offre, stratégie de marque, segmentation des clients, étaient déjà mis en œuvre, souvent de manière empirique. À travers cette étude, il s'agit de faire émerger ces pratiques, longtemps ignorées, qui participent d'une histoire encore peu écrite du marketing rural et familial dans la France industrielle.

---

[47] VOLLE Pierre, *Marketing : comprendre l'origine historique*, Paris, Eyrolles, 2011.
[48] LINDON Denis, *Marketing politique*, Paris, Dalloz, 1986, p. 86
[49] LENDREVIE Jacques et LINDON Denis, *Théorie et pratique du marketing*, Paris, Dalloz, 2000.
[50] DRUCKER Peter Ferdinand, *Managing in turbulent times*, New York, Harper and Row, 1980, p 3O.
[51] BAKER Michel, *Marketing : Theory and Practice*, New York, Mac MILLAN, 1996, *in* : Mercator, Paris Dunod. p. 2, cité par MAILLET Thierry, *Le marketing et son histoire ou le mythe de Sisyphe réinventé. Paris,* Pocket, 2010.
[52] SEDILLOT R., *Histoire des marchands et des marchés*, Paris, Fayard, 1964, p. 7.
[53] KOTLER, DI MAULO, ARMSTRONG, CUNNINGHAN, WARREN, *Le marketing : de la théorie à la pratique,* 2e édition, Montréal : Gaétan Morin. 1998.

Conclusion de l'état de l'art, problématique et hypothèses

S'il fallait ne retenir qu'une seule raison pour justifier le choix de notre sujet d'étude, ce serait la quasi-absence, voire la négligence manifeste, dont font l'objet les firmes familiales rurales dans le champ de la recherche universitaire, notamment lorsqu'elles produisent des alcools distillés destinés au marché des alcools de bouche. Alors que la littérature consacrée aux entreprises familiales s'est étoffée, celles issues du secteur des spiritueux, souvent ancrées dans des territoires ruraux, demeurent peu étudiées, malgré leur rôle économique, juridique, mercatique et social significatif.

Issues d'initiatives agricoles locales, ces entreprises doivent affronter des défis internes (gouvernance, succession) et externes (pression concurrentielle, politiques publiques, poids du lobby viticole). Leur résilience face à ces contraintes mérite attention. Le XIXe siècle marque leur essor : de 2 208 distillateurs professionnels en 1881, on passe à 13.138 en 1910, avant une chute à 2.711 en 1929 liée à la concentration du secteur. Cette dynamique historique est révélatrice.

Notre ouvrage se propose de combler ce vide, en étudiant les pratiques mercatiques de firmes familiales rurales à Fougerolles (Haute-Saône), sur le marché des alcools de bouche. Elle entend apporter une contribution novatrice à l'histoire du marketing, en mettant en lumière des stratégies de diversification, d'anticipation et d'adaptation antérieures à la formalisation du marketing moderne. Ces entreprises révèlent une pratique mercatique pragmatique et consciente bien avant les années 1950.

Cette recherche s'inscrit aussi dans le champ des études sur la performance et la résilience des entreprises familiales. Elle innove en articulant ruralité, activité spécifique (distillation) et ancrage territorial. Le cas de Fougerolles est exemplaire : riche d'un savoir-faire transmis, de produits du terroir et d'un environnement propice à une proto-industrialisation[54] (processus d'industrialisation lente), il constitue un terrain d'enquête idéal.

Notre démarche se veut également opérationnelle, en contribuant à la valorisation du patrimoine industriel local et à la redynamisation du territoire. Elle établit un pont entre histoire et sciences de gestion, entre mémoire et stratégie, dans une perspective interdisciplinaire mêlant histoire économique, histoire des techniques, histoire des entreprises et sciences de gestion. Cette transversalité permet de croiser les regards et d'enrichir l'analyse , tout en offrant une lecture des enjeux contemporains éclairée par les leçons et les expériences héritées du passé.

---

[54] Concept conçu par Franklin MENDELS à travers une complémentarité entre la ville et la campagne avec l'apparition d'une industrie rurale faisant participer des populations paysannes. Ce concept est repris et développé par plusieurs chercheurs dont Jean-Marc OLIVIER dans sa thèse soutenue en 1998 à l'université Lyon 2 et qui s'intitule *Société rurale et industrialisation douce : Morez (Jura) (1780-1914)*.

Notre problématique centrale est la suivante : *Comment des firmes familiales rurales, implantées à Fougerolles, ont-elles réussi à émerger, croître, résister et pérenniser leurs activités entre 1839 et 1940, au sein d'un marché des alcools de bouche particulièrement instable et soumis à de fortes pressions économiques, législatives et sociales ?*[55]

Pour y répondre, nous nous appuierons sur deux cas emblématiques : les établissements Abel Bresson et Lemercier Frères, révélateurs de dynamiques d'adaptation propres aux firmes familiales rurales. Cette analyse repose sur plusieurs interrogations :

- La confrontation vin/alcools distillés est-elle conjoncturelle ou structurelle ?
- L'interdiction de l'absinthe fut-elle un frein ou un levier pour la distillation ?
- Peut-on dissocier la distillation, en général, et le kirsch, en particulier, du territoire où ils sont nés et ont prospéré ?
- Comment l'industrialisation progressive de la distillation a-t-elle évolué dans un territoire rural tel que celui de la Haute-Saône ?
- La capacité de résistance des firmes familiales rurales, leur croissance et leur pérennité, dépendent-elles uniquement des facteurs industriels, économiques et commerciaux ?
- Peut-on parler de marketing dès la fin du XIXe siècle ?
- Les succès commerciaux sont-ils fortuits ou le fruit de stratégies ?

Quatre hypothèses structureront notre propos :

1- La distillation est indissociable de son territoire d'émergence.
2- Dès le XIXe siècle, un contexte concurrentiel stimule les pratiques mercatiques.
3- La firme familiale rurale adopte des stratégies à long terme réfléchies.
4- La firme familiale est performante, résiliente et dotée d'une grande capacité de résistance face aux crises

Cette recherche ambitionne de mettre en lumière un aspect encore largement méconnu de l'histoire économique française, en explorant des trajectoires et des pratiques souvent absentes des récits traditionnels. Elle entend également offrir des outils d'analyse et de compréhension permettant de saisir les logiques et les dynamiques entrepreneuriales propres aux territoires, aussi bien dans une perspective historique que contemporaine.

---

[55] C'est en 1839 qu'Abel Bresson, le précurseur de l'industrie de la distillation à Fougerolles, crée sa société en association avec un enfant du pays, Charles ROBLIN. Nous aurions pu nous arrêter à 1939 avec la promulgation du décret-loi dit « Code de la famille » avec la réduction du nombre de débits et le contrôle des bouilleurs de cru, mais c'est en 1940, avec l'instauration du régime de Vichy, que nous assistons au durcissement des lois antialcooliques.

Méthodologie de recherche

Notre démarche de recherche s'inscrit dans une étude historique à la fois nationale et locale, centrée sur l'évolution du marché des alcools de bouche du XIXe siècle au début des années 1940, avec un ancrage territorial fort autour de la commune de Fougerolles, en Haute-Saône. Pour construire une analyse rigoureuse et documentée, nous avons mobilisé une pluralité de sources, thèses universitaires, archives publiques, fonds privés et entretiens.

Dans un premier temps, notre compréhension du contexte national s'est appuyée sur une sélection de thèses doctorales soutenues entre 1898 et 1955. Celles-ci nous ont permis de situer l'industrie des spiritueux dans son environnement économique et social plus large. Nous avons également eu recours à des ressources documentaires numérisées accessibles via Gallica, la bibliothèque numérique de la Bibliothèque nationale de France (BNF), qui nous ont permis d'accéder à des documents d'époque (périodiques, monographies, rapports techniques) parfois introuvables ailleurs.

Au niveau local, notre recherche s'est concentrée sur la commune de Fougerolles, berceau historique de la distillation du kirsch et d'autres alcools de fruits. Ce choix se justifie par l'intensité et la longévité de l'activité distillatoire dans cette région, mais aussi par la notoriété de certaines maisons qui ont marqué de leur empreinte l'histoire industrielle du territoire. Parmi celles-ci, deux établissements se détachent particulièrement par la richesse de leur parcours et l'abondance relative des sources disponibles : les Établissements Abel Bresson et la maison Lemercier Frères.

Notre recherche a été confrontée à une difficulté majeure : la dispersion et la disparition d'une grande partie des archives industrielles des distilleries de Fougerolles. Nombre d'entre elles n'ont pas été conservées ou ne sont parvenues jusqu'à nous que de façon fragmentaire. À l'exception notable des Établissements Abel Bresson dont les archives, quoique incomplètes, sont significatives, les fonds sont généralement lacunaires, parfois non classés, voire oubliés dans des collections privées.

Deux lieux principaux ont centralisé ces documents : l'Écomusée du Pays de la Cerise à Fougerolles, qui conserve un ensemble complémentaire d'archives d'entreprise et les Archives départementales de la Haute-Saône (ADHS) à Vesoul, où un important fonds de 53 mètres linéaires a été déposé (Côte 121J). Ces deux ensembles constituent le socle de notre documentation primaire

Archives de l'Écomusée du Pays de la Cerise

Ce fonds couvre une période allant de 1758 à 1982. Il se distingue par sa richesse qualitative, notamment en ce qui concerne les Établissements Abel Bresson. Il inclut :

– Documents commerciaux : contrats, tarifs, correspondances, affiches, diplômes d'expositions, étiquettes.

– Archives juridiques : actes notariés, décisions de justice sur les rejets industriels, contentieux avec la maison Pernod.
– Documents financiers et comptables : actions, obligations, bilans et journaux de la distillerie de Genlis (Côte-d'Or).
– Correspondances administratives : registres de lettres (1894, 1898, 1904, 1906) et comptes rendus de conseils d'administration (1940–1944).
– Plans techniques : projets de rénovation de l'usine de Fougerolles entre 1940 et 1944.

Ce fonds local est renforcé par le dépôt réalisé par Claude Roussey et Marcel Saire, fondateurs de l'écomusée, aux Archives départementales de la Haute-Saône (côte 121J).

Fonds privé des Archives départementales de la Haute-Saône

Ce fonds privé couvre la période 1866–1983. Il éclaire l'évolution des Établissements Abel Bresson à travers :

– des comptes-rendus d'assemblées générales et statuts juridiques,
– une correspondance interne riche entre siège social et succursales (région parisienne, Côte-d'Or, Béziers, Beaucaire),
– des données comptables permettant des analyses statistiques sur le chiffre d'affaires, les salaires, les impôts et les résultats financiers.

Ces documents, bien que disparates, constituent un matériau précieux pour analyser, dans une perspective diachronique, l'évolution de la performance économique de l'entreprise.

Apports des collections privées

La carence de certaines archives publiques a été partiellement compensée par l'apport de fonds privés, conservés par des figures locales engagées dans la préservation et la transmission de la mémoire industrielle de Fougerolles :

– Claude Roussey, ancien président des Amis de l'écomusée et de la Confrérie des gousteurs de kirsch, nous a permis d'accéder à des inventaires industriels (Dijon 1878, Fougerolles 1940), à des registres de lettres (1894–1910), et à des documents comptables sur plusieurs sites de production (Ivry-Port, Genlis, Beaucaire…).
– Marcel Saire, ancien meunier et cofondateur de l'écomusée, a partagé une collection d'étiquettes commerciales (1920–1940), des circulaires publicitaires du XIXe siècle et des correspondances internationales.
– Paul Simon, instituteur et historien local, lauréat du prix Amédée Richardet (1962), a laissé une documentation précieuse sur les techniques de distillation, la tonnellerie, la vannerie, ainsi que de nombreuses étiquettes et brochures commerciales. Sa famille, notamment son fils Jacques Simon, a accepté de mettre ce fonds à notre disposition.

Archives de l'Établissement Lemercier Frères

La maison Lemercier Frères, fondée officiellement en 1811, constitue un autre pilier de notre étude. Son dirigeant, M. Aurreggio, a eu la générosité de nous accorder un accès complet à un fonds d'entreprise jamais exploité jusque-là. Ce fonds, conservé en l'état, contient des documents couvrant près de deux siècles d'histoire industrielle : correspondances, registres de production, carnets de comptes, documents commerciaux, ainsi que des plans d'installations et de modernisations techniques. Cette archive inédite offre une contrepartie idéale aux sources sur Abel Bresson, permettant une mise en perspective comparative.

Méthodologie de traitement des sources

L'exploitation de ces documents a nécessité une adaptation méthodologique en raison de l'hétérogénéité des sources. Les archives publiques, généralement bien classées, ont facilité le repérage et la contextualisation des informations. En revanche, les archives privées, souvent dans un état brut, ont demandé un travail de reconstitution rigoureux et chronophage. Comme le rappelle l'historien Pierre Lamard, l'usage d'archives brutes impose une posture d'exigence, de prudence et de distance critique[56].

Parallèlement, nous avons enrichi notre démarche par des entretiens semi-directifs avec des acteurs locaux, descendants de distillateurs, collectionneurs et figures associatives, afin d'obtenir un éclairage complémentaire sur la mémoire collective autour de la distillation à Fougerolles.

Notre recherche s'appuie sur un corpus documentaire volontairement diversifié, combinant sources publiques et privées, documents manuscrits et imprimés, archives administratives, comptables ou commerciales, matériaux bruts comme les registres ou carnets d'exploitation, et fonds structurés issus de dépôts d'archives ou de collections familiales. À cette base écrite viennent s'ajouter des témoignages oraux recueillis auprès de descendants d'acteurs locaux ou de connaisseurs du patrimoine industriel local. Cette pluralité des sources, tant par leur nature que par leur origine géographique (Haute-Saône, Rhône, Hérault, Côte-d'Or, Paris…) constitue l'un des principaux atouts de notre démarche. Elle permet d'éclairer de manière fine et contextualisée l'histoire industrielle de Fougerolles, en croisant les échelles locales, régionales et nationales. En restituant ainsi les dynamiques d'essor, de transformation et de transmission qui ont marqué l'industrie de la distillation entre 1839 et 1940, notre étude entend offrir une relecture historique nuancée, fondée sur une documentation riche, croisée et souvent inédite.

[56] LAMARD Pierre, *Histoire d'un capital familial : le capital Japy (1777-1910)*, Belfort, Société belfortaine d'émulation, 1988, p.22.

FIGURE 2. État des archives d'entreprise telles qu'elles peuvent apparaître au chercheur

Archives de l'Écomusée du Pays de la Cerise relatives à l'industrie de la distillation à Fougerolles

Archives de la société Lemercier Frères à Fougerolles.

Annonce du plan

Notre développement s'articulera autour de trois axes :

PREMIÈRE PARTIE
L'alcool de bouche, entre imaginaire social et réalités du marché

DEUXIÈME PARTIE
Fougerolles, un territoire tourné vers une dynamique économique autour de la distillation

TROISIÈME PARTIE
Stratégies de croissance et dynamique commerciale des firmes familiales

Notre étude s'articulera autour de trois axes principaux, conçus pour éclairer les multiples dynamiques à l'œuvre dans l'essor, la structuration et la pérennisation de l'industrie de la distillation à Fougerolles, dans le contexte plus large du marché français des alcools de bouche entre 1839 et 1940.

Dans une première partie, nous analyserons la place des alcools de bouche au sein de la société française à travers les imaginaires collectifs et les réalités du marché, entre le XIXe siècle et la première moitié du XXe siècle. Cette exploration prendra en compte les multiples contraintes socio-économiques, politiques, législatives et culturelles qui ont influencé la perception des alcools. L'émergence du libéralisme, les courants hygiénistes et eugénistes, ainsi que les premières politiques publiques de lutte contre l'alcoolisme seront examinés dans leur interaction avec l'évolution du marché. Nous porterons également attention à la crise viticole provoquée par le phylloxera, qui ouvre la voie à un développement inédit des alcools distillés, et à la concurrence exacerbée entre ces produits et le vin, soutenu par un puissant lobby viticole. L'interdiction de l'absinthe et la redéfinition du marché au tournant des années 1920 seront étudiées comme des moments charnières révélateurs des tensions entre santé publique, enjeux économiques et traditions culturelles.

Dans une deuxième partie, nous centrerons notre attention sur le territoire de Fougerolles, dans le département de la Haute-Saône, pour en étudier la dynamique de spécialisation autour de la distillation d'alcools de bouche, notamment du kirsch. À travers l'histoire du cerisier, des techniques de distillation, et des acteurs locaux, hommes, femmes, distillateurs et entrepreneurs, nous verrons comment s'est forgée une véritable identité productive territoriale. Ce chapitre s'attachera plus particulièrement au parcours de deux entreprises familiales emblématiques : la Société des établissements Abel Bresson (disparue en 1995) et l'Établissement Lemercier

Frères (toujours en activité bien qu'intégrée depuis 2015 au groupe La Martiniquaise). Nous analyserons les ressorts économiques, techniques, humains et culturels qui ont contribué à leur croissance et à leur résilience, en soulignant les innovations, les choix entrepreneuriaux et les capacités d'adaptation face aux mutations du secteur.

Enfin, la troisième partie portera sur les stratégies de croissance et la dynamique commerciale adoptées par ces deux firmes familiales. Dans un marché fortement concurrentiel et soumis à des contraintes réglementaires et économiques croissantes, nous étudierons leurs décisions stratégiques à travers une analyse comparative. Nous interrogerons les liens entre culture d'entreprise, profil des dirigeants, innovations (techniques, commerciales ou logistiques), capacité d'exportation, diversification des produits, politique de marque, distribution et communication. L'objectif sera de déterminer si ces trajectoires de développement relèvent d'une stratégie construite sur le long terme ou d'adaptations successives face aux aléas du marché.

Ce parcours en trois temps nous permettra, en conclusion, d'apporter des éléments de réponse à la question centrale de cette recherche que nous nous permettons de rappeler :

> *Comment des firmes familiales rurales, implantées à Fougerolles, ont-elles réussi à émerger, croître, résister et pérenniser leurs activités entre 1839 et 1940, au sein d'un marché des alcools de bouche particulièrement instable et soumis à de fortes pressions économiques, législatives et sociales ?*

Première partie

L'alcool de bouche, entre imaginaire social et réalités du marché

Introduction

Le marché des alcools de bouche est composé de boissons alcoolisées issues de trois procédés de production distincts mais complémentaires : la fermentation, la distillation et la macération. Depuis la loi n° 2014-1170 parue au *Journal Officiel* de la République française du 13 octobre 2014 (Art. L. 665-6), le vin, boisson fermentée, est le produit national par excellence, il fait partie du patrimoine culturel national :

> *Le vin, produit de la vigne et les terroirs viticoles font partie du patrimoine culturel, gastronomique et paysager protégé de la France.*

Les boissons issues, en totalité ou en partie, de la distillation ne bénéficient pas de cette notoriété nationale à cause de la responsabilité exclusive qui leur colle à la peau depuis près de 150 ans. Les breuvages issus de la distillation sont accusés par les hygiénistes de propager un alcoolisme responsable de la décadence sociale qui a coûté à la France deux défaites face aux Allemands, en 1870 et en 1940.

Dans notre première partie, nous nous intéresserons aux évolutions du marché des alcools de bouche en France à travers une étude comparative du marché national du vin et des alcools distillés à savoir l'alcool industriel et l'alcool naturel permettant de produire des eaux-de-vie et des liqueurs comme l'absinthe et ses assimilés. Néanmoins, nous serons amenés, pour les besoins de nos recherches, à évoquer d'autres boissons alcoolisées. À travers notre exploration du marché des alcools de bouche, nous nous intéresserons aux images de l'alcool dans l'imaginaire social, aux règles législatives et fiscales qui ont accompagné le marché des alcools de bouche et aux évolutions économiques de ce marché.

Mais, pour comprendre la nature des problèmes que rencontre l'alcool durant le XIXe siècle et la première moitié du XXe, un détour par l'histoire macroéconomique et sociale, imprégnée à la fois de libéralisme économique, d'hygiénisme social et d'eugénisme, est nécessaire.

Chapitre 1
Entre libéralisme économique et hygiénisme social

Durant le XIXe siècle et la première moitié du XXe, l'économie française connaît une profonde transformation due aux deux révolutions industrielles : la première grande industrialisation favorisée par l'utilisation de la machine à vapeur et le charbon comme nouvelle source d'énergie en remplacement du bois moins efficace. Cette transformation qui touche à la fois l'économie et la société s'accompagne aussi d'une révolution des transports dont le chemin de fer devient vite le symbole. La seconde industrialisation concerne les transports et les communications qui connaissent un bouleversement grâce au pétrole et à l'électricité comme nouvelles énergies et grâce à plusieurs inventions comme le moteur à explosion.

1.1. Vers un libéralisme tolérant l'interventionnisme de l'État

L'émergence et le développement de l'industrialisation génèrent une transformation économique et sociale de la France caractérisée par une augmentation des quantités produites et des gains de productivité.

L'augmentation de la production crée des richesses et des emplois qui alimentent l'augmentation de la demande qui, à son tour, alimente l'offre. Ce système économique est basé sur une liberté d'entreprise, on parle alors de libéralisme ou tout simplement d'économie de marché chère à plusieurs grands auteurs de la pensée économique dont l'économiste et entrepreneur français, Jean-Baptiste Say, défenseur d'une pensée économique libérale, prônant l'interventionnisme limité de l'État dans l'économie et partisan de la propriété privée, de la libre-concurrence et de la libre-entreprise car, selon sa *théorie de l'entrepreneur*[1], plus le nombre de producteurs est important, plus l'offre est élevée, plus les débouchés sont importants. D'ailleurs, comme le développe Alexis Penot[2], la notion moderne d'employeur doit ses avancées aux écrits de Jean-Baptiste Say de 1803[3].

Le tissu économique et industriel du XIXe siècle et de la première moitié du XXe connaît un développement des sociétés (créations et transformations)

---

[1] Société internationale Jean Baptiste SAY (SAYS), « J. B. Say » [En ligne] http://says.univ-littoral.fr/?page_id=4

[2] PENOT Alexis, « Entreprises et entrepreneurs à travers l'histoire » [En ligne] http://ses.ens-lyon.fr/articles/entreprises-et-entrepreneurs-a-travers-l-histoire-137882 (12 décembre 2011)

[3] SAY Jean-Baptiste, *Traité d'économie politique*, Paris, Calmann-Levy, Collection Perspectives de l'économique - Les fondateurs, 1972.

optant pour l'une des quatre formes juridiques suivantes[4] : les sociétés en nom collectif, les sociétés en commandite, les sociétés anonymes et, par la loi du 7 mars 1925, les sociétés à responsabilité limitée.

Néanmoins, le libéralisme économique se heurte aux réalités de la Grande Guerre. Il devient même inadapté à la guerre industrielle. L'interventionnisme de l'État est de rigueur pour s'assurer des approvisionnements vitaux, éviter les gaspillages, organiser les échanges et le commerce, et surtout pour l'industrie d'armement qui devient le secteur privilégié. Ainsi, des industries stigmatisées avant le début de la guerre deviennent patriotes très utiles. C'est le cas de l'industrie de la distillation qui fournit l'industrie de l'armement en alcool pour la fabrication des explosifs.

La mise à l'écart temporaire du libéralisme économique ne dure que quelques années. En effet, dès le début des années 1920, soucieux de relancer l'économie nationale, l'État français accepte de laisser le marché se réguler seul en diminuant son interventionnisme social et économique. Les années 1920 sont alors une période de croissance assez générale touchant quasiment tous les secteurs d'activité. On parle alors des années folles : la production de biens manufacturés est en hausse, la consommation augmente et le marché s'étend.

La crise économique de 1929 change la donne. Le libéralisme économique est montré du doigt. La France entre dans une dépression économique qui va mener à une crise politique. Si les principes libéraux restent proclamés dans les milieux intellectuels, les gouvernements, durant les années 1930, s'engagent tout de même dans un « interventionnisme défensif[5] ». La contestation du libéralisme bat son plein entre les intellectuels et les politiques, Néanmoins, face à la crise économique, les libéraux doutent. Le débat organisé en 1935 par l'Académie des Sciences Morales et Politiques sur la crise du capitalisme en est révélateur[6].

Du milieu du XIXe siècle à 1939, la France connaît des mutations sociales très fortes : L'industrialisation, les conflits avec le voisin allemand, le ralentissement démographique et le développement de l'urbanisation s'accompagnent de plusieurs droits sociaux comme la loi légalisant les syndicats professionnels ouvriers et patronaux en 1884, la loi sur le repos hebdomadaire votée le 3 juillet 1906, la loi prévoyant des allocations

---

4 BARJOT Dominique, CARON François, « L'annuaire statistique de l'Économie française, XIXe -XXe siècle », *Histoire, économie et société Année 1990*, Volume 9, Numéro 4, p. 591-614.

5 MARGAIRAZ Michel, *L'État, les finances et l'économie. L'histoire d'une conversion 1932-1952*, vol. I, Paris, Comité pour l'histoire économique et financière de la France / IGPDE, 1991, p. 30.

6 DENORD François, « Aux origines du néo-libéralisme en France. Louis ROUGIER et le Colloque WALTER Lippmann de 1938 », *Le Mouvement Social* 2/2001, n° 195, p. 9-34

familiales financées par des versements patronaux en 1932 et la loi votée le 21 juin 1936, instituant la journée de 8 heures et un congé annuel payé dans l'industrie, le commerce, les professions libérales, les services domestiques et l'agriculture durant cette même année (1936).

C'est dans ce contexte historico-économique que s'est développé le marché des alcools de bouche en général et celui des alcools distillés en particulier. Un marché très imprégné par les innovations techniques liées aux différents procédés de distillation, aux moyens de transport et aux outils de commercialisation utilisés. C'est un marché qui se développe dans un contexte économique global libéral et fortement influencé par les théories classiques et néoclassiques mais à tendance « modérée » quand il s'agit des alcools de bouche comme l'explique l'historien économiste Alessandro Stanziani dans son ouvrage *Histoire de la qualité alimentaire XIXe- XXe siècle*[7]. En effet, les libertés d'entreprendre, de vendre et de consommer se heurtent à un certain interventionnisme de l'État en matière législative et fiscale pour lutter contre le phénomène d'alcoolisme. Cet interventionnisme d'inspiration socialiste[8], est très soutenu par les ligues antialcooliques dont l'influence joue un rôle actif dans l'interdiction de l'absinthe en 1915 et dans l'instauration du monopole sur les alcools industriels par la suite.

L'interventionnisme de l'État est aussi la conséquence d'un certain « hygiénisme » né en France au lendemain de la défaite de 1870 et qui va perdurer jusqu'à l'instauration du régime de Vichy en 1940. Cet hygiénisme est imprégné par moments d'« eugénisme » sans que ce dernier soit perceptible dans l'espace politique français.

1.2. L'hygiénisme au risque d'eugénisme

Comme l'explique Pierre-André Taguieff, le terme « eugénique » est introduit en 1883 par Francis Galton, cousin de Charles Darwin, figure majeure de la biométrie et théoricien de l'hérédité du génie[9]. Galton développe alors un projet visant à améliorer les « qualités héréditaires » de l'espèce humaine par un contrôle strict de la reproduction. Au cœur de sa théorie de l'eugénisme se retrouve l'idée que « les aptitudes psychiques supérieures sont largement déterminées par des facteurs héréditaires[10] », tout comme les

---

[7] STANZIANI Alessandro, *Histoire de la qualité alimentaire XIXe-XXe siècle,* Paris, éditions du Seuil, Collection Liber, janvier 2005.

[8] DELALANDE Nicolas, *Les Batailles de l'impôt*, Paris, éditions du Seuil, Collection l'univers historique, mars 2011.

[9] TAGUIEFF Pierre-André, « Eugénisme ou décadence ? L'exception française », *Ethnologie française,* nouvelle série, T. 24, No. 1, Penser l'hérédité, janvier-mars 1994, p. 81-103.

[10] TAGUIEFF Pierre-André, « Au cœur du raisonnement galtonien : le paradoxe de la politique malthusienne et sa solution eugéniste », *Raisons politiques*, février 2007, n° 26, p. 175-215, p. 176.

imperfections. Ainsi, le déterminisme de l'hérédité ne s'exerce donc pas seulement sur la transmission des traits physiques, mais également sur celle des facultés intellectuelles et des traits de personnalité.

Bien que les théorisations hygiénistes soient bien présentes et bien représentées en France entre 1870 et 1940 par deux Prix Nobel de médecine, Charles Richet (1850-1935) et Alexis Carrel[11] (1873-1944), elles ne sont jamais suivies par un mouvement politique et social[12] pour deux raisons principales : la baisse progressive des natalités et l'incompatibilité du système économique libéral basé sur une économie de marché qui prône la liberté individuelle, et le laisser-faire avec l'interventionnisme obligatoire de l'État pour faire accepter les principes de l'eugénisme dans la société.

Néanmoins, des économistes de la première moitié du XXe siècle ont fait appel à l'eugénisme pour développer leurs théories comme Joseph Schumpeter qui, dans sa théorie du capitalisme, mobilise les travaux de Francis Galton et sa vision hiérarchisée et héréditariste des hommes[13]. En effet, dans la construction de la théorie de l'entrepreneuriat selon Schumpeter, les entrepreneurs constituent une élite qui se démarque de la masse et qui engendre l'évolution de la société du fait de leurs talents innés. Puisque le capitalisme ne peut déboucher sur la disparition totale de la pauvreté, les individus biologiquement moins « dotés » sont condamnés à rester au bas de l'échelle sociale.

Si l'eugénisme intègre la pensée économique, l'inverse est aussi vrai avec le taylorisme qui influence fortement une génération d'hygiénistes publics et industriels comme Sicard de Plauzoles. Pour ce dernier, dans les années 1930, l'eugénisme devait « assurer la production du meilleur capital humain », tandis que l'hygiène sociale visait à garantir « le meilleur rendement du capital investi »[14]. Cette logique productiviste amène Sicard de Plauzoles à formuler une équation, appliquant le langage économique et industriel à l'analyse des enjeux sociaux et humains.

Prix de revient (P) = Naissance (n) + Puériculture (p) + Instruction (i) + Apprentissage (a) + Entretien (e) + Retraite (r) + Maladie (m)

Valeur sociale d'un individu = Productivité totale d'une vie – Prix de revient

[11] Auteur du best-seller, *L'Homme, cet inconnu,* qui a fait l'objet de multiples traductions et rééditions, et dont le succès mondial durera jusqu'aux années 1950.

[12] TAGUIEFF Pierre-André, « Eugénisme ou décadence ? L'exception française », *op. cit.*, p. 81-103.

[13] DANNEQUIN Fabrice, « L'influence de l'eugénisme galtonien dans la pensée de Joseph Alois SCHUMPETER », *Revue Interventions économiques* [En ligne], n°46, 2012.

[14] SCHNEIDER William H, « L'eugénisme en France - le tournant des années trente », *Sciences sociales et santé,* volume 4, n° 3-4, 1986. Handicap et politique sociale, p. 81-114.

Cette vision eugénico-économique montre l'importance accordée à la qualité humaine, en combattant les facteurs de dégénérescence sociale qui, selon Sicard de Plauzoles, se transmettent par hérédité et s'accentuent de génération en génération comme l'alcoolisme, la syphilis et la tuberculose.

Les points communs entre les eugénistes sont l'inégalité entre les êtres humains et la nature « héréditaire » des tares à l'origine des fléaux identifiées comme étant principalement : l'alcoolisme, la mauvaise alimentation, l'environnement insalubre et les maladies. Ces facteurs de dégénérescence peuvent être alors traités soit par un *eugénisme galtonien positif* soit par un *eugénisme galtonien négatif.* Le positif vise au développement des « talents » et le négatif vise à l'éradication des tares génétiques. Notons que Georges Vacher de Lapouge, l'un des représentants de l'eugénisme en France, recommandait « une double sélection, positive en faveur de la natalité de l'élite, et négative contre les métissages et les dégénérés[15] ».

La « nature héréditaire » est au cœur de la théorie de dégénérescence de deux médecins qui ont marqué le marché des alcools de bouche en France durant la belle époque de l'absinthe (1870-1915). Il s'agit des docteurs Paul-Maurice Legrain et Valentin Magnan. Le premier, dans sa thèse soutenue en 1889 à Paris, sous le titre, *Hérédité et alcoolisme, étude psychologique et clinique sur les dégénérés buveurs et les familles d'ivrognes*, résume les rapports entre l'alcoolisme et la dégénérescence ainsi :

> *S'il est en effet deux propositions qu'on ait le droit de formuler aujourd'hui, ce sont les deux suivantes : l'infériorité cérébrale, cause directe des excès de boissons, trouve son origine le plus souvent dans l'hérédité, en d'autres termes les fils d'alcooliques sont dégénérés. Les rapports qui existent entre l'alcoolisme et la dégénérescence mentale se résument donc dans ce terrible cercle vicieux qui trouve sa confirmation aujourd'hui dans une infinité d'observations médicales les plus éloquentes*[16].

Le deuxième, Valentin Magnan, psychiatre français de tout premier plan, un des chefs de file de la lutte contre l'alcoolisme, démontre et soutient que l'absinthisme est responsable de crises d'épilepsie, d'hallucinations et de folie dégénérative[17] qui peuvent se transmettre aux générations futures :

> *L'épilepsie chez lui (l'aliéné) reconnait comme influence héréditaire l'alcoolisme du père dont l'action s'est étendue également sur deux de ses frères.*

[15] WARTELLE J.-C., « La Société d'Anthropologie de Paris de 1859 à 1920 », *Revue d'histoire des sciences humaines,* n° 10, 2004, p. 125-171.

[16] LEGRAIN Paul-Maurice, *Hérédité et alcoolisme, Étude psychologique et clinique sur les dégénérés buveurs et les familles d'ivrognes,* Paris, O. Doin, 1889.

[17] MAGNAN Valentin, *Étude expérimentale et clinique sur l'alcoolisme : alcool et absinthe, épilepsie absinthique*, Paris, Renou et Maulde, 1871.

Les détracteurs de l'absinthe, dans leur lutte acharnée contre ce breuvage par le discours et par l'image, n'hésitent pas à utiliser les données des hygiénistes sur l'alcoolisme en général et sur l'absinthisme en particulier. Ils vont jusqu'à séparer l'absinthisme de l'alcoolisme pour accentuer l'image décadente et mortifère de l'absinthe.

En effet, l'alcoolisme et l'absinthisme sont rendus responsables, entre autres, de la criminalité, de la folie, de la vieillesse prématurée, de la mortalité infantile, etc. Ils sont synonymes de la déchéance de la volonté, de la dislocation de la famille, de l'affaiblissement des croyances et de de la contagion morale.

Ainsi, la grande toxicité de l'essence d'absinthe fournit au législateur un puissant argument pour « frapper d'abord la liqueur d'absinthe d'un impôt très lourd avant de jouer un rôle déterminant favorisant l'interdiction de sa fabrication et de sa consommation en Suisse en 1908 et en France en 1915[18] » et sert de soutien aux ligues antialcooliques comme « La Croix bleue » qui inscrit en bas d'une de ses pétitions datant de 1907 :

Attendu que l'absinthe rend fou et criminel, qu'elle provoque l'épilepsie et la tuberculose et qu'elle tue chaque année des milliers de Français,

Attendu qu'elle fait de l'homme une bête féroce, de la femme une martyre, de l'enfant un dégénéré, qu'elle désorganise et ruine la famille, et menace ainsi l'avenir du pays,
Attendu que des mesures de défense spéciales s'imposent impérieusement à la France, qui boit à elle seule plus d'absinthe que le reste du monde,

Invitent le Parlement à voter la proposition de loi suivante[19]*...*

Ainsi, la lutte préventive contre l'alcoolisme s'impose comme une priorité, reléguant au second plan la question du traitement des criminels. L'objectif est de s'attaquer à ce fléau perçu comme la cause première de nombreux délits et violences. Le docteur Legrain, collaborateur du psychiatre Valentin Magnan, exprime clairement ce lien de causalité en affirmant : « Qui dit alcoolisme dit crime »[20]. Cette approche traduit une vision déterministe, où l'éradication ou la réduction de la consommation d'alcool est envisagée comme un moyen efficace de prévenir la criminalité et d'assurer la protection de l'ordre social.

L'alcoolique est considéré comme l'ennemi public numéro un. Citons, par exemple, le portrait apocalyptique dressé en 1889 par le docteur Paul Brouardel, directeur du Comité consultatif d'hygiène publique auprès du ministère de l'Intérieur, lors de la séance d'ouverture du Congrès international d'hygiène et de démographie qu'il préside à Paris :

---

[18] SÉRIEUX Paul. *Valentin Magnan sa vie, son œuvre*, Paris, Masson, 1921.
[19] DELAHAYE Marie-Claude, « Grandeur et décadence de l'absinthe », *Histoire, économie et société*, année 1988, volume 7, numéro 4, p. 475-489
[20] LEGRAIN Paul-Maurice, *Un fléau social : l'alcoolisme*, Paris, Gautier, 1896, p.13

L'alcoolique est un danger pour la société [...]. L'alcoolique est un être faible cérébralement, capable des pires intentions. Il est dangereux pour lui et pour ses concitoyens, il entre pour plus de la moitié dans les pensionnaires des prisons, il peuple les hôpitaux et les asiles d'aliénés. Il est ruineux pour sa famille et pour la commune qui, après avoir secouru sa misère et celle de sa femme, est obligée de faire vivre ses enfants scrofuleux, idiots, épileptiques, incapables de travailler pour suffire à leur subsistance[21].

Le mouvement hygiéniste lancé après la défaite de 1870 et qui prend de l'ampleur au début du XXe siècle, ne disparait pas avec l'interdiction de la fabrication et de la commercialisation des liqueurs d'absinthe en France en 1915 même s'il faiblit jusqu'au début des années 1930.

En effet, à la faveur de la surproduction viticole au début des années 1930, l'alliance entre les viticulteurs et les mouvements antialcooliques se reconstruit en ciblant la consommation des apéritifs en général tout en épargnant la boisson nationale, le vin.

La crainte liée aux surplus de vin amène l'État à lancer des appels pour une consommation accrue de la boisson nationale[22]. Pour se démarquer des boissons apéritives considérées comme responsable de *l'alcoolisme mondain*[23], les pouvoirs publics soutiennent la filière viticole en associant l'image du vin à la santé et au patriotisme faisant oublier la surproduction, qui est la raison principale de la crise viticole comme le soulève De Closets dans son ouvrage *La France et ses mensonges* :

Lorsque éclatent les grandes crises viticoles, nul n'a le courage de dire que le vrai problème est d'arracher le tiers du vignoble français [...] mais non, le problème paraît toujours venir de ce que les Français sont des mauvais citoyens qui se dérobent au devoir national de boire le produit de leurs vignes[24].

L'augmentation de la consommation des alcools en général et du vin en particulier durant les années 1930 fait craindre un alcoolisme pesant sur la nation comme ce fut le cas avant l'interdiction de l'absinthe. À cela s'ajoutent les conséquences de la crise de 1929, la baisse démographique, la dénonciation de l'industrialisation qui ne se soucie pas de la santé des

[21] MUCCHIELLI Laurent, « Criminologie, hygiénisme et eugénisme en France (1870-1914) : débats médicaux sur l'élimination des criminels réputés incorrigibles », *Revue d'histoire des sciences humaines,* 2000, p. 57-89, citant BROUARDEL P., « Discours de M. BROUARDEL », *Actes du Congrès international d'hygiène et de démographie,* Paris, Gaston Née, 1889, p. 3-12.

[22] HOWARD Sarah, *op. cit.*, p.196.

[23] Un type d'alcoolisme qui touche des classes plus aisées et plus particulièrement les jeunes gens issus de ces classes.

[24] De CLOSETS, *La France et ses mensonges*, Paris, Denoël, 1977, p.292, *in* : HOWARD Sarah, *Les images de l'alcool en France…*, *op. cit.,* p.196.

ouvriers[25], du capitalisme et de l'individualisme représentés par le taylorisme et le fordisme. Des facteurs responsables d'une certaine décadence dénoncée par des intellectuels français dont les plus actifs sont Louis-Ferdinand Destouches, connu sous le nom de Louis-Ferdinand Céline et Pierre Drieu la Rochelle, deux auteurs intellectuels fascistes, collaborationnistes, antisémites, partisans de la thèse de la décadence sociale responsable de la défaite de la France en 1940.

En conclusion, le XIXe siècle et la première moitié du XXe est une période qui connaît une transformation et une croissance industrielle accompagnées d'un décollage économique qui transforme le paysage social avec l'apparition de la classe ouvrière, avec l'évolution contrastée des niveaux de vie et avec le triomphe de la bourgeoisie. Ces évolutions et ces mutations se réalisent dans une ambiance idéologique très particulière où le social et l'économique se côtoient, se complètent et se confrontent à la fois.

Le libéralisme, fondé sur la promotion de la liberté du commerce et de l'industrie comme vecteur d'enrichissement individuel, devient également, aux yeux de certains courants de pensée, le terreau d'une forme de décadence morale. Cette critique alimente alors l'émergence et la légitimation des théories hygiénistes, parfois traversées par des influences eugénistes, qui visent à encadrer et moraliser les comportements individuels. Ces doctrines s'emploient notamment à combattre certains fléaux sociaux perçus comme emblématiques de cette décadence, au premier rang desquels figure l'alcoolisme. Ce dernier devient dès lors l'un des leviers majeurs de transformation du marché des alcools de bouche, de l'après-défaite de 1870 jusqu'à l'instauration du régime de Vichy. C'est dans ce contexte que sont votées les premières lois sanitaires et sociales, présentées comme des réponses aux discours dénonçant une supposée déliquescence morale et sociale, jugée responsable du désastre militaire de 1940.

C'est dans ce panorama, qui servira de toile de fond, que nous allons à présent débuter notre étude du marché des alcools de bouche en France à la lumière des contraintes législatives, socio-économiques, culturelles et politiques qui ont façonné la perception des alcools dans l'imaginaire social.

---

[25] L.F CÉLINE, « Note sur l'organisation des usines Ford à Détroit » (1925) *in* : *Cahiers Céline III*, Paris, Gallimard, 1977, p. 130 : « Chez Ford, la santé de l'ouvrier est sans importance, c'est la machine qui lui fait la charité d'avoir encore besoin de lui ».

Chapitre 2
L'alcool de bouche, entre imaginaire social et contraintes législatives et fiscales

Avant de nous intéresser aux images de l'alcool dans l'imaginaire social, il nous paraît indispensable de présenter les différentes classifications des boissons alcoolisées qui peuvent faire appel soit aux procédés de fabrication, soit aux substances et aux matières premières transformées soit tout simplement à une classification législative.

2.1. Classification des alcools et des boissons alcoolisées

Quand nous parlons du marché des alcools de bouche nous pouvons nous référer à plusieurs types de classification. On effectue cette classification selon le procédé de fabrication c'est-à-dire la fermentation et/ou la macération et/ou la distillation, en sachant qu'un produit peut être issu des trois procédés à la fois :

– La fermentation est le procédé le plus ancien. C'est un processus naturel qui transforme le sucre en alcool, et le jus de raisin en vin… Trois produits phares sont issus de ce procédé de fabrication : le vin, la bière et le cidre ;

– La distillation est un procédé de séparation de constituants d'un mélange homogène. Au cours de la distillation, il y a d'abord une évaporation, puis une condensation ;

– La macération est une technique qui consiste à laisser tremper une substance dans un liquide alcoolique. Ce procédé est, en général, complémentaire de la distillation voire aussi de la fermentation. Jadis, la macération se réalisait dans de larges tonneaux et aujourd'hui, dans des cuves en acier inoxydable. Prenons l'exemple de la liqueur d'absinthe : dans un premier temps, les plantes sont macérées dans l'alcool, puis le produit semi-fini est distillé. La durée de macération est déterminée par le producteur lui-même et peut durer jusqu'à plusieurs jours. Même après la distillation, des plantes peuvent être ajoutées au distillat.

Parmi ces trois procédés, la distillation est la technique qui fait le plus appel au savoir et à l'ingéniosité humaine. À l'issue de la distillation, deux types d'alcools sont produits : l'alcool naturel et l'alcool industriel.

Durant le XIXe siècle et jusqu'à la fin de la première moitié du XXe, l'alcool industriel est vivement combattu car il semble être la cause de l'alcoolisation en France au point de le confondre avec les alcools naturels représentant, souvent, des produits des terroirs français qui, peu à peu, subissent les effets de l'image négative véhiculée par l'alcool industriel.

Ces alcools naturels comprennent les rhums, les tafias[1], les genièvres, l'hydromel[2], les alcools produits par la distillation des vins, des cidres, des marcs et des fruits frais.

Lorsque l'on distille les matières premières servant à la préparation des alcools, on obtient un premier produit de distillation que l'on nomme « flegme ». Celui-ci contient des impuretés. Pour les éliminer, on doit procéder à une opération de rectification, on obtient ainsi les produits suivants : les *mauvais goûts* qui sont mis de côté, les *moyens goûts* qui retournent à la rectification et les *bons goûts* qui sont les seuls alcools destinés au marché des alcools de bouche. Ces alcools se divisent en deux grandes catégories : les eaux-de-vie et les esprits.

Les eaux-de-vie sont les alcools dits naturels qui, quelle que soit leur provenance, ont un degré suffisamment abaissé soit par réduction naturelle, soit par coupage avec l'eau pure, pour qu'ils puissent être consommés en cet état. Ces eaux-de-vie reçoivent des noms spéciaux suivant leurs arômes ou lieux d'origine : les eaux-de-vie de Charente qui se dénomment aussi « Cognac », les eaux-de-vie du Gers, des Landes et du Lot-et-Garonne qui se dénomment « Armagnac », le kirsch qui est l'eau-de-vie préparée au moyen des cerises noires écrasées et fermentées avec leurs noyaux ou merises et le rhum qui provient de la distillation de la mélasse de la canne à sucre.

Quelquefois on additionne à l'eau-de-vie un principe aromatique. Ainsi, on obtient le gin, l'anisette, l'absinthe et les similaires à l'absinthe comme les boissons anisées. Quant aux liqueurs[3], ce sont des eaux-de-vie aromatiques dans lesquelles on dissout du sucre.

Les « esprits » sont une dénomination réservée aux liqueurs alcooliques qui proviennent d'une concentration des eaux-de-vie. Ils n'ont pas d'arôme et leur valeur est fonction de leur richesse alcoolique. On les classe parfois de la manière suivante : les trois-cinq (76°), les trois-six (85°), les trois-sept (88°) et les trois-huit (92°).

Les alcools d'industrie sont tous les alcools qui ne sont pas visés ci-dessus et qui proviennent en général de la distillation des betteraves, des mélasses, des grains ou des pommes de terre. C'est ce type d'alcool qui coûte moins cher et qui permet aux distillateurs de réduire leur coût de revient et leurs prix de vente pour rendre l'alcool plus accessible à toutes les bourses. Cet alcool est utilisé dans le procédé de fabrication de plusieurs boissons alcooliques jusqu'à son interdiction d'une manière indirecte par le biais de l'instauration du monopole de l'État sur les alcools à partir de 1916.

---

[1] Liqueur provenant de la distillation de la canne à sucre.

[2] Alcool provenant de la distillation du miel.

[3] Une liqueur est une boisson spiritueuse ayant une teneur en sucre minimale de 100 grammes par litre, obtenue par aromatisation de l'alcool éthylique d'origine agricole ou d'un distillat d'origine agricole.

À partir de cette année, 1916, seuls les alcools naturels sont autorisés à être commercialisés comme produit final à la sortie de l'alambic comme le calvados, l'armagnac, le kirsch, la mirabelle, le marc, le rhum, la prune, la quetsche, et le genièvre et à entrer dans la fabrication des liqueurs et spiritueux composés comme la bénédictine, la chartreuse, le cointreau et le grand-marnier, l'amer, le picon, le bitter, le vermouth, le quinquina, l'anisette, les similaires d'absinthe...

L'alcool d'industrie est utilisé comme produit de consommation directe et intermédiaire sur le marché des alcools de bouche jusqu'en 1916. Il est aussi utilisé, comme le développe Marbeau Pierre dans sa thèse[4], pour fabriquer des boissons alcooliques destinées à l'exportation, d'où l'instauration d'une certaine fraude, à conserver les fruits frais, à donner du corps à des vins naturellement plats ou pour préparer des mistelles (vins de liqueur)[5], à fabriquer du vinaigre, à servir de carburant et à être utilisé pour des services pharmaceutiques et chirurgicaux des hôpitaux en général et des hôpitaux militaires en particulier. Mais la destination prioritaire de cet alcool est la production des poudres qui entrent dans la fabrication des explosifs. En effet, il faut 100 litres d'alcool pour produire 100 kg de poudre[6]. Il a fallu 4.715.000[7] hl d'alcool pour fabriquer les explosifs durant la Première Guerre mondiale dont 4.000.000 hl sont importés. C'est l'une des justifications du recours de l'État au monopole sur les alcools d'industrie afin de « se libérer des importations en cas de nouveau conflit [...] La Direction des poudres aurait besoin, en cas de guerre future, d'après les estimations ayant pu être faites, de 700.000 litres d'alcool par jour, soit près de 2 millions ½ d'hectolitres par an pour la fabrication des poudres[8] ».

En plus de cette classification fondée sur les procédés de fabrication, nous pouvons faire appel à une classification législative[9] utilisée en général dans les différentes recherches et études par les sociologues, les juristes et les économistes durant les XIXe et XXe siècles, entre quatre familles de produits :

- Le vin qui titre entre 10 et 14° et le vin de liqueur titrant entre 15 et 25° ;
- Le cidre qui correspond à la fermentation des pommes titrant 6° d'alcool maximum ;

[4] MARBEAU Pierre, *Le régime des alcools d'industrie et des alcools de bouche en France*, thèse pour le doctorat en sciences politiques et sociales, Université de Paris, Faculté de droit, 1932, p. 17-18

[5] À travers le procédé de vinage : addition d'alcool au vin ou au moût, opération licite pour la préparation des mistelles et des vins spéciaux.

[6] MARBEAU Pierre, *op. cit.*

[7] Selon un article du Lieutenant-Colonel REBOUL paru dans le *Temps* en mai 1923. Article cité par G. WEIL Robert, *Le monopole de l'alcool industriel*, thèse pour le doctorat en droit, Université de Paris, Faculté de droit, 1932.

[8] MARBEAU Pierre, *op. cit.*, p. 74-75.

[9] MARBEAU Pierre, *op. cit.*, p. 12-13. G. WEIL Robert, *Le monopole de l'alcool industriel*, thèse pour le doctorat en droit, Université de Paris, Faculté de droit, 1932.

– La bière dont le degré alcoolique varie entre 3 et 4° ;
– Les alcools dits spiritueux[10] et qui correspondent aux alcools forts. On y trouve l'alcool naturel et l'alcool industriel issu, en général, de la distillation des betteraves. Dans ces spiritueux on rencontre par exemple le kirsch comme alcool consommé à la sortie de l'alambic, l'absinthe qui utilise en partie l'alcool industriel ou naturel comme matière première, et les similaires à l'absinthe comme les boissons anisées.

Dans notre thèse, nous nous attacherons, surtout, à effectuer une étude comparative du marché national du vin et des alcools distillés, à savoir l'alcool industriel et l'alcool naturel permettant de produire des eaux-de-vie et des liqueurs comme l'absinthe et ses assimilés. Néanmoins, nous serons amenés, pour les besoins de nos recherches, à évoquer d'autres boissons alcoolisées.

Après cette clarification, nous allons à présent nous pencher sur la perception des boissons alcoolisées dans l'imaginaire social. Nous verrons qu'elles sont consommées par habitude, par tradition, pour se donner des forces, pour s'évader, mais aussi pour bénéficier de ses vertus médicinales et apéritives tout en veillant à bien distinguer le bon et le mauvais alcool !

2.2. L'alcool dans l'imaginaire social

La France entretient un lien historique avec l'alcool, en particulier avec le vin, érigé depuis des siècles en symbole national. Consommer du vin, c'est faire corps avec la nation : il incarne une forme d'appartenance collective, un marqueur identitaire aussi fort que le drapeau ou la langue. L'imagerie populaire en témoigne avec force, comme dans cette estampe représentant Louis XVI coiffé du bonnet phrygien, arborant la cocarde tricolore, buvant à la bouteille des paroles devenues liquides : « Vive la Nation ». Le vin, ici, n'est pas qu'un breuvage, il est le sang de la République. Dans cette sacralisation de l'alcool, les eaux-de-vie occupent une place singulière. Moins universelles que le vin, elles s'ancrent dans les terroirs, enracinées dans les traditions locales, transmises de génération en génération. Elles portent la mémoire des lieux, des gestes, des savoirs. Elles sont perçues comme un remède corporel, un élixir contre les douleurs du corps et les peines de l'âme. Si le vin symbolise la France une et indivisible, l'eau-de-vie raconte, quant à elle, la diversité de ses territoires, la richesse de ses cultures populaires et leur capacité à transformer une ressource agricole en patrimoine vivant.

---

[10] Une boisson spiritueuse est une boisson alcoolisée obtenue par distillation, suivie éventuellement d'une macération ou d'une infusion de matières premières agricoles. Ces procédés de fabrication distinguent les spiritueux des boissons alcoolisées produites par fermentation (bière, vin, cidre). Les boissons spiritueuses se divisent en deux grandes familles : les boissons spiritueuses « simples », plus couramment appelées eaux-de-vie, et les boissons spiritueuses « composées », dont le goût est issu de substances végétales, sucre ou arômes, ajoutées à un alcool neutre ou à une eau-de-vie (extraits d'absinthe, les liqueurs, les anisés, etc.).

Figure 3. Louis XVI avoit mis le Bonnet rouge

Estampe anonyme, vers 1792.
SOURCE : Musée Carnavalet et Histoire de Paris

Louis XVI avoit mis le Bonnet rouge, il avait crié vive la nation, il avoit bu à la santé des sans-culotte, *il avait affecté le plus grand calme, il avoit dit hautement qu'il ne craindroit jamais, que jamais il n'auroit à craindre au milieu du peuple ; enfin il avoit semblé prendre une part personnelle à l'insurrection du 20 juin. Eh bien ! Ce même Louis XVI a bravement attendu que ses concitoyens fussent rentrés dans leurs foyers pour leur faire une guerre occulte et exercer sa vengeance.*

2.2.1. Une pratique habituelle de partage, de virilité et d'évasion

Que ce soit en apéritif, en accompagnement d'un repas, en digestif ou en « arrosant » un évènement heureux, les boissons alcoolisées sont d'abord des symboles de partage, d'accueil et de politesse. Il n'y a pas de meilleure façon de témoigner à quelqu'un sa reconnaissance ou son estime que de lui offrir à boire. Paradoxalement, le code de la politesse perd tout son sens si la boisson offerte est dépourvue d'alcool. Le refus d'offrir une boisson alcoolisée est considéré dans la culture française comme une offense ou, au moins, comme une preuve de mauvaise éducation[11]. De même, refuser de « trinquer » est une véritable impolitesse.

Dans son roman, *L'Hôtel du Nord,* Eugène Dabit raconte le quotidien d'un patron de bar, Émile Lecouvreur, qui tente de lutter contre l'alcoolisme lié à son métier :

> *Lecouvreur [...] buvait le moins possible [...] Mais comment, sans faire injure à ses habitués et compromettre son commerce, refuser les tournées qu'on lui offrait ? Il s'était bien fabriqué un breuvage inoffensif, à base de sirop ; malheureusement, les clients ne le laissaient pas tirer sa bouteille de sous le comptoir. Sur ce chapitre-là, ils ne plaisantaient pas : On ne vous a pas invité à boire de la queue de cerise ni du pipi de rossignol. Les samedis, soirs de grande manille, Lecouvreur finissait, lui aussi par s'enivrer. Louise s'attristait à le regarder boire, mais elle se taisait et pensait : C'est le commerce*[12].

La consommation d'alcool n'est pas uniquement un symbole de partage et de politesse avec leurs contraintes, elle est aussi un rite de passage vers l'état d'adulte, un symbole de virilité et un moyen d'évasion. À la fin du XIXe siècle et le début du XXe, l'alcool est perçu comme un comportement familier et « naturel » chez les hommes, c'est un rite de passage obligatoire vers la vie d'adulte[13] qui commence par apprendre à boire, et par la suite, à boire beaucoup sans paraitre incommodé. Par cette attitude, le jeune buveur manifeste une supériorité indiscutable[14]. Ainsi, les expressions si répandues du genre « boire comme un grand », « boire comme un homme » sont de nature à faire éprouver aux jeunes qui ne boit pas, un véritable complexe d'infériorité[15].

---

[11] AURIERES Jean-Marie, *La lutte contre l'alcoolisme,* thèse de doctorat en droit, Université de Toulouse, 1955, p. 129.

[12] DABIT E, *L'Hôtel du Nord*, Paris, Denoël, 1963, p. 47. *In* : Howard Sarah, *Les images de l'alcool en France (1915-1942)…, op. cit.,* p. 92.

[13] BECK François, LEGLEYE Stéphane, DE PERETTI Gaël, « L'alcool donne-t-il un genre ? », *Travail, genre et sociétés* 1/2006, n° 15, p. 141-160

[14] AURIERES Jean-Marie, *op. cit.,* p. 128.

[15] MALIGNAC Georges et COLIN Robert, *L'Alcoolisme*, Paris, Presses Universitaires de France, 1954.

L'alcool est perçu aussi comme un symbole de virilité au sein du cercle familial mais aussi dans le monde du travail. De très nombreuses personnes durant la deuxième moitié du XIXe siècle et durant la première moitié du XXe croient que l'alcool est nécessaire au travail. Elles adhèrent à l'idée qu'ils supporteraient facilement de grandes quantités d'alcool sous forme de boissons fermentées ou distillées car « l'alcool contenu dans ces boissons est facilement brulé au moment des efforts, surtout si ceux-ci sont accomplis au grand air[16] ». La consommation d'alcool fonctionne, depuis le XIXe siècle au moins, comme « un marqueur d'une virilité ouvrière que les stéréotypes valident [...] tous les discours sur la dépense physique nécessaire au travail ouvrier participent à la ratification d'une virilité ouvrière[17] ».

Comme le souligne Sarah Howard, citant l'écrivain Eugène Dabit, plusieurs professions exigent des boissons fortes[18]. C'est le cas des « camionneurs [durant les années 1920] qui se passionnent pour la bouteille. Ils sont décrits par Dabit ainsi : « [...] c'est un usage parmi eux de prolonger l'apéritif jusqu'à l'apparition du patron[19] ». Les femmes ne sont pas en reste, c'est le cas des blanchisseuses parisiennes qui étaient depuis longtemps des buveuses réputées, sans doute en raison de leurs conditions de travail, dans une humidité constante, souvent à l'extérieur[20]. Dabit les décrit venant boire un verre au bar de l'hôtel du Nord : « Deux vieilles blanchisseuses qui travaillent au Bateau-Lavoir du Quai de Valmy, la Berthe et la Félicité commandaient un petit marc pour passer l'hiver sans crevasse[21]. »

Enfin, l'alcool devient un moyen pour combler le besoin d'évasion des ouvriers à cause du travail pénible qui ne trouve aucune compensation en dehors de celui-ci, du fait des conditions de vie sordide qui sont les leurs[22]. Contrairement à l'opinion reçue de l'époque, la fréquentation des débits de boissons n'est pas uniquement l'occasion de « se griser[23] » mais aussi pour se délasser, s'amuser et parfois se politiser.

---

[16] AURIERES Jean-Marie, *op. cit.*, p. 130-131.

[17] VIGNA Xavier, *L'espoir et l'effroi. Luttes d'écritures et luttes de classes en France au XXe siècle*, La Découverte, 2016.

[18] Howard Sarah, *op. cit.*, p. 91.

[19] DABIT E, *L'Hôtel du Nord*, Paris, Denoël, 1963, p. 38. [Date de première publication : 1929]

[20] Howard Sarah, *op. cit.*, p. 91.

[21] DABIT E, *op. cit.*, p. 37-38.

[22] DEBRÉ Robert et SAUVY Alfred. *Des Français pour la France*, Paris, Gallimard, 1946. *In* : AURIERES Jean-Marie, *La lutte contre l'alcoolisme,* thèse de doctorat en droit, Université de Toulouse. 1955, p. 126.

[23] LEYRET Henri, *En plein faubourg. Notations d'un mastroquet sur les mœurs ouvrières*, Paris, Charpentier, 1895. *In* : THÉOFILAKIS Fabien, « À l'ombre du comptoir : débitants et débits de boissons à Belleville (1860-1914) », *Revue d'histoire du XIXe siècle*, n° 26-27 | 2003, 65-84.

La dégradation de la vie sociale des ouvriers favorise la fréquentation des débits de boissons. Comme l'écrit Charles GIDE dès 1903[24] :

Le débit exerce une suggestion permanente. Elle a d'autant plus de prise sur l'ouvrier qu'elle le guette à toute heure, à l'entrée et à la sortie de l'atelier, au petit jour et au saut du lit quand il frissonne de froid, à la tombée de la nuit quand il rentre las […] dans la soirée pour lui offrir en échange du taudis où la femme fait le ménage et où la marmaille raille, une salle, où il se sent revivre.

L'alcool, vecteur de sociabilité malgré ses risques, a longtemps été valorisé pour ses vertus médicinales et apéritives. Dès le XIXe siècle, producteurs et distributeurs mettent en avant ses bienfaits pour séduire et fidéliser les consommateurs. Vin et eaux-de-vie deviennent ainsi des marqueurs culturels propres à chaque région, associés à la santé, jusqu'à l'interruption de cette tradition par la politique antialcoolique du régime de Vichy.

2.2.2. Un produit aux vertus médicinales et apéritives

La consommation d'alcool en France est culturellement, mais aussi historiquement, ancrée dans les habitudes sociales et familiales. Même si le vin représente, depuis longtemps, la boisson nationale que nous trouvons sur les tables de tous les foyers français, chaque région cultive son cru et sa spécialité en vantant les vertus médicinales et apéritives[25] à travers les bienfaits des herbes et les plantes qui composent leurs recettes.

La France offre une diversité considérable de boissons. On les apprécie selon des préférences régionales[26] liées à la spécificité du sol et aux modes agricoles pratiquées. Ainsi,

- en Savoie, on produit le *vermouth de Chambéry*, vin d'herbes datant du XVIe siècle ;
- dans le Dauphiné et le Vivarais, c'est la *Chartreuse*, un « élixir de longue vie » préparé à partir de 130 plantes depuis le XVIIe siècle ;
- dans le Jura, on trouve du *génépi* dans les hautes montagnes. Ce sont ses vertus médicinales qui ont fait la renommée des Basses et des Hautes-Alpes[27] ;

---

[24] GIDE Charles, *De la suppression ou de la réglementation des débits de boissons*, Paris, L. Larose & L. Tenin, 1904. *In* : AURIERES Jean-Marie, *La lutte contre l'alcoolisme, thèse* de doctorat en droit, Université de Toulouse. 1955, p. 127.

[25] D'après le CNRTL, l'étymologie du mot apéritif est construit autour de l'étymon *aper* du latin *aperire*, qui veut dire *ouvrir*. Au XIIIe siècle, un médicament apéritif est un médicament qui facilite les sécrétions de l'appareil digestif, c'est un *laxatif.* Au XVIIIe siècle, d'autres aliments comme le poivre et le vin sont présentés comme apéritifs c'est-à-dire, ils aident à la digestion, ils donnent de l'appétit.

[26] Descriptions faites par Sylvie GIRARD et Elysabeth DE MEURVILLE dans *L'atlas de la France gourmande*, Paris, 1990, complétées par celles du *Larousse Gastronomique*, Paris, 2000.

[27] TOPALOV Anne-Marie, *La vie des Paysans Bas-Alpins à travers leur cuisine. De 1890 à nos jours*, Aix-en-Provence, Edisud, 1998, p.70 et DELCOUR Denise, *Savoir*

FIGURE 4. Les cris de Paris : Le marchand d'eau-de-vie

Abraham BOSSE (1602-1676). SOURCE : Musée Carnavalet et Histoire de Paris

Si vous ressentez la pépie[28]*Mal au cœur, de teste de dents, Prenez contre ces accidents, Un double de mon eau-de-vie*

Populaire alpins. Soigner le "coup de froid" dans le Briançonnais, In G. BËTSCH et H. CORTOT (dir.), *Plantes qui nourrissent, plantes qui guérissent dans l'espace alpin,* éditions de la librairie des Hautes Alpes, 2004, p. 165.

[28] Ressentir la pépie : être assoiffé.

– en Corse, le *Cap Corse,* une liqueur composée de gentiane, myrtille, fève de cacao, colombo, écorce d'orange amère, écorce de quinquina, et vin qui permet de « faire tomber la fièvre[29] » ;
– dans le Tarn, *l'armagnac*, une eau-de-vie de vin considérée comme la plus ancienne eau-de-vie de France ;
– en Normandie, *le calvados*, qui se boit plutôt à la fin du repas ou avec son café sur le zinc et *la bénédictine* qui est une liqueur très aromatique de couleur jaune, un élixir inventé au XVIe siècle par un moine bénédictin de Fécamp du nom de Dom Bernardo Vincell ;
– dans le Nord de la France, on consomme surtout *le genièvre*. Une eau-de-vie industrielle préparée avec les baies du genévrier. Née en Hollande, elle est apparue à Dunkerque en France pendant la seconde moitié du XVIIIe siècle ;
– dans la région de la Champagne-Ardenne on trouve *le champagne*, mis au point au XVIIe siècle par le bénédictin de l'abbaye d'Hautvillers, Pierre dom Pérignon ;
– dans tout le Nord-Est de la France, on semble apprécier les eaux-de-vie de fruits dont Fougerolles, en Franche-Comté, connue pour son *kirsch* élaboré à partir de guignes et de cerises et son *absinthe*. Dans cette même région, il faut citer Pontarlier, qui était le berceau français de la liqueur d'absinthe.

La majorité des boissons alcoolisées proposées sur le marché national se présentent au consommateur avec des vertus médicinales et/ou apéritives : « élixir de longue vie », « fait tomber la fièvre », « fortifiants », « toniques », « tonifiants », « régénérateurs », « ouvrent l'appétit », « apéritifs », « digestifs », « reconstituants », etc.

Selon un manuel général d'instruction primaire datant de 1899 cité par Philippe Gaillard dans son ouvrage *Les cafés en Savoie 1815-1939,* l'alcool « ouvre l'appétit, endort la faim, favorise la digestion, donne de la force [...], éveille l'intelligence, excite la gaité, tue le ver et chasse le mauvais œil en cas d'épidémie[30] ». Ces vertus sont très anciennes. Les Romains buvaient des vins dans le même but d'ouvrir l'appétit comme le souligne l'historien Gilbert Garrier qui ajoute que les apéritifs « s'inscrivent dans la très ancienne lignée des vins parfumés des Romains et des vins miellés et aromatisés des tables médiévales, comme l'hypocras. Leur fonction était bien déjà d'éveiller l'appétit[31] ». La Bible aussi mentionne les bienfaits du vin par la bouche de l'apôtre Paul qui conseille à son disciple (Timothée) de boire un peu de vin pour soulager son estomac[32].

---

[29] GIRARD Sylvie et DE MEURVILLE Elysabeth, *L'atlas de la France gourmande*, Paris, 1990, p.109.
[30] GAILLARD Philippe, *Les cafés en Savoie (1815-1939),* Université de Savoie, 1989, p.148.
[31] GARRIER Gilbert, *Histoire sociale et culturelle du vin,* Paris, Larousse, 1998, p.275
[32] 1Timothé 5.23.

FIGURE 5. Absinthe Cusenier (1899)

FIGURE 6. Bénédictine (1906)

FIGURE 7. Vin de Vial (1914)

FIGURE 8. SUZE l'amie de l'estomac (1930)

SOURCE : Collection A. El Mostain.

Ces vertus médicinales anciennes deviennent des slogans commerciaux dès la fin du XIXe siècle et qui s'accentuent jusqu'en 1942, année de l'interdiction des apéritifs et de leur publicité. Les exemples abondent : le vin de Vial, vendu en pharmacie comme fortifiant ; l'absinthe Cusenier, vantée par le slogan « c'est ma santé » ; la Bénédictine, présentée comme « exquise, tonique et digestive » ; ou encore la Suze, qualifiée « d'amie de l'estomac ». Ces messages associent habilement plaisir gustatif et promesse de bienfaits, renforçant l'attrait commercial de ces produits auprès d'un large public.

Bien qu'elles accompagnent les boissons alcoolisées jusqu'à la promulgation de la loi du 23 août 1940[33], Ces vertus médicinales et apéritives se confrontent à une dénonciation des « mauvais alcools » qui stigmatisent les boissons issues de la distillation au profit de celles issues de la fermentation. Une stigmatisation favorisée par deux événements majeurs : la crise viticole causée par le phylloxera et la perte de la guerre franco-allemande de 1870.

2.2.3. Le bon grain et l'ivraie : les boissons fermentées oui, les alcools distillés non

Jusqu'au début des années 1870, le vin est le produit leader sur le marché des alcools de bouche. Il ne souffre d'aucune concurrence notable mais, avec l'avènement du phylloxera, un puceron qui ravage le vignoble français dès la fin des années 1860, les viticulteurs sont obligés de procéder à l'arrachage de leurs vignes. Ce ravage cause la baisse de la production nationale du vin durant une vingtaine d'années (le temps de reconstituer le vignoble à travers de nouveaux plants importés des États-Unis) qui va profiter à d'autres types d'alcools comme l'alcool industriel issu de la distillation des betteraves, les eaux-de-vie dont le kirsch de Fougerolles et la liqueur d'absinthe.

Cette crise viticole provoque un déplacement de la consommation vers les alcools forts. L'augmentation assez générale du niveau de vie, la croissance du nombre des débits de boissons (+ 32% entre 1869 et 1913), et celle des bouilleurs de cru (+ 1.078% entre les deux mêmes dates)[34], favorisées par une législation libérale, l'impact d'une publicité omniprésente et alléchante, drainent vers les eaux-de-vie, et surtout vers les apéritifs, une nouvelle clientèle. Le maximum historique de la consommation se place précisément en 1900 avec 4,6 litres d'alcool pur par habitant. Cette même année, il s'est bu 238.000 hectolitres d'absinthe (0,62 l/habitant) contre 18.000 hectolitres (0,049 l/habitant) en 1880[35].

---

[33] Loi du 23 août 1940 publiée au *Journal officiel* du 24 août 1940. Elle interdit la fabrication, la commercialisation et la consommation de tous les apéritifs tirant à plus de 16°.

[34] *Bulletin de Statistiques et de Législation comparée*, 1914.

[35] JACQUET Louis, *L'alcool, étude économique générale : ses rapports avec l'agriculture, l'industrie, le commerce, la législation, l'impôt, l'hygiène individuelle et sociale*, Paris, Masson, 1912, p. 734.

À cette situation s'ajoute la guerre de 1870 qui ébranle la fierté française qui attribue cette défaite à l'ivrognerie[36] et en particulier à l'alcool distillé dit « non hygiénique », c'est le cas des alcools industriels mais aussi des eaux-de-vie et de la liqueur d'absinthe. En effet, en condamnant l'alcool distillé rendu responsable de l'image d'une France décadente, on crée, volontairement, une confusion dans l'imaginaire social entre les alcools issus de la distillation des betteraves, des mélasses, des grains ou des pommes de terre et les eaux-de-vie rattachées à des terroirs et à des histoires locales ancestrales. Le message est explicite : en dehors des boissons issues du procédé de fermentation, toutes les autres sont considérées comme mauvaises et nuisibles pour le consommateur et pour la société.

Au lendemain de la guerre de 1870, les premières ligues antialcooliques voient le jour au niveau associatif et politique. Ces ligues vont inlassablement lutter contre les alcools distillés dits « non hygiéniques » rendus responsables du « péril alcoolique » tout en faisant, directement ou indirectement, la promotion du vin. 23 ligues antialcooliques sont recensées alors en 1903[37].

Ces associations antialcooliques utilisent la théorie de dégénérescence dont l'un des fondateurs est le Docteur Legrain[38], comme une cause du péril social, et demande que ce fléau soit traité en tant que cause nationale, mettant en avant le danger qu'il représente pour la « race française qui décroît[39] » et surtout pour les classes populaires. Dans ce même sens, Bertrand Dargelos, citant l'historienne américaine Susanna Barrows[40], précise qu'« il existe un sentiment de faiblesse de la « race » française par rapport aux autres nations européennes qui est redoublé par la vision d'insécurité et de dangerosité que représentent les classes populaires depuis la défaite de 1870 et les événements de la Commune de Paris de 1871[41] ».

Les élites et les ligues antialcooliques présentent le « bon alcool » comme étant français, il est envié et même volé par l'étranger, fournisseur du mauvais alcool. En 1882, deux auteurs mosellans, sous le pseudonyme collectif « Erckmann-Chatrian », écrivent : « Ils (les Prussiens) ont de l'argent, eux, sans rien faire ils s'enrichissent, ils enlèvent notre bois, notre vin, ils nous

---

36 GAILLARD, Philippe, *op. cit.*, p.164.

37 NOURRISSON Didier, *Le Buveur du XIXe siècle*, Paris, Albin Michel, 1990, p. 233

38 LEGRAIN Paul-Maurice *Hérédité et alcoolisme, Etude psychologique et clinique sur les dégénérés buveurs et les familles d'ivrognes*, Thèse soutenue à Paris, 1889.

39 FISSARTIER (Docteur), *De l'alcoolisme moderne. Étude sociale sur le poison à la mode en France*, Paris, Leclerc, 1861, p. 42.

40 BARROWS Susanna, *After the Commune: Alcoholism, Temperance, and Literature in the early Third* Republic, *in* John M. Merriman (éd.), *Consciousness and Class Experience in Nineteenth-Century Europe*, New York, Holmes & Meier, 1979, p. 205-218.

41 DARGELOS Bertrand, « Une spécialisation impossible. L'émergence et les limites de la médicalisation de la lutte antialcoolique en France, 1850-1940 », *Actes de la recherche en sciences sociales* 1/2005, n° 156-157, p. 52-71.

accablent tous les jours de nouveaux impôts et ne nous envoient que leur Spritz, leur eau-de-vie terrible, leur poison ! dont les ouvriers de fabriques meurent comme des mouches[42]. »

En stigmatisant l'eau-de-vie allemande, on crée une confusion dans l'imaginaire du consommateur français tenté de considérer tous les alcools distillés comme alcools industriels et par conséquent, mauvais. Ce message véhiculé au lendemain de la guerre de 1870 dure jusqu'au début de la Première Guerre mondiale. En effet, sur une affiche de propagande titrée « L'ALARME », datant de 1914, éditée par la Société française contre l'alcoolisme et dont le Président d'honneur n'est autre que M. Raymond Poincaré, nous lisons :

> *L'alcool est votre ennemi aussi redouté que l'Allemagne... Il a coûté à la France depuis 1870, en hommes et en argent, bien plus que la guerre actuelle. L'alcool flatte le palais ; mais, véritable poison, il détruit l'organisme. Les buveurs vieillissent vite. Ils perdent la moitié de leur vie normale et sont la proie facile d'infirmités et de maladies multiples. Les « Petits verres » des parents se transforment en « Grandes tares héréditaires » chez les descendants. La France leur doit environ deux cent mille fous, le double de poitrinaires, sans compter des goutteux, des ramollis avant l'âge et la plupart des criminels. L'alcoolisme diminue des deux tiers notre production nationale, augmente la cherté de la vie et la misère.*
>
> *À l'instar du Kaiser criminel, l'alcoolisme décime et ruine la France, à la plus grande joie de l'Allemagne.*
>
> *Mères, jeunes gens, jeunes filles, épouses, agissez contre l'alcoolisme en souvenir des blessés et des morts glorieux pour la Patrie. Vous accomplirez ainsi une tâche grandiose, égalant celle de nos héroïques soldats.*

La subtilité du message véhiculé par cette affiche réside dans le fait qu'elle n'évoque pas directement les eaux-de-vie telles que le kirsch et par conséquent, incite, indirectement, le consommateur à les classer parmi les alcools industriels mauvais. Quelques années plus tôt, en 1895, Raymond Poincaré, alors ministre de l'Instruction publique, avait autorisé l'enseignement à l'école des dangers de l'alcool, abordés sous les angles de l'hygiène, de la morale, ainsi que de l'économie sociale et politique. Dans ce cadre, des médecins interviennent pour sensibiliser les instituteurs et leur fournissent du matériel antialcoolique varié : affiches, tableaux muraux, buvards et autres supports pédagogiques destinés à marquer durablement les esprits.

---

[42] ERCKMANN-CHATRIAN, *Le banni*, roman patriotique, Paris, J. Hetzel, 1882, p.93.

FIGURE 9. *L'ALARME*, en-tête d'affiche de propagande contre l'alcoolisme

SOURCE : Faivre Abel (illustrateur), 1914, Cote 20FI/342
Archives départementales du Calvados, Caen.

FIGURE 10. *L'Alcool voilà l'ennemi*
(Tableau d'antialcoolisme réalisé par le Dr Galtier-Boissière en 1900)

SOURCE : Écomusée de la Communauté Urbaine Le Creusot Montceau-Les-Mines.

Il apparaît clairement que l'accent est mis sur la différence entre les bienfaits attribués aux boissons fermentées et les méfaits associés à toutes les boissons distillées, en particulier celles issues de la betterave, de la pomme de terre ou du grain. En vantant les vertus des boissons fermentées, les eaux-de-vie comme le kirsch sont implicitement stigmatisées. Les quelquefois où les eaux-de-vie sont évoquées, elles sont associées à la liqueur d'absinthe. Cette dernière est considérée par les pouvoirs publics et les ligues antialcooliques comme le poison responsable de la dégénérescence sociale, nourrissant ainsi une rhétorique antialcoolique très ancrée dans l'imaginaire collectif de l'époque.

La stigmatisation de l'alcool industriel qui, peu à peu, se confond avec tous les alcools distillés, atteint son apogée en 1915 avec la loi d'interdiction en France de la fabrication, la commercialisation et la consommation de la liqueur d'absinthe. Il faut attendre la fin des années 1930 et l'instauration du régime de Vichy pour voir cette théorie de dégénérescence sociale responsable de la défaite de la France réapparaître avec la même démarche qui consiste à réhabiliter l'ordre moral, en prônant une révolution nationale qui permet de lutter, entre autres, contre l'alcool ébranlant les fondations de la maison « France et Cie ». La loi du 23 août 1940, sonne le départ de cette lutte antialcoolique qui va durer jusqu'en 1944.

Aux yeux du régime de Vichy, la défaite de 1940 est l'aboutissement des errements de la Troisième République et de ses valeurs. C'est cette thèse que développe la célèbre affiche de propagande « La Maison France », réalisée entre 1940 et 1942 par l'illustrateur René Vachet pour le Centre de Propagande de la Révolution Nationale d'Avignon. L'image met en scène une maison en ruine, allégorie d'une France affaiblie par les divisions politiques et morales. Autour d'elle gravitent des figures stigmatisées par le régime comme responsables du désastre : les communistes (sous un drapeau rouge), les juifs (symbolisés par l'étoile de David), les francs-maçons (représentés par un triangle aux trois points), et d'autres incarnations du « mal » républicain. La déchéance morale est également dénoncée à travers des contre-valeurs telles que l'alcoolisme, illustré par une bouteille de Pastis. En opposition, l'affiche valorise une maison saine et solide, fondée sur quatre vertus cardinales : discipline, ordre, épargne et courage. Ce visuel incarne l'idéal promu par le maréchal Pétain, présenté comme le restaurateur de la nation, appelé à rebâtir la « Maison France » sur des fondations solides, dans l'esprit du triptyque : Travail, Famille, Patrie.

L'historienne Von Bueltzingsloewen Isabelle, reprenant les écrits de Madeleine Delbrêl, assistante sociale entre 1931 et 1945, écrit que le régime de Vichy « prétend replacer la famille au centre de la société, valoriser le travail comme expérience structurante de la vie des individus, revitaliser les formes de solidarité communautaire mises à mal par l'industrialisation et l'urbanisation ou encore lutter avec un surcroît d'énergie contre l'alcoolisme et les maladies vénériennes, considérées comme le symptôme d'une dégénérescence morale jugée responsable de la défaite de la France»[43] .

Entre l'interdiction de l'absinthe en 1915 et le déclenchement de la politique antialcoolique par le régime de Vichy à partir de 1940, le marché des alcools de bouche entre dans une phase de prospérité sans précédent. Cette période, marquée par un apparent relâchement des contraintes morales et sanitaires, constitue paradoxalement l'âge d'or de la production et de la consommation d'alcools distillés. Toutefois, cette croissance n'efface pas les tensions ni les discours ambivalents : un clivage persistant continue d'opposer les « bons » et les « mauvais » alcools dans l'espace public et les discours des acteurs de la filière.

L'interdiction de l'absinthe en 1915, motivée par des considérations sanitaires, morales et nationalistes, libère le marché d'un produit devenu emblématique de la décadence et de la déchéance sociale. Ce bannissement permet de redorer, au moins partiellement, l'image des autres alcools distillés.

Dans l'immédiat après-guerre, les impératifs économiques prennent rapidement le pas sur les préoccupations de santé publique. L'État, en quête de ressources pour financer la reconstruction et stabiliser les finances publiques, relance activement le marché des alcools de bouche. L'alcool devient alors un levier fiscal stratégique. Les taxes sur les spiritueux assurent une rentrée financière stable et substantielle. Cette politique favorise la production, la distribution et la consommation d'alcools, parfois au détriment des campagnes de sensibilisation à la sobriété, pourtant déjà initiées par certains acteurs médicaux et sociaux.

En effet, entre 1918 et 1938, les droits de consommation sur les boissons alcoolisées se multiplient par 6 en franc courant, passant de 400 francs l'hectolitre à 2.500 francs[44]. Cette forte augmentation entre ces deux dates extrêmes est à relativiser avec la prise en compte de l'inflation qui marque la période 1914-1945. En effet, comme le montre la courbe de tendance logarithmique, les droits de consommation en franc constant stagnent voire baissent légèrement par rapport au niveau de l'inflation. Néanmoins, les droits de consommation semblent se présenter comme une variable à la fois politique et économique : une variable politique pour lutter contre le fléau d'alcoolisme, pour relancer et maintenir l'attractivité du marché des alcools de bouche et

[43] VON BUELTZINGSLOEWEN Isabelle (reprenant les écrits de Madeleine Delbrêl, assistante sociale, 1931-1945), « La guerre, l'Occupation et le régime de Vichy : de nouvelles perspectives pour le travail social », *Vie sociale* 3/2008, n° 3, p. 19-28.

[44] VOISENAT Claudie, *Pratiques et représentations symboliques de la distillation dans deux régions de l'est de la France*, mémoire de DEA, Paris, EHSS, 1987.

une variable économique pour assurer des ressources financières régulières à l'État surtout que ces taxes sont liées directement aux quantités d'alcools proposées sur le marché des alcools de bouche.

GRAPHIQUE 1. Évolution des droits de consommation (en franc constant) 1900-1938 (Log des indices)

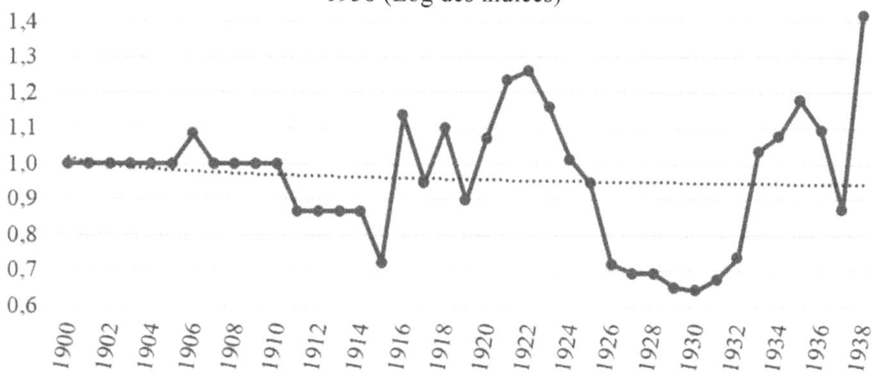

SOURCE : Voisenat Claudie, *Pratiques et représentations symboliques de la distillation dans deux régions de l'est de la France*, mémoire de DEA, Paris, EHSS, 1987.

Tout en favorisant l'émergence et la multiplication des liqueurs avec des taux alcooliques élevés qui vont même atteindre 45° en 1938, l'État décide de soutenir la filière viticole en créant par la loi du 4 juillet 1931 un Comité national de propagande en faveur du vin dont l'objectif est de promouvoir une augmentation de la consommation de vin français sur tout le territoire tout en se prévalant de la lutte antialcoolique :

> *Le vin, produit de la vigne, fait partie du patrimoine culturel et gastronomique protégé en France. [...] La propagande en faveur du vin [...] est non seulement organisée, mais encouragée par le gouvernement. [...] Les vins de France [...] sont, à la fois, une des sources de richesses les plus admirables de notre terre généreuse, mais aussi une de nos gloires les plus incontestées. Il y aurait donc quelque chose de contradictoire, d'inadmissible dans le fait que ceux qui ont la charge de l'éducation nationale, ou bien s'opposeraient à cette action concertée en vue de l'intérêt général, ou bien resteraient indifférents aux appels qui leur seraient adressés pour y concourir. Je trouverais pour ma part fâcheux que l'on condamne comme livre de dictées et de lectures le recueil de morceaux choisis fort intéressants publié sous le titre Le Vin. Contre l'alcoolisme destructeur vos efforts ne seront jamais assez énergiques : la défense du vin fait partie de cette lutte indispensable*[45].

---

[45] Circulaire de Marius Roustan prescrivant l'enseignement du vin à l'école. Loi de propagande datant du 3 août 1931 en faveur du vin. Archives nationales, F17 16007 ou F10 (agriculture), liasses 5383 et 5384. Comité national de propagande en faveur du vin.

2.3. Le cadre législatif et fiscal du marché des alcools de bouche

Si « l'ivrognerie, l'ivresse et l'intempérance sont des comportements et des pratiques sociales qui renvoient à des temps très anciens[46] », le problème de l'alcoolisme, va progressivement accéder au rang de *fléau social*, responsable de la décadence et du péril susceptible de menacer la société, et ce, durant la deuxième moitié du XIXe siècle.

Ce constat alarmant dressé, surtout, par les hygiénistes, pousse les gouvernements successifs à prendre conscience de la gravité du problème mais son action demeure très timide jusqu'au déclenchement de la Grande Guerre en 1914.

2.3.1. Vers l'interdiction de l'absinthe... et la promotion du vin

Avant la guerre de 1870, on ne parle pas d'*alcoolisme*, bien que cette expression fût créée par Magnus Huss en 1849[47] , mais d'ivrognerie et de mœurs.

La première réglementation touchant la distribution des alcools de bouche date de 1851 avec le décret du 29 décembre qui régit l'ouverture des débits de boissons jusqu'en 1880. En effet, « aucun café, cabaret ou autre débit de boissons à consommer sur place, ne pourra être ouvert à l'avenir sans la permission préalable de l'Autorité administrative ». L'article 3 de ce décret dispose que :

> *Tout individu qui ouvrira un café, cabaret ou débit de boissons à consommer sur place, sans autorisation préalable ou contrairement à un arrêté de fermeture [...], sera poursuivi devant les tribunaux correctionnels, et puni d'une amende de vingt-cinq à cinq cents francs et d'un emprisonnement de six jours à six mois. L'établissement sera fermé immédiatement.*

Cette restriction administrative présentée comme une lutte contre le désordre, la démoralisation et l'ivrognerie est, surtout, un acte politique comme l'explicite le préambule de ce décret :

> *Ces établissements (les cafés, les cabarets et les débits de boissons) sont devenus, en grand nombre, des lieux de réunion et d'affiliation pour les sociétés secrètes, et ont favorisé, d'une manière déplorable, les progrès des mauvaises passions.*

En 1873, sous l'influence des ligues antialcooliques, la loi du 23 janvier est votée. Elle tend à réprimer l'ivresse publique et à combattre les progrès de l'alcoolisme. Désormais, « seront punis d'une amende de un à cinq francs

---

[46] DARGELOS Bertrand, « Genèse d'un problème social. Entre moralisation et médicalisation : la lutte antialcoolique en France, 1850-1915 », *Lien social et Politiques*, n° 55, 2006, p. 67-75.

[47] BERNARD Henri, « Alcoolisme et antialcoolisme en France au XIXe siècle : autour de Magnus Huss », *Histoire, économie et société*, 1984, volume 3, n°4, p 609-628.

inclusivement ceux qui seront trouvés en état d'ivresse manifeste dans les rues, chemins, places, cafés, cabarets et autres lieux publics » et en cas de nouvelle récidive dans les douze mois qui auront suivi la deuxième condamnation, « l'inculpé sera traduit devant le tribunal de police correctionnelle et puni d'un emprisonnement de six jours à un mois et d'une amende de seize francs à trois cents francs ».

Malgré la dénonciation de la responsabilité des distributeurs des alcools, la loi du 29 décembre 1851 est abrogée par la loi du 17 juillet 1880 qui supprime tout obstacle à l'ouverture des débits de boissons et instaure l'obligation d'une simple déclaration. Cependant, l'article 9 de cette même loi vise à réduire le nombre des débits et à entamer une véritable lutte contre l'alcoolisme en permettant aux maires de fixer « la distance à laquelle les cafés et débits de boissons ne pourront être établis autour des édifices consacrés à un culte quelconque, des cimetières, des hospices, écoles primaires, collèges et autres établissements d'instruction publique ».

Comme nous l'avons précisé plus haut, la lutte antialcoolique prend plus d'ampleur au début du XXe siècle et plus significativement, à partir de 1915. En effet, durant la Grande Guerre, la lutte antialcoolique est menée par les pouvoirs publics surtout contre les alcools distillés et à leur tête, la liqueur d'absinthe devenue en 1908, d'après le docteur Eugène Ledoux, « une boisson malheureusement nationale et bien française[48] ». En effet, en 1906, « La France boit plus d'absinthe à elle seule que le reste du monde entier[49] ».

Devant ce constat, l'inquiétude du monde de la viticulture grandit et pousse les élus nationaux à voter une loi prohibant cet alcool très encombrant. Des académiciens se mêlent à la bataille comme Jules Clarette qui déclare :

Faisons que les marchands de vin qui ont bien le droit de vivre, vendent du vin, du vin français, du vin naturel et sain, celui que le roi gascon faisait couler sur les lèvres de son nouveau-né. Alors, ils auront bien mérité de la France[50].

Néanmoins, toutes les propositions de lois tendant à supprimer l'absinthe furent rejetées jusqu'au lendemain de la déclaration de la guerre de 1914. En effet, le gouvernement demande aux préfets de prendre des arrêtés interdisant la vente de l'absinthe dans les débits de boissons. Cette disposition montrant ses limites, le gouvernement décide d'accentuer sa lutte contre l'absinthe en publiant, le 7 janvier 1915, un décret interdisant la vente en gros et en détail ainsi que la circulation de l'absinthe et des liqueurs anisées. Le 16 mars 1915, le décret se transforme en loi d'interdiction de la fabrication, de la vente en

---

[48] DELAHAYE Marie-Claude, « Grandeur et décadence de la fée verte », *Histoire, économie et société*, volume 7, n° 4, 1988, p. 475-489.

[49] GRIVEAU Paul, *L'alcoolisme : fléau social : mœurs, législation, droit comparé*, Paris, Marchal et Billard, 1906, p. 37.

[50] *Le Matin*, 15 juin 1907.

gros et au détail, ainsi que de la circulation de l'absinthe et des liqueurs similaires.

L'interdiction de l'absinthe sonne le début d'une politique antialcoolique qui va durer jusqu'à la fin de la Grande Guerre et qui, paradoxalement, va favoriser les boisons issues de la fermentation et à leur tête, le vin.

Quelques mois après l'interdiction de l'absinthe, un arrêté datant du 13 octobre limite la teneur en alcool des spiritueux proposés à la vente à 23° et interdit la vente aux femmes et aux militaires de la zone des armées. Ces derniers bénéficient depuis 1914 d'une distribution de vin, qui s'élève à un quart de litre quotidien. Cette ration réglementaire et gratuite se complète d'un autre quart remboursable, qui devient aussi gratuit par un vote du Parlement en janvier 1916.

En 1916, pour les besoins de la guerre et pour lutter contre l'alcoolisme des alcools distillés en général et aux différentes liqueurs utilisant l'alcool d'industrie, l'État instaure, par la loi du 30 juin, un monopole sur les alcools industriels provenant de la distillation des betteraves, des mélasses et des grains et supprime, par extinction, le privilège des bouilleurs de cru avec l'institution d'une franchise de 10 litres d'alcool pur distillé et augmente les droits de consommation sur l'alcool (de 220 à 400 francs).

La position favorable et partisane de l'État sur le vin, justifie le vote de la loi du 6 mars 1917 qui interdit l'introduction et la distribution sur les lieux de travail de toutes les boissons alcoolisées. Mais, *étrangement,* le vin, la bière, le cidre, le poiré et l'hydromel non additionnés d'alcool ne sont pas interdits comme si les boissons fermentées ne contiennent pas d'alcool.

Une autre loi du 1er octobre 1917 prévoit la répression de l'ivresse publique. Des amendes et même des peines d'emprisonnement sont prévues, mais uniquement en cas de récidive. La suspension des droits de vote et d'éligibilité, l'exclusion de la fonction publique font partie des mesures évoquées par ce texte de loi.

À la fin de la Première Guerre mondiale, le principal souci de l'État est économique, le gouvernement décide alors, par décret-loi datant 3 septembre 1918, d'augmenter les droits de consommation (600 francs), les prix des licences des débits, et de créer une nouvelle taxe sur les spiritueux.

2.3.2. Relance du marché des alcools de bouche (1919-1938)

Après la Grande Guerre, le discours évolue avec un marché des alcools de bouche libéré du poids de l'absinthe interdite en 1915.

En 1920, l'État procède à une augmentation des droits de consommation (1.000 francs) et à la prorogation du monopole des alcools dont le but est la poursuite de l'éviction de l'alcool industriel du marché et sa seule utilisation désormais comme carburant. Néanmoins, il décide, deux années plus tard, de relancer le marché des alcools de bouche en autorisant, par la loi du 17 juillet 1922, la fabrication et la commercialisation des liqueurs similaires à l'absinthe à base d'anis, titrant moins de 40°.

Dans cette même logique, le privilège des bouilleurs de cru est rétabli par palier pour fixer, finalement le montant de l'allocation en franchise à 10 litres d'alcool pur par bouilleur de cru grâce notamment à la loi du 28 février 1923, et un an plus tard, soit le 1er août 1924, un soutien supplémentaire aux viticulteurs est acté par une loi qui confirme les « accords de Béziers » de 1922 qui favorisent le développement de la production d'alcool au détriment de celle du sucre. Les viticulteurs trouvent alors des débouchés de leurs excédents de vin et de cidre dans la distillation.

En 1931, pour remédier à la surproduction de vin, L'État décide de créer, par la loi du 4 juillet, un Comité national de propagande en faveur du vin. C'est une organisation qui dépend directement du ministère de l'Agriculture. Cette propagande est accompagnée, tout de même, d'une politique malthusienne en interdisant les plantations nouvelles, en limitant l'irrigation des vignes et en développant la distillation. Cette loi institue aussi des primes à l'arrachage.

Pour ne pas être taxé de partisan des viticulteurs, l'État décide en 1935 de soutenir les bouilleurs de cru. Ainsi, par décret-loi du 25 juin, ils sont autorisés à distiller librement, moyennant le paiement par l'ensemble du département ou d'une fraction du département, d'une contribution fondée sur la moyenne des quantités d'alcool pur fabriquées pendant les campagnes précédentes. Cette réglementation suscite la colère de plusieurs professionnels de la distillation qui voit d'un mauvais œil l'encouragement de ces concurrents et de cette branche d'activité qui favorise le recours aux fraudes[51]. Cette colère est soulevée aussi par l'écrivain Gilbert Stiebel dans son ouvrage, *La mafia de la goutte,* qui dénonce l'inégalité devant les impôts et les avantages accordés à cette filière au détriment des distillateurs professionnels :

> *L'égalité de tous devant l'impôt, qui est délibérément foulé aux pieds en faveur des bouilleurs de cru, lesquels payent soit rien, soit 1.350 francs (moins 10%) de droit là où leurs concurrents distillateurs du commerce régulier en payent 2.500*[52].

Ce décret-loi est le fruit d'une « campagne sur place, dans la presse et à la Chambre même, et, tout dernièrement, fin juin 1935, une décision ministérielle qui fut promulguée aussitôt après sous forme de décret-loi, leur accordait tout ce qu'ils désiraient[53] ». La libéralisation du marché des alcools de bouche atteint son apogée avec la signature du décret-loi du 8 avril 1938 par le second cabinet Blum permettant de porter le degré maximum pour les spiritueux à 45°. Ceci, malgré la vive opposition des ligues antialcooliques[54].

---

[51] STIEBEL Gilbert, *La mafia de la goutte. Au pays des Bouilleurs de Cru*, Éditions Baudinière, 1935, p. 37-43.
[52] STIEBEL Gilbert, *Ibid.*, p. 148.
[53] STIEBEL Gilbert, *Ibid.*, p. 18-19.
[54] DOMENICHINO Jean, « De la cornue à la charrue : le nouveau visage des Distilleries Ricard », *in* EFFOSSE, Sabine, DE FERRIÈRE LE VAYER, Marc, et

2.3.3. Retour à la lutte antialcoolique (1939-1940)

L'entre-deux-guerres représente la belle époque du marché des alcools de bouche en France. L'attractivité de ce marché prend fin avec l'instauration du régime de Vichy et le retour à la lutte antialcoolique.

Nicolas Anderbegani, qui a contribué en 2009 à l'ouvrage collectif consacré à Paul Ricard, *Paul Ricard et le vrai pastis de Marseille,* dans son article intitulé « Vichy décrète la prohibition[55] », explique que la lutte contre l'alcoolisme ne date pas de Vichy. En effet, Le lobby viticole, fortement représenté dans la sphère politique, soutenu par les ligues antialcooliques, les médecins, certains médias et milieux politiques militent dans l'entre-deux-guerres pour l'interdiction des apéritifs à base d'alcool, présentés comme la principale menace de déstabilisation sociale. Le gouvernement Daladier prend alors en compte l'intérêt croissant pour le fléau de l'alcoolisme qui se fait sentir dans les mouvements populationniste et eugéniste[56] en se présentant comme étant « le promoteur d'une régénérescence nationale et morale[57] ». Il décide alors d'intégrer au Code de la famille de juillet 1939 des dispositions antialcooliques, pénalisant en particulier les apéritifs, c'est le fameux décret-loi du 29 juillet 1939 dit « Code de la famille ».

Ce décret-loi, limite le nombre des établissements autorisés à vendre des boissons alcooliques sur place : le maximum fixé est un débit de boissons pour 300 habitants. Il durcit aussi le contrôle des bouilleurs de cru et encadre les modalités de vente des spiritueux titrant plus de 30° d'alcool. Néanmoins, au début de la guerre, le gouvernement favorise la consommation du vin dont il existe un stock abondant à travers des campagnes de « vin chaud du soldat[58] ».

Vichy s'inscrivant dans la continuité de la lutte antialcoolique durcit la répression et vote la loi du 23 août 1940 qui prohibe certains apéritifs. Trois catégories sont ainsi interdites : ceux qui dépassent 16° d'alcool, les apéritifs anisés et ceux qui comprennent plus de 0,5 gramme d'essence de plante par litre. Tombe donc dans l'illégalité, pratiquement toutes les grandes marques d'apéritifs français[59]. Certaines marques d'apéritifs à base de vin pourront néanmoins contourner les restrictions en réduisant leur degré d'alcool à 16°, ce qui leur permettra de maintenir légalement leur commercialisation.

JOLY, Hervé (dir.), *Les entreprises de biens de consommation sous l'Occupation*, Tours, Presses Universitaires François-Rabelais de Tours, 2010, p. 161-178.

[55] ANDERBEGANI Nicolas, « Vichy décrète la prohibition : 23 août 1940, quand le pastis rit jaune », *Histoire(s) de la Dernière Guerre (1939-45, au jour le jour)*, novembre-décembre 2010, n°8, p. 18

[56] BERLIVET Luc, « Les démographes et l'alcoolisme. Du fléau social au risque de santé »», *Vingtième Siècle, Revue d'histoire*, mars 2007, n° 95, p. 93-113.

[57] JACKSON Julian, *La France sous l'occupation 1940-1944*, Paris, Flammarion, 2004, p. 133.

[58] AURIERES Jean-Marie, *op. cit.*, p.152.

[59] *Ibid.*

Durcissant encore plus la lutte antialcoolique, la loi du 23 août 1940 est modifiée par la loi du 24 septembre 1941 qui interdit les apéritifs à base d'alcool, les apéritifs à base de vin titrant plus de 18°, les boissons alcoolisées contenant plus d'un demi-gramme d'essence par litre et toute publicité sur les apéritifs. De plus, dans les débits de boissons, la vente de boissons alcoolisées est interdite aux moins de 21 ans (au lieu des mineurs de moins de 18 ans) et pour les adultes, elle est interdite trois jours par semaine.

Après cette mise au point législative très importante car elle façonne le marché des alcools de bouche en France, nous allons à présent nous intéresser aux règles fiscales et leurs objectifs sociaux, politiques et économiques.

2.3.4. Une fiscalité contraignante… et lucrative

La législation sur les alcools comprend un secteur très important appelé *régime fiscal*[60], qui est appliqué par les Contributions Indirectes, assurant le recouvrement et le contrôle de tous les impôts indirects.

Tous les liquides alcooliques, y compris les préparations à base d'alcool, sont passibles d'un impôt, représentant les droits indirects sur les alcools, et intégralement perçu pour le budget de l'État. Ces droits varient en fonction des caractéristiques et des utilisations des produits alcooliques. Ils s'appliquent à la quantité effective d'alcool contenu dans le liquide, dont le litrage réel est converti en litre d'alcool pur, qui constitue l'unité de base imposable.

Tous les impôts indirects ayant été supprimés au cours de la Révolution française sont rétablis, progressivement, par le Consulat sous forme de droits sur les boissons[61].

La loi du 25 février 1804 impose les alcools de fruits et de grains sur la base du volume des matières premières mises en fermentation, les vins étant, quant à eux, soumis à un droit d'inventaire. En 1806, de nouvelles taxes sont rajoutées, elles constituent les droits de vente en gros et au détail. La loi du 25 novembre 1808 supprime ce régime, en instituant un droit de circulation de 1,20 franc par hectolitre d'alcool en fût, ou de 5 francs pour une même quantité contenue en bouteille, auquel s'ajoute un droit de détail de 15% de la valeur du produit.

À compter du 1er janvier 1825, la fiscalité française sur les spiritueux change profondément avec l'entrée en vigueur de la loi du 24 juin 1824. Désormais, les droits de consommation s'appliquent à la proportion exacte d'alcool pur qu'elle contient. Ce principe inaugure un mode de taxation plus précis et plus rentable pour le Trésor. Au fil des décennies, confronté à des besoins budgétaires croissants, l'État augmente progressivement le taux du droit général de consommation comme l'illustre le graphique ci-après :

---

60 VOISENAT Claudie, *Pratiques et représentations symboliques de la distillation …, op. cit.*

61 FILLAUT Thierry, NAHOUM-GRAPPE Véronique, et TSIKOUNAS Myriam. *Histoire et alcool*, Paris, Éditions L'Harmattan, 1999.

GRAPHIQUE 2. Droits de consommation par hectolitre en franc courant (1825-1942)

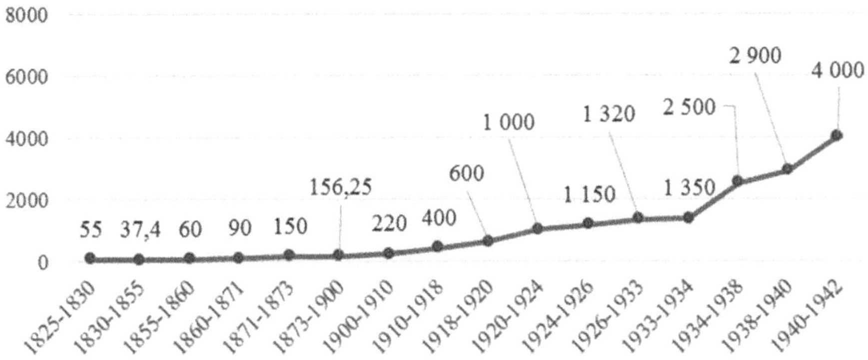

SOURCE : *Pratiques et représentations symboliques de la distillation dans deux régions de l'est de la France.* Claudie VOISENAT, Mémoire de DEA, 1987.

La fiscalité sur les boissons alcoolisées qui se présente comme un outil de lutte antialcoolique est, surtout, un paramètre économique incontournable pour assurer des recettes fiscales. D'ailleurs, les effets de telle politique font face à des critiques comme celle soulevée par Yves Guyot en 1917 dans son ouvrage, *La question de l'alcool : allégations et réalités*[62], par ces propos :

> *L'élévation du droit frappe la consommation [...] Les antialcooliques se réjouissent. Il faut savoir si la fraude n'entre pas, dans une certaine mesure, en déduction de cette diminution [...] Si la consommation diminua, les recettes de l'impôt ne furent atteintes que momentanément [...] Les anti-alcoolomanes trépignent de joie en disant : Double résultat, diminution de la consommation, augmentation des recettes. Sont-ils bien sûrs que cette diminution de la consommation ait le caractère hygiénique qu'ils lui attribuent ? Croient-ils que le buveur d'alcool convaincu renonce à l'alcool parce qu'il doit le payer plus cher ? Non. Il répartit autrement ses dépenses ; il consacre une plus forte somme à l'alcool, et il diminue celle qu'il consacrait non seulement à son propre entretien, mais à celui de sa femme et de ses enfants. Une élévation de droits sur l'alcool pèse sur les consommateurs habituels et sur leur entourage.*

La logique de lutter contre l'alcoolisme par l'augmentation des taxes sur l'alcool est encouragée par les ligues antialcooliques et par les pouvoirs publics mais remise en question, dès le début du XXe siècle, par les médecins, surtout les aliénistes. Ces derniers soutiennent que l'augmentation des taxes sur l'alcool encourage les fraudes et la confection de produits encore plus nocifs pour la santé de ceux qui les consomment. En 1935, Gilbert Stiebel

[62] GUYOT Yves, *La question de l'alcool : allégations et réalités*, Paris, F. Alcan, 1917, p. 237-240.

écrit dans son ouvrage, *La mafia de la goutte,* à propos du poids des impôts qui pèsent sur les spiritueux :

> *[...] impôts énormes encaissés par le Trésor, contribuant ainsi pour une très importante part, aux possibilités de boucler le budget du pays. Mais... il y a toujours un " mais " dans les meilleures choses : ces impôts devinrent si écrasants, représentant plus de six fois la valeur de la marchandise, qu'ils furent par ce fait même une incitation et un encouragement à la fraude*[63].

L'exemple de la fiscalité appliquée à l'absinthe au tournant du XXe siècle illustre de manière particulièrement révélatrice la primauté des considérations économiques sur les impératifs sanitaires dans les politiques publiques. Alors que la liqueur verte est de plus en plus décriée pour ses effets supposément délétères sur la santé publique, les autorités politiques et fiscales de la Troisième République préfèrent temporiser plutôt que de céder aux injonctions hygiénistes. Le choix du gouvernement de ne pas interdire immédiatement l'absinthe, mais d'en augmenter la taxation, témoigne d'un arbitrage explicite en faveur des recettes budgétaires. Un rapport sénatorial daté de 1908 est à ce titre éloquent : « La proscription de l'absinthe aurait pour effet immédiat un déficit de 45 millions de francs-or dans les revenus du Trésor Public. Assurément, le geste serait beau qui sacrifierait purement et simplement ces 45 millions sur l'autel de l'hygiène publique.[64] ». Ce passage souligne la dépendance de l'État vis-à-vis de cette rente fiscale, et l'arbitrage en faveur de l'intérêt financier national, au détriment des mesures de santé publique pourtant de plus en plus réclamées.

Cette logique ne s'applique pas à l'absinthe seule, mais concerne plus largement l'ensemble du secteur des boissons alcoolisées. Jusqu'en 1914, la fiscalité sur les alcools repose essentiellement sur des droits établis à la circulation et à la vente, sans impact direct sur le processus de production. Les distillateurs ne sont donc pas taxés en tant que tels sur le volume produit, mais les produits alcooliques supportent plusieurs impositions successives dans leur parcours jusqu'au consommateur. Ces droits comprennent notamment :

- un droit de consommation (fixé à 220 francs par hectolitre d'alcool pur), auquel s'ajoute une surtaxe spécifique (de 50 francs par hectolitre) pour les amers, bitters et autres boissons apéritives non issues du vin ;
- un droit d'entrée, perçu à l'arrivée de la marchandise dans toutes les villes dont la population est comprise entre 4.000 et 50.000 habitants ;
- un droit d'octroi, institué au profit des communes, dont le montant varie selon les localités, oscillant entre 6 et 24 francs par hectolitre d'alcool pur.

---

[63] STIEBEL Gilbert, *op. cit.,* p. 16-17.

[64] D'après un rapport du sénat de 1908 cité par Marie-Claude Delahaye, « Grandeur et décadence de la fée verte », *Histoire, économie et société*, 1988, volume 7, n° 4 p. 475-489.

L'analyse de l'évolution de cette fiscalité avant la Grande Guerre montre une nette tendance à l'alourdissement : hormis une chute ponctuelle observée en 1870, dans un contexte de guerre et de désorganisation économique, le rendement fiscal des droits indirects appliqués aux boissons connaît une progression quasi ininterrompue sur la période.

Cette évolution traduit la dépendance croissante de l'État aux recettes issues du marché des alcools. Elle s'explique également par l'essor de la consommation populaire de spiritueux et de boissons fermentées, qui élargit considérablement l'assiette fiscale. L'augmentation régulière des contributions indirectes constitue ainsi un indicateur de l'importance stratégique du secteur pour les finances publiques. Le graphique suivant permet d'observer cette dynamique sur la période 1868-1900.

GRAPHIQUE 3. Contributions indirectes sur les boissons en franc courant (1868-1900)

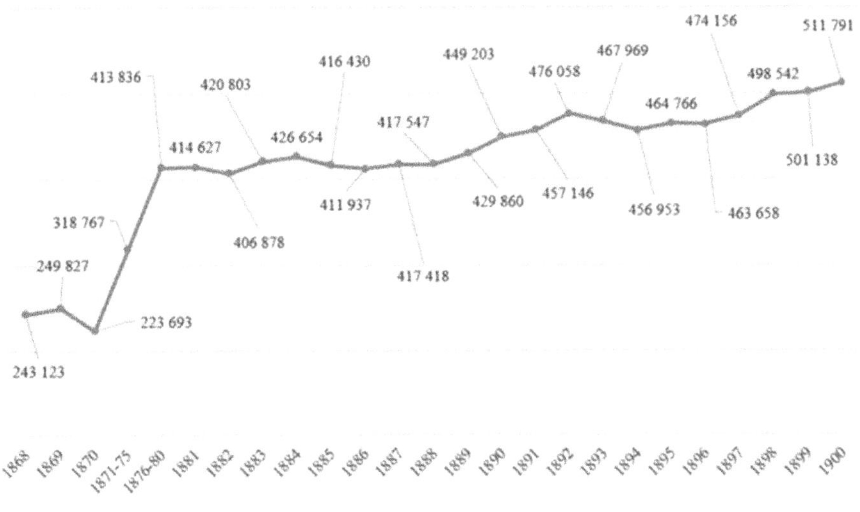

SOURCE : Annuaire statistique 1951.

Si l'objectif premier de la fiscalité sur les alcools est de lutter contre l'alcoolisme, peu à peu, elle devient une variable d'ajustement politique et économique.

Après cette étude socio-culturelle, législative et fiscale liée au marché des alcools de bouche en France, nous allons à présent effectuer une lecture purement économique de ce marché à travers trois variables : l'offre, la distribution et la demande. Notre étude nous permettra d'étudier l'impact de la crise du phylloxera sur l'évolution du marché du vin et des alcools, la place des spiritueux sur ce marché dont les eaux-de-vie et l'absinthe, l'évolution de l'activité de distillation en France, la place des débits de boissons sur ce marché et enfin, l'évolution de la consommation des boissons alcoolisées en général et des spiritueux en particulier.

Chapitre 3
Un marché en perpétuelle évolution

Malgré une évolution en dents de scie, le vin demeure le produit phare du marché des alcools de bouche en France. À l'exception de deux périodes marquées par une baisse de sa production, le vin reste la boisson la plus consommée en France. La première période de crise du vin dure une vingtaine d'années entre 1870 et 1890 et la deuxième une dizaine d'années entre 1910 et 1920. La première période est due aux effets du phylloxera qui ravage le vignoble français et qui oblige l'arrachage des vignes afin de les renouveler par de nouveaux pieds dont l'exploitation ne débute qu'au moins dix ans plus tard. La deuxième période concerne la belle époque de l'absinthe et la Première Guerre mondiale qui limite la production viticole à cause de la pénurie de main-d'œuvre et l'absence de débouchés pour cette boisson nationale.

GRAPHIQUE 4. Variation de la production du vin et des alcools spiritueux en France de 1870 à 1939

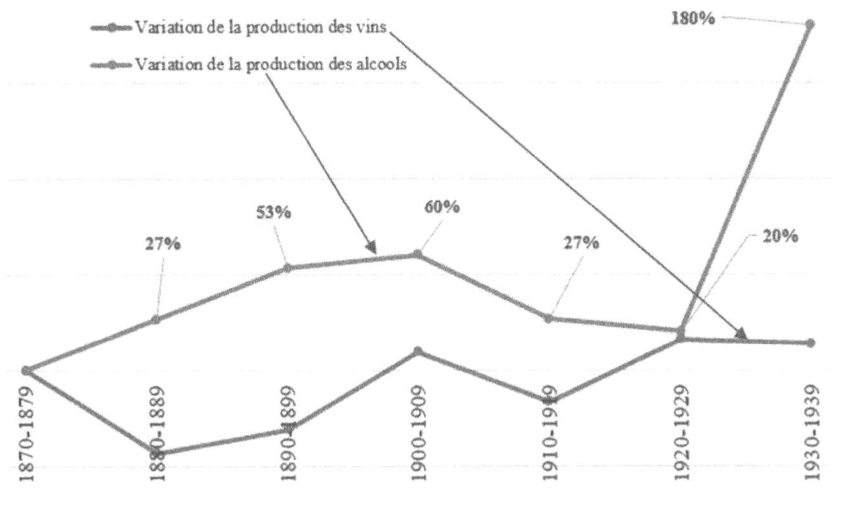

SOURCE : LEDERMANN Sully, Alcool, alcoolisme, alcoolisation, Paris, PUF, 1956. Cahiers de l'INED, n°29.

Concernant les spiritueux[1], ils ont tiré profit de la crise du phylloxera pour se faire un nom avant de subir les attaques des lobbies viticoles et

[1] La production d'alcool comprend la production déclarée des distillateurs de profession et des bouilleurs de cru.

antialcooliques qui deviennent de plus en plus virulents au début du XXe siècle et qui réussissent à convaincre les pouvoirs publics de voter l'interdiction de la fabrication et de la commercialisation de l'absinthe en 1915. Mais, dès la fin de la Grande Guerre, l'État abandonne ses restrictions en autorisant la fabrication et la commercialisation des boissons anisées, boissons similaires à l'absinthe, et en facilitant les autorisations d'ouverture des débits de boissons que nous étudierons dans la partie distribution du marché des alcools de bouche en France.

Les spiritueux, les boissons anisées et bien d'autres boissons alcooliques (hors vin, cidre et bière) reprennent leur croissance en regagnant des parts de marché dès le début des années 1920 et ce, jusqu'aux lois prohibitives du Régime de Vichy avec la loi du 23 août 1940 qui seront maintenues par le gouvernement provisoire de la République française et même durcies dès 1945.

3.1. Le malheur des uns fait le bonheur des autres

Comme nous l'avons évoqué, la notoriété du vin est ébranlée par les ravages causés par le phylloxera durant les années 1860. Cette crise est précédée d'un autre phénomène qui a causé lui aussi des dégâts, il s'agit de l'oïdium, une sorte de moisissure due à un champignon qui détruit les vignes françaises durant les années 1850, notamment dans le Midi. En cinq ans, de 1850 à 1855, la production française tombe de 45 à 11 millions d'hectolitres[2]. Quant au phylloxera, c'est un puceron arrivé des États-Unis au début des années 1860, qui a infesté le vignoble français en s'attaquant aux racines des vignes.

L'industrie du vin entre alors en crise car le vignoble français doit être replanté quasiment dans sa totalité, un processus qui prend des dizaines d'années et qui engendre une pénurie de vin qui profite aux autres alcools dont les spiritueux et la liqueur d'absinthe.

Afin de maintenir la culture du vin et répondre à la demande, les pouvoirs publics font appel aux importations pour combler le manque sur le marché français. Ainsi, la France importe des millions d'hectolitres de vin pour compléter la production nationale. Cette situation a une répercussion sur les importations qui augmentent fortement entre 1886 et 1890 avant de commencer à baisser par la suite.

À partir de 1891, les importations de vin commencent à baisser malgré la persistance des effets de la crise du phylloxéra. Cela peut s'expliquer en partie par le début du changement des habitudes de consommation des Français qui se tournent, peu à peu, vers d'autres boissons alcoolisées comme les eaux-de-vie et l'absinthe.

---

[2] BAUX Etienne, *Agriculture et vie rurale en Quercy au XIXe siècle : 1789-1914*, Conseil général du Lot (Éditeur), 1982.

3.1.1. De l'alcool de vin à l'alcool industriel

La crise viticole, causée surtout par le phylloxera, fait chuter non seulement la quantité de vin fabriquée mais l'alcool de vin obtenu par distillation des excédents et des marcs de vin. Cet alcool de vin est destiné aux producteurs des liqueurs qui l'utilisent comme alcool de macération. La raréfaction de cet alcool de vin amène les distillateurs à le remplacer par de nouveaux produits importés comme l'alcool issu des graines telles que le riz et le maïs. Ces importations sont complétées par une production nationale à base de betteraves. Entre 1876 et 1880, la baisse de la production nationale des alcools de vin[3] représente 95% : la production passe de 545.994 hl en 1876 à 27.200 hl en 1880.

GRAPHIQUE 5. Alcool de rectification (distillation du vin) (1840-1896)

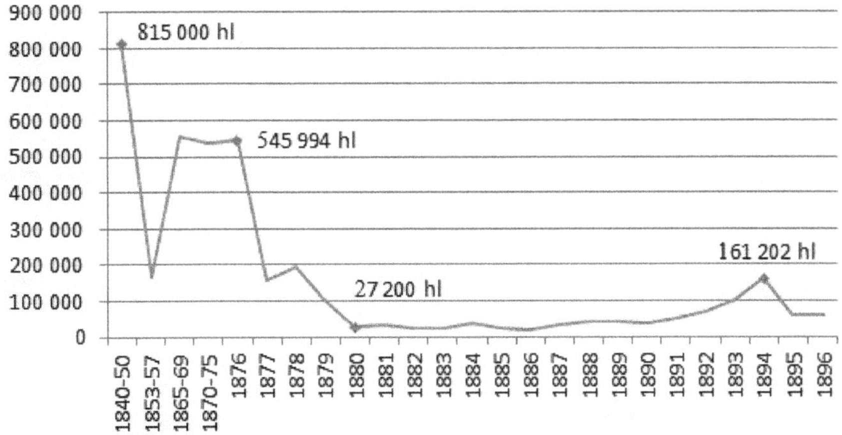

SOURCE : SEMPE Henri, *Régime économique du vin*, thèse de doctorat en droit, Université de Bordeaux, Faculté de droit, 1898.

En plus de la crise du phylloxéra, des barrières douanières sont instaurées par les autorités publiques comme la loi du 8 juillet 1890 qui établit des droits de douane sur les graines d'origine étrangère permettant jadis de fabriquer de l'alcool d'industrie censé remplacer celui du vin.

Pour éviter une pénurie d'alcool, la distillation des betteraves et des mélasses augmente sans cesse[4]. Cette situation encourage plusieurs distillateurs à installer leurs propres distilleries de betteraves, ce qui est le cas de plusieurs distillateurs de l'est de la France, dont Abel Bresson. Ce dernier installe des distilleries betteravières en Côte-d'Or et une à Fougerolles. Celles-

[3] Excédent viticole, généralement valorisé par un processus de distillation générant un alcool permettant, par macération, de produire des liqueurs comme l'absinthe.
[4] JACQUET Louis, *L'alcool, étude économique générale : ses rapports avec l'agriculture, l'industrie, le commerce, la législation, l'impôt, l'hygiène individuelle et sociale*, Paris, Masson, 1912.

ci permettent de subvenir aux besoins propres de la firme Bresson et d'approvisionner les distilleries locales et régionales.

Le remplacement de l'alcool de vin par l'alcool de betterave est une idée allemande et belge à l'origine. En effet, l'alcoolisation de la betterave, qui est connue en Allemagne et en Belgique, dès la fin du XVIIe siècle, n'est introduite en France qu'en 1825. De 1828 à 1850, les alcools d'industrie (à base de betteraves) ne forment qu'une très faible fraction de la production totale (à peine 8%). Mais à partir de 1855, cette fabrication ne cesse de progresser d'une façon régulière et continue, avec une incroyable rapidité, pour devenir une industrie indispensable à la fabrication de la fée verte, l'absinthe. C'est la belle époque[5] de l'industrie de la distillation.

Le remplacement de l'alcool de vin par un alcool industriel bon marché fait baisser le prix des alcools forts et des liqueurs, ce qui engendre un déplacement de la consommation du vin vers les spiritueux issus de la distillation et de la macération comme les eaux-de-vie (dont le kirsch) et l'absinthe.

La part des alcools issus de la distillation des betteraves augmente sans cesse depuis les années 1850. Cette augmentation est perturbée par l'importance des importations des alcools issus des graines durant deux périodes : les années 1875-1876 et 1883-1885 comme nous pouvons le remarquer sur le graphique qui suit.

GRAPHIQUE 6. Alcools provenant de la distillation des betteraves (hl) (1840-1893)

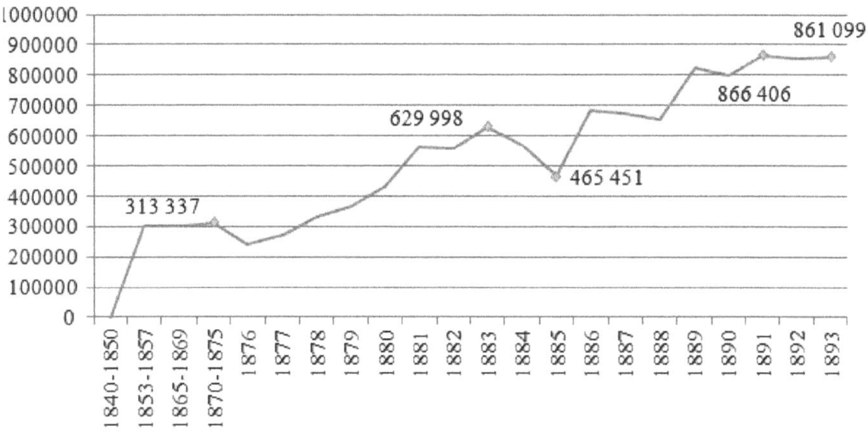

SOURCE : Annuaire statistique de la France. INSEE. 1951.

3.1.2. Le spiritueux moins cher que le vin

La rareté de l'alcool de vin, la baisse du coût de production des liqueurs dont celle de l'absinthe favorisent le déplacement des habitudes de consommation des Français vers la liqueur d'absinthe et à moindre degré, vers

[5] Période s'étalant entre 1880 et 1915 (année de la prohibition de l'absinthe).

d'autres spiritueux dont les prix baissent jusqu'à passer en dessous du prix du vin dès 1895.

GRAPHIQUE 7. Évolution du prix de vente du vin et des autres alcools hors cidre (hl) (1850-1898)

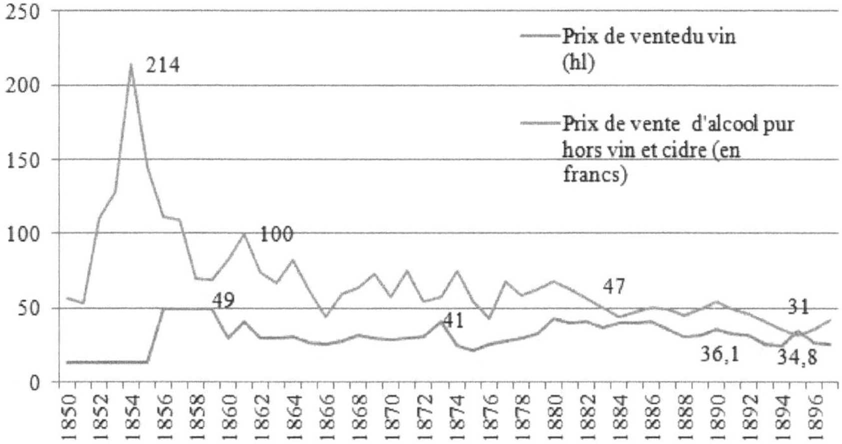

SOURCE : SEMPE Henri, *Régime économique du vin*, thèse de doctorat en droit, Université de Bordeaux, Faculté de droit, 1898.

Cette tendance à la baisse va durer jusqu'en 1905 avant d'amorcer une croissance lente jusqu'en 1914 qui sera suivie d'une forte augmentation à cause de l'inflation jusqu'au début des années 1920. Après deux années de répit, l'indice des prix reprend sa croissance au-dessus du niveau de l'inflation même si cette progression s'affaiblit à la fin des années 1920. En effet, jusqu'au début de la Grande Guerre, l'indice des prix des spiritueux (en alcool pur) est quasiment stable. La forte demande de l'État de cet alcool destiné à la fabrication des poudres servant pour la guerre va augmenter son prix. Malgré l'instauration du monopole de l'État sur cet alcool, son indice des prix continue à augmenter jusqu'au début des années 1920 avec la libération du marché des alcools de bouche à commencer par l'autorisation officielle de fabriquer et de commercialiser des boissons anisées.

3.2. Essor de la liqueur d'absinthe

À ses débuts, l'absinthe est une boisson chère, accessible seulement pour quelques clients raffinés : anciens militaires, bourgeois, artistes. Et puis, vers 1870, son prix chute, se mettant à la portée de toutes les bourses et sa production augmente, alors que, inversement, le prix du vin, première boisson alcoolique consommée en France, ne cesse d'augmenter.

L'absinthe est de plus en plus demandée par les militaires et les bourgeois qui fréquentent les grands cafés, elle devient même la compagne préférée des artistes. La production s'intensifie, les distilleries se multiplient, et les prix chutent.

GRAPHIQUE 8. Production de l'extrait d'absinthe (en hl) de 1873 à 1897

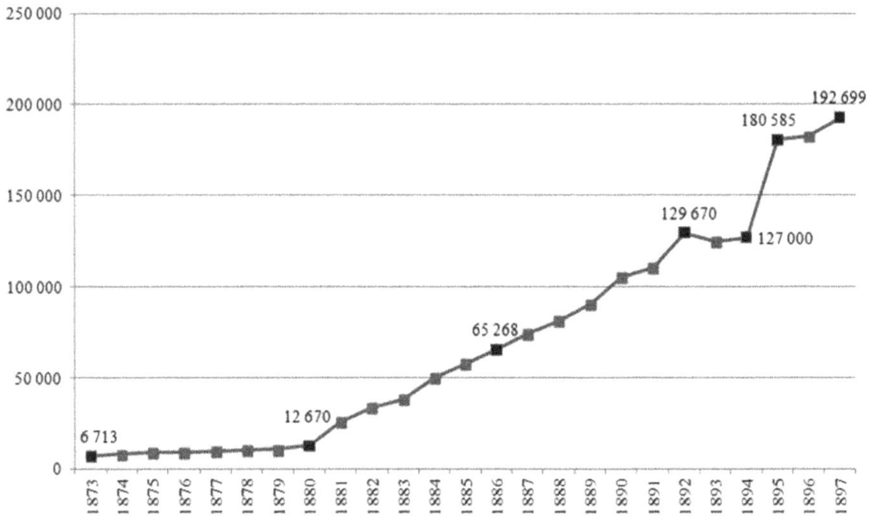

SOURCE : Annuaire statistique de la France, INSEE, 1899.

L'absinthe est un alcool non sucré obtenu par distillation et qui présente différents degrés alcooliques qui varient entre 40° et 75°. Plus le degré alcoolique est élevé et plus la teneur en huiles essentielles dissoutes sera importante et plus le produit sera aromatique[6]. Ainsi, quatre types de liqueurs d'absinthe sont proposés sur le marché des alcools de bouche : l'absinthe ordinaire qui titre entre 40 et 50°, l'absinthe fine qui titre entre 50 et 65°, l'absinthe demi-fine qui titre entre 60 et 65° et l'absinthe suisse qui titre entre 65 et 70°.

La France et la Suisse sont les deux États qui se partagent la plus grande partie de la production d'absinthe du monde entier[7]. Pontarlier est la capitale française de cette liqueur. Cette ville produit en 1906, 98.692 hectolitres, ce qui représente 69.070 hectolitres d'alcool pur à 100°.

À Fougerolles, la fabrication d'absinthe est également florissante. Entre 1909 et 1915, les huit principales distilleries fougerollaises enregistrent des volumes de production importants, confirmant le poids de ce secteur dans l'économie locale ainsi que sa contribution notable aux marchés national et international :

---

[6] COLLIN Anne-Hélène, *Dans un verre d'absinthe*, thèse en pharmacie, Université Henri POINCARE, Nancy1, 2008.

[7] DECROOS Pierre, *La réglementation légale de l'absinthe*, thèse pour le doctorat en Droit, Université de Nancy, Faculté de Droit, 1910.

TABLEAU 1. Production annuelle moyenne d'absinthe à Fougerolles 1909-1915

Distilleries	Production d'absinthe en hl d'alcool pur
Abel Bresson	13 124
Lemercier Frères	6 452
Auguste Peureux	4 225
Léon Saguin	2 913
Alfred Ougier	1 692
Cuenin-Rapenne	1 681
Simon Frères	1 190
Louis Lemercier	1 091

SOURCE : MICHEL Guy Jean, « la distillation du kirsch à Fougerolles », *Bulletin SALSA n°25*, Vesoul, 1993.

La fabrication française de la liqueur d'absinthe connaît une croissance fulgurante. Elle passe de 25.000 hl en 1869 à 192.699 hl en 1897. Elle atteint même 360.000 hl en 1910.

L'élaboration de la liqueur d'absinthe fait appel à des quantités d'alcool neutre de plus en plus importantes. Ces alcools neutres sont souvent des alcools d'industrie provenant de la distillation de la betterave à cause de la rareté des alcools issus de la distillation des vins. Ceci explique la baisse du coût de production de cette liqueur et par conséquent, l'effondrement des prix de vente aux consommateurs finaux.

GRAPHIQUE 9. Quantité d'alcool pur à 100° ayant servi à la fabrication de l'absinthe et de ses similaires

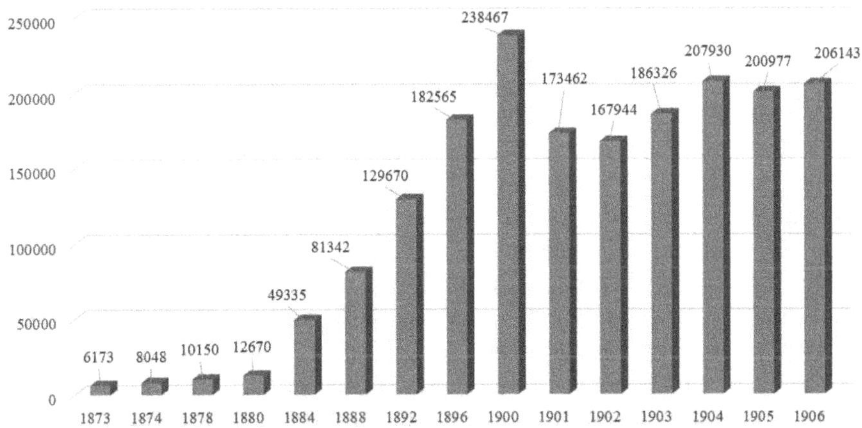

SOURCE : DECROOS Pierre, *La réglementation légale de l'absinthe*, thèse pour le doctorat en Droit, Université de Nancy, Faculté de Droit, 1910.

C'est en 1900 que la production d'absinthe atteint des sommets avec l'utilisation massive des alcools industriels. L'absinthe est devenue alors l'apéritif le plus consommé en France[8].

3.3. Croissance en dents de scie des eaux-de-vie

Depuis le début du XIXe siècle, les eaux-de-vie de fruits connaissent un fort engouement. La production des eaux-de-vie de fruits comme le kirsch conquiert progressivement des parts de marché dans toutes les régions de France. Néanmoins, cette production est variable car elle dépend des aléas climatiques.

GRAPHIQUE 10. Production annuelle des eaux-de-vie de fruits (alcool à 100 degrés) (1876-1900)

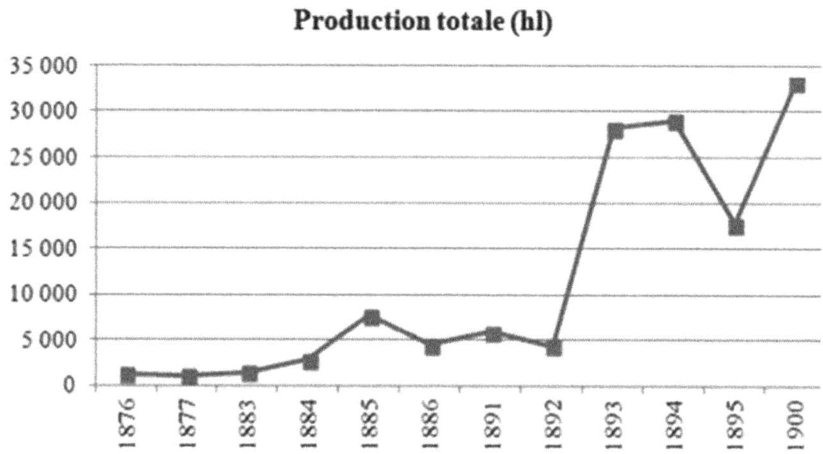

SOURCE : JACQUET Louis, *L'alcool, étude économique générale...*, Paris, Masson, 1912.

Comme le montre ce graphique, de 1876 à 1900, la production des eaux-de-vie de fruits s'est multipliée par 27, passant de 1.228 hl à 33.147 hl. En 24 ans, la production des eaux-de-vie de fruits augmente fortement malgré les fluctuations en dents de scie dont la cause est la variabilité de la cueillette des fruits liée au climat principalement.

D'une manière générale, les eaux-de-vie de toute origine dépendent des aléas climatiques mais leur croissance est régulière. Durant le XIXe siècle leur production est multipliée par 4 entre les années 1870 et 1900. Hormis pendant la Grande Guerre, durant les 25 premières années du XXe siècle, la production est multipliée par 2,5 avant de connaître des difficultés dues au succès des boissons similaires à l'absinthe qui viennent d'être autorisées par les pouvoirs publics et des nouvelles liqueurs. Cette crise ne dure pas longtemps puisque

[8] MICHEL Guy Jean, « la distillation du kirsch à Fougerolles », *op. cit.*

dès le début des années 1920, on assiste à une relance des eaux-de-vie avec une production qui atteint 654.450 hl en 1924, 792.186 hl en 1929, 903.344 hl en 1936 et même 1.064.974 hl en 1938.

GRAPHIQUE 11. Distillation des cidres, poirés, marc, lies et fruits (hl) (1876-1940)

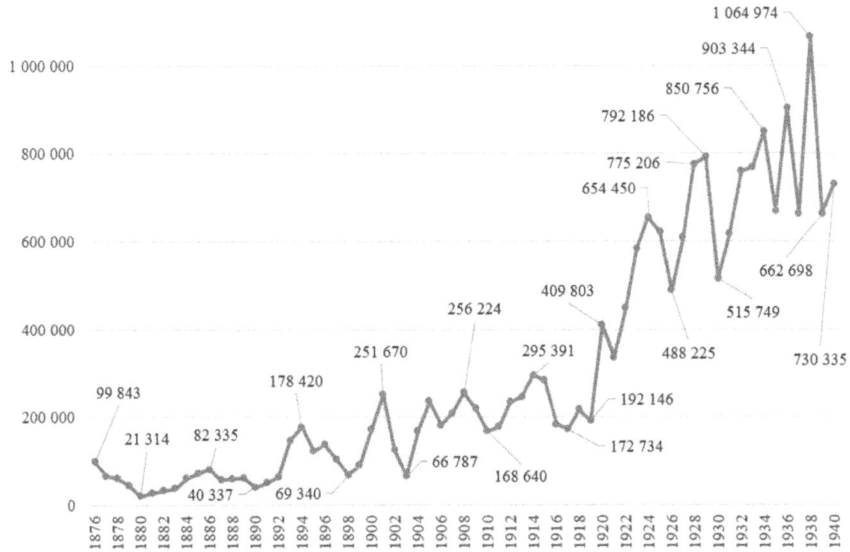

SOURCE : Annuaire statistique 1951, Bibliothèque nationale de France.

3.4. Développement de l'activité de distillation des alcools de bouche

L'augmentation de la production des alcools distillés favorise le développement des bouilleurs de cru et des distilleries professionnelles. Le nombre des premiers est multiplié par 10 entre 1869 et 1900 et par 2 entre 1900 et 1948 et les seconds voient leur nombre multiplié par 38 entre 1880 et le début du XXe siècle.

TABLEAU 2. Statistiques des bouilleurs de cru (1869-1940)

Années	Nombre de bouilleurs de cru	Coefficient multiplicateur par rapport à 1869
1869	90 000	-
1900	925 000	10
1914	1 053 000	12
1922	1 846 000	21
1940	2 000 000	22

SOURCE : AURIERES Jean-Marie, *La lutte contre l'alcoolisme,* thèse de doctorat en droit, Université de Toulouse. 1955, p.141.

Jusqu'au début des années 1900, les distilleries professionnelles foisonnent mais leur nombre commence à se réduire par des disparitions et surtout par des concentrations. Le marché de la distillation alcoolique commence à faire face à différentes lois tendant à lutter contre l'alcoolisme sous l'influence des ligues antialcooliques. D'ailleurs, les firmes qui réussissent à lutter contre les réticences des pouvoirs publics sont celles qui pratiquent une stratégie de diversification et qui intègrent le vin dans leur gamme de produits.

Comme nous pouvons le remarquer sur le graphique ci-après, le nombre des distilleries professionnelles connaît deux périodes de forte baisse : la première se situe entre 1912 et 1919 à cause de la lutte contre l'alcoolisme et la stigmatisation de la liqueur d'absinthe qui aboutit à son interdiction en Suisse en 1910 et en France en 1915. La deuxième période concerne les années 1930 pour plusieurs raisons : à cause de la baisse de la production des alcools industriels suite aux accords de Béziers en 1922[9], à cause de la crise de 1929, à cause de la propagande en faveur du vin qui reprend des parts de marché aux spiritueux et enfin à cause de la concurrence des bouilleurs de cru qui peuvent distiller librement, moyennant le paiement par l'ensemble du département ou d'une fraction du département, d'une contribution basée sur la moyenne des quantités d'alcool pur fabriquée pendant les campagnes précédentes.

GRAPHIQUE 12. Statistiques du nombre de distillateurs de profession (1876-1940)

SOURCE : Annuaire statistique de la France. INSEE, 1951.

[9] Ces accords réservent l'alcool de vin et de fruits à la consommation de bouche et celui issu des betteraves à l'usage industriel comme la fabrication du carburant national. Ces accords poussent tout simplement plusieurs distillateurs à abandonner leur activité de distillation.

Néanmoins, si on analyse la production des alcools issus de la distillation, nous remarquons qu'elle ne baisse pas. Cette situation s'explique par la concentration des distilleries et la disparition des petites unités artisanales au profit de grandes distilleries industrielles.

Durant le troisième tiers du XIXe siècle, la variation de la croissance du nombre des distilleries en France dépend du niveau de variation de la production de l'absinthe. Entre 1885 et 1887, la production de l'absinthe évolue faiblement par rapport au niveau d'augmentation des distilleries car, en plus de l'absinthe, les distilleries s'intéressent à la production des alcools industriels à base de betteraves. Cette dernière activité moins coûteuse et très lucrative favorise l'installation de plusieurs distilleries sur le territoire français.

Comme l'illustre le graphique ci-dessous, l'évolution du nombre des distilleries professionnelles en France est largement liée au niveau de production de la liqueur d'absinthe, mais surtout à l'utilisation d'alcool industriel, élément clé dans l'élaboration de nombreuses liqueurs.

Cependant, les accords de Béziers, signés en 1922, entraînent un changement majeur : l'alcool industriel est progressivement abandonné, car il n'entre plus dans la composition des liqueurs, celles-ci devant désormais être fabriquées exclusivement à partir d'alcool de vin. Cette contrainte réglementaire provoque un recul significatif de l'activité, et nombre de distilleries choisissent d'y renoncer totalement dès la fin des années 1920, entraînant un net repli du secteur.

GRAPHIQUE 13. Évolution comparée de la production d'alcool industriel, de vin et du nombre de distillateurs professionnels (indice base 100 en 1870), 1870-1929

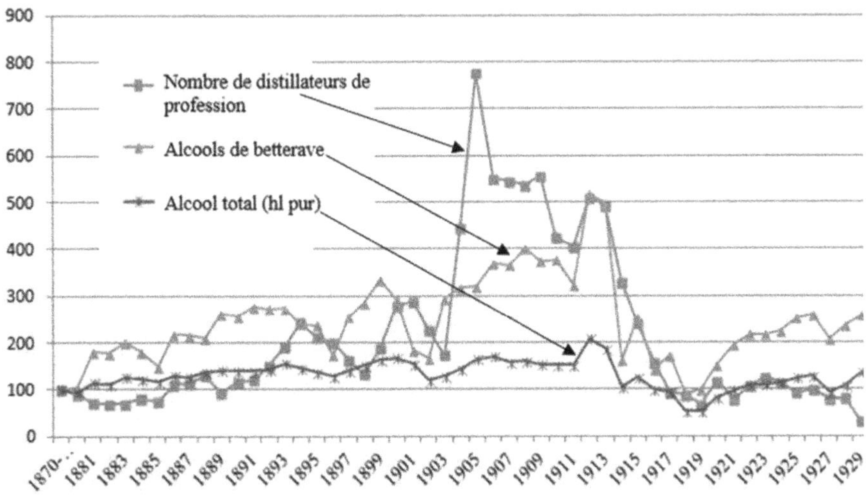

SOURCE : Annuaire statistique de France. INSEE, 1930.

Après notre analyse de l'offre sur le marché des alcools de bouche en France et avant d'aborder la consommation d'alcool, nous allons nous intéresser à présent à l'activité qui lie l'offre à la demande, c'est-à-dire la distribution à travers les débits de boissons.

3.5. Les débits de boissons, un chaînon indispensable

L'offre de boissons alcoolisées se fait surtout par deux voies principales, d'une part la consommation se fait directement par l'alcool des bouilleurs de cru et, d'autre part, par l'intermédiaire des débits de boissons. D'après les historiens et les chercheurs comme Jean-Marie Aurières dans sa thèse qui s'intitule *La lutte contre l'alcoolisme*[10], c'est ce double courant qui est responsable de l'alcoolisation excessive de la population française.

Jusqu'en 1938, nous n'enregistrons qu'une seule baisse significative du nombre des débits de boissons et ce, durant la Première Guerre mondiale. En effet, durant cette période on constate une réduction de 25% de leur nombre. En dehors de cette période, les débits de boissons connaissent, en général, une croissance continue malgré les différentes lois limitant leur ouverture.

GRAPHIQUE 14. Les débits de boissons (1830-1930)

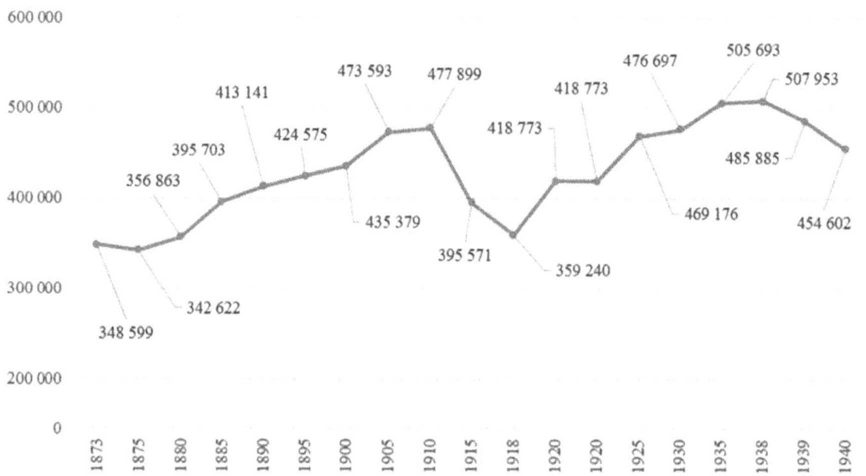

SOURCE : Annuaire statistique de la France. INSEE, 1951.

La progression du nombre des débits de boissons se poursuit jusqu'au décret-loi du 29 juillet 1939 qui sera suivi par la loi du 23 août 1940 qui sonne le début de la lutte antialcoolique après l'instauration du régime de Vichy. Cette politique antialcoolique affecte fortement le marché des alcools de bouche en durcissant l'autorisation d'ouverture des débits de boissons. Entre 1938 et 1940, on constate une baisse de 10,5% du nombre de débits de boissons. Cette chute continue jusqu'en 1945.

---

[10] AURIERES Jean-Marie, *op. cit.*

Si nous approfondissons l'analyse de l'impact des débits de boissons dans l'alcoolisation des Français, nous nous rendrons compte qu'il faut établir une distinction entre les différents débits, c'est-à-dire entre ceux qui commercialisent des boissons dites hygiéniques et les autres.

Il existe quatre catégories de débits de boissons selon l'étendue de la licence à laquelle ils sont assujettis :

– Première catégorie : la licence de première catégorie dite licence de boissons sans alcool ;

– Deuxième catégorie : la licence dite licence de « boissons hygiéniques ». C'est-à-dire des boissons sans alcool et des boissons fermentées non distillées comme le vin, la bière, le cidre, le poiré, l'hydromel et les vins doux ;

– Troisième catégorie : la licence dite licence restreinte. Elle comporte l'autorisation de vendre, pour consommer sur place ou pour emporter, les boissons autorisées dans les deux premières catégories plus les vins de liqueur, les apéritifs à base de vin et les liqueurs de fraise, de framboises, de cassis et de cerises ne titrant pas plus de 18° d'alcool pur. Elle permet aussi de vendre des alcools forts, à emporter ou à consommer sur place, à l'occasion des principaux repas et comme accessoires de la nourriture ;

– Quatrième catégorie : la licence dite grande licence ou licence de plein exercice. Elle comporte l'autorisation de vendre, pour consommer sur place ou pour emporter, toutes les boissons dont la consommation à l'intérieur, demeure autorisée, y compris les rhums, les tafias et les alcools provenant de la distillation.

Parmi toutes ces catégories, ce sont les débits relevant des catégories 3 et 4 qui rencontrent le plus de succès. En moyenne, la répartition des débits de boissons se présente comme suit :

GRAPHIQUE 15. Répartition des débits de boissons des alcools par catégorie (moyenne entre 1870 et 1939)

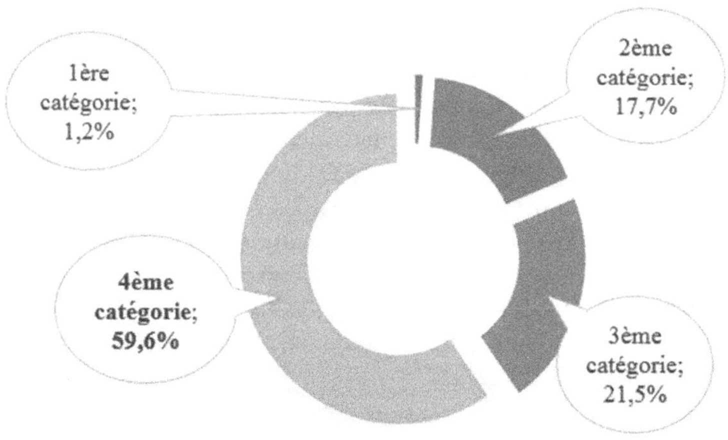

SOURCE : Annuaire statistique de la France. INSEE, 1951 et AURIERES Jean-Marie, *La lutte contre l'alcoolisme*, thèse en droit, Université de Toulouse. 1955.

Nous remarquons bien la faible place occupée par les débits de première catégorie et la domination des débits relevant de la quatrième catégorie. Nous comprenons bien la lutte entre les partisans des boissons dites hygiéniques dont le produit phare est le vin et les distillateurs de profession ainsi que les bouilleurs de cru.

Comme nous l'avons évoqué plus haut, la baisse des prix de vente des boissons distillées participe à l'augmentation de la fréquentation des débits de boissons relevant de la troisième et quatrième catégorie.

En effet, malgré l'augmentation des taxes et droits de consommation, les fabricants maîtrisent de plus en plus leurs coûts de revient en faisant appel à des procédés de fabrication plus productifs et des matières premières moins chères, ainsi, « après avoir appris à faire de l'alcool des céréales, l'alcool est devenu moins cher que le vin et beaucoup plus accessible dans tous les niveaux de la société[11] ». D'ailleurs même avec « un prix élevé, il y a toujours le risque que les gens vont trouver un moyen d'avoir l'alcool moins cher[12] » ou comme le souligne Jean-Marie Aurières : « il coûte aussi cher dans un de nos débits de prendre une bouteille de Périer, un quart de Vichy ou un jus de fruit que de se faire servir un verre d'alcool[13] ».

3.6. L'absinthe et les spiritueux en général dans le sillage du vin

Depuis 1870, la consommation d'alcool en France connaît quatre périodes phares :

– 1870-1889 : baisse de la consommation en volume à cause de la crise viticole ;

– 1890-1909 : augmentation de la consommation à cause de la croissance du marché des boissons distillées et macérées comme les eaux-de-vie et surtout l'absinthe ;

– 1910-1918 : baisse de la consommation grâce à la lutte antialcoolique et surtout grâce à l'interdiction de l'absinthe en 1915 ;

– à partir de 1919, reprise de la consommation des alcools pour plusieurs raisons dont : des lois autorisant la fabrication et la commercialisation des boissons similaires à l'absinthe dès 1921 comme les liqueurs anisées, l'autorisation de distiller des excédents viticoles rentrant dans la fabrication de plusieurs liqueurs, le développement des liqueurs à base de vin comme le vermouth et surtout la promotion du vin par les pouvoirs publics.

Jusqu' la fin du XIXe siècle, la consommation d'alcool en France baisse, passant de 19 litres purs par personne à 17 litres. Cette baisse est due aux changements des habitudes de consommation des Français influencés par les différentes crises subies par la production viticole. Néanmoins, la

---

[11] SANDBLOM Marlène, *L'impact culturel sur la politique de santé publique (une étude comparative entre la Suède et la France)*, Växjö Universitet, 2008, p.17.

[12] SANDBLOM Marlène, *Ibid.*, p.28

[13] AURIERES Jean-Marie, *op. cit.*, p.144.

consommation des alcools distillés enregistre une augmentation presque régulière jusqu'à la fin du XIXe siècle. Cette tendance est favorisée par le succès de la liqueur d'absinthe et l'alcool industriel bon marché.

GRAPHIQUE 16. La consommation moyenne d'alcool en France entre 1870 et 1939 (Par habitant et par litres d'alcools purs)

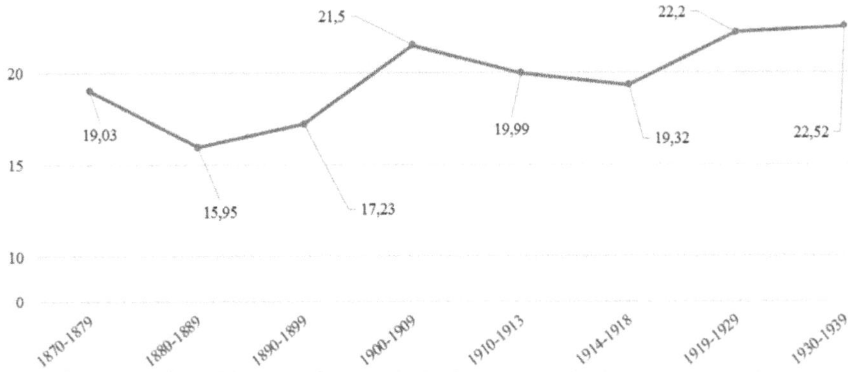

SOURCE : Annuaire statistique de la France. INSEE, 1951.

GRAPHIQUE 17. Consommation des boissons distillées (par habitant et par litres d'alcools purs), 1870-1940

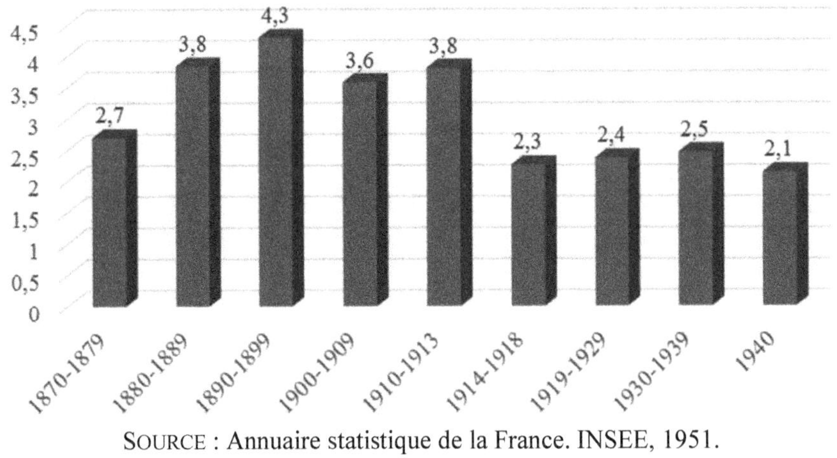

SOURCE : Annuaire statistique de la France. INSEE, 1951.

La baisse de la consommation de vin n'est pas compensée par celle des spiritueux puisque malgré l'augmentation de cette dernière, la quantité d'alcool pur consommée baisse durant le XIXe siècle : globalement, la consommation des boissons alcoolisées augmente entre 1870 et 1940 avec une part plus importante toujours occupée par la boisson nationale, le vin.

Malgré leur croissance et l'attractivité de leur marché, les spiritueux issus des alcools distillés ne peuvent pas lutter face aux produits viticoles bien ancrés dans les habitudes de consommation des Français.

Si le spiritueux rencontre un certain succès durant le XIXe siècle, ce n'est pas le cas durant la première partie du XXe siècle. La lutte antialcoolique, sous l'influence des ligues antialcooliques et du lobby viticole, a bien fonctionné. La consommation des alcools distillés va même enregistrer sa plus forte baisse sous le régime de Vichy avec 2,14 litres d'alcool pur consommés.

Avant cette chute spectaculaire, une première baisse significative est intervenue pendant la Première Guerre mondiale où le vin, produit national, bénéficie d'une forte promotion au détriment de l'absinthe considérée comme « poison » et interdite de fabrication et de commercialisation en 1915. Pendant la guerre 1914-1918, la glorification du vin atteint son maximum. Un médecin militaire écrit dans la presse médicale :

À l'insu de la discipline, le vin a fait la force principale de nos armées. Il a chassé le cafard, maintenu la belle humeur dans les tranchées, et surtout le moral et le mordant des troupes pendant l'assaut. Grâce au pinard, le poilu a bien mérité de la patrie[14].

C'est seulement à partir des années 1920 que nous assistons à une reprise de la consommation des spiritueux, favorisée par une certaine indulgence des pouvoirs publics qui facilitent les autorisations d'ouverture des débits de boissons et autorisent la fabrication et la commercialisation des boissons anisées titrant moins de 40°.

Si l'évolution positive de la part des spiritueux dans l'alcool consommé est bien claire durant le dernier quart du XIXe siècle, ce qui correspond à la belle période de l'absinthe et de l'alcool industriel, la lutte antialcoolique et le combat des viticulteurs soutenus par les pouvoirs publics vont amorcer une chute progressive de cette consommation durant toute la première moitié du XXe siècle. À volume constant, la baisse est de plus de 50% entre 1890 et 1930.

3.7. L'absinthe, une boisson qui a su s'imposer... avant de disparaitre

La consommation d'absinthe se développe fortement en France à partir de 1870 où elle représente 90% des apéritifs consommés et elle devient encore plus importante durant les années 1890. La consommation d'absinthe atteint son apogée en 1900, année de l'Exposition Universelle de Paris[15]. Entre 1873 et 1913, la quantité d'absinthe consommée se multiplie par 36 comme le montre le graphique suivant :

---

[14] AURIERES Jean-Marie, *op. cit.*, p. 146.

[15] DELAHAYE M.-C, *L'Absinthe : histoire de la fée verte*, Paris, Éditions Berger Levrault, 1983, p.254.

GRAPHIQUE 18. Quantité d'absinthe consommée en France en litres (1873-1913)

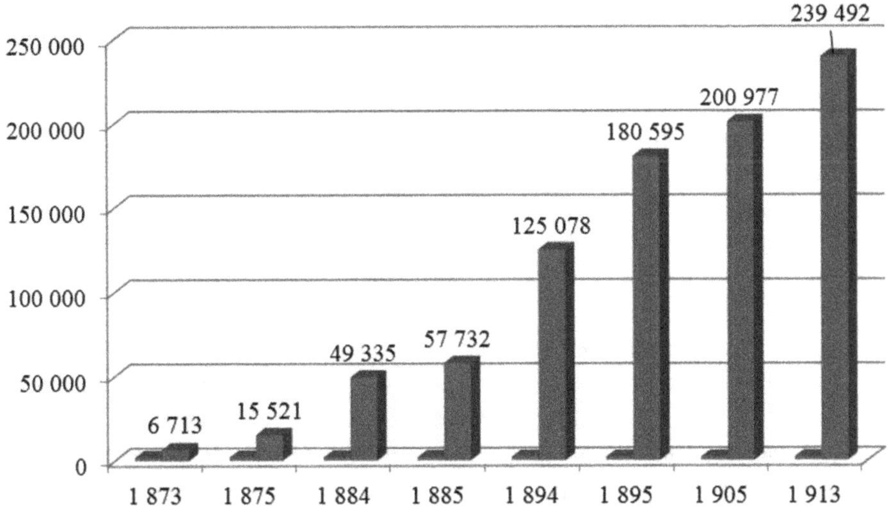

SOURCE : Société de législation comparée, Annuaire de législation française, Société de législation comparée, A. Cotillon (éditeur), Paris, 1915, p. 56.

La répartition de la consommation d'absinthe sur le territoire français est loin d'être uniforme. La liqueur d'absinthe est surtout consommée dans le Midi et à Paris et sa région. Peu à peu, sa consommation s'étend à tout le territoire français et à l'étranger. Notons que la consommation de cette boisson dans le Jura, le Doubs et la Haute-Saône, est inférieure à celle de plusieurs régions françaises même si ces trois départements francs-comtois concentrent les plus importants sites de production en France. Mais, malgré ces disparités géographiques, l'absinthe supplante le vin sur tout le territoire. Partout, aux terrasses des cafés, les consommateurs préfèrent la « Verte » aux blancs et rouges historiques.

Le succès de la liqueur d'absinthe va causer sa chute. En effet, les défenseurs de la boisson nationale, le vin, ne tardent pas à porter leurs attaques contre la *fée verte* en signant son arrêt de mort par la loi du 16 mars 1915 relative à l'interdiction de la fabrication, de la vente en gros et au détail, ainsi que de la circulation de l'absinthe et des liqueurs similaires. L'interdiction de la liqueur d'absinthe favorise l'émergence d'une nouvelle ère pour le marché des alcools. La victoire menée contre l'absinthe est une victoire pour le lobby antialcoolique de tempérance et leur raison d'exister semble s'évanouir avec la disparition de cette liqueur. L'influence des ligues antialcooliques s'affaiblit au point d'entraîner la suppression de la subvention accordée par l'État à la ligue nationale entre 1922 et 1928[16].

[16] *L'Etoile bleue*, mars 1923, p.30 et mars 1929, p. 12.

L'autre produit qui préoccupe les militants de la lutte contre l'alcoolisme est l'alcool industriel. Ce dernier disparaît du marché de la consommation de bouche à cause de la destruction des champs de betteraves durant la Grande Guerre et l'instauration du monopole de l'État pour alimenter les services de poudrerie pour les besoins du conflit de 1914-1918. L'alcool distillé désormais disponible est produit à partir du vin, ce qui arrange les viticulteurs qui trouvent dans ce processus un moyen d'écouler leurs excédents.

La suppression de la commercialisation de l'absinthe est, semble-t-il, un bienfait pour la classe ouvrière. Cette situation est partagée avec des entrepreneurs comme le directeur des Établissements Martin Picard[17] qui déclare en 1923 :

> *Depuis la suppression de la vente d'absinthe, les cas d'alcoolisme dans nos ateliers sont moins fréquents [...] les boissons alcooliques absorbées par nos employés sont moins violentes et ont un effet moins immédiat... avant ils entraient dans un état de surexcitation, notre impression n'est pas que l'alcoolisme est en régression sensible mais que les gens s'alcoolisent avec des boissons moins violentes*[18].

Les Français se remettent alors à consommer des boissons alcoolisées après s'être débarrassés de l'absinthe et de l'alcool industriel. Les producteurs d'apéritifs et d'autres boissons alcoolisées peuvent ainsi bénéficier de ce nouveau climat plus tolérant. Tout est au vert pour assister à l'envolée du marché des alcools de bouche. De plus, à la sortie de la Première Guerre mondiale, l'État semble se préoccuper plus des ressources fiscales que de la question sanitaire. La période d'entre-deux-guerres représente la belle époque du marché des alcools de bouche en France.

Conclusion

Si dans l'imaginaire populaire, la consommation d'alcool est d'abord un signe de convivialité par tradition, elle revêt aussi d'autres valeurs. En effet, l'alcool est assimilé tantôt à une boisson médicamenteuse, tantôt à une boisson apéritive. Ces vertus sont attribuées à des boissons dites « naturelles » et « hygiéniques » issues de la fermentation, en opposition aux alcools d'industrie dits « mauvais » et « nocifs » issus de la distillation.

L'évolution du marché des alcools de bouche en France durant le XIXe et la première moitié du XXe siècle est marquée par la confrontation des boissons issues des deux processus de production : la fermentation et la distillation. Les premières sont représentées par le vin qui s'affiche comme la boisson « la plus saine et la plus hygiénique des boissons », phrase attribuée à Louis Pasteur dans ses études sur les nouveaux procédés de conservation et de vieillissement du

---

[17] Usines de fabrication des chaussures à Nancy

[18] Ministère du Travail, *Bulletin officiel, juillet-septembre 1923*, rapport 3, région de l'Est, directeur des Établissements MARTIN Picard, Nancy, p.102

vin[19] et les deuxièmes sont représentées par deux types d'alcools qu'il ne faut pas confondre : l'alcool naturel qui est issu de la distillation viticole ou des fruits comme le kirsch et l'alcool d'industrie qui est issu de la distillation des grains et surtout des betteraves.

La confrontation entre le vin et les alcools est née de la crise viticole causée par le phylloxera et accentuée par la perte de la guerre de 1870, défaite attribuée en partie à l'alcool et à ses ravages[20]. Cette défaite favorise l'émergence de plusieurs ligues antialcooliques qui poussent les autorités publiques à s'intéresser au fléau d'alcoolisme capable de nuire à la survie de la nation, dans une rhétorique de l'eugénisme et de la peur de la dégénérescence nationale[21]. Cette thèse née au lendemain de la défaite de 1870 est très présente jusqu'à l'interdiction de l'absinthe en 1915 et durant les années 1930 et atteint son apogée en 1939 avec la loi dite « Code de la famille », durcie après l'instauration du régime de Vichy avec la loi du 23 août 1940, modifiée par la loi du 24 septembre 1941 qui interdit, entre autres, les apéritifs à base d'alcool.

Le succès des alcools distillés tant décriés est la conséquence directe de la crise viticole que la France a vécue durant la deuxième moitié du XIXe siècle à cause de l'oïdium et surtout du phylloxera.

Le malheur des uns fait le bonheur des autres : l'effondrement de la production viticole profite aux alcools issus, en totalité ou en partie, de la distillation avec à leur tête l'absinthe qui devient aussi populaire que le vin jusqu'à s'imposer comme l'apéritif le plus consommé en France à la fin du XIXe siècle. Les eaux-de-vie profitent aussi de la crise viticole, mais à un degré moindre, car c'est un alcool qui dépend des aléas climatiques.

Tous les ingrédients sont présents pour assister à une guerre entre d'un côté, le vin, soutenu par un puissant lobby viticole et par des ligues antialcooliques et de l'autre côté, les alcools « forts » qui ne bénéficient d'aucun soutien de poids.

Cette confrontation donne lieu à plusieurs textes législatifs en matière de lutte contre l'alcoolisme, dont le célèbre décret-loi signé le 16 mars 1915 par Raymond Poincaré qui met fin à l'industrie florissante des fabricants d'absinthe. Cette interdiction est suivie par l'instauration du monopole de l'État sur l'alcool en 1916.

Néanmoins, dans cette longue confrontation, un consensus entre les viticulteurs et les distillateurs est entériné par les accords de Béziers en 1922. Ces accords réservent l'alcool de vin et de fruits à la consommation de bouche

---

[19] PASTEUR Louis, *Études sur le vin : ses maladies, causes qui les provoquent, procédés nouveaux pour le conserver et pour le vieillir,* Imprimerie impériale, Paris, 1866, p.56.

[20] DARGELOS Bertrand, *op. cit.*, p.67-75.

[21] BECK François, LEGLEYE Stéphane, DE PERETTI Gaël, « L'alcool donne-t-il un genre ? », *Travail, genre et sociétés* 1/2006, n° 15, p. 141-160.

et celui issu des betteraves à l'usage industriel comme la fabrication du carburant national. Ce dernier va ainsi absorber jusqu'en 1939 et même après la seconde Guerre Mondiale des millions d'hectolitres d'alcool[22]. Ces accords sont le début d'une certaine libéralisation du marché des alcools de bouche avec l'autorisation de fabriquer des liqueurs similaires à l'absinthe à base d'anis titrant moins de 40° et qui va même atteindre les 45° en 1938 et le rétablissement progressif du privilège des bouilleurs de cru. Cette situation favorable au marché des alcools de bouche va durer jusqu'à l'instauration du régime de Vichy et la promulgation de la loi du 23 août 1940 qui interdit la fabrication, la commercialisation et la consommation de tous les apéritifs titrant plus de 16°.

La confrontation historique entre l'alcool fermenté et l'alcool distillé donne naissance à un régime fiscal très contraignant mais qui assure des recettes régulières pour l'État. La fiscalité joue un double rôle : lutter contre l'alcoolisme tout en remplissant les caisses de l'État.

C'est dans ce contexte qu'une industrie de la distillation des alcools de bouche va émerger et se développer et surtout lutter pour sa pérennisation dans l'est de la France, dans une commune rurale de la Haute-Saône : Fougerolles.

---

22 SAGNES Jean, « La fraude à la charnière de deux siècles (XIXe et XXe) dans le Midi viticole », *La revue des œnologues et des techniques viti-vinicoles*, janvier, avril et juillet 2007.

FIGURE 11. Frise - Marché des alcools de bouche en France (1855-1941)

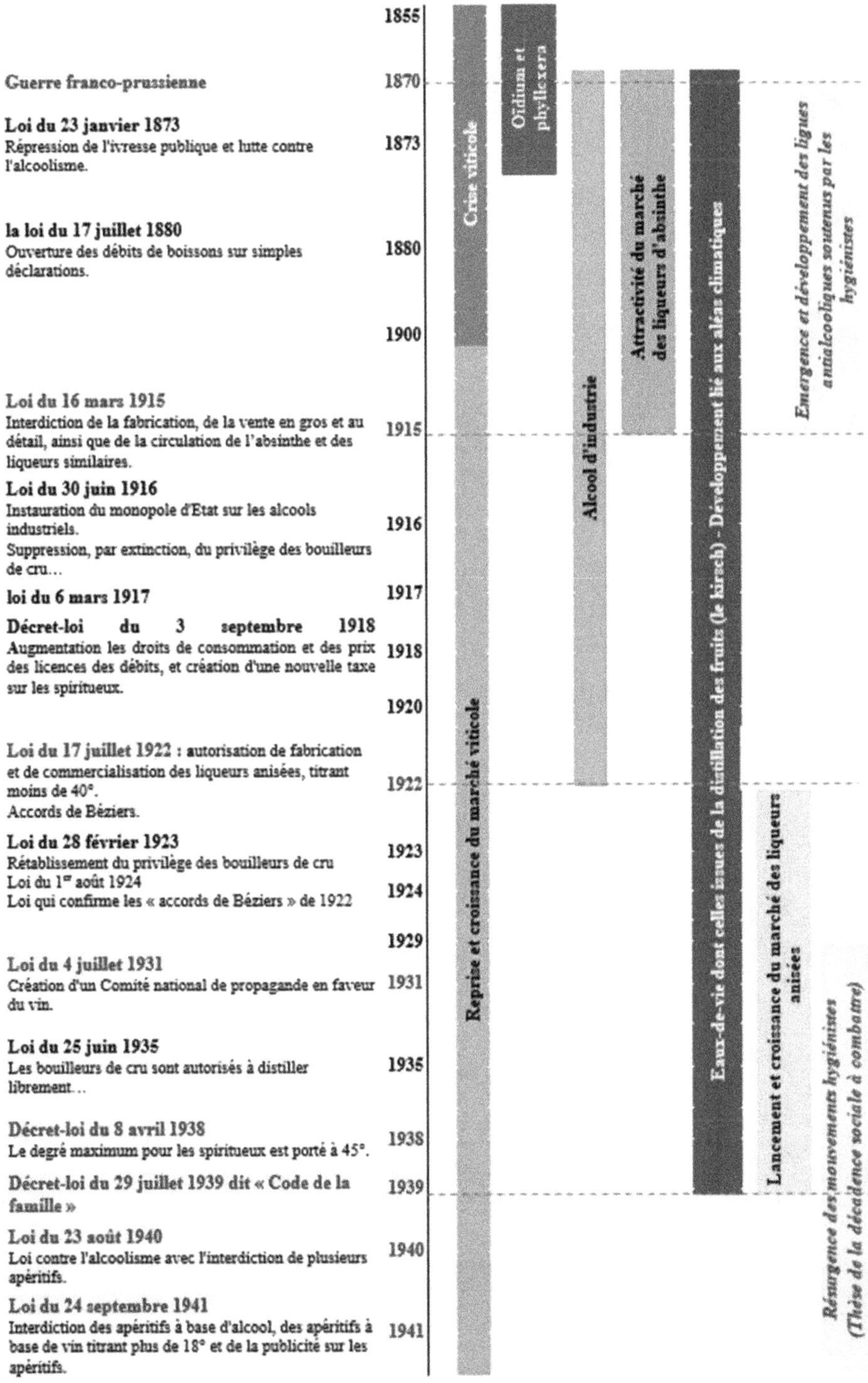

Deuxième partie

Fougerolles, un territoire tourné vers une dynamique économique autour de la distillation

Introduction

La deuxième partie de l'étude se concentre sur les stratégies et les dynamiques économiques des distillateurs fougerollais au cours des XIXe et XXe siècles. Elle examine plus en profondeur les processus d'innovation, de diversification et les approches commerciales qui ont permis à ces entreprises locales de s'imposer sur les marchés nationaux et internationaux. Cette section met également en lumière l'évolution des pratiques publicitaires et des stratégies de communication des distilleries, ainsi que leur capacité à s'adapter aux évolutions sociales, économiques et législatives.

Cette partie sera traitée en deux chapitres : le Chapitre 4 se concentrera sur les dynamiques économiques et commerciales qui ont façonné l'industrie de la distillation à Fougerolles entre le XIXe et le XXe siècle. Ce chapitre explorera la diversification des produits et des marchés des distillateurs locaux, notamment le passage de la production du kirsch à celle d'autres liqueurs comme l'absinthe et les produits à base d'anis. Il analysera également l'introduction de procédés industriels modernes et d'innovations technologiques dans la production, contribuant ainsi à améliorer la qualité et à élargir l'offre. Une attention particulière sera portée à l'acquisition stratégique d'entreprises. Enfin, ce chapitre examinera les stratégies de fidélisation et de segmentation des marchés, ainsi que la manière dont les distillateurs ont créé des marques fortes et une image de qualité pour se différencier.

Le Chapitre 5 portera sur l'évolution des stratégies de communication et de publicité des distilleries de Fougerolles, mettant en lumière la transition de la publicité informelle, fondée sur le bouche-à-oreille, vers des campagnes structurées et plus sophistiquées. Ce chapitre mettra en évidence l'importance de la construction de l'image de marque, en particulier l'utilisation du terroir comme élément distinctif et comme un capital symbolique fort. L'analyse s'intéressera également à la manière dont les distillateurs ont navigué dans un cadre législatif de plus en plus contraignant, notamment après l'interdiction de l'absinthe et la montée des campagnes contre l'alcoolisme. Enfin, une attention particulière sera accordée à l'impact de la publicité sur la perception des consommateurs, en explorant comment elle a contribué à établir les produits de Fougerolles comme des symboles d'authenticité, de qualité et de tradition.

Chapitre 4
Des hommes, des femmes et un savoir-faire au service d'un territoire

4.1. Fougerolles et les Fougerollais

Fougerolles ne saurait être réduite à une simple commune rurale de l'est de la France. Son identité se construit au croisement de plusieurs influences géographiques, historiques et culturelles qui en font un territoire singulier. À la fois frontière et carrefour, cette bourgade des Vosges saônoises a su tirer parti de sa position stratégique et de ses ressources naturelles pour développer, dès le XIXe siècle, une économie originale centrée sur la culture du cerisier et la distillation.

Avant d'aborder le développement industriel de cette activité, il importe de revenir sur l'histoire du lieu, sur les particularités de son terroir, et sur les pratiques anciennes qui ont façonné l'âme fougerollaise. Car derrière chaque litre de kirsch ou d'absinthe, il y a une terre, des hommes et une mémoire.

4.1.1. Fougerolles, son histoire, ses cerises, son kirsch... et son absinthe

Pour mieux comprendre l'essor de la distillation à Fougerolles, il convient d'en retracer les origines, tant géographiques qu'historiques.

Les origines de Fougerolles et des Fougerollais

À la croisée des Vosges, de l'Alsace et de la Bourgogne, la Haute-Saône, en Franche-Comté, offre un paysage varié et généreusement boisé. Vallées profondes, prairies verdoyantes et forêts épaisses composent ce décor naturel qui, depuis des siècles, captive voyageurs et géographes. Au XIXe siècle, le journaliste A. Frœmer en donne une description empreinte de lyrisme, témoignant de l'attrait durable qu'exerce ce territoire aux reliefs contrastés et à la richesse végétale remarquable :

> *Avez-vous voyagé dans le département de la Haute-Saône ? Je vous plains si vous ne l'avez pas fait car vous n'avez pu rencontrer nulle part ailleurs ces admirables vallées boisées, ces merveilleux points de vue changeant à tous les détours des chemins, ces mers de verdure que l'on domine du haut des montagnes, ces mœurs si avenantes et si simplement, si naturellement hospitalières que l'on ne rencontre plus que là*[1].

---

[1] FRŒMER A, « M. Abel Bresson », *Le panthéon de l'industrie*, n°497, Paris, 7 septembre 1884.

Fougerolles, commune des Vosges saônoises située en bordure du Val-d'Ajol, appartient au canton de Saint-Loup-sur-Semouse. Son vaste territoire de 5.112 hectares est réparti entre Fougerolles-l'Église, Fougerolles-le-Château et dix-neuf hameaux alentour. Traversée du nord au sud par la Combeauté, rivière aux eaux vives, la commune bénéficie d'un environnement favorable à l'agriculture, aux cultures fruitières et à l'implantation d'activités artisanales puis industrielles.

Le nom de Fougerolles apparaît dès le XIIe siècle sous des expressions variées : « Fulgérioles », « Forgueroles », puis « Foucherueles » au XIIIe siècle. Au fil des siècles, cette dénomination évolue[2] : « Foucheruelles » en 1317, « Foucherieulles » au XIVe siècle, et « Fougerolles » à partir du XVe siècle. Ce toponyme, dérivé de « fougerole », une petite fougère prolifique dans la région, témoigne de l'abondance de cette plante dans les sous-bois de la vallée.

Selon une tradition rapportée par Gravier, les premiers habitants de Fougerolles auraient été des Espagnols réfugiés dans la région après l'invasion sarrasine du VIIIe siècle[3]. Cette origine aurait selon lui laissé des traces dans la physionomie des Fougerollais : traits sombres, cheveux noirs, peau mate et visage allongé[4].

Historiquement, Fougerolles se trouvait à la limite mouvante entre les États de France, de Bourgogne et de Lorraine, ce qui en fit longtemps une « terre de surséance[5], », une zone de souveraineté incertaine. Ce n'est qu'en 1683 que les habitants prêtent serment au roi de France. L'intégration administrative est officialisée en 1704 par le traité de Besançon[6]. À la Révolution, la commune devient un chef-lieu de canton (en 1790), puis perd ce statut en 1801 au profit de Saint-Loup-sur-Semouse, jugée politiquement plus favorable aux institutions nouvelles.

L'Annuaire statistique de la Haute-Saône de 1829 qualifie Fougerolles de « l'une des communes les plus étendues et les plus populeuses du département[7] ». Elle est alors dotée d'un bureau de poste, d'un relais de diligence, de notaires, et accueille plusieurs activités industrielles : brosseries,

---

[2] SUCHAUX Louis, *La Haute-Saône : dictionnaire historique, topographique et statistique des communes du département*, Société d'agriculture, lettres, sciences et arts de la Haute-Saône, Vesoul, 1866.

[3] Société d'Agriculture, Lettres, Sciences et Arts de la Haute-Saône, *Nouveau dictionnaire des communes*, Tome III, 1971.

[4] *Ibid.*

[5] DUMONT Jean-Marie, « Fougerolles, terre de surséance », *Bulletin SALSA*, Vesoul, n° 17, 1984, p. 19-33.

[6] VALENTIN Michel, SIMON Bernard, TAICLET Françoise, *Histoire de la Seigneurie de Fougerolles*, Franche-Comté Édition 2004. p. 70-71.

[7] Archives départementales de la Haute-Saône (ADHS), 2PJ1 1829, annuaire statistique et historique de la Haute-Saône, 1829.

teintureries, chapelleries. À cela s'ajoute un commerce florissant : kirsch, fruits, bois, toiles, bétail.

Le XIXe siècle marque l'âge d'or de la commune. Sa population passe de 4.494 habitants en 1800 à 6.030 en 1891, soit une augmentation de plus de 34%. Cet essor démographique reflète le dynamisme économique impulsé notamment par la distillation, principale activité industrielle locale. Jusqu'à l'interdiction de l'absinthe en 1915, Fougerolles connaît une prospérité soutenue.

GRAPHIQUE 19. Population de Fougerolles (1872-2012)

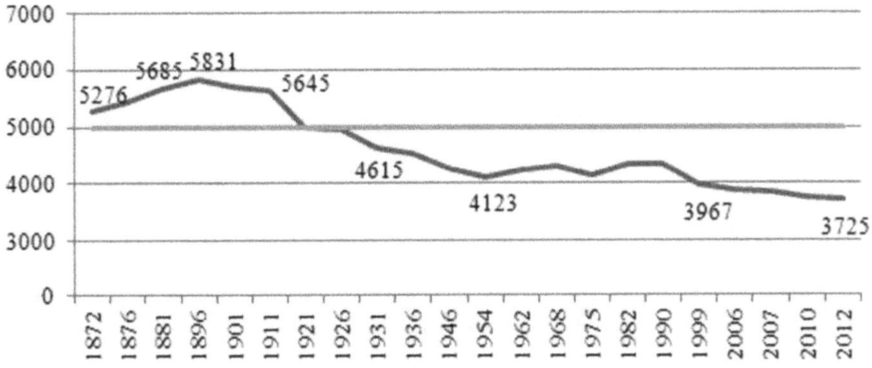

SOURCES : Annuaires statistiques de la Haute-Saône (ADHS)

Au tournant du XXe siècle, la commune se distingue par une croissance supérieure à celle du département et de la région.

GRAPHIQUE 20. Comparaison de l'évolution démographique fougerollaise, haute-saônoise et franc-comtoise (Indice 100 : 1872-1921)

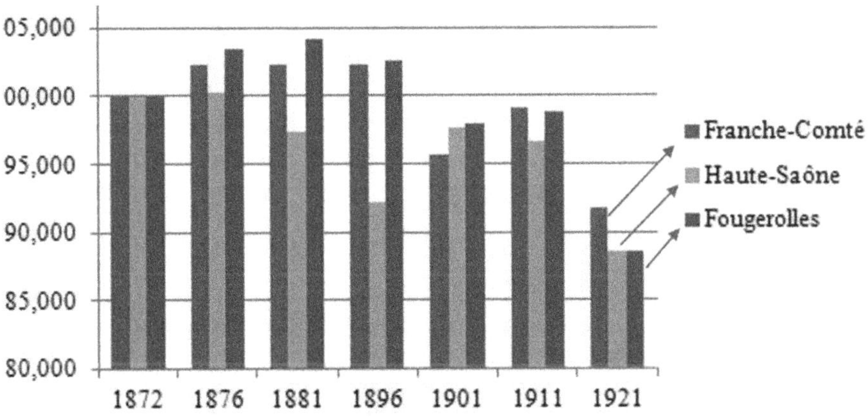

SOURCES : ???

Le déclin amorcé après 1914 est accéléré par les conséquences économiques et humaines de la Première Guerre mondiale. L'interdiction de l'absinthe provoque l'effondrement d'un pan entier de l'économie locale. Par ricochet, de nombreuses exploitations agricoles, dont les vergers, sont délaissées. Le recul de la population (3.725 habitants en 2012) illustre ce repli rural.

L'histoire du cerisier à Fougerolles

La culture du cerisier à Fougerolles s'enracine dans un passé lointain. Présent à l'état sauvage dans les forêts gauloises, l'arbre suscitait déjà admiration et usages rituels. Selon certains auteurs antiques, sa cueillette donnait lieu à des rites propitiatoires[8].

Au Ier siècle av. J.-C., le général Labienus, lieutenant de Jules César en poste dans les Vosges, aurait vanté les qualités gustatives des cerises locales, qu'il découvrit lors d'un séjour près de Luxeuil. On disait alors que les visiteurs se rendaient à Luxovium à la fois pour les bienfaits des eaux thermales et pour « une cure de cerises », considérée comme dépurative.

> *On venait en la cité de Luxovium pour y recouvrer la santé du corps par l'immersion dans l'eau douce salutaire, et aussi pour y faire le nettoyage intérieur du corps par une cure de cerises*[9].

Au VIIe siècle, les moines de l'abbaye de Luxeuil, sous l'impulsion de saint Colomban, défrichent les forêts et introduisent des cultures arboricoles, notamment celle du cerisier. Ils participent à la sélection variétale des arbres fruitiers et à l'amélioration des pratiques culturales.

Au XVIIe siècle, le cerisier est déjà considéré comme un arbre de valeur. Il est même qualifié dans certains actes de « plus bel ornement du meix[10] seigneurial »[11]. Le début du XVIIIe siècle marque une intensification de son exploitation, en lien avec la distillation. La production de kirsch s'inscrit peu à peu dans une logique de spécialisation agricole.

Contrairement à certaines affirmations qui prétendent que le cerisier à kirsch n'était pas encore cultivé à cette époque, plusieurs documents d'archives attestent de sa présence et de sa valeur économique dès le XVIIe siècle. Ainsi, en 1674, un jugement oblige Jacques Bullotte, du hameau du Fahys, à restituer à son voisin deux cerisiers qu'il avait enclavés dans une haie[12]. En 1696, Barbe Barret, veuve, vend un champ planté d'arbres fruitiers, mais en conserve l'usage d'un « serizier guinier »[13], démontrant l'attachement à cet arbre en particulier.

---

[8] GRANDJEAN Pierre, *La région de Fougerolles, le milieu rural : Étude économique et sociale*, Mémoire agrégation, 1972.

[9] GRANDJEAN Pierre, *La région de Fougerolles, le milieu rural... op. cit.*

[10] Expression qui veut dire aussi « jardin » en patois.

[11] VION-DELPHIN François, *Le kirsch de Fougerolles : un terroir, une tradition, une renommée*, Univers, 1986, p. 23.

[12] ADHS, B448, 2e cahier, 2 mars 1674, acte de vente signée par Mme Barbe Barret.

[13] ADHS, 2E20455, vente d'un champ par Barbe Barret, veuve de Joseph THIEBAUD, le 15 février 1696.

Au siècle suivant, cette tendance se confirme. Trois jugements rendus à Fougerolles illustrent l'importance du cerisier dans la vie rurale :

– Le 27 janvier 1739, un litige oppose deux propriétaires au sujet de cerisiers mitoyens. Le tribunal local reconnaît l'arbre comme bien de valeur, justifiant un bornage précis pour éviter toute exploitation abusive.
– Le 26 juin 1742, un jugement accorde à un héritier le droit d'exploiter les cerises d'un verger familial, montrant que la récolte des fruits faisait déjà l'objet de partages soigneusement encadrés.
– Le 8 février 1746, une querelle entre voisins sur la coupe de branches cerisières conduit à une condamnation pour atteinte à la propriété fruitière. Ce jugement confirme que la production fruitière constituait un capital patrimonial à protéger juridiquement.

Contrairement à la légende locale attribuant l'introduction du cerisier à un émigré piémontais[14], l'arbre fruitier est bien attesté à Fougerolles dès la fin du XVIIe siècle. Ces décisions de justice illustrent le rôle croissant du cerisier non seulement comme culture, mais comme bien économique valorisé et juridiquement défendu. L'arbre ne relève plus seulement du paysage ou de la consommation domestique : il devient une ressource agricole, un enjeu de propriété, et un marqueur d'identité locale.

Ainsi, bien avant l'essor industriel de la distillation du kirsch et de l'absinthe au XIXe siècle, Fougerolles avait déjà noué avec le cerisier une relation profonde, fondée sur l'ancienneté, la valeur, et la transmission. Néanmoins, c'est au début du XIXe siècle que le cerisier prend une dimension nouvelle, devenant un pilier essentiel de l'économie agricole locale. Deux documents emblématiques illustrent cette évolution. Le premier est un procès-verbal d'une réunion du conseil municipal[15], consécutif à un violent orage qui, en l'espace de trente minutes, a dévasté plusieurs milliers d'arbres fruitiers : environ 4.000 cerisiers, 3.000 pommiers, 2.000 poiriers et autant de pruniers furent déracinés, brisés ou endommagés. Ce témoignage reflète l'ampleur des vergers à Fougerolles à cette époque.

Le second document est un règlement municipal encadrant la récolte des fruits[16]. Il souligne le rôle crucial des cerises dans l'économie vivrière locale : les habitants en tirent leur principale ressource alimentaire. Pour assurer cette récolte, la commune doit recourir à une main-d'œuvre nombreuse, souvent étrangère, ce qui suscite des inquiétudes quant à la sécurité et à l'ordre public. Le maire y rappelle l'interdiction de glaner, marauder ou cueillir sans autorisation, conformément à la loi du 10 octobre 1791 et à l'arrêté préfectoral du 11 juin 1807. Il exige que tout ouvrier embauché fournisse des garanties sur son identité, son domicile et sa moralité. Ce règlement montre à quel point

[14] LECREUX Auguste (abbé), *Chroniques de Fougerolles*, mars 1912.
[15] Archives municipales de Fougerolles. Jeudi 15 messidor, An XIII (4 juillet 1805).
[16] Archives municipales de Fougerolles. Délibérations municipales du 2 juillet, 1810.

la récolte est devenue une activité organisée, encadrée et vitale, mobilisant un grand nombre de travailleurs journaliers, principalement fougerollais, équipés de hottes et de paniers.

Ainsi, ces sources attestent que le cerisier, bien avant le développement industriel de la distillation, occupait une place centrale dans le paysage et l'économie de Fougerolles. Il s'inscrit dans un patrimoine fruitier local plus large, pommiers, poiriers, pruniers, dont les fruits servent à la fabrication des eaux-de-vie, véritables marqueurs de l'identité régionale.

Du kirschwasser au kirsch

Le kirsch, aujourd'hui reconnu comme une spécialité du terroir fougerollais, est une eau-de-vie obtenue par la fermentation puis la distillation de cerises. Son origine est traditionnellement attribuée à l'Allemagne, où l'on trouve trace de son usage dès le XVIe siècle. Le poète allemand Hans Sachs, en 1560, évoque dans ses vers le *schwarz Kirschenwasser*, utilisé alors non pas comme boisson festive mais comme remède[17] : il s'en frictionnait la poitrine, le dos et les reins, révélant ainsi une première fonction médicinale. En France, cette eau-de-vie aux cerises noires ne fait son apparition que plus tardivement, probablement vers le milieu du XVIIe siècle, où elle gagne rapidement les cafés, s'installant dans les habitudes de consommation.

Le mot « kirsch » provient de l'allemand *kirschen-wasser*, littéralement « eau de cerise ». Ce nom reflète l'origine germanique du produit, mais aussi une technique de distillation bien spécifique, centrée sur le fruit et sa fermentation naturelle. En France, sa production reste concentrée dans quelques départements de l'Est, en particulier la Haute-Saône, les Vosges, la Meurthe-et-Moselle, le Doubs, le Jura ou encore la Meuse. De l'autre côté des frontières culturelles et linguistiques, les mêmes savoir-faire se retrouvent en Alsace-Lorraine et dans la Forêt-Noire allemande. Pourtant, c'est bien Fougerolles, commune de Haute-Saône, qui s'impose progressivement comme le cœur battant de la production française de kirsch[18].

Si l'on retrouve mention de la cerise et du cerisier dans des documents officiels dès la fin du XVIIe siècle, ce n'est qu'au cours du XVIIIe siècle que la distillation de l'eau-de-cerise devient véritablement une activité structurée et significative. Le terme « kirsch » proprement dit reste encore rare à cette époque. Un mémoire rédigé en juin 1744, conservé dans le Fonds Moreau de la Bibliothèque nationale sous le n°901, atteste toutefois de l'importance déjà croissante de cette production à Fougerolles. L'auteur y signale qu'en une seule année, plus de 4.000 bouteilles d'eau-de-cerise sont fabriquées dans la seigneurie, avec des prix oscillant entre 18 et 30 sols. Mais ce succès naissant s'accompagne aussi d'une certaine dérive : des pratiques frauduleuses se développent, consistant à couper l'eau-de-cerise avec d'autres jus de fruits. Ce

[17] GRANDJEAN Pierre, *La région de Fougerolles, le milieu rural…, op. cit.,* p. 93.
[18] JACQUET Louis, *L'alcool, étude économique générale…, op. cit.*, p. 227-228.

constat, bien que critique, souligne déjà la réputation grandissante du produit local, au point de susciter imitations et contrefaçons.

Fougerolles acquiert donc progressivement une image de qualité associée à sa production d'eau-de-cerise, ce qui l'amène à se confronter directement aux producteurs de *kirschwasser* allemand et alsacien. Pour gagner en compétitivité sur les marchés nationaux et internationaux, les distillateurs de Fougerolles adoptent une stratégie marketing et identitaire : ils abandonnent la terminologie complète *kirschwasser* pour n'en conserver qu'une version abrégée et francisée, le *kirsch*. Ce changement de nom marque une double volonté : d'une part, affirmer une identité propre et indépendante vis-à-vis de l'alcool allemand ; d'autre part, éviter une assimilation qui devient politiquement et économiquement problématique, notamment après la guerre franco-prussienne de 1870. Dans ce contexte, les alcools étrangers, en particulier allemands, sont perçus avec méfiance. La Société d'Économie sociale de l'époque n'hésite pas à réclamer une différenciation fiscale entre les « excellents alcools de vin français » et les « alcools d'industrie », souvent d'origine allemande, jugés impurs, mal rectifiés, et potentiellement toxiques[19].

Cette mutation dans la désignation du produit se retrouve dans la documentation commerciale des distillateurs fougerollais. Ainsi, l'Établissement Abel Bresson, tant qu'il se contente d'acheter et de revendre, utilise l'appellation « kirschwasser ». Mais dès qu'il devient producteur, il inscrit fièrement « kirsch » sur ses en-têtes de factures, affirmant ainsi une production locale, identifiée et valorisée. Ce choix linguistique n'est pas anodin : il inscrit la production fougerollaise dans un registre qualitatif et patriotique, tout en l'extirpant de la sphère d'influence allemande.

Ce repositionnement contribue à asseoir Fougerolles comme le centre national de la fabrication du kirsch. Si d'autres régions françaises[20] produisent également cette eau-de-vie, comme la Bretagne, notamment dans le Morbihan et les Côtes-du-Nord, elles ne rivalisent ni en quantité ni en notoriété. À Fougerolles, la distillation du kirsch s'accompagne par ailleurs de la production de kirschs dits « de commerce » ou « de fantaisie », réalisés à partir des marcs de cerises auxquels on ajoute de l'alcool d'industrie. Cette pratique permet d'utiliser l'intégralité du fruit, mais implique une qualité moindre par rapport au kirsch véritable, obtenu exclusivement par fermentation naturelle du fruit entier. D'autres fruits comme les prunes, les quetsches ou les mirabelles sont également distillés, mais aucune de ces productions ne parvient à égaler la place centrale de la cerise dans l'économie locale.

Tout au long du XIXe siècle, les eaux-de-vie de fruits connaissent un engouement croissant. Le kirsch, porté par la réputation de Fougerolles, gagne en importance et en parts de marché, devenant une boisson prisée bien au-delà

---

[19] *La réforme sociale*, revue organe de l'École de la paix sociale, Quatrième année, Tome IX, Paris, 1885.

[20] JACQUET Louis, *L'alcool, étude économique générale...*, *op. cit.*, p. 228.

des frontières régionales. Toutefois, cette production reste soumise aux aléas climatiques : la récolte de cerises, dépendante des conditions météorologiques annuelles, introduit une variabilité qui rend chaque campagne unique. Cette incertitude renforce paradoxalement la valeur du produit, notamment en cas de bonne année, et entretient l'image d'un alcool rare, de terroir, issu d'un savoir-faire ancestral et exigeant.

Ainsi, de *kirschwasser* à *kirsch*, c'est toute une histoire de transmission, de transformation et d'affirmation identitaire qui se dessine. En s'appropriant cette eau-de-vie d'origine étrangère, Fougerolles n'a pas seulement fondé une économie locale : elle a forgé une véritable tradition, inscrite aujourd'hui dans le patrimoine français et international des spiritueux.

… et l'absinthe aussi

La présence de l'absinthe à Fougerolles remonte à une date relativement ancienne, si l'on en croit l'inscription gravée à l'entrée d'une ferme-distillerie mentionnant : « *Fabrique de kirsch et d'absinthe, le 24 mai 1857* ». Cette inscription atteste que la distillation de l'absinthe était déjà une réalité locale à cette époque, soit à peine soixante ans après l'implantation de la première fabrique à Couvet, en Suisse, par le major Dubied.

L'origine de l'absinthe se situe précisément dans cette petite vallée jurassienne, entre Pontarlier et Neuchâtel. Selon un article paru en 1890 dans *Le Conteur vaudois*[21], tout commence avec un médecin installé à Couvet, dont l'identité reste aujourd'hui inconnue. À l'instar de nombreux praticiens exerçant en zones rurales au XVIIIe siècle, ce médecin préparait lui-même les remèdes qu'il prescrivait à ses patients. Il mit au point un élixir à base d'absinthe, présenté comme une panacée capable de guérir de nombreux maux. À sa mort, la recette de ce mystérieux breuvage fut transmise à sa gouvernante, Mademoiselle Grandpierre, qui la revendit aux demoiselles Henriod. Celles-ci commencèrent alors une production artisanale de cet élixir d'absinthe.

D'après Marie-Claude Delahaye[22], les personnes qui contribuent à l'explosion de la notoriété de l'extrait d'absinthe sont Abram Louis Perrenod, et par la suite son fils Henri-Louis Perrenod en 1798 dont le patronyme modifié « Pernod » sera attaché à l'histoire de l'absinthe et de l'apéritif anisé.

Donc, le véritable tournant industriel intervient lorsque les sœurs Henriod cèdent leur formule à un certain M. Pernod, qui y voit immédiatement un potentiel commercial. En 1798, son fils, Henri-Louis Pernod, fonde la distillerie « Dubied Père & Fils », considérée comme la première structure dédiée exclusivement à la fabrication de l'absinthe. En 1805, Henri-Louis

---

[21] *Le conteur vaudois,* journal de la Suisse Romande, vingt-huitième année, n°2, samedi 11 janvier 1890.

[22] DELAHAYE Marie-Claude, *Pernod 200 ans d'entreprise*, 2005, Auvers-sur-Oise, Musée de l'Absinthe, p. 14-17.

Pernod poursuit l'aventure en fondant à Pontarlier sa propre société, qui prendra le nom de *Maison Pernod.*

C'est à partir de là que Pontarlier devient le centre névralgique de l'absinthe, surnommée dès lors « la fée verte ». Boisson des artistes, des intellectuels et des militaires, elle séduit bientôt une clientèle bien plus large. Son prix accessible et ses vertus stimulantes favorisent son adoption par les classes populaires, notamment après la guerre de 1870. Vers 1900, l'absinthe est devenue l'apéritif le plus consommé en France, atteignant des volumes impressionnants de production : plus de 200.000 hectolitres par an. Sa diffusion dépasse les frontières de la métropole pour s'étendre jusque dans les colonies[23], où elle conquiert de nouveaux marchés.

Fougerolles, terre déjà riche d'une tradition distillatrice grâce au kirsch, n'est pas restée à l'écart de cette dynamique. Bien avant l'essor national de l'absinthe, les distillateurs de la région avaient commencé à en fabriquer et à en tirer de considérables profits. Parmi eux, Abel Bresson se distingue par une stratégie commerciale habile : dès 1912, il acquiert le droit d'exploitation de la marque « Pernod », à la fois celle de Couvet et celle de Pontarlier. Cela lui permet d'apposer sur ses étiquettes un nom prestigieux, immédiatement reconnu et recherché par les consommateurs, qui avaient pris l'habitude de commander non pas « une absinthe » mais « un Pernod ».

FIGURE 12. Étiquette absinthe Édouard Pernod, acquise par la maison Abel Bresson en 1912

SOURCE : Archives de l'Écomusée du Pays de la Cerise, Fougerolles.

[23] ADHS, 106 M1, Fougerolles, 30.12.1895 : La veuve Bresson produit en 1895 18573 hl d'alcool et en vend 22133 hl (soit respectivement 3588 hl et 1283 hl de plus qu'en 1894). Elle explique que *« cette augmentation porte sur la vente de l'absinthe qui s'écoule plus facilement par suite de l'institution d'un entrepôt à Alger et dans divers centres de la France*

D'autres distillateurs fougerollais ne manquent pas de suivre cet exemple, parfois avec des pratiques moins transparentes. Ainsi, Lemercier Frères commercialise une absinthe sous la marque « Constant Pernot », tandis que Cuenin-Rapenne propose une absinthe estampillée « Veuve J. Pernot ». Les fils d'Auguste Peureux, quant à eux, lancent une absinthe baptisée « Jules Pernot ». Tous s'efforcent de tirer profit de la notoriété du nom « Pernod », devenu synonyme de qualité et de tradition.

L'essor économique de l'absinthe à Fougerolles au début du XXe siècle est saisissant. Entre 1909 et 1910, les trois principales distilleries locales, Abel Bresson, Lemercier Frères et Auguste Peureux, totalisent à elles seules une production annuelle moyenne de 23.800 hectolitres. Dans le détail : Abel Bresson produit 13.124 hl, Lemercier Frères 6.452 hl, et Auguste Peureux 4.225 hl. En 1914, la production atteint même un sommet avec 55.000 hectolitres annuels. Ces chiffres illustrent non seulement l'importance croissante de l'absinthe dans l'économie locale, mais aussi l'habileté des distillateurs fougerollais à se positionner sur un marché concurrentiel dominé jusque-là par Pontarlier.

Les archives privées de la maison Abel Bresson conservent encore aujourd'hui les étiquettes emblématiques de cette époque, notamment celles de trois de ses marques phares : l'absinthe *Abel Bresson*, l'absinthe *Pierrot* et l'absinthe *Édouard Pernod*. Ces visuels témoignent d'un savoir-faire autant commercial qu'esthétique, et reflètent l'identité visuelle soignée que les distillateurs fougerollais souhaitaient donner à leurs produits.

FIGURE 13. Étiquettes de deux marques d'absinthe appartenant à la maison Abel Bresson : Abel Bresson, Pierrot

SOURCE : Archives de l'Écomusée du Pays de la Cerise, Fougerolles ; Collection M-C. Delahaye, Musée de l'Absinthe, Auvers-sur-Oise.

Ainsi, dès le milieu du XIXe siècle, Fougerolles s'impose non seulement comme un haut lieu de la distillation du kirsch, mais aussi comme un acteur incontournable de la production d'absinthe. Les distillateurs locaux, dynamiques et opportunistes, font de l'absinthe un pilier de l'économie locale jusqu'à son interdiction en 1915. Pourtant, la mémoire de la « fée verte » persiste, ancrée dans les collines de Fougerolles, témoignant d'un passé industriel et culturel encore vivant.

4.1.1. Des hommes et des femmes enracinés dans leur territoire

Des mandats électifs

L'histoire politique de Fougerolles révèle une imbrication remarquable entre la sphère municipale et le monde de la distillation. Depuis la Révolution française, les distillateurs ou les personnalités étroitement liées à cette activité ont occupé une place centrale dans la gouvernance de la commune. Une étude des archives municipales permet d'établir qu'environ 60% des mandats de maire depuis 1792 ont été exercés par des figures issues directement du monde de la distillation ou entretenant des liens étroits avec celui-ci. Sur une période de 220 ans, cela représente près de 130 années de gouvernance locale dominées par des intérêts distillateurs. Cet ancrage politique témoigne de l'importance de l'industrie des eaux-de-vie dans la structuration économique, sociale et politique de la commune.

Cet engagement dépasse le cadre communal : des personnalités fougerollaises actives dans la vie publique ont défendu, au niveau départemental et national, les droits et privilèges de la distillation, notamment des conseillers généraux mobilisés pour protéger les producteurs locaux face aux menaces législatives pesant sur leur activité.Un exemple emblématique de cette mobilisation est la réaction à la promulgation de la loi du 20 juillet 1837. Ce texte entendait redéfinir les règles fiscales et administratives concernant la distillation, en opérant une distinction nette entre les bouilleurs de cru, ces agriculteurs distillant uniquement leur propre récolte, et les distillateurs professionnels. La loi allait plus loin encore en assimilant les producteurs fougerollais à ces derniers, leur retirant ainsi les avantages fiscaux et statutaires traditionnellement accordés aux bouilleurs de cru. Cette mesure fut perçue comme une injustice criante, portant atteinte à une pratique agricole ancestrale et à une ressource économique vitale[24].

À Fougerolles, les réactions furent d'abord pacifiques mais fermes. Contrairement aux bouilleurs alsaciens de Breitenbach[25], qui n'hésitèrent pas à recourir à la violence en s'opposant physiquement aux agents de l'État venus recenser les alambics, les Fougerollais firent le choix du recours institutionnel. Ils mobilisèrent leurs élus pour faire valoir leurs doléances. L'un des conseillers généraux du département, dans une intervention restée célèbre, s'exprima avec force devant l'assemblée :

> *Une pareille innovation sera funeste à notre pays ; elle tend à la priver d'une de ses principales branches de richesse, en rendant trop onéreuse la fabrication du kirsch et en amenant ainsi la suppression de la culture du cerisier*[26].

---

[24] MICHEL Guy Jean, « la distillation du kirsch à Fougerolles »..., *op. cit.*

[25] SOSKOPF Nicolas, *La petite industrie dans le Bas-Rhin 1810-1870*, Strasbourg, Éditions Oberlin, 1987, p. 26-28.

[26] *Délibérations du Conseil général, session de 1838*, p. 102-103.

L'orateur poursuivit avec un lyrisme engagé :

C'est à proprement parler, la seule ressource des propriétaires et fermiers ; elle est destinée à leur procurer le pain que leur refuse la mauvaise qualité de leurs terres[27].

Au plaidoyer passionné s'ajoutaient des considérations économiques concrètes : les recettes générées par le commerce du kirsch s'élevaient, pour la seule commune de Fougerolles, à plus de 114.000 francs, contre une contribution foncière ne dépassant pas 20.000 francs. Face à de tels chiffres, la disproportion des bénéfices fiscaux à retirer d'une répression accrue de la distillation apparaissait manifeste.

L'intensité de la mobilisation finit par porter ses fruits. À peine deux ans plus tard, le gouvernement de Louis-Philippe revenait partiellement sur sa position par la loi du 20 août 1839[28], qui réintégrait les cultivateurs-distillateurs dans la catégorie des bouilleurs de cru, leur restituant ainsi leur statut et leurs privilèges antérieurs.

L'influence des distillateurs sur la vie publique ne s'arrêta pas là. À la fin du XIXe siècle et au début du XXe siècle, cette implication prit une nouvelle dimension avec l'émergence de figures politiques de premier plan issues du milieu de la distillation. L'un des exemples les plus représentatifs est celui d'Auguste Peureux, distillateur éminent, maire de Fougerolles, conseiller général du canton de Lure, membre actif de la Chambre de commerce de Gray, et surtout député de la Haute-Saône entre 1902 et 1906.

Se réclamant du courant radical, Auguste Peureux s'affirma comme un adversaire résolu du nationalisme conservateur de l'époque[29]. Il se positionna en faveur d'un impôt progressif sur les hauts revenus (supérieurs à 2.500 francs), prôna une réduction des droits de régie sur les alcools et défendit farouchement le privilège des bouilleurs de cru, menacé à plusieurs reprises par les projets de réforme fiscale. Innovateur sur le plan industriel, il fut aussi le premier de la région à introduire la culture de la betterave pour la production d'alcool destiné aux liqueurs et à la macération des fruits, anticipant les mutations agricoles et techniques du secteur.

À Paris, au Palais Bourbon, Peureux s'impliqua activement dans les commissions parlementaires relatives aux patentes, aux douanes et aux boissons. Il intervint dans les débats budgétaires liés au commerce des spiritueux et se fit régulièrement le porte-voix des distillateurs d'absinthe,

---

[27] *Ibid.*

[28] *Bulletin des lois du Royaume, deuxième semestre de 1839,* p.284. Article 15 : A partir de la présente loi, les propriétaires qui distillent exclusivement les cerises et prunes de leur récolte seront ajoutés à la nomenclature des bouilleurs de cru de l'article 8 de la loi du 20 juillet 1837, et comme tels dispensés de la licence et de l'exercice.

[29] JOLLY Jean, « Auguste, François, Jules, César Peureux 1857 – 1927 », *Dictionnaire des parlementaires français de 1889 à 1940* [En ligne] http://www2.assemblee-nationale.fr/sycomore/fiche/%28num_dept%29/5858

alors en pleine controverse. Il présida également des réunions publiques, comme en témoigne l'annonce parue dans le journal politique *La Lanterne* du 27 novembre 1903 :

Jeudi 26 novembre 1903 à 8h et demie, conférence mensuelle, sous la présidence de M. Auguste Peureux, conseiller général député de la Haute-Saône, dans la salle de cercle, 5 rue de Beaujolais. Avec projections lumineuses par M. Maheu, agrégé de l'Université, préparateur à l'École supérieure de pharmacie de Paris.

Cette convergence entre activité économique, représentation politique et défense d'un patrimoine local permet de comprendre pourquoi, à Fougerolles, la distillation n'a jamais été perçue comme une simple production agricole ou industrielle, mais comme une véritable affaire de civilisation, engageant les ressources, les identités et les luttes d'un territoire tout entier.

Des valeurs cardinales

Sans mandats électifs, d'autres acteurs locaux ont participé à la vie politique et économique locale et nationale. Parmi eux, nous citons une figure locale emblématique de l'industrie de distillation, Abel Bresson. La renommée et l'influence de cet entrepreneur fougerollais sont telles, qu'une revue parisienne spécialisée lui consacra sa « Une ». Il s'agit du *Panthéon de l'Industrie* dans son édition n°497 du 7 septembre 1884 sous la plume d'A. Frœmer.

Dans cette revue, Abel Bresson est présenté comme le « fondateur de la fabrication de l'absinthe et de la rectification des alcools dans les départements de l'Est » et son œuvre est considérée comme bienfaitrice comme l'indique cet article qui insiste particulièrement sur « le caractère et sur l'œuvre d'Abel Bresson, que le pays a le droit et le devoir de compter au nombre de ses bienfaiteurs les plus intelligents et les plus dévoués ».

Concernant son activité commerciale et industrielle, le journaliste nous livre quelques informations concernant l'origine de l'activité, les compétences et les objectifs d'Abel Bresson :

Dès le début de son œuvre, c'est-à-dire depuis 1838 et jusqu'à sa mort, arrivée en 1878, Abel Bresson, que la nature avait doté d'une indomptable force de volonté, résolut de ne plus vivre que dans son œuvre et se livra sans réserve, aux études techniques et scientifiques qui devaient le conduire au double objectif qu'il avait tout d'abord placé devant ses yeux : progrès industriel de la distillerie, réalisation des conditions hygiéniques dont on avait peut-être déjà l'instinct, mais qu'on n'avait pas encore cherché à définir et à réaliser scientifiquement.

Concernant son implication publique au niveau national, toujours d'après l'article de presse :

En 1872, au moment où le gouvernement préparait le projet de loi sur les alcools, Abel Bresson, créateur d'un procédé spécial de rectification encore secret à l'heure présente, Abel Bresson, recommandé par sa haute compétence industrielle et commerciale, fut appelé à Paris, auprès du président de la commission du budget, et se décida à venir mettre au service du pays le trésor de connaissances qu'il avait amassé. Telle fut son unique et discrète apparition dans la vie publique ; toujours depuis, il refusa les fonctions qui lui furent offertes, sentant qu'il ne pourrait s'empêcher de les remplir avec le zèle qui fut le fond de sa nature, et, par conséquent, au détriment de ses travaux favoris.

L'implication d'Abel Bresson dans son territoire est poursuivie, après son décès, par le reste de sa famille à commencer par son fils Hubert Bresson, catholique républicain, qui s'investit dans la politique locale en occupant les responsabilités de conseiller général[30] du canton de Faucogney-et-la-Mer dans l'arrondissement de Lure, de 1889 à 1895.

Dès le début du XXe siècle, il s'engage notamment pour le développement économique et touristique de Fougerolles à travers sa participation, en tant que délégué, à l'organisation nationale du Touring-Club de France[31]. Cette institution, fondée à la fin du XIXe siècle, vise à encourager le tourisme, la découverte du patrimoine et l'aménagement des infrastructures nécessaires à l'accueil des visiteurs. Les délégués locaux, tels qu'Hubert Bresson, jouent un rôle essentiel : ils contribuent à la rédaction et à la publication d'articles mettant en valeur les atouts naturels, culturels et industriels de leur région, tout en œuvrant pour leur diffusion auprès d'un public national.

L'action du Touring-Club de France ne se limite pas à la promotion des paysages ou des monuments : elle offre également aux acteurs économiques locaux la possibilité de référencer leurs services dans sa revue mensuelle. Ce support constitue alors un outil de communication privilégié, permettant aux établissements touristiques et hôteliers de toucher un lectorat ciblé et curieux de découvrir de nouvelles destinations. À Fougerolles, l'Hôtel des Voyageurs, entre autres, profite à plusieurs reprises de cette opportunité pour se faire connaître. Ses annonces détaillent les tarifs des chambres, les formules de repas proposées ainsi que les remises accordées aux voyageurs et visiteurs de passage[32].

La famille Bresson exprime un attachement profond à sa commune d'origine, Fougerolles. Dès la fin du XIXe siècle, elle choisit de sceller symboliquement cette relation en intégrant le blason officiel de la localité à l'emblème de sa marque familiale, affirmant ainsi une identité enracinée dans le territoire.

---

[30] D'après une liste des conseillers généraux successifs du canton de Faucogney-et-la-Mer de 1848 à 2004 [En ligne] http://fr.wikipedia.org/wiki/Canton_de_Faucogney-et-la-Mer

[31] *Touring-club de France*, revue mensuelle, Neuilly-sur-Seine, édition Touring-club de France, Paris, 15 décembre 1903.

[32] *Ibid.*

FIGURE 14. Association blason de la commune Fougerolles et la marque Bresson

1 2 3

1	Blason de la ville de Fougerolles, fin XIXe siècle.
2	Logo apparaissant sur les liqueurs d'absinthe, fin XIXe et début du XXe siècles.
3	Logo apparaissant sur les produits de la maison Bresson, années 1930.

Au niveau de son implication économique locale, Hubert Bresson n'hésite pas à soutenir d'autres industriels fougerollais pour le développement de leur structure comme c'est le cas pour la famille Antoine, propriétaire d'une filature locale.

Voici le témoignage de Jacques Antoine, le dernier propriétaire de la filature de Fougerolles-le-Château. Il est le petit-fils du repreneur de la filature, Auguste Antoine. Cette filature appartenait à un Alsacien du nom de « MURBACH » jusqu'en 1904 :

Mon grand-père a également trouvé à Fougerolles un accueil tout à fait remarquable en la personne d'Hubert Bresson, ce grand industriel de la distillation, fils d'Abel Bresson. Un monsieur très riche, très puissant, l'a accueilli en lui disant : « voilà quelqu'un qui vient reprendre une usine en train de tomber, je le commandite! ». Ce qu'il fit très largement et à plusieurs reprises [...]. Suivant un acte notarié de mars 1907, mes grands-parents, tous deux réunis, reconnaissent devoir une somme totale de 100.000 francs à différents industriels et négociants vosgiens [...].

À cette somme, dont le remboursement est exigé sous huit années, s'ajoute, mentionnée dans le même acte, celle de 250.000 francs prêtée par Hubert Bresson, l'un des fils d'Abel Bresson. Cette dernière somme devra être employée au paiement des nouvelles machines et du solde des constructions[33].

L'implication de la famille Bresson n'est pas uniquement politique et économique mais aussi religieuse et sociale. En effet, la famille Bresson est fortement impliquée dans la vie paroissiale. Mme Bresson, belle fille d'Abel

[33] PEYRE Olivier, ANTOINE Jacques, SIMON Bernard, *De l'orgueil à l'amertume : une histoire de la filature de* Fougerolles *-le-Château,* Filature Édition, 2005, p. 114 et 122.

Bresson, en est même une figure respectée et respectable. C'est une dame très pieuse et très généreuse. Elle fait beaucoup de dons à la paroisse et elle prend même à sa charge les frais de fonctionnement de l'église de Fougerolles après la loi de séparation de l'Église et de l'État en 1905. Elle fonde en 1889 un pensionnat pour jeunes filles et fait construire à ses frais les bâtiments.

Parmi toutes les œuvres de Mme Bresson, celle qui marque la vie locale est l'installation du pensionnat pour jeunes filles en 1889. Ce pensionnat est une école libre au service des familles de la commune et des alentours. Mme Bresson fait venir des religieuses de la Compassion de Villersexel. Cet établissement fonctionne encore à ce jour et abrite l'école Saint-Joseph de Fougerolles.

D'après une lettre[34] adressée à un général de l'armée française durant la Première Guerre mondiale, Hubert Bresson cite l'école libre de Fougerolles comme sa propre école :

« [Hubert Bresson] Industriel propriétaire de plusieurs établissements, intéressé et administrateur de plusieurs industries régionales, dont un certain nombre sont situées dans le département de la Haute-Saône, Côte-d'Or, Vosges et Territoire de Belfort, propriétaire de forêts et fermes dans ces mêmes départements, chargé parfois par la municipalité de démarches ayant trait au ravitaillement de notre importante commune. Occupé enfin comme automobiliste à l'Hôpital auxiliaire n° 12 bis rattaché à Besançon et installé dans notre commune dans une école libre m'appartenant, je suis obligé de faire dans ce rayon des sorties assez fréquentes pour la surveillance et la défense de mes intérêts. »

Le rôle de la famille Bresson dans l'installation et la préservation de l'École à Fougerolles est développé dans une revue municipale datant de 1971[35] :

L'École Saint-Joseph, très modeste dans ses origines, elle l'est restée au fil des années. Dès 1886, un dispensaire et un ouvroir s'ouvrirent dans la maison de Mlle Bertrand qui avait elle-même demandé et obtenu des Religieuses de la Compassion de l'Hermitage de Villersexel. À la demande de la population fougerollaise, une École libre fut fondée en 1889. Mme Bresson en prit l'initiative et fit construire à ses frais les deux bâtiments en bordure de la route nationale. Très vite, l'École naissante bénéficia de l'estime et de la confiance des Fougerollais. Une, deux, trois classes primaires s'ouvrirent successivement tenues par des religieuses, puis une classe maternelle appelée « asile ». Quelques familles des sections, trop éloignées du centre, demandèrent aux religieuses de garder leurs enfants à demeure : c'est l'origine du Pensionnat. L'École apparaît à son début

[34] Archives de l'Écomusée du Pays de la Cerise, Fougerolles.

[35] Municipalité de Fougerolles, « Revue d'information municipale économique et touristique de la commune de Fougerolles ». 4ème trimestre 1971, p. 34.

être une œuvre vraiment communautaire, les prêtres la soutiennent de tout leur zèle, et des dames généreuses [Parmi elles, Mme Bresson] *paient de leurs deniers les mensualités scolaires des enfants plus pauvres. La communauté des sœurs devint bientôt polyvalente. À côté des sœurs institutrices, une sœur éducatrice paroissiale rétablit l'ouvroir pour les jeunes filles et une sœur garde-malades parcourut à pied les durs chemins des sections où les familles faisaient souvent appel à sa compétence et à son inlassable dévouement. 1900...Ce fut, brutalement, la tourmente avec l'exode des religieuses, suivi des années difficiles de la guerre 1914-1918. Mme Bresson veilla une fois de plus sur son œuvre. Elle trouva une directrice sécularisée en la personne de Mlle Duschenes qui sut à son tour s'adjoindre des institutions laïques. Ainsi l'École fut-elle sauvée de la ruine.*

Une implication syndicale

Dans la dernière décennie du XIXe siècle, les distillateurs industriels, soumis à des surtaxes qu'ils jugent discriminatoires, subissent les contrecoups de la concurrence allemande. Pour se défendre, ils fondent en 1892 le syndicat des distillateurs de kirsch de la Haute-Saône[36] qui s'avère être le premier syndicat patronal du département. Un an plus tard, 13 autres distillateurs, négociants et représentants, les rejoignent et déposent, le 15 mars 1893, les statuts du syndicat.

En 1893 les membres du syndicat sont originaires de six communes[37] : Aillevillers (huit membres), Corbenay (un membre), Fougerolles (30 membres dont 28 distillateurs), Gouhenans (un membre), Luxeuil-les-Bains (trois membres) et Bains-Les-Bains (un membre).

Ses statuts éliminent les producteurs au profit des commerçants : le syndicat n'accepte que les distillateurs de kirsch pourvus d'une licence de marchands de gros, mais accueille les négociants en vins et spiritueux, les distillateurs-liquoristes, voire les courtiers ou représentants qui les visitent. Il est administré par un bureau composé de six membres « pris exclusivement parmi les distillateurs de Kirsch » de Fougerolles, Aillevillers, Saint-Loup et Luxeuil.

Le premier acte du syndicat consiste à adresser une requête officielle aux sénateurs et députés afin de défendre les intérêts de la profession. Le texte stipule : « Les soussignés, membres du Syndicat des Distillateurs de Kirsch de la Haute-Saône protestent énergiquement contre la suppression des droits sur les vins, cidres, bières et contre la surtaxe dont sont frappés les alcools, surtaxe qui est la conséquence de la suppression des droits sur les boissons, dites hygiéniques ».

---

[36] Le 30 octobre 1892, vingt-six distillateurs industriels créèrent le Syndicat des Distillateurs de Kirsch de la Haute-Saône dont le siège social s'établit à Fougerolles

[37] Archives de l'Établissement Lemercier Frères.

À cette date, les vins sont taxés à 2 francs l'hectolitre, les cidres à 0,80 franc, les alcools à 1,70 franc. Le syndicat intervient par la suite contre une loi sur les boissons datant de mars 1897 et qui surtaxe encore les alcools.

Les distillateurs se réunissent régulièrement lors d'un grand banquet gastronomique à l'occasion de la tenue annuelle de leur syndicat[38]. Ces banquets gastronomiques permettent de faire du lobbying auprès des hommes politiques, de définir des stratégies de distribution, de faire la promotion des produits locaux et de découvrir de nouveaux produits provenant d'autres régions de France.

La tradition va se perpétuer durant des années avec le même principe, et parfois, un conférencier est invité pour vanter les mérites et les bienfaits des boissons alcoolisées fabriquées.

Le syndicat a pour but d'unir ses membres par une bonne fraternité, de prendre la défense de ses intérêts en général, soit devant les pouvoirs publics, soit devant les tribunaux et compagnies de transport, de prendre la défense de chacun de ses membres en particulier devant les mêmes juridictions, de fournir aux tribunaux des arbitres compétents. Ce syndicat compte 20 membres en 1911, 22 en 1913. Il cesse de fonctionner durant la Grande Guerre et en 1920, il compte à nouveau 20 adhérents avec une cotisation annuelle fixée à 30 francs, 32 en 1933, 29 en 1942 et 27 en 1948.

Si la plupart des distillateurs fougerollais adhèrent à ce syndicat dès sa création, d'autres, pour protéger toutes leurs activités, participent à la création d'autres syndicats en Haute-Saône et dans d'autres départements. C'est le cas de l'Établissement Lemercier Frères qui, pour protéger et promouvoir son activité de négoce dans les vins, initie en 1908 la création du syndicat des négociants et représentants du commerce des vins en gros de la circonscription de Luxeuil-les-Bains[39] et dont le siège s'établit à Luxeuil-les-Bains.

D'autres firmes fougerollaises possédant des succursales sur le territoire français adhèrent à d'autres syndicats pour protéger leurs intérêts. C'est le cas des Établissements Abel Bresson qui possèdent des usines en Côte d'Or, dans la région parisienne, à Béziers et à Beaucaire.

Pour avoir plus d'impact, le bureau du syndicat des distillateurs du kirsch en Haute-Saône et celui du syndicat des négociants et représentants du commerce des vins en gros de la circonscription de Luxeuil-les-Bains n'hésitent pas à encourager et à adhérer à un organe national dès le début des années 1920 : la fédération des syndicats du commerce en gros et des vins et spiritueux.

---

[38] GRANDJEAN Pierre, *Un amour de Terroir*, Association Environnement, Nature, Patrimoine de Fougerolles, 1994, p. 92

[39] Archives de l'Établissement Lemercier Frères.

FIGURE 15. Menus du Syndicat des distillateurs de kirsch (1892 et 1893)

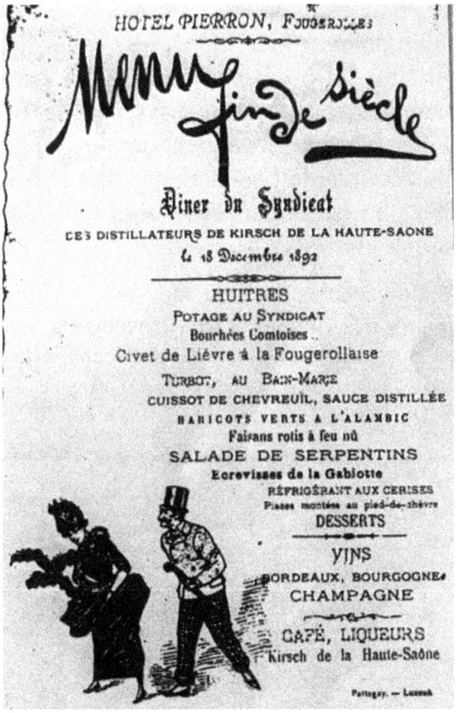

HOTEL PIERRON, Fougerolles

Menu fin de siècle

Diner du Syndicat

DES DISTILLATEURS DE KIRSCH DE LA HAUTE-SAONE

le 18 Décembre 1892

HUITRES

POTAGE AU SYNDICAT

Bouchées Comtoises

Civet de Lièvre à la Fougerollaise

TURBOT, AU BAIN-MARIE

CUISSOT DE CHEVREUIL, SAUCE DISTILLÉE

HARICOTS VERTS A L'ALAMBIC

Faisans rotis à feu nû

SALADE DE SERPENTINS

Ecrevisses de la Gabiotte

RÉFRIGÉRANT AUX CERISES

Pieces montées au pied-de-chèvre

DESSERTS

VINS

BORDEAUX, BOURGOGNE

CHAMPAGNE

CAFÉ, LIQUEURS

Kirsch de la Haute-Saône

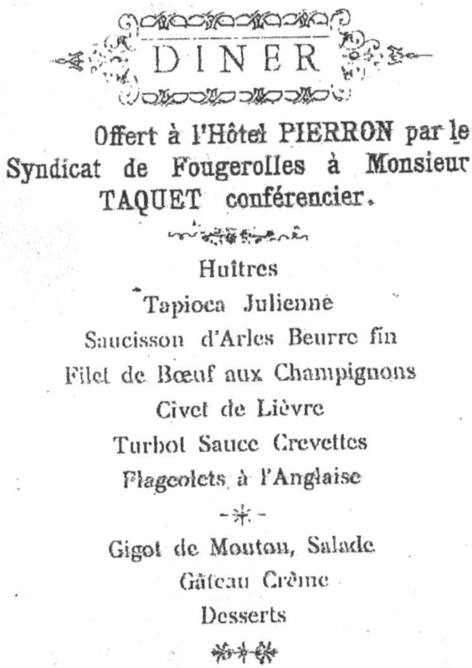

DINER

Offert à l'Hôtel PIERRON par le Syndicat de Fougerolles à Monsieur TAQUET conférencier.

Huîtres

Tapioca Julienne

Saucisson d'Arles Beurre fin

Filet de Bœuf aux Champignons

Civet de Lièvre

Turbot Sauce Crevettes

Flageolets à l'Anglaise

Gigot de Mouton, Salade

Gâteau Crème

Desserts

SOURCE : Archives de l'Écomusée du Pays de la Cerise, Fougerolles.

Les réunions et les banquets des différents syndicats deviennent les occasions privilégiées pour faire parler des produits de leurs membres et faire intervenir des conférenciers pour défendre leurs activités. Ainsi, les Établissements Abel Bresson n'hésitent pas à offrir leurs produits lors des différents repas et banquets organisés par le syndicat des distillateurs de kirsch à Fougerolles mais aussi lors des banquets organisés par d'autres syndicats dont ils sont membres comme le banquet annuel organisé par le syndicat du commerce en gros des vins, spiritueux et vinaigres du département de la Côte d'Or en 1905.

FIGURE 16. Carte des alcools offerts lors du banquet annuel du syndicat du commerce en gros des vins, spiritueux et vinaigres de la Côte d'Or, Restaurant du Marais, Dijon, 16 décembre 1905.

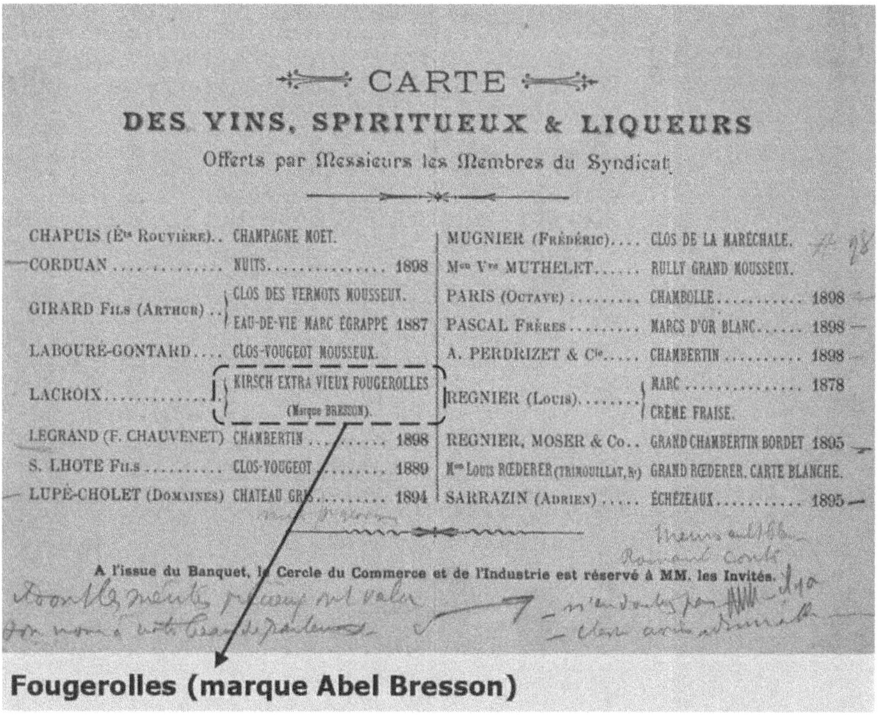

CARTE

DES VINS, SPIRITUEUX & LIQUEURS

Offerts par Messieurs les Membres du Syndicat

CHAPUIS (Éts ROUVIÈRE)	CHAMPAGNE MOET.	
CORDUAN	NUITS	1898
GIRARD FILS (ARTHUR)	CLOS DES VERMOTS MOUSSEUX.	
	EAU-DE-VIE MARC ÉGRAPPÉ	1887
LABOURÉ-GONTARD	CLOS-VOUGEOT MOUSSEUX.	
LACROIX	KIRSCH EXTRA VIEUX FOUGEROLLES (Marque BRESSON).	
LEGRAND (F. CHAUVENET)	CHAMBERTIN	1898
S. LHOTE FILS	CLOS-VOUGEOT	1889
LUPÉ-CHOLET (DOMAINES)	CHATEAU GRIS	1894
MUGNIER (FRÉDÉRIC)	CLOS DE LA MARÉCHALE.	
Mme Vve MUTHELET	RULLY GRAND MOUSSEUX.	
PARIS (OCTAVE)	CHAMBOLLE	1898
PASCAL FRÈRES	MARCS D'OR BLANC	1898
A. PERDRIZET & Cie	CHAMBERTIN	1898
REGNIER (LOUIS)	MARC	1878
	CRÈME FRAISE.	
REGNIER, MOSER & Co.	GRAND CHAMBERTIN BORDET	1895
Mon LOUIS RŒDERER (TRIMOUILLAT, Sr)	GRAND RŒDERER, CARTE BLANCHE.	
SARRAZIN (ADRIEN)	ÉCHÉZEAUX	1895

A l'issue du Banquet, le Cercle du Commerce et de l'Industrie est réservé à MM. les Invités.

Fougerolles (marque Abel Bresson)

SOURCE : Collection de menus, (Menu M I 167), Bibliothèque municipale, Dijon.

Les bulletins édités par les différents syndicats deviennent des supports de publicité pour leurs membres. C'est le cas des Établissements Abel Bresson qui optent, en 1934, pour le bulletin annuel de la fédération des syndicats du commerce en gros et des vins et spiritueux pour communiquer sur leurs trois marques internationales[40] : « Junod », « Édouard Pernod » et « Nugue-Richard ».

[40] Archives de l'Écomusée du Pays de la Cerise, Fougerolles.

FIGURE 17. Membres du Syndicat des distillateurs de Kirsch en Haute-Saône, 1933

Sur cette photo, de bas en haut et de gauche à droite :

1er rang : André Peureux, Paul Devoille, Georges Bedon (Marchand de vin à LUXEUIL), Hubert Bresson Père, Louis Lemercier, Léon Saguin, Charles Bertrand, un inconnu.
2ème rang : Joseph Larrière, Fernand Hacquard, M. Deville (représentant), René Sirace, Albert Robert, Georges Raspiller, Menigoz (distillateur à Raddon), Léon Bolot.
3ème rang : Albert Grandjean (Comptable chez Lemercier), Jean Laurent (Distillateur à Luxeuil, successeur d'Henry-Richard), Alexandre Raspiller, Henri Simon, Victor Lemercier (fils de Louis), Henri Robert, un inconnu, Maxime Girardin.
4ème rang : Edgard Peureux, Lemercier (dit "Sous-off", de la distillerie Saguin), un inconnu, Albert Rapenne, Jean Bailly (représentant à Luxeuil), René Hacquard, un inconnu.

SOURCE : Archives de l'Écomusée du Pays de la Cerise, Fougerolles.

4.1.2. Une commune au sein d'un réseau de transport diversifié

À la fin du XIXe siècle, la Haute-Saône dispose d'un réseau de transport particulièrement diversifié, combinant routes nationales, routes départementales, voies ferrées et réseau fluvial. Ce maillage territorial, relativement dense pour un département rural, favorise le désenclavement progressif de ses zones industrielles et agricoles. Il constitue un atout stratégique majeur pour les entreprises locales, notamment celles implantées à Fougerolles, qui bénéficient d'une accessibilité renforcée vers les pôles d'échange et les marchés de consommation régionaux, nationaux et coloniaux.

Le port de Gray, principal débouché fluvial du département, joue un rôle essentiel dans cette logique multimodale. Il constitue, dès les années 1860, un nœud de redistribution pour les produits agricoles, les matières premières et les marchandises manufacturées. Ce port est notamment alimenté par des convois ferroviaires en provenance de Port-d'Atelier, un point de chargement secondaire connecté à la ligne de chemin de fer via la gare d'Aillevillers, située à seulement huit kilomètres de Fougerolles. Cette courte distance rend possible un transfert relativement aisé des produits distillés, notamment le kirsch, vers les axes fluviaux de grande distance.

Outre Aillevillers, la gare de Lure, distante d'environ trente kilomètres, peut également être mobilisée pour le transport ferroviaire de marchandises. Toutefois, dans la majorité des cas, et jusqu'au début du XXe siècle, les envois à destination du port de Gray sont assurés directement depuis Fougerolles, soit par wagons, soit par voitures à attelage. Ces dernières jouent encore un rôle considérable avant la généralisation de l'automobile, en permettant un transport souple et relativement rapide sur les courtes distances.

L'année 1881 marque un tournant décisif dans l'histoire des transports en Haute-Saône avec l'ouverture de l'embranchement ferroviaire entre Aillevillers, Fougerolles et le Val-d'Ajol (commune voisine située dans le département des Vosges). Cette infrastructure ferroviaire secondaire, mais essentielle pour le tissu économique local, contribue à intégrer davantage Fougerolles au réseau national en facilitant l'exportation de ses productions issues de l'activité de distillation vers les bassins de consommation de l'Est, du Nord et du Sud de la France, mais aussi vers les ports d'embarquement à destination des colonies.

Cet essor ferroviaire s'inscrit dans une dynamique plus ancienne. Dès les années 1820, la Haute-Saône s'intéresse aux transports modernes, notamment à Gray, où un projet de « route en fer » vers Saint-Dizier vise à réduire les coûts logistiques[41]. Cette initiative préfigure les mutations du XIXe siècle, où la combinaison routes, voies ferrées et transport fluvial devient essentielle. Toutefois, il faut attendre la fin des années 1840 pour voir émerger les premières lignes ferroviaires dans le département. Le développement du

---

41 Délibérations du Conseil municipal de Gray, concernant un projet d'une route en fer de Gray à Saint-Dizier, 1er juillet 1829.

chemin de fer prend alors un nouvel élan sous la Deuxième République, grâce à l'implication déterminée du préfet Dieu, dont l'engagement est illustré par le discours qu'il prononce lors de la session extraordinaire du conseil général, le 31 janvier 1853:

> *Les chemins de fer, partout où ils s'établissent, changent de la manière la plus grave toutes les conditions du commerce, de l'industrie et de l'agriculture [...] Les projets de chemins de fer qui doivent traverser la Haute-Saône méritent particulièrement l'attention de l'administration et du Conseil Général. En effet, il est peu de pays qui, pour la fertilité, les grandes industries, les matières premières et les produits minéralogiques, puissent mieux profiter des chemins de fer [...] Dans la question des chemins de fer qui se discute, il s'agit rien de moins que de la décadence prochaine ou de la prospérité de votre industrie ; il ne s'agit rien de moins que de la fortune forestière de vos communes*[42].

Les arguments économiques avancés par le préfet Dieu sont fondés : le rail permet de transporter plus de marchandises à un coût jusqu'à quatre fois inférieur à celui de la route[43], tout en réduisant considérablement les délais. Ainsi, le trajet entre Vesoul et Paris, qui nécessitait 53 heures par la route, n'en demande plus que 11 dès 1858, grâce à l'ouverture des lignes Langres - Vesoul et Vesoul - Belfort. À proximité de Fougerolles, d'autres liaisons ferroviaires se développent rapidement : en 1860, les lignes Port-d'Atelier - Aillevillers et Aillevillers - Épinal sont mises en service, suivies en 1863 de la ligne Lure - Aillevillers, qui améliore les connexions entre Belfort et Épinal. Soucieux de ne pas rester à l'écart de ce maillage, les acteurs économiques et politiques de Fougerolles militent activement pour l'obtention d'une gare. Le 5 juin 1881, leur demande aboutit avec l'inauguration de la gare de Fougerolles, qui assure la liaison entre Aillevillers et le Val-d'Ajol.

L'amélioration des conditions de transport donne une nouvelle impulsion à cette branche d'activité. Des trains entiers d'alcools sont déchargés et chargés à Fougerolles. Plusieurs établissements s'installent à proximité de la gare de Fougerolles. D'autres quittent les hameaux pour s'en rapprocher comme c'est le cas, en 1881, de l'Établissement Lemercier Frères qui quitte le lieu-dit « Grand-Fahys » pour s'installer tout près de la gare. En 1900, la gare de Fougerolles expédie en un jour 320 hectolitres de spiritueux[44]. La maison Bresson, à elle seule, livre 230 hl par jour. L'absinthe compte pour plus de la moitié des expéditions.

---

[42] MICHEL Guy Jean, « L'établissement des lignes de chemin de fer en Haute-Saône », *Bulletin de la SALSA* n°11, Vesoul, 1977, p. 46. Rapport du Préfet au Conseil général, compte-rendu de session 1853, p.12.

[43] SUCHAUX, *Manuel à l'usage de l'habitant du département de la Haute-Saône*, 1869, Vesoul Édition THIRRIA, Vesoul, p.122 et p.144.

[44] Archives privées de Jacques Simon : d'après les travaux de Paul Simon, ancien instituteur à Fougerolles.

4.2. Un savoir-faire local, des évolutions techniques et une dynamique économique

4.2.1. De l'activité agricole complémentaire à la distillation industrielle

Du paysan-producteur au distillateur de profession

La distillation s'impose comme l'un des piliers de l'identité économique et culturelle de la Haute-Saône, et plus particulièrement de la commune de Fougerolles, où elle trouve un terreau favorable à son développement dès la fin du XVIIIe siècle. D'abord activité annexe au sein du monde agricole, elle va progressivement se structurer, s'émanciper de ses origines paysannes et devenir l'un des moteurs industriels de la région.

Au départ, il s'agit simplement pour les agriculteurs d'améliorer leurs revenus en valorisant les fruits de leur exploitation, notamment les cerises, par la fabrication d'eau-de-vie. Mais très vite, la distillation dépasse ce rôle secondaire. Portée par la demande croissante en kirsch, en France comme à l'étranger, elle s'impose comme l'activité principale de nombreux Fougerollais.

Dès la fin du XVIIIe siècle, les producteurs locaux adaptent leurs pratiques à cette demande florissante. Ils plantent davantage de cerisiers, sélectionnent des variétés adaptées à la distillation, perfectionnent leurs procédés, et s'organisent pour exporter leur production. Le phénomène n'est pas circonscrit à Fougerolles. Déjà, en 1808, le médecin et statisticien J.A. Marc note que dans un « assez grand nombre de communes où le cerisier s'est multiplié, on commence à distiller de l'eau-de-cerise[45] ». Il précise toutefois que le cœur de cette industrie se situe « au Nord-Est du Département, à Fougerolles, Faucogney, Saint-Loup, Clairegoutte, et une vingtaine d'autres communes voisines », où la distillation constitue alors le principal commerce, avec des exportations vers toute la France et au-delà.

L'importance de cette activité est confirmée par l'annuaire statistique de 1819, qui indique que même les eaux-de-vie de moindre qualité, obtenues à partir de marc de vin, trouvent leur place sur les marchés, notamment lorsqu'elles sont coupées avec des eaux-de-vie du Languedoc pour être ensuite exportées vers les départements limitrophes et à l'étranger[46].

Au début du XIXe siècle, plusieurs communes s'imposent comme des pôles de production d'eaux-de-vie, notamment Clairgoutte, Aillevillers, La Vaivre, Lyaumont, Saint-Valbert, Sainte-Marie-en-Chaux et Faucogney. Mais c'est Fougerolles qui concentre l'essentiel de l'activité, comme le décrit l'annuaire statistique de 1842 : « Cinq rivières ou ruisseaux qui arrosent le territoire de

---

[45] Exposé historique des améliorations introduites depuis 50 ans dans les diverses branches de l'économie rurale du département de la Haute-Saône (1808), p.19. *In* MICHEL Guy Jean, « La distillation du kirsch à Fougerolles », *Bulletin SALSA* n°25, Vesoul, 1993, p. 155.

[46] ADHS, 2PJ1 1819, annuaire statistique et historique de la Haute-Saône, 1819.

la commune devaient multiplier les établissements industriels dans cette localité[47]. » L'annuaire recense alors une activité industrielle particulièrement dense : 13 moulins à grains, 2 moulins à foulons, 3 usines à monder le millet, 4 huileries, une scierie, plusieurs teintureries, une brosserie, plusieurs corderies, une fabrique de bonneterie, des tisserands, et bien sûr, des distilleries.

Le commerce y est florissant, notamment en fruits, huiles, bois de construction, bétail, textiles, et surtout en kirsch, qui jouit d'une réputation bien établie depuis longtemps. À cette époque, les distilleries s'approvisionnent exclusivement en fruits issus de la production locale. La qualité et la quantité de cette production dépassent largement ce que l'on observe aujourd'hui. Les cerisiers sont plus nombreux, plus robustes, et les récoltes plus régulières grâce à un climat plus stable et à une main-d'œuvre locale abondante.

La localisation des distilleries obéit alors à une logique pratique : elles s'installent à proximité des lieux de production les plus denses, dans des hameaux tels que Grand-Fahys, Petit-Fahys, Prédurupt, Blanzey, Fougerolles-le-Château, Champ-Caillou, le Chantier, le Clos, ou encore le Pont. Les fruits y sont acheminés à pied ou en charrette, en paniers soigneusement préparés, triés à la main, sans feuilles, et toujours d'une fraîcheur irréprochable. Certaines variétés sont particulièrement prisées, notamment la Bêcha, la Tinette et l'Auchâteau, connues pour leur qualité gustative exceptionnelle et leur richesse en arômes[48], qui confèrent au kirsch fougerollais son caractère unique.

Progressivement, l'activité de distillation s'émancipe de la sphère agricole pour acquérir une autonomie et s'affirmer comme une véritable industrie. Ce processus est porté par l'audace et la vision de certains entrepreneurs, capables d'anticiper les évolutions du marché et de moderniser les pratiques. Parmi eux, Abel Bresson occupe une place singulière : ni issu du monde paysan, ni natif de Fougerolles, il s'impose comme un négociant-distillateur talentueux et visionnaire, jouant un rôle déterminant dans l'industrialisation locale. Il sera bientôt rejoint par d'autres acteurs majeurs, notamment la maison Lemercier Frères, dont l'action contribuera elle aussi à l'essor et à la structuration de cette industrie.

[47] ADHS, 2PJ1 1842, annuaire statistique et historique de la Haute-Saône, 1842.

[48] La *« Bêcha »* et la *« Tinette »* sont deux variétés de guignes très répandues à Fougerolles. Elles sont issues du merisier « cerisier des oiseaux » *(prunus cesarus avium)*. La *« bêcha »* possède un jus très noir, c'est une variété très productive, très sucrée et parfumée, elle est la préférée des connaisseurs. Quant à la *« tinette »,* c'est une cerise rouge avec une forte concentration en sucre mais qui craint beaucoup la pluie, elle se trouve sur les meilleures terres fougerollaises. L'*« Auchâteau »* est une cerise très fragile et par conséquent très rare.

Mais bien avant cela, au tournant des années 1820-1840[49], certains producteurs locaux s'engagent déjà dans une véritable stratégie de diversification et de professionnalisation. C'est le cas de Desle Joseph Aubry qui incarne cette transition entre le monde paysan et l'entrepreneur industriel. Il construit au Fahys, en 1829, des bâtiments spécifiques destinés à l'élaboration et au stockage du kirsch, qui abritent aujourd'hui une partie de l'Écomusée de Fougerolles. Refusant de se limiter à sa seule récolte, Aubry achète des cerises à ses voisins, recourt à des alambics de grande capacité, et distille sur plusieurs mois pour maximiser sa production.

En parallèle, il commercialise des eaux-de-vie produites par d'autres bouilleurs de cru, qu'il revend sous son propre nom. Il transforme sa ferme en profondeur, ajoutant aux bâtiments traditionnels des espaces dédiés à la distillation, à l'affinage et au stockage du kirsch. Il aménage ainsi, entre la partie résidentielle et la grange, une salle réservée à la distillation, ouverte sur le chari[50]. Le grenier, quant à lui, est équipé de rayonnages pour le vieillissement de l'eau-de-cerise. En 1831, il fait encore un pas de plus en faisant construire, à côté de sa maison de maître, un atelier entièrement dédié au kirsch[51].

À partir du dernier tiers du XIXe siècle, la maison de maître se transforme profondément, se débarrassant progressivement de tous les éléments architecturaux ou symboliques pouvant évoquer ses origines paysannes. Suivant une tendance observable dans d'autres entreprises industrielles émergentes en milieu rural[52], notamment en Haute-Saône, elle adopte les codes esthétiques et sociaux d'une demeure bourgeoise, voire d'une véritable résidence de prestige. Ainsi, elle tend à s'imposer comme le « château » du distillateur, signe d'une réussite économique et d'une volonté de distinction sociale affirmée.

Il convient toutefois de noter que cette transition vers une distillation industrialisée reste réservée à une minorité de cultivateurs, ceux qui disposent d'un capital suffisant pour investir dans du matériel, des bâtiments adaptés, l'achat de fruits à grande échelle, et le paiement d'ouvriers. Desle Joseph Aubry, par exemple, est l'un des plus gros propriétaires fonciers de la commune. Héritier d'un patrimoine familial important, marié à une femme

---

[49] Plus tard, plusieurs maisons auront à cœur de situer leur origine à cette époque. C'est le cas, par exemple, d'Arthur Barret, fondée en 1821 ou Victor Aubry, fondée en 1822.

[50] Le Chari est un élément architectural typique des Vosges-saônoises. C'est une avant-grange qui pouvait servir à abriter un chariot et qui porte de ce fait la dénomination de Chari.

[51] On trouve une évolution similaire quelques années plus tard comme avec SERVAIN au Grand Fahys qui fait construire en face de sa ferme un atelier de distillation avec l'inscription au-dessus de la porte « Fabrique de kirsch et absinthe le 25 mai 1857 ». Plus tard, il prolonge l'atelier par un bâtiment portant l'inscription « A.S. 1886 ».

[52] C'est le cas de Louis Lemercier au Prédurupt et de Léon Saguin à Blanzey.

issue d'une famille aisée, Anne Claude Larrière, qui lui apporte le terrain du Fahys dit « Chez la Piotte », il a les moyens de ses ambitions. Son installation reflète cette volonté de rompre avec le monde agricole pour embrasser pleinement les codes de l'industrie émergente.

Ces figures emblématiques jouent un rôle de transition entre les bouilleurs de cru traditionnels, exploitant les excédents de leur production pour un usage personnel ou local, et les industriels, qui voient dans la distillation un véritable vecteur de croissance économique. La professionnalisation s'accélère à partir des années 1880 avec l'arrivée du chemin de fer, qui ouvre de nouveaux débouchés commerciaux, et l'introduction de techniques de distillation plus performantes.

Ce mouvement s'accompagne d'un véritable dynamisme économique : entre 1800 et 1891, la population locale augmente de 34%, attirée par les opportunités d'emploi générées par cette nouvelle économie. Autour de la distillation, des activités connexes se développent : tonnellerie, vannerie, négoce, transport... Une filière complète émerge, structurée, ancrée dans un territoire qui a su transformer un savoir-faire agricole ancestral en industrie prospère.

La distillation, à Fougerolles, n'est donc pas simplement un art ou une tradition. Elle est le fruit d'un long processus de transformation économique, sociale et culturelle, portée par des hommes audacieux et une communauté capable de s'adapter aux évolutions du marché tout en valorisant les richesses de son terroir.

L'industrie de la distillation à Fougerolles : une industrie précoce au sein d'une industrialisation rurale douce.

Dans la seconde moitié du XIXe siècle, le canton de Saint-Loup, auquel appartient la commune de Fougerolles, connaît une période de croissance économique soutenue, marquant un tournant décisif dans son développement. Cette dynamique se renforce particulièrement après la guerre franco-prussienne de 1870, stimulée par l'amélioration des infrastructures de transport, notamment le chemin de fer, et par l'adoption de nouvelles techniques industrielles, en particulier l'introduction de la distillation à la vapeur. Ces avancées techniques bouleversent les modes de production traditionnels et participent à une véritable mutation du tissu économique local.

Dans ce contexte de mutation économique, plusieurs activités connaissent un développement notable, mais c'est l'industrie de la distillation qui s'impose rapidement comme le véritable moteur de cette transformation locale. On dénombre pas moins de 18 entreprises spécialisées dans ce secteur, représentant à elles seules 37 % des parts de marché. L'année suivante, malgré un léger recul de cette proportion à 30 %, la progression du chiffre d'affaires est spectaculaire : il atteint 1.623.000 francs, enregistrant ainsi une hausse de 23 % en seulement douze mois. La distillation, et plus particulièrement celle du kirsch, devient alors un pilier de l'économie régionale, offrant de nouvelles perspectives aux producteurs, négociants et entrepreneurs locaux.

En parallèle, la broderie constitue une activité très importante en termes d'emplois, mobilisant quelque 500 brodeuses travaillant à domicile. Toutefois, en 1876, elle ne représente que 4% du marché, bien que cette proportion croisse spectaculairement l'année suivante avec un chiffre d'affaires bondissant de 166.000 francs à 1.200.000 francs. Ce dynamisme global traduit une évolution significative du territoire vers un modèle économique pré-industriel. On assiste ainsi à ce que les historiens appellent une phase de « proto-industrialisation », phénomène particulièrement marquant à Fougerolles.

Le concept de proto-industrialisation, forgé en 1969 par l'historien américain Franklin Mendels[53], désigne le développement d'activités de production dispersées dans les campagnes, notamment dans le secteur textile, en amont de la grande industrialisation urbaine. Dans le cas de Fougerolles, ce modèle prend une forme originale : il repose sur la coexistence d'une pluralité d'activités artisanales et industrielles. Le distillateur est souvent un paysan, sa femme est brodeuse, et ses voisins sont vanniers ou chaisiers. Ces productions, bien qu'ancrées dans un tissu rural, s'ouvrent largement à des marchés extérieurs : le kirsch s'exporte dans toute la France et à l'étranger, tandis que les broderies trouvent un débouché privilégié sur le marché parisien.

Ce maillage artisanal, constitué initialement de petites unités de production dispersées, évolue progressivement vers une véritable industrie rurale douce, caractérisée par une montée en puissance progressive, respectueuse des rythmes et des ressources locales. Cette transformation repose sur plusieurs leviers complémentaires : l'introduction d'innovations techniques qui améliorent la qualité et la régularité des produits, la rationalisation progressive des processus de fabrication afin de réduire les coûts de production et d'augmenter les rendements, ainsi que l'essor des infrastructures de transport, en particulier le chemin de fer, qui ouvre de nouveaux débouchés commerciaux au-delà des frontières régionales. Des cas similaires dans d'autres régions françaises ont été étudiés pour illustrer ce phénomène : la transformation du travail du fer autour de formes d'organisation souples, adaptables et profondément ancrées dans le territoire montagnard du Haut-Jura[54], les paysans-horlogers du Haut-Doubs[55], les taillandiers de Nans-sous-

[53] MENDELS Franklin, « Protoindustrialization, the first phase of the industrialization process », *Journal of Economic History*, mars 1972, p. 241-261.

[54] OLIVIER Jean-Marc, *Société rurale et industrialisation douce : Morez (Jura) (1780-1914)*, Thèse pour le doctorat d'histoire sous la direction de Clause-Isabelle Brelot, Université Lyon 2, 1998.

[55] MAYAUD Jean-Luc, *Les Secondes Républiques du Doubs*, Paris, Les Belles-Lettres, 1986, p. 123-161.

Sainte-Anne[56], ou encore les entreprises horlogères de Damprichard[57] initiées par les Bourgeois locaux. L'exemple de Frédéric Japy[58] à Beaucourt constitue également une référence en la matière.

À Fougerolles, l'essor de la distillation est dû à la conjonction d'une demande en forte croissance et de l'initiative d'acteurs économiques audacieux, capables de tirer parti des nouvelles techniques et des facilités de transport. L'un des pionniers les plus remarquables de cette mutation est Abel Bresson, personnage-clé de l'histoire industrielle locale.

Originaire de Langres, en Haute-Marne, Abel Bresson arrive à Fougerolles en 1839 dans le cadre d'un partenariat commercial[59] avec Charles Roblin, enfant du pays et notable influent. Ce dernier, petit-fils du notaire François Roblin, déjà actif dans le commerce du kirsch à la fin du XVIIIe siècle, devient maire de Fougerolles en 1854 et le reste jusqu'à sa mort en 1878. Leur association repose sur une complémentarité claire : Roblin apporte les capitaux, tandis que Bresson met en œuvre son esprit d'entreprise, sa créativité et ses compétences techniques acquises notamment lors d'un passage par Dijon, puis dans une distillerie à Conflans-sur-Lanterne[60].

En 1845, Bresson quitte définitivement son emploi pour s'installer à Fougerolles et y fonder sa propre entreprise. Il est le premier à introduire la distillation à vapeur dans la commune, et le second entrepreneur du département de la Haute-Saône à installer une machine à vapeur. Très réceptif aux innovations[61], il modernise rapidement les procédés de production et se positionne à l'avant-garde de l'industrie locale. Sa distillerie, dont il prend bientôt seul la direction, devient rapidement la plus importante de la région.

Loin de se cantonner à la seule production de kirsch et de ses dérivés comme le mélange de trois-six[62] et de kirsch, Abel Bresson diversifie son offre avec des produits novateurs. Il commercialise notamment l'absinthe, qui

---

[56] BRELOT Claude-Isabelle et MAYAUD Jean-Luc, *L'industrie en sabots. La taillanderie de Nans-sous-Saint-Anne (Doubs). Les conquêtes d'une ferme-atelier, XIXe - XXe siècles,* Paris, Éditions Garnier, 1982.

[57] PETITEAU Natalie, *L'horlogerie des* Bourgeois *conquérants. Histoire des établissements Bourgeois de Damprichard*, Besançon, Annales littéraires de l'Université de Besançon, 1994.

[58] LAMARD Pierre, *Histoire d'un capital familial : le capital Japy (1777-1910)*, Belfort, Société belfortaine d'émulation, 1988.

[59] ADHS, 3U2851, Acte commercial notarié signé par Abel Bresson et son associé, Charles Roblin, le 7 juillet 1839.

[60] FROEMER A., « M. Abel Bresson », *Le Panthéon de l'Industrie*, n° 497, 7 septembre1884, publié six ans après la mort d'Abel Bresson précise qu'Abel Bresson a commencé son œuvre en 1838.

[61] FROEMER A., *op. cit.*

[62] Appellation fort ancienne qui peut s'écrire « trois-six ». Elle désigne les alcools marquant 33 degrés d'après l'alcoomètre Cartier dont trois parties en poids, mélangées à un poids égal d'eau, devaient fournir six parties d'eau-de-vie.

devient l'un de ses piliers commerciaux, et crée un alcool original qu'il nomme « Bressonide », titrant à 67°, conçu pour rappeler l'absinthe par son goût et sa couleur, sans en être réellement une. À sa mort en 1878, sa production annuelle atteint 50.000 hectolitres d'eaux-de-vie, toutes catégories confondues, un chiffre impressionnant pour l'époque.

FIGURE 18. En-tête de facture de la firme Abel Bresson datant de 1878

SOURCE : Collection A. El Mostain

Le succès retentissant d'Abel Bresson ne tarde pas à susciter des vocations. Comme le souligne un rapport du Congrès agricole de 1854[63], cette dynamique entrepreneuriale s'inscrit souvent dans un esprit lucratif. Des distilleries de tailles diverses voient ainsi le jour : certaines, comme Lemercier Frères, prennent une envergure industrielle, tandis que d'autres restent plus modestes. Le modèle d'organisation varie également : dans les petites unités, le propriétaire gère lui-même la production et la commercialisation ; dans les structures plus grandes, il délègue à des employés expérimentés, qui deviennent parfois eux-mêmes entrepreneurs.

Ce phénomène d'ascension sociale et professionnelle est illustré par plusieurs figures locales ayant fait leurs armes chez Abel Bresson avant de voler de leurs propres ailes. Parmi eux, on compte Alexandre Simon, Albert Robert, Alexandre Louis Raspiller, Hubert Richardot, Fernand Hacquard,

[63] *Bulletin de la SALSA n° 25*, Société d'agriculture, lettres, sciences et arts de la Haute-Saône, Vesoul, 1993, p. 166. Rapport de Lamartinière sur le Congrès Agricole de 1854.

Joseph Bertrand, Émile Coulin et Paul Devoille. Tous ont suivi un parcours similaire : employés chez Abel Bresson, ils acquièrent un savoir-faire précieux, puis se lancent dans l'aventure entrepreneuriale, parfois comme distillateurs de chambre, avant de fonder leur propre entreprise. Ils participent activement à la structuration du secteur et à l'émergence d'un véritable réseau d'entreprises familiales, interconnectées par leurs origines professionnelles communes.

Ainsi, à la croisée des traditions rurales et de la modernité industrielle, Fougerolles devient un cas exemplaire de mutation économique dans une France en pleine transformation. L'histoire de cette commune illustre de manière remarquable le passage progressif d'une économie paysanne à une économie rurale industrialisée, ancrée dans le local mais résolument tournée vers l'extérieur.

L'essor de la distillation à Fougerolles s'observe dès la seconde moitié du XIXe siècle, dans un contexte d'essor agricole, de spécialisation fruitière, et de structuration progressive de la filière. En 1866, on dénombre déjà 16 distillateurs[64] recensés dans la commune. Ce chiffre passe à 18 en 1876[65], et atteint 28 en 1893, année marquée par la création du premier syndicat des distillateurs de kirsch[66] en Haute-Saône. Cette structuration corporative témoigne de l'importance croissante de cette activité économique pour la région. La dynamique s'accélère encore au tournant du siècle : on compte 41 distillateurs en 1901[67], dont une grande partie sont des entreprises familiales. Toutefois, à la veille de la Première Guerre mondiale, en 1914, leur nombre retombe à 32. Parmi eux, seuls 11 établissements présentent une dimension véritablement industrielle, souvent localisés à proximité immédiate de la gare ferroviaire, mise en service en 1881, et dont la présence fut un atout logistique décisif pour le développement des échanges commerciaux.

L'ouverture de la gare en 1881 marque en effet un tournant stratégique pour l'économie locale : elle insère Fougerolles dans un réseau de distribution national et international, permettant à ses distillateurs d'exporter leurs produits plus efficacement. Cette nouvelle accessibilité coïncide avec ce que l'on peut considérer comme l'âge d'or de la distillation fougerollaise. La multiplication des distilleries familiales, combinée à une diversification progressive de la production (kirsch, absinthe, eaux-de-vie variées), traduit un

---

64 « LE CHEQUEILLOT », *Bulletin de la Confrérie des gousteurs de kirsch de Fougerolles* citant, comme source, Louis SUCHAUX et son dictionnaire des communes de la Haute-Saône datant de 1866. Cette même source est citée par J. MICHEL Guy dans le *bulletin n° 3 de la SALSA*, Vesoul, 1999.

65 ADHS, 9M1, Rapports préfectoraux sur la situation industrielle du canton de Saint-Loup (1876-1877).

66 À sa création, ce syndicat compte 44 adhérents. Le siège social est à Fougerolles.

67 PIVATY Jean Jacques *« Distillation et Distilleries »*, édition Jean Jacques PIVATY (2011), p. 156.

climat d'innovation, d'investissement et de forte demande. Les distilleries familiales exploitent à la fois les savoir-faire traditionnels et les opportunités techniques offertes par l'industrialisation, sans perdre leur ancrage territorial.

Mais cette période de prospérité est brutalement interrompue par une série de crises qui vont ébranler durablement le tissu industriel local. La plus grave survient en 1915, avec l'interdiction nationale de la production et de la commercialisation de l'absinthe, suite à une intense campagne menée par les ligues antialcooliques. Celles-ci, influentes dans les milieux médicaux, religieux et politiques, finissent par obtenir gain de cause après des années de pression. Cette interdiction provoque un choc considérable pour les distilleries fougerollaises, dont certaines avaient fondé une part essentielle de leur prospérité sur la fabrication d'absinthe, un produit alors en vogue, rentable, mais politiquement et moralement contesté.

Les conséquences sont immédiates et profondes : plusieurs maisons familiales, fragilisées par cette dépendance à un seul type de produit, cessent définitivement leur activité. D'autres, tentant de survivre, optent pour des stratégies de fusion, de reprise ou de reconversion partielle. Ce processus de recomposition du secteur va marquer les décennies 1920 et 1930. Ainsi, la distillerie Hoyon, fondée en 1880, est absorbée par la distillerie Coulin dans les années 1920. La distillerie Ougier est reprise en 1924 par les distilleries Lemercier-Daval. La distillerie Sirace est également intégrée au groupe Coulin en 1931. D'autres, comme la distillerie Bertrand, choisissent la reconversion complète : dès 1936, elle abandonne la distillation pour se transformer en une entreprise de vente de matériel agricole. Certains rachats sont encore plus précoces : dès 1913, la distillerie Raspiller passe sous le contrôle de la maison Cholley.

En 1931, après ce long processus de concentration et de rationalisation, il ne reste plus que 12 distilleries industrielles actives[68] à Fougerolles. Celles-ci emploient directement 148 personnes, dont plus de la moitié (52%) sont réparties entre deux grandes maisons : les Établissements Abel Bresson et Lemercier Frères. En parallèle, 60 personnes supplémentaires travaillent dans des secteurs connexes, comme la vannerie ou la tonnellerie, nécessaires à la commercialisation des spiritueux. Ce chiffre, bien qu'encore significatif, marque le net repli d'une activité autrefois florissante. Aujourd'hui, seules quatre distilleries[69] sont encore en activité à Fougerolles, témoins de cette époque révolue.

---

[68] ADHS, 9M3, état des établissements industriels 1921-1931 : Lemercier Frères, Abel Bresson, Fils d'Auguste Peureux, Paul Devoille, Louis Lemercier, Coulin-Hoyon, Richardot, Bertrand Fils, Girardin, Robert, Saguin, Sirace-Barthelemy.

[69] Les Grandes Distilleries Peureux (depuis 1864), distilleries Lemercier et Frères (depuis 1811), distilleries Paul Devoille (depuis 1859) et distilleries Émile Coulin (depuis 1890).

La crise de l'absinthe a joué un rôle de révélateur : elle a mis en lumière les fragilités structurelles d'un tissu économique trop dépendant d'un produit unique, aussi rentable soit-il. Les distilleries qui ont survécu sont celles qui avaient, en amont, élaboré des stratégies d'adaptation, misant sur la diversification, tant au niveau de la gamme de produits que des canaux de distribution. Les Établissements Abel Bresson, Lemercier Frères et Auguste Peureux incarnent ce modèle de résilience et d'innovation.

Ces trois établissements familiaux ont su affronter les difficultés économiques de l'entre-deux-guerres en s'appuyant sur une solide base patrimoniale, des choix stratégiques pertinents et une vision à long terme. La société Abel Bresson, notamment, se distingue par son ambition et sa capacité d'investissement. Elle diversifie ses activités en investissant non seulement dans la filière bois, indispensable à la fabrication des tonneaux, mais également dans le vignoble du Midi. Elle développe un portefeuille de produits très large, destiné à toucher une clientèle nationale variée, en réponse à la perte de débouchés provoquée par l'interdiction de l'absinthe.

Parallèlement, l'entreprise met en œuvre une stratégie d'implantation territoriale visant à renforcer ses capacités de distribution. Dès 1862, Abel Bresson établit des succursales ou des entrepôts dans plusieurs villes de la métropole, notamment Beaucaire, Ivry et Pontarlier, ainsi qu'à Oran, en Algérie. Cette dynamique d'expansion se poursuit au-delà des frontières françaises[70] : Couvet en Suisse, Mannheim en Allemagne, Vienne, Prague et Miskowitz dès 1877. Lemercier Frères, pour sa part, opte pour une stratégie similaire, avec l'ouverture d'entrepôts à Pantin, Lyon, Sète, Saint-Nazaire et Lure, étendant son influence commerciale dans toute la France. La maison Auguste Peureux, plus tardive, mise sur une présence régionale renforcée, avec un dépôt à Tassin-la-Demi-Lune, près de Lyon, puis à Marseille.

La solidité financière des Établissements Abel Bresson repose également sur une politique d'investissement diversifié dans des secteurs connexes ou éloignés de la distillation. L'entreprise participe au capital de nombreuses sociétés[71] industrielles, commerciales, minières ou bancaires : le grand magasin parisien Au Bon Marché, la Banque coloniale d'Études et d'Entreprises mutuelles, la Filature de Laine Schwartz & Cie, l'Union charbonnière continentale, la Compagnie générale des Mines de Thakhek, la Cotonnière de Dedovo près de Moscou, la Filature de Bourette et de Scharppe, la Compagnie minière du Haut-Mékong, la Fonderie et Ateliers du Nord-Paris, les Établissements Dijon-Bouton, les Domaines africains, la Société française d'Installation de Chauffage central, la Société immobilière du CAP, la Banque générale de Warrants, l'Alimentation française, le Crédit

70 Archives de l'Écomusée du Pays de la Cerise, Fougerolles. D'après des correspondances et des factures commerciales.

71 ADHS, 121J11, Constitution de l'affaire. Correspondance datant du 19 novembre 1946 et archives de l'Écomusée du Pays de la Cerise, Fougerolles.

hypothécaire de France, la Société anonyme Cotons et Textiles, la Société des Automobiles Roussel, l'Office des Produits coloniaux et la Fabrique de Machines agricoles. Cette politique de diversification financière témoigne d'une stratégie de sécurisation du capital et d'expansion multisectorielle.

De fait, c'est bien la maison Abel Bresson qui détient le leadership sur le marché des alcools de bouche à Fougerolles à la veille de la Seconde Guerre mondiale. Son succès entraîne l'émulation locale et favorise le développement d'autres entreprises ambitieuses, comme Lemercier Frères, qui demeure l'un des rares établissements encore en activité aujourd'hui.

Avant d'approfondir l'histoire et les stratégies industrielles de ces deux grandes maisons fougerollaises, il convient tout d'abord de revenir sur les fondements techniques de la distillation, base de tout cet édifice économique et social.

4.2.2. Des cerises et des techniques de distillation

La distillation des cerises est un art ancestral qui a évolué au fil des siècles, mêlant savoir-faire traditionnel et innovations techniques. Ce processus complexe transforme le fruit en un produit fini de haute qualité, apprécié pour ses arômes et sa pureté.

Du fruit au produit fini

La transformation des cerises en un spiritueux de qualité repose sur une série d'étapes méticuleuses, chacune jouant un rôle crucial dans l'élaboration du produit final. Ce processus commence dès la récolte des fruits et se poursuit jusqu'à la distillation, en passant par des phases de fermentation et de préparation spécifiques.

Le logement des fruits

Les fruits sont placés dans des cuves en bois (de 4 à 50 hl) de contenances variées, la partie supérieure étant ouverte, celle-ci facilite l'évaporation. D'autres récipients sont utilisés comme les « Pipes » qui ne sont plus employées que par les bouilleurs de cru, le « beurion » (de 4 à 6 hl) ou tonneau à porte, très commode pour le transport des fruits et leur conservation. Il faut une grande quantité de ces fruits pour une récolte.

Les distillateurs professionnels utilisent des cuves en ciment vitrifiées pouvant contenir plusieurs centaines d'hectolitres de fruits pour parer à la pénurie de fûts très coûteux.

La fermentation des fruits

Dans les cuves, les fruits se mettent à « cuire ». C'est la fermentation alcoolique qui s'effectue en six ou huit semaines par action des levures présentes naturellement sur la peau et les pellicules des fruits.

Une écume, parfois abondante (surtout dans les années pluvieuses) s'échappe au dehors, d'où la nécessité de bien remplir les cuves. Cette écume restant sur les fruits forme une croûte qui, en moisissant, communique aux produits des mauvais goûts.

Le sucre des fruits s'étant alors transformé en alcool, on peut alors distiller. Dans les fruits « cuvés », le jus descend, les marcs montent à la partie supérieure. C'est alors une surveillance de tous les jours, pour éviter et parer à temps au « basculage », surtout dans les cuves ouvertes.

En effet, selon la qualité des fruits, et les variations de température, la croûte peut se décoller et s'enfoncer, tandis que le liquide monte au-dessus. D'où une évaporation appréciable de l'alcool très volatil, et de mauvais goût.

La qualité de l'eau de cerise dépend de celle des fruits distillés, notamment de leur teneur en sucre : les petites cerises noires sont, à cet égard, particulièrement appréciées. À Fougerolles, cependant, on n'hésite pas à les mélanger avec les cerises rouges. Le temps qu'il fait pendant la période de maturation des fruits est aussi un facteur influent. En effet, les années sèches donnent une récolte moins abondante, mais un produit supérieur[72].

La distillation

La distillation, en France, présente des variations sensibles d'une région à l'autre. À Fougerolles, ce savoir-faire, transmis de génération en génération, est jalousement préservé par les bouilleurs de cru et valorisé par les distillateurs industriels. Le kirsch, produit phare de la commune, bénéficie d'une renommée internationale. Sa production exige une maîtrise minutieuse afin de révéler l'arôme subtil qui séduit les connaisseurs. Ici, distiller relève de l'art : précision des gestes, sens de l'observation et connaissance intime de la matière première.

Le processus commence par la chauffe des fruits fermentés dans l'alambic. L'alcool, dont la température d'évaporation se situe autour de 70 °C, se dégage sous forme de vapeur. Cette vapeur traverse le chapiteau avant de se condenser dans le réfrigérant. La montée progressive en température entraîne également l'évaporation de l'eau, qui se mêle à celle de l'alcool. Au fil du temps, le distillat obtenu perd en richesse alcoolique. L'enjeu majeur réside dans la sélection du « cœur » de distillation, partie offrant les qualités aromatiques recherchées.

On distingue alors trois fractions :

– Les âmes : alcool très fort, issu des premières vapeurs, contenant des composés délétères. Elles sont mises de côté, parfois conservées à usage médicinal, mais le plus souvent écartées.

– Le bon goût : fraction centrale, comprise entre 90° et 45°, limpide, incolore et de grande qualité. C'est le produit noble, recueilli lentement, souvent sans rallumer le feu.

---

[72] Archives de l'Écomusée du Pays de la Cerise à Fougerolles, correspondance de Verguin datant du 10 fructidor an 8 : *« la qualité est supérieure cette année à celle qui a paru jusqu'à présent dans nos environs. La saison par rapport à la sécheresse a été cette année très favorable à cette récolte ; comme elle est bonne, chacun cherche à en faire provision ».*

– Les petites eaux : obtenues à partir de 45°, elles sont troubles et destinées à être réintroduites dans une cuisson suivante. Elles peuvent aussi être vendues à bas prix.

Chez les bouilleurs de cru, la distillation se limite généralement aux fruits à noyau, notamment la cerise. Les distillateurs industriels, pour améliorer la rentabilité, utilisent également d'autres matières premières comme la betterave. Celle-ci fournit un alcool bon marché, consommable tel quel ou employé comme composant intermédiaire dans des liqueurs telles que l'absinthe ou certains kirschs dits « fantaisie ».

Le fractionnement de la distillation suit donc trois étapes principales : la tête (produits de tête ou âmes), le cœur (bon goût) et la queue (petites eaux). La tête contient des substances indésirables, comme le méthanol, conférant un goût désagréable ou présentant une toxicité. Les petites eaux, quant à elles, sont rarement consommées telles quelles et retournent généralement dans la cuite suivante pour récupération d'alcool.

La distillation industrielle de la betterave présente des limites et des inconvénients notables : la fermentation des pulpes confère un goût désagréable que la distillation simple ne parvient pas à éliminer. Les alcools obtenus en début et en fin de chauffe renferment des *flegmes* toxiques (aldéhydes, éthers, acétal, acroléine) ainsi que des alcools supérieurs tels que l'isopropylique (85 °C), l'isobutylique (112 °C), l'isoamylique (120 °C) ou l'amylique (132 °C).

En fonction de leur teneur en impuretés, les alcools se classent en plusieurs catégories : mauvais goût, moyen goût, fins, extra fins et alcools de cœur. Sur 100 litres d'alcool, la moyenne de rendement est la suivante : 17,5 litres de moyen ou mauvais goût, 22,5 litres d'alcool fin, 23 litres d'extra fin et 37 litres d'alcool de cœur. Seule cette dernière catégorie est directement consommable. Les 63 % restants nécessitent une rectification pour éliminer les impuretés, à l'aide d'appareils spécialisés : déflegmateur, rétrogradateur, analyseur ou rectificateur.

Ainsi, à Fougerolles, le kirsch de qualité résulte d'une sélection rigoureuse du cœur de distillation et d'un savoir-faire alliant tradition et précision, garantissant un produit authentique, fidèle à son terroir.

De l'alambic du bouilleur à la distillation à vapeur : avènement de la distillation industrielle

La distillation, technique ancienne liée aux arts du feu, fut longtemps entourée de mystère. Introduite en Europe occidentale au XIIe siècle, elle se développe d'abord et surtout dans les milieux savants et alchimiques. Elle consiste à chauffer un mélange pour séparer ses composants volatils, condenser les vapeurs et recueillir les liquides obtenus. Diffusée dès le Moyen Âge parmi les érudits, la technique évolue peu pendant des siècles. Ce n'est qu'à partir de la seconde moitié du XIXe siècle que des progrès industriels et agroalimentaires en améliorent la précision, le rendement et la qualité.

L'alambic, l'appareil de distillation du kirsch par excellence

L'appareil essentiel de distillation est l'alambic. Il est composé de la cucurbite et de trois éléments : le tuyau, le trépied et la cuve de refroidissement[73]. La cucurbite, habituellement appelée *chaudière* ou *chaudron,* est un récipient en forme de panse ou de courge (d'où vient son nom), qu'on place sur le trépied au-dessus du foyer, souvent dans l'âtre de la cuisine et dans lequel on verse les fruits fermentés avec leurs noyaux. Du sommet ou chapiteau (dit *tête*) partent un ou plus souvent deux tuyaux droits (dits *pipes*) qui se rétrécissent progressivement pour plonger finalement dans une cuve tronconique en bois, cerclée de bois, remplie d'eau froide et qu'ils traversent de part en part.

À Fougerolles, l'alambic est presque toujours en « cuivre rouge », rarement en « cuivre blanc[74] ». Il est petit : sa contenance est de 50 à 60 litres seulement. On estime alors qu'un faible volume permet de limiter les risques inhérents à la chauffe :

> *Si on n'emploie pas de plus grandes chaudières, c'est que la distillation ne doit se faire qu'à petit feu, afin de garantir la liqueur du goût de brûlé qui se communique promptement, les noyaux, entraînés par leur poids, se trouvant au fond de l'alambic*[75].

Les propriétaires d'alambic sont des gens aisés. En effet, il coûte relativement cher[76]. Ce qui explique qu'on conserve celui qu'on possède, même lorsqu'il ne vaut plus grand chose[77]. On relève cependant quelques rares personnes qui en ont deux, tels Hubert Grandjean, cultivateur au Fahys, et le curé de Fougerolles, Jean François Bonhomme[78]. Inversement, certains ne disposent d'un alambic qu'en indivision[79] et très nombreux sont ceux qui en empruntent un pour distiller leurs fruits[80].

---

[73] ADHS, B498, 08/11/1779, inventaire après décès de Jean GALLAIRE des Granges du Fahys. Alambic estimé à 60 livres ; ADHS, 2E20558, 02/02/1800. Inventaire après décès de Nicolas Noël GRANDJRAN.

[74] ADHS, B498, 31/03/1740 et 2E20569, 14/02/1801, inventaires après décès d'Hubert Grandjean au Fahys et de Benoite Joséphine Roblin.

[75] MARC J-A. *Annuaire statistique et historique du département de la Haute-Saône*, Gray, 1815, p.168-169.

[76] ADHS, B495 527/04/1712), B495 (13/11/1737), B502 (15/04/1760), B502 (20/04/1771), B500 (03/03/1790). D'après ces inventaires après décès qui les estiment entre 30 et 65 francs.

[77] ADHS, B495 (09/06/1745), inventaire après décès, il s'agit d'un alambic en partie usé (20 francs).

[78] ADHS, B498 (31/05/1740) et B495 (13/11/1787), inventaires après décès.

[79] ADHS, B500 (07/02/1777), inventaire après décès, Desle Antoine PERNEY ne possède qu'une moitié d'alambic.

[80] ADHS, 2E20520 (20/04/1767), bail (contrat) de mise à disposition d'un alambic à certains fermiers apportant leurs tonneaux de cerises fermentées.

Figure 19. Distillateur fougerollais au XVIIIe siècle (Dessin Pierre Bernardin)

SOURCE : Archives de l'Écomusée du Pays de la Cerise, Fougerolles.

Jusqu'à la fin du XIXe siècle, le chauffage de la chaudière se fait au bois dans des alambics à feu nu. Les cerises fermentées dégagent, en cuisant, les vapeurs qui montent dans le tuyau conique et se condensent ensuite au cours du passage dans la cuve de refroidissement. Au terme de l'opération, l'alcool ainsi obtenu est recueilli dans un récipient. Comme la flamme est en contact direct avec le fond de l'alambic, il est impératif de prendre de grandes précautions, comme le souligne Marc J-A[81], pour éliminer tout risque de laisser prendre à l'eau de cerise un goût de brûlé. Il faut maintenir un chauffage régulier, exercer une surveillance constante pour contrer un éventuel coup de feu. Il convient d'ajouter, à chaque « cuite », 8 à 10 litres d'eau de source ou de petites eaux de la distillation précédente. En moyenne, d'après Marc, « chaque cuite rend le seizième de la mise en produits[82] ».

Alambic à feu nu au bois

Les premiers alambics (anciens) possèdent des chaudières de faibles contenances, des chapiteaux à deux tuyaux, une cuve en bois et un foyer en torchis[83]. C'est de ces appareils qu'est sorti le « kirsch » à la renommée mondiale. Leurs successeurs gardent le bois comme combustible mais transforment le foyer en maçonnerie ou en tôle, le chapiteau n'a plus qu'une sortie et la cuve désormais en tôle contenant le réfrigérant munie d'un serpentin. La réfrigération est plus complète. Les paillons sont souvent remplacés par des grilles. Certains appareils sont à bascule.

Alambics jumelés à feu nu à charbon

Avec une demande croissante et une production qui doit répondre à cette contrainte, les bouilleurs abandonnent peu à peu le bois pour faire appel au charbon provenant, souvent, de houillères de Ronchamp et de Champagney. De plus, les anciens alambics subissent quelques transformations pratiques comme le doublage et l'installation des cucurbites à bascule.

Alambic au bain-marie

Pour remédier aux risques d'un goût de brûlé à cause du contact direct entre la flamme et le fond de l'alambic, un nouveau procédé est mis en place, c'est la distillation au bain-marie[84]. Avec cette nouvelle technique on utilise un alambic dont la cucurbite, plongeant dans une chaudière d'eau bouillante, n'est plus en contact direct avec les flammes du foyer. Les risques de « brûlé » sont supprimés. La distillation devient plus facile et demande moins d'attention que l'usage du « feu nu ».

---

[81] MARC J-A, *op. cit.*, p. 168-169.

[82] MARC J-A, *op. cit.*.

[83] Paille et argile.

[84] L'Écomusée du Pays de la Cerise possède une importante collection exposée publiquement.

FIGURE 20. Alambic à feu nu au bois avec un chapiteau à deux tuyaux et une cuve en bois et un foyer en torchis (paille et argile).

FIGURE 21. Alambic à feu avec un chapiteau à un seul tuyau, un foyer en maçonnerie et le réfrigérant en tôle est à serpentin.

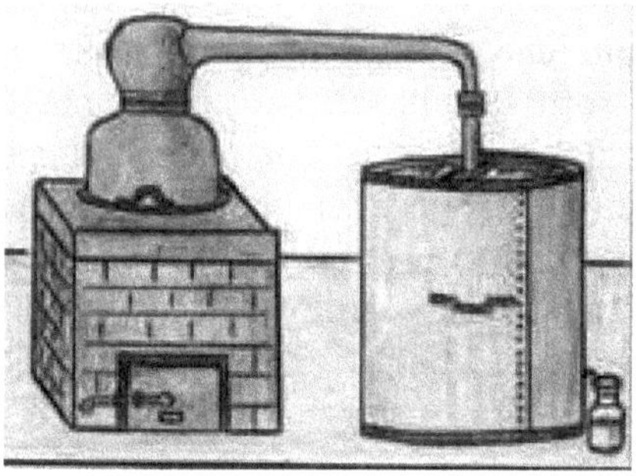

FIGURE 22. Alambics jumelés à feu nu à charbon avec un doublage des alambics et l'installation des cucurbites à bascule.

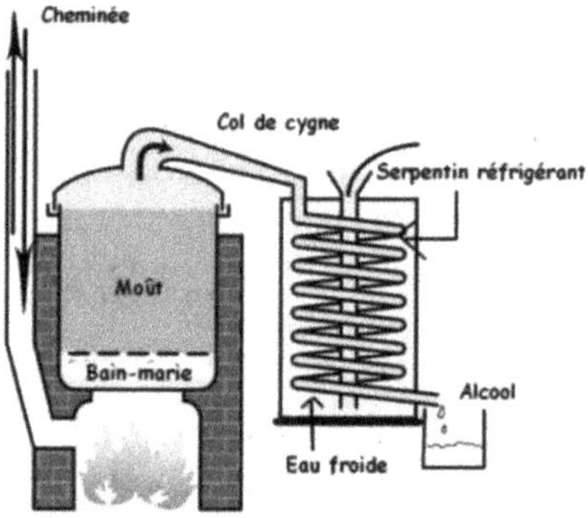

FIGURE 23. Alambic au bain-marie

À l'encontre des alambics à feu-nu où le fond de la cuve (cucurbite) contient les fruits qui sont mis à cuire directement en contact avec la flamme, dans les alambics à bain-marie, le fond de la cuve est isolé des fruits par une cuve remplie d'eau. Distiller à bain-marie présente plusieurs avantages : l'eau assure une régularité de chauffe indépendante de la régularité du feu, le fruit ne peut pas brûler au fond de l'alambic et la distillation peut consécutivement être plus rapide.

SOURCE : Archives privées de Paul Simon.

FIGURE 24. Alambic à feu nu « pisse droit »

FIGURE 25. Alambic au bain-marie

SOURCE : Archives de l'Écomusée du Pays de la Cerise, Fougerolles.

Distillation à la vapeur

C'est lors de l'avènement de la distillation industrielle, sans abandonner les deux procédés de distillation pratiqués à Fougerolles (à feu nu et au bain-

marie), que quelques bouilleurs de cru et la quasi-totalité des distillateurs professionnels recourent à la distillation à vapeur. L'appareil de distillation est de plus en plus perfectionné. L'appareil distillatoire comporte trois composantes : une chaudière à charbon (à pression) (A), un alambic fixe (B) et un réfrigérant (C). En effet, les substances à distiller sont versées dans l'alambic, le couvercle est fermé, et la vapeur produite dans la chaudière est introduite dans l'alambic par un tuyau et un robinet. Elle traverse les substances en s'emparant de l'alcool. Les vapeurs sortant de l'alambic sont conduites dans le réfrigérant où elles sont condensées et refroidies. Elles s'écoulent dans un fût par le tube et l'éprouvette où plongent un alcoomètre et un thermomètre.

Durant le dernier tiers du XIXe siècle, nous assistons à une transformation dans les procédés de distillation dans la plupart des distilleries fougerollaises. Les alambics de 150 à 300 litres à feu nu ou à bain-marie s'effacent progressivement pour laisser place à des alambics à vapeur de 600 à 1200 litres. Nous assistons même à l'installation d'une première colonne de rectification par l'Établissement Abel Bresson et par deux distilleries ensuite (les Établissements Lemercier Frères en 1895[85] et Auguste Peureux quelques années plus tard). Avec les années, les appareils de distillation se perfectionnent de plus en plus et leur contenance augmente aussi.

La distillation à vapeur est plus productive et plus rentable. Les industriels de la distillation à Fougerolles ne vont pas hésiter à utiliser des techniques encore plus perfectionnées pour optimiser la distillation à la vapeur. C'est le cas de l'Établissement Abel Bresson qui est la première firme fougerollaise à installer une colonne de distillation fondée sur une technique innovante : la distillation continue[86]. Cette nouvelle technique s'adapte à toutes les substances à distiller : les fruits, les mélasses, les graines… mais surtout à la betterave qui permet d'obtenir un alcool bon marché à utiliser comme produit intermédiaire mais aussi comme alcool de bouche directement consommé.

En effet, les moûts fermentés, obtenus avec le plus souvent de la betterave, doivent subir une transformation pour en extraire l'alcool. C'est le but d'une première opération qui aboutit à des alcools bruts assez impurs, « flegmes », qui ne peuvent pas être consommés directement. Il faut leur faire subir une seconde opération destinée à les concentrer et à les raffiner, en éliminant au maximum les impuretés. C'est ce qu'on appelle la « rectification ».

---

[85] ADHS, 106 M1.

[86] JACQUET Louis, *L'alcool, étude économique générale…*, *op. cit.*, p. 141 et d'après des données fournies par l'Écomusée du Pays de la Cerise à Fougerolles.

La rectification permet d'obtenir un alcool suffisamment neutre qui peut être consommé directement après réduction du degré alcoolique par adjonction d'eau pure.

La distillation continue en colonne fonctionne comme suit[87] : une série de plateaux superposés, forment autant de petits appareils de distillation distincts.

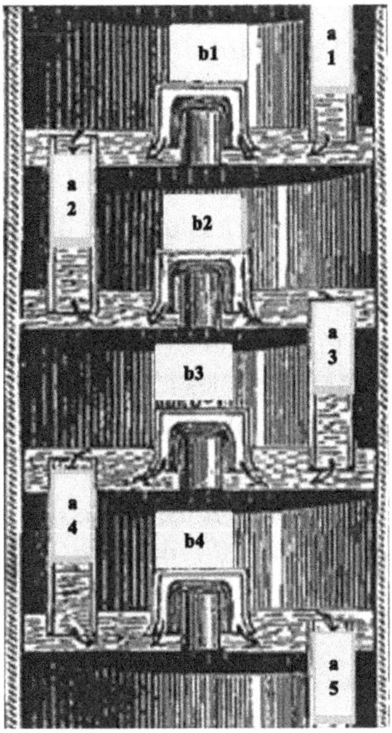

Le liquide à distiller arrive en a1, par la partie supérieure, descend, de plateau en plateau, en a2, a3, a4, a5, par des tuyaux de trop-plein, jusqu'à la partie inférieure, où il arrive épuisé pour être expulsé au-dehors sous forme de vinasses.

La vapeur suit une marche inverse et, grâce à des calottes b1, b2, b3, b4, disposées convenablement à cet effet, sur les plateaux, est obligée, pour s'échapper, de barboter à travers le liquide. Les vapeurs dans leur mouvement ascendant, s'enrichissent en alcool, tandis que, dans le mouvement inverse, les moûts s'épuisent. L'appareil doit être réglé et conduit de façon à ce que les moûts, en arrivant au bas de la colonne, ne contiennent plus d'alcool du tout. Plus il y a de plateaux, plus le degré d'alcool obtenu est élevé. Ainsi, on peut passer de 55° à plus de 90° d'alcool pur. La vapeur est transformée par la suite en liquide grâce à un refroidissement à travers un condenseur alimenté régulièrement en eau. Il s'agit d'un système d'extraction à contre-courant qui maximise l'efficacité de la concentration en alcool dans les distillats.

L'Établissement Abel Bresson pionnier de cette technique à Fougerolles et utilisateur de ce procédé dans ses usines en Côte d'Or, fait appel à deux constructeurs industriels déjà leaders sur le marché national : Savalle et Egrot. Pour le bon fonctionnement de ses installations, l'Établissement Abel Bresson n'hésite pas à installer une machine à vapeur pour actionner les divers mécanismes de l'usine (comme la pompe à eau, le broyeur) et une chaufferie qui renferme le générateur. Ce dernier fournit la vapeur nécessaire à la machine à vapeur et aux appareils de distillation.

Dans ses usines en Côte d'Or (Dijon et Genlis), c'est la marque Savalle qui est utilisée, alors qu'à Fougerolles c'est la marque Egrot qui est installée et que deux autres industriels fougerollais vont installer par la suite.

---

[87] Procédé de transformation en alcool des moûts fermentés détaillé par Louis JACQUET dans son ouvrage : *L'alcool, étude économique générale : ses rapports avec l'agriculture, l'industrie, le commerce, la législation, l'impôt, l'hygiène individuelle et sociale*, Paris, Masson, 1912, p. 141.

Malgré le succès de la distillation continue et à la vapeur, seules quelques distilleries la maintiennent exclusivement. Durant les années 1930, les distillateurs fougerollais utilisent plusieurs types d'alambics à contenances variées. Ainsi, les quelques établissements qui font appel à la distillation à la vapeur sont les suivants : l'Établissement Abel Bresson, l'Établissement Lemercier Frères, l'Établissement des fils d'Auguste Peureux, la distillerie Léon Saguin et la distillerie Louis Lemercier. Les autres distilleries se contentent d'utiliser des alambics à bain-marie et/ou à feu nu.

Les promoteurs de l'industrie de distillation à Fougerolles face à la réticence des bouilleurs de cru.

La rivalité entre bouilleurs de cru et distillateurs industriels date du début du XIXe siècle. Il est intéressant d'en rappeler l'essentiel. En effet, dans sa volonté de faire table rase des contraintes fiscales de l'Ancien Régime, la Révolution supprime toutes les taxes, mais Bonaparte, Premier Consul, décide de mettre de l'ordre dans les finances de l'État, commence à les rétablir par la loi du 25 février 1804. Dans la section « Des distilleries », on lisait notamment les articles suivants :

LXVI – Nul ne pourra distiller des vins, cidres, poirés, grains, mélasses, cerises, pommes de terre ou autres substances, qu'après en avoir fait sa déclaration aux employés préposés à cet effet, et avoir obtenu une licence qui ne vaudra que pour l'année.

LVIII – Il sera payé pour cette licence un droit fixe de dix francs.

LXIX – Les distilleries de grains de toute espèce et de cerises paieront en outre un droit de quarante centimes par hectolitre de substance mise en distillation.

LXXI – Le distillateur ou bouilleur qui voudra cesser d'être soumis au droit sera tenu de faire, avant la fin du mois, aux préposés, sa déclaration qu'il veut cesser de distiller, et en retirer certificat ; faute de quoi il paiera le mois commencé.

Il n'est plus permis désormais de distiller sans autorisation. D'ailleurs, l'Établissement Lemercier Frères qui fait l'objet d'une analyse plus loin, a conservé cette autorisation administrative accordée le 28 juillet 1811 à Desle Nicolas Lemercier, ce qui témoigne de l'ancienneté de son activité. Cette déclaration devient par la suite un outil de communication performant. Elle atteste que :

Lemercier Desle-Nicolas, Propriétaire et Distillateur, domicilié au Grand Fahys, Fougerolles, Canton de St Loup s'est présenté au Bureau des Déclarations de Fougerolles et a obtenu un certificat et la licence ordonnée par la loi du 25 février 1804 ».

FIGURE 26. Autorisation administrative de distillation (Certificat et licence) accordée à Lemercier Desle-Nicolas, 28 février 1811

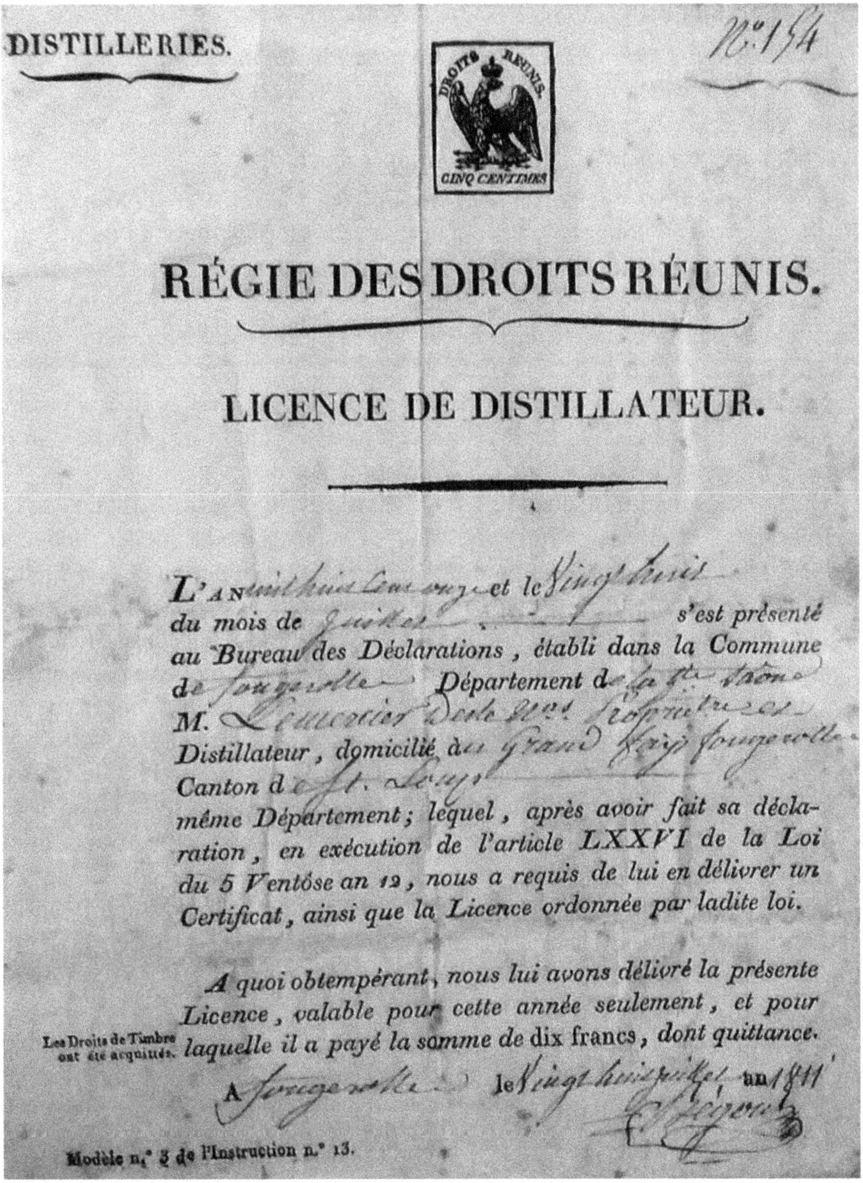
DISTILLERIES.

N.° 154

DROITS RÉUNIS.
CINQ CENTIMES

RÉGIE DES DROITS RÉUNIS.

LICENCE DE DISTILLATEUR.

L'an mil huit cent onze *et le* vingt huit *du mois de* juillet *s'est présenté au Bureau des Déclarations, établi dans la Commune de* Fougerolle *Département de* la H.te Saône *M.* Lemercier Desle [illegible] *Distillateur, domicilié* au Grand [illegible] Fougerolle *Canton de* St. Loup *même Département; lequel, après avoir fait sa déclaration, en exécution de l'article LXXVI de la Loi du 5 Ventôse an 12, nous a requis de lui en délivrer un Certificat, ainsi que la Licence ordonnée par ladite loi.*

A quoi obtempérant, nous lui avons délivré la présente Licence, valable pour cette année seulement, et pour laquelle il a payé la somme de dix francs, dont quittance.

Les Droits de Timbre ont été acquittés.

A Fougerolle *le* vingt huit juillet *an* 1811

[illegible]

Modèle n.° 3 de l'Instruction n.° 13.

SOURCE : Archives de l'Établissement Lemercier Frères.

De nouvelles dispositions législatives apportent, en 1806, 1808 et 1812, des modifications qui s'accompagnent de l'accroissement de la charge fiscale. La loi du 28 avril 1816 en fait la synthèse et devient le véritable code en la matière : c'est elle qui va servir de référence pendant tout le XIXe siècle. Elle stipule au chapitre VI (article 138) :

Les distillateurs et bouilleurs de profession seront tenus de faire, par écrit, avant de commencer à distiller, toutes les déclarations nécessaires pour que les employés puissent surveiller leur fabrication, en constater les résultats et les prendre en charge sur leurs portatifs.

Ces dispositions pénalisent les bouilleurs de cru et favorisent les distillateurs professionnels qui prennent de plus en plus de parts de marché. Mais suite à la révolte de ces mêmes bouilleurs de cru qui se considèrent détenteurs de l'origine et du savoir-faire local en matière de distillation et avec l'appui des élus locaux, le législateur leur laisse, finalement, une grande liberté en les exemptant de toute taxe sur leurs produits dans la mesure où ils ne circulent pas hors de chez eux. Leurs stocks ne sont pas contrôlés par les employés de la régie. De ce laxisme résulte une fraude importante contre laquelle plusieurs lois, à partir de 1872, vont tenter de réagir.

Dès lors, on distingue donc le « bouilleur de cru » et le « distillateur ». Le premier est le cultivateur qui, entre autres activités, fabrique de l'eau de cerise : il jouit de la franchise pour une partie de sa production et peut mettre le surplus sur le marché. Le distillateur, dont le nom apparaît dans les textes seulement à partir de cette époque, est celui pour qui la distillation et la commercialisation de ses produits finis sont devenues un métier à part entière.

En tout cas, au niveau des pouvoirs publics largement influencés par les représentants des viticulteurs et des distillateurs professionnels, les bouilleurs de cru sont devenus une variable d'ajustement au service de la politique de lutte contre l'alcoolisme. Une politique qui a eu souvent un effet inverse. En effet, en cherchant à appliquer une politique de l'alcool cher censée réduire l'activité des bouilleurs de cru, l'État a plutôt favorisé la fraude connue de tout le monde au point de vulgariser l'expression courante « Qui dit bouilleur, dit fraudeur[88] ». D'ailleurs, le nombre d'alambics possédés par les bouilleurs de cru est passé de 25.000 en 1892 à 76.000 en 1901[89]. Leur production officielle s'approche des 300.000 hl en 1910.

À 220 francs de taxe par hl, cette situation qui favorise la fraude pénalise surtout les recettes de l'État. Ce dernier change de méthode en optant, juste après l'interdiction de l'absinthe en 1915, pour la suppression par extinction

---

[88] DEVANCE Louis, « Stratégies de l'antialcoolisme en France au début du XXe siècle », *Actes du 106e Congrès National des Sociétés Savantes*, Perpignan, 1981, *in* : « Les boissons : production et consommation aux XIXe et XXe siècles », *Histoire moderne et contemporaine*, T1, Paris, 1984, p. 206.

[89] DEVANCE Louis, *Ibid.*

du privilège des bouilleurs de cru en 1916, lequel est rétabli entre 1919 et 1923 avec une exonération limitée à 10 litres purs[90].

Une autre forme très grave de la fraude est celle des acquis fictifs, qui atteint un développement regrettable. En voici le mécanisme décrit par Paul Simon dans ses archives : un commerçant en boissons, entrepositaire, possède dans son magasin un excédent d'alcool par une introduction frauduleuse. Pour masquer cet excédent, l'entrepositaire simule un achat à un bouilleur de cru. Il demande au bureau de la Régie de la localité d'un récoltant un acquit-à-caution pour une quantité d'alcool égale à l'excédent. Ensuite, il fait déclarer la décharge de cet acquit en présentant aux employés de la Régie qui le recensent, l'excédent qu'il voulait dissimuler, comme étant justement la boisson faisant l'objet de l'expédition fictive.

La majorité de ces acquits fictifs, documents comptables censés attester du transport et de la légalité des marchandises, sont souvent délivrés à la demande des destinataires finaux et à l'insu des prétendus expéditeurs. Ce type de fraude douanière ou fiscale trahit les tensions persistantes entre les différentes catégories d'acteurs du marché des alcools, et notamment entre les bouilleurs de cru et les distillateurs professionnels. À mesure que l'on progresse dans le XIXe siècle et que la législation se durcit, la rivalité entre ces deux groupes s'exacerbe. Chacun accuse l'autre d'être responsable des difficultés rencontrées sur un marché fortement réglementé, concurrentiel et surveillé par l'administration des contributions indirectes. Les bouilleurs de cru reprochent aux industriels leur monopole de fait sur la distribution et leur capacité à écraser les prix d'achat, tandis que les professionnels dénoncent une concurrence déloyale fondée sur une production artisanale, peu ou pas taxée, et parfois illicite.

Cependant, cette opposition binaire est plus complexe qu'elle n'y paraît. La réalité économique impose une logique d'interdépendance : les ennemis d'un jour deviennent, par la force des contraintes du marché, des partenaires objectifs. Les distillateurs professionnels, en quête de réduction de coûts et d'approvisionnement régulier, s'appuient de plus en plus sur les bouilleurs de cru pour leur fournir des matières premières ou des alcools semi-finis. Dans un contexte d'augmentation de la demande nationale et internationale, ils deviennent ainsi leurs premiers clients. La frontière entre artisanat et industrie se brouille alors, donnant naissance à une forme de coopération informelle, mais économiquement stratégique.

Pour encadrer ces pratiques et mieux contrôler les flux de production, l'administration encourage l'installation de distilleries publiques, notamment à Fougerolles et dans les communes environnantes. Ces établissements permettent aux bouilleurs de cru de distiller dans un cadre collectif, surveillé et théoriquement conforme à la législation. Substituts aux alambics privés souvent dissimulés, ces structures ont pour objectif de canaliser une activité

---

[90] AURIERES J.M., *op. cit.,* p. 151.

diffuse tout en sécurisant les recettes fiscales de l'État. Leur nombre croît significativement jusqu'au début des années 1920, période durant laquelle les pouvoirs publics cherchent à moderniser et à moraliser le secteur. Mais cet essor s'avère fragile : l'intensification du contrôle administratif, l'évolution des goûts des consommateurs, la baisse du cours des cerises et la concentration du marché au profit des grandes firmes entraînent progressivement leur déclin. Ce phénomène traduit aussi la marginalisation progressive du modèle traditionnel du bouilleur de cru au profit d'une organisation industrielle de la production d'eaux-de-vie, mieux intégrée aux circuits commerciaux et plus conforme aux normes de productivité et de traçabilité qui s'imposent dans l'entre-deux-guerres.

TABLEAU 3. Ateliers publics installés à Fougerolles entre 1917 et 1951

Lieux d'installation	1917	1918	1919	1951
Fougerolles Centre	6	8	11	3
La Motte	4	7	6	1
Les Chavannes	4	9	10	1
Le Prédurupt	2	3	7	1
Le Clos	6	3	7	1
Le Petit Fahys	7	13	16	2
Le Granf Fahys	11	12	28	2
Le Sarcenot	3	13	13	3
Beaumont	9	10	15	3
Le Prémourey	2	5	10	1
La Ramouse	2	5	7	1
Le Champ	2	2	3	1
Croslières	10	10	23	2
Le Château	3	3	5	1
Blanzey	8	12	17	3
Les Granges	4	10	13	1
Totaux	**83**	**125**	**191**	**27**

SOURCE : Archives privées de Paul Simon.

4.2.3. Et l'industrie de distillation créa d'autres activités locales

Au XIXe siècle, une véritable filière liée aux distilleries se met en place : le négoce et le transport d'alcool, la production de verre pour les bouteilles et les bonbonnes et la vannerie pour leur emballage. Ces activités s'accroissent avec l'ouverture de la gare à Fougerolles en 1881, le chemin de fer contribuant alors au dynamisme de l'économie fougerollaise. En effet, le rail permet l'acheminement d'importantes quantités d'alcool dans toute la France et à moindre coût.

Ce développement économique est bien illustré par le tableau ci-dessous qui recense les activités économiques à Fougerolles entre 1885 et 1934.

TABLEAU 4. Activité économique à Fougerolles de 1885 à 1934

Activités économiques	1885	1910	1922-1924	1930	1934
Distillateurs	8	21	30	16	15 (nombre de salariés : 145 dont 50 chez Lemercier Frères, 27 chez Abel Bresson et 37 chez Auguste PEUREUX)
Représentants du commerce	4	6	?	6	7
Marchands de vin	10	5	1	3	?
Tonneliers	6	5	19	5	4
Fabrique de bombonnes	0	5			?
Vanniers	0	3	21		?
Hôtels	2	3	3	2	2
Aubergistes	10	14	20	27	27
Imprimeur	1	2	1	2	2
Voituriers (loueurs)	1	4	?	?	?
Voituriers (vendeur)				3	4
Maisons de Maîtres		3	3	3	3

SOURCE : D'après les archives de l'Écomusée du Pays de la Cerise à Fougerolles et l'inventaire du patrimoine de la région Franche-Comté.

Des distillateurs en chambre, des intermédiaires-distributeurs

Intermédiaires, des marchands en gros ou en détail et des revendeurs divers se fournissent en alcool auprès des distillateurs industriels. Ce sont des négociants qui ni ne distillent ni ne stockent. Ils se sont constitués, par démarchage, en se déplaçant un peu partout en France, une clientèle qui s'adresse directement à eux pour leur approvisionnement en alcool, particulièrement en kirsch. Ce sont des distributeurs qui font étiqueter à leur propre marque les bouteilles qu'ils commandent aux industriels. Cette situation de distillateur en chambre est souvent une étape dans une évolution qui débouche sur l'établissement ou le rachat d'une distillerie. C'est le cas d'un certain Alexandre Simon qui était d'abord voiturier pour la maison Abel Bresson. Peu avant son mariage, en 1874, il s'établit à son compte distillateur en chambre. À l'occasion de ces déplacements, il a pu se constituer une solide clientèle de cafetiers, aubergistes, maîtres d'hôtel, confiseurs et particuliers dans deux régions : en Champagne (Aube, Marne, Meuse) et, plus encore en Bourgogne (Côte-d'Or, Saône-et-Loire Nièvre et, à un moindre degré dans l'Yonne).

Il se limite à une gamme très réduite de produits[91] : le marc (55 francs l'hl livré), l'absinthe à 60° (80 à 100 francs l'hl livré) et à 72° (90 à 125 francs l'hl

[91] ADHS, 40J44, 27/07/1894.

livré) et surtout les kirschs. Il en offre quatre qualités (ordinaire, extra, fin et supérieur) qu'il réduit souvent à trois : ordinaire (0,90 à 1,10 franc le litre en bonbonne, 0,80 franc le litre en fût), fin (1,20 à 1,30 franc quel que soit le contenant) et extra (1,40 à 1,50 franc). Les prix varient en fonction de la distance, mais aussi grâce à l'habileté du représentant local qui a intérêt à faire gonfler le chiffre d'affaires et qui les fixe « à la tête du client ».

En effet, s'il a lui-même créé sa clientèle lorsqu'il assurait la livraison des produits de la maison Abel Bresson et s'il garde le contact en la visitant assez souvent, Alexandre Simon s'efforce de maintenir un réseau de représentants auxquels il offre 10% des ventes, voire 12% lorsque le prix du litre passe le franc[92]. Son registre de copies de lettres en porte témoignage. Par exemple, en mai 1894, il s'adresse à plusieurs de ses clients (comptables ou percepteurs aussi bien qu'aubergistes ou confiseurs) pour les inviter à lui indiquer des personnes susceptibles de remplir convenablement cette fonction sur les secteurs d'Autun, Charolles et Bourbon-Lancyen (Saône-et-Loire), Ay et Epernay (Marne), Champigneulles (Meurthe-et-Moselle) et Méry-sur-Seine (Aube).

Des tonneliers, des vanniers, des débitants de boissons et une imprimerie

En effet, plusieurs métiers tirent profit de l'essor de la production d'eaux-de-vie à Fougerolles. Parmi ces corps de métiers, certains méritent une attention particulière en raison de leur contribution spécifique à l'essor de la distillation et de ses à-côtés économiques.

Des tonneliers

La tonnellerie est l'une de ces activités qui s'intègrent à la filière. À la fin du XIXe siècle, il y a à Fougerolles sept tonnelleries et environ 250 ouvriers tonneliers. Certains sont paysans et pratiquent cette activité en complément de leur travail d'agriculteur. On réalise des tonneaux dans des ateliers ou seul dans sa ferme. Dans chaque distillerie, une personne est en mesure de réparer les tonneaux. A la fin de la deuxième guerre mondiale, ils ne sont plus que 26 employés tonneliers travaillant dans six tonnelleries fougerollaises[93] : Léon Ougier (dix employés), Saguin (six employés), Leuval (trois employés), Lemercier frères (trois employés) Robert (deux employés) et Abel Bresson (deux employés)

La fabrication qui est entièrement manuelle, utilise le bois de fente qu'on appelle « merrain » : le chêne est destiné à la fabrication des tonneaux pour le vin et le frêne pour ceux de l'alcool blanc. En effet, le bois de chêne est déconseillé pour les eaux-de-vie à cause du risque de coloration que peut subir cet alcool. Certains tonneliers, de vrais artistes, réalisent des chefs d'œuvre de

---

[92] *Ibid.*, 14/09/1894. Une personne contactée à Châlons-sur-Marne lui révèle qu'une maison de Fougerolles n'offre que 6%.

[93] Archives privées de Paul Simon

minutie comme les petits tonneaux à liqueurs d'un litre ou deux, des bouteilles et des barattes minuscules.

La fabrication des tonneaux de toute contenance suit six étapes de fabrication : le chauffage, le serrage, le rognage, le traçage, le cerclage et le polissage.

Les tonneliers ne se contentent pas de fabriquer des tonneaux mais diversifient leur production en s'adressant aux professionnels et aux particuliers. On trouve des produits destinés à l'usage courant comme les seaux, les baquets à choucroute, les feuillettes, les échaudoirs, les saloirs, les barattes et cuveaux.

FIGURE 27. Illustration des produits professionnels et domestiques issus de l'activité de tonnellerie à Fougerolles.

SOURCE : Archives privées de Paul Simon

Parmi les sept tonnelleries, quatre sont très dynamiques et dominent le marché local. Il s'agit de la tonnellerie Robert, la tonnellerie Leyval, la tonnellerie de l'Établissement Lemercier Frères et la tonnellerie Léon Ougier.

La tonnellerie Henri Robert : Fondée vers 1890 par Henri Robert, reprise par son fils Albert vers 1910 qui y ajoute une distillerie temporaire de fruits à noyau. L'atelier emploie 30 ouvriers dans les années 1920, puis seulement 5 en 1931. Spécialisée dans les fûts ovales pour les liquoristes bourguignons, elle cesse toute activité vers 1965.

La tonnellerie Leyval Implantée dans un ancien moulin reconstruit en 1814, elle est rachetée par François Leyval en 1895 pour y établir une scierie-tonnellerie, transmise à son fils Maurice. Employant 20 ouvriers vers 1900, elle ferme en 1942, bien que la scierie continue jusqu'en 1968.

La tonnellerie de l'Établissement Lemercier Frères : Créée à proximité d'une distillerie appartenant à Isidore et Constant Lemercier hameau du Grand Fahys. Ils la transfèrent à proximité de la Gare comme l'indique une plaque, apposée au-dessus de la porte et frappée de la date 1881 et des lettres LF (Lemercier Frères). Elle emploie jusqu'à 40 ouvriers au début du XXe siècle et ferme ses portes vers 1960.

La tonnellerie Léon Ougier : Fondée vers 1830, elle fournit essentiellement les distilleries locales. Elle emploie 30 ouvriers vers 1920, puis seulement 3 en 1950. Elle cesse toute activité en 1951.

Des vanniers

Chaque année, la consommation de bonbonnes est considérable, d'autant plus que ces contenants, relativement bon marché, sont le plus souvent traités comme des emballages perdus. Leur fabrication mobilise des centaines d'ouvriers aux tâches diverses et spécialisées : certains confectionnent les fonds, d'autres les couvercles, les paniers, les chevilles, les capuchons ou encore assurent l'emballage. Toutes ces activités de vannerie ont un objectif commun : produire les emballages nécessaires au conditionnement des bonbonnes de verre, destinées à la distillerie comme à l'exportation. La principale matière première utilisée, l'osier, provient de la région de Fayl-Billot en Haute-Marne.

La majorité des vanniers travaille à domicile, à l'exception des emballeurs dont la présence est requise sur le site de fabrication. Chaque ouvrier possède une spécialisation propre : fabrication des différents éléments (fonds, paniers, couvercles, chevilles, capuchons), tressage sur verre ou emballage final. Deux établissements dominent cette activité locale : la fabrique Lemercier Frères et la vannerie René Tisserand.

L'établissement Lemercier Frères, initialement spécialisé dans la rectification d'alcool autorisée par arrêté préfectoral du 10 mars 1896, cesse cette activité en 1907, faute de rentabilité. Après la Première Guerre mondiale, les bâtiments sont réaffectés à la vannerie d'osier pour l'emballage des bonbonnes de verre. Le travail est réparti entre le domicile des vanniers, où sont réalisés les fonds, et l'atelier, où s'effectuent le tressage, la garniture de paille et le montage. Ces tâches manuelles se déroulent dans l'ancien atelier de rectification ainsi que dans les écuries aménagées du relais de poste. L'arrivée des emballages plastiques après 1945 marque le début du déclin de l'établissement, qui ne comptera plus qu'un seul employé au début des années 1980.

La vannerie René Tisserand, fondée en 1880 par Paul Tisserand, se spécialise dès l'origine dans l'emballage des bonbonnes d'eau-de-vie. Elle connaît une forte croissance au début du XXe siècle, avec la construction d'un nouvel atelier en 1901. Son activité essentiellement manuelle se poursuit sous la direction du fils René, puis des petits-fils Marcel et Maurice, jusqu'aux années 1970. La concurrence des contenants plastiques commence alors à fragiliser l'entreprise. Cette vannerie emploie une vingtaine d'ouvriers au début du XXe siècle et 24 en 1931.

FIGURE 28. Emballage de bonbonnes Lemercier Frères et vannerie René Tisserand

SOURCE : Collection A. El Mostain.

Des débitants de boissons

Jusqu'à la Première Guerre mondiale, les cafés tiennent une place centrale dans la vie sociale de la commune de Fougerolles. Véritables lieux de sociabilité, ils rassemblent quotidiennement des individus issus de toutes les catégories socioprofessionnelles : tonneliers, vanniers, ouvriers des tissages et filatures, typographes, employés des distilleries, agriculteurs... Le café devient l'espace de rencontre et d'échange par excellence, renforcé par l'instauration du repos hebdomadaire en 1906[94], qui libère du temps pour les travailleurs et favorise encore davantage la fréquentation de ces établissements.

Comme l'explique l'historienne Jacqueline Lalouette dans son article *« Les débits de boissons urbains entre 1880 et 1994*[95]*»*, le débit de boisson en France est bien plus qu'un simple commerce : c'est une véritable institution sociale. Son importance dans la société française de la fin du XIXe et du début du XXe siècle se reflète dans sa prolifération. En 1879, la France compte déjà 354.000 débits de boissons. La loi libérale de 1880[96], qui en facilite l'ouverture, entraîne une augmentation rapide de leur nombre : 401.021 en 1886, soit un café pour 94 habitants, puis 482.704 en 1913, soit un café pour seulement 80 habitants. Ces chiffres traduisent non seulement un phénomène de société mais aussi un besoin social et culturel profondément enraciné dans le quotidien des Français.

TABLEAU 5. Nombre de débits de boissons en France (1872-1913)

Années	Nombre de débits de boissons
1872	179 000
1879	354 000
1886	401 021
1891	409 500
1892	417 808
1901	435 379
1913	482 704

SOURCE : GUYOT Yves, *La question de l'alcool : allégations et réalités*, Paris, F. Alcan, 1917. Les statistiques excluent les débits de boissons parisiens, non soumis à licence avant 1901.

[94] Loi du 13 juillet 1906 établissant le repos hebdomadaire.

[95] LALOUETTE Jacqueline, « Les débits de boissons entre 1880 et 1914 », *Ethnologie française*, nouvelle série, T12, n°2, avril-juin 1982, p. 131-136

[96] La loi du 17 juillet 1880 permet à tout citoyen majeur sans casier judiciaire d'ouvrir un débit de boissons sur simple déclaration en mairie. Dans les communes de moins de 4 000 habitants, les licences restent gratuites selon la législation de 1871 ; ailleurs, elles sont soumises à une taxe modique de 15 à 50 francs.

Cette présence massive des cafés se traduit également par leur poids dans la consommation d'alcool. En 1897, les débitants de boissons écoulent plus de 1,2 million d'hectolitres[97] d'alcool pur sur l'ensemble du territoire. Sur ce volume, 757.523 hectolitres sont consommés dans les campagnes et les petites villes de moins de 4.000 habitants, 136.263 dans les villes de taille moyenne (4.000 à 10.000 habitants), et 367.172 dans les villes de plus de 10.000 habitants. Ces données montrent l'omniprésence du café, même dans les zones rurales, et son rôle de vecteur de diffusion de la consommation d'alcool.

La commune de Fougerolles n'échappe pas à cette dynamique nationale. Au début du XXe siècle, on y recense environ une cinquantaine de cafés[98] : une trentaine situés au cœur de la commune et une vingtaine répartis dans les hameaux environnants. Cela représente, pour l'époque, une moyenne impressionnante d'un café pour 100 habitants. Ces établissements sont intégrés à la vie locale au point que chacun semble avoir sa clientèle attitrée. Ainsi, la famille Bresson se retrouve au café-hôtel Ruhlmann après la messe dominicale, tandis que les distillateurs se réunissent chaque jour au café de la gare, après avoir déposé leur courrier à la poste voisine. Le café-hôtel Pierron, quant à lui, accueille les réunions et banquets du syndicat des distillateurs de kirsch de la Haute-Saône. De même, chaque tonnellerie et chaque vannerie de Fougerolles semble avoir son café de prédilection, renforçant les liens entre travail, vie sociale et traditions locales.

Mais cet âge d'or des cafés à Fougerolles ne survit pas aux bouleversements du XXe siècle. Dès les années 1930, on observe un net recul de la fréquentation et du nombre de débits de boissons. Ce déclin s'accentue au lendemain de la Seconde Guerre mondiale. À la fin du conflit, seuls une dizaine de cafés subsistent dans la commune, soit une moyenne d'un café pour 400 habitants. Cette érosion progressive témoigne des transformations profondes de la société fougerollaise, marquée par l'évolution des modes de vie, le recul de la consommation d'alcool et la disparition progressive des métiers artisanaux qui faisaient autrefois vivre ces établissements.

Une imprimerie

L'expansion de l'industrie agroalimentaire en général et de l'industrie de distillation en particulier favorise l'émergence d'une nouvelle activité à Fougerolles, l'imprimerie.

L'imprimerie initiale à Fougerolles est fondée en 1891, dans un bâtiment au pied de la rue de l'Église par M. Reuchet dont la fille épousa un certain Adrien Buriot. Le petit-fils de ce dernier, Francis Buriot, reprendra les rênes de l'établissement plus tard en déménageant les locaux à proximité de la gare

[97] Institut national de la statistique et des études économiques, « Annuaire statistique de la France », 1899, Imprimerie nationale Paris. Tableau n°443, p. 418.

[98] Archives de l'Écomusée du Pays de la Cerise à Fougerolles ; Grandjean Pierre, *Un amour de Terroir*, Association Environnement, Nature, Patrimoine de Fougerolles (ADEF), 1994.

de Fougerolles profitant de locaux plus vastes. Au décès de ce dernier, son fils reprend l'exploitation de l'imprimerie et lui donne son nom, Buriot. L'établissement cesse ses activités en 1955 après avoir fait le bonheur des distillateurs fougerollais. L'établissement emploie 12 ouvriers et fonctionne avec des machines « typo et lino plates ». On y fabrique, entre autres, des documents administratifs et commerciaux et des étiquettes pour les distillateurs et commerçants des environs. En 1931, l'imprimerie emploie 17 ouvriers[99].

Conclusion

La distillation du kirsch à Fougerolles ne peut être dissociée de son ancrage territorial. Elle est le fruit d'une dynamique rurale originale, née de l'opiniâtreté des paysans fougerollais, qui ont su domestiquer le cerisier et, en s'affranchissant progressivement du modèle du *kirschwasser* de la Forêt-Noire, développer une production locale singulière. À travers cette autonomisation, les producteurs ont forgé une identité propre, tant sur le plan technique que commercial. Il s'agit là d'un exemple typique d'industrialisation douce, fondée sur des initiatives paysannes et sur un enracinement profond dans le terroir, à l'instar de ce que Jean-Marc Olivier a pu observer dans le cas de Morez (Jura) au tournant des XVIIIe et XIXe siècles[100].

Cette proto-industrie, encore peu mécanisée à ses débuts, a contribué à transformer le paysage local, tant au niveau économique que social. Les paysans de Fougerolles se sont non seulement spécialisés dans la distillation, mais ont également développé des activités connexes comme la tonnellerie, la vannerie ou encore la distillation en chambre. Cette diversification a permis l'absorption de main-d'œuvre locale et l'intégration du territoire dans une dynamique régionale plus vaste. Ce schéma s'apparente à d'autres formes de proto-industrialisation dans les campagnes françaises, telles que celles analysées par Jean-Luc Mayaud dans le Haut-Doubs avec les paysans-horlogers[101], ou encore dans le cas emblématique des établissements Frédéric Japy à Beaucourt[102] étudié par l'historien Pierre Lamard.

L'étude de ce territoire met en évidence cinq facteurs locaux déterminants, qui constituent les piliers de l'identité et de la spécificité de l'industrie du kirsch à Fougerolles, et expliquent en grande partie son développement singulier :

---

[99] ADHS, 9M3, état des établissements industriels 1921-1931.

[100] OLIVIER Jean-Marc, *Société rurale et industrialisation douce : Morez (Jura) (1780-1914)*, Thèse pour le doctorat d'histoire sous la direction de Clause-Isabelle Brelot, Université Lyon 2, 1998.

[101] MAYAUD Jean-Luc, *Les Secondes Républiques du Doubs*, Paris, Les Belles-Lettres, 1986, p.123-161.

[102] LAMARD Pierre, *Histoire d'un capital familial...*, *op. cit.*

1. Une histoire et une légende très enracinées dans la culture du cerisier ;
2. Un savoir-faire propre, notamment la distillation des cerises sans repasse, qui distingue le kirsch fougerollais de ses équivalents alsaciens où la rectification est pratiquée ;
3. Un produit local autonome, le kirsch, qui s'affranchit de l'influence germanique pour construire sa propre réputation ;
4. Une industrie de distillation professionnalisée, incarnée par des firmes locales engagées dans leur environnement ;
5. Un organe structurant de promotion et de défense : le syndicat des distillateurs de kirsch de la Haute-Saône.

FIGURE 29. Les paramètres de reconnaissance d'un terroir

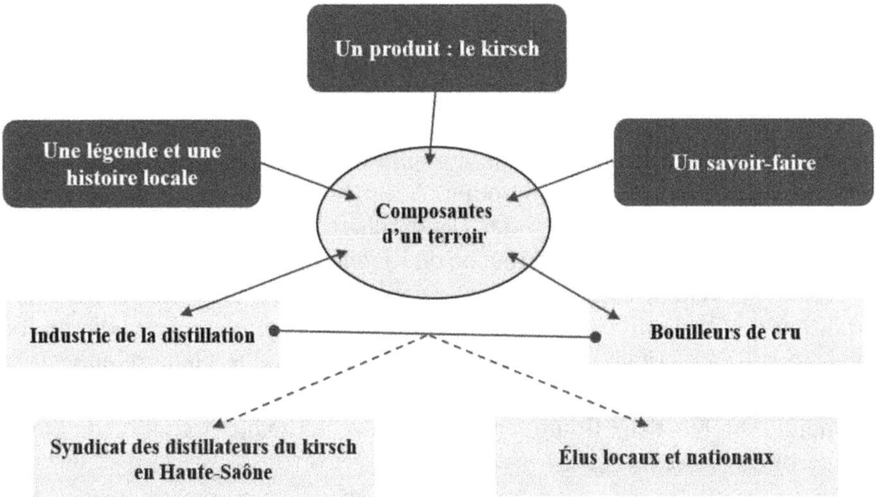

Les trois premières variables relèvent historiquement de la sphère des bouilleurs de cru, détenteurs d'un savoir-faire artisanal transmis localement et jalousement protégé. Cette figure du paysan-artisan rappelle celles analysées par Claude-Isabelle Brelot et Jean-Luc Mayaud dans leurs travaux de recherche sur « l'industrie en sabots[103] ». Cependant, si la transmission du savoir-faire artisanal est essentielle à l'identité du produit, sa reconnaissance et sa diffusion nécessitent une mise en synergie avec les distillateurs professionnels. Ces derniers assurent la visibilité nationale et internationale du kirsch de Fougerolles, et sont indispensables à la structuration d'une véritable filière territorialisée.

La coopération entre ces deux figures, bouilleurs de cru et industriels, est donc cruciale. Elle permettrait de dépasser les divergences historiques et d'unir leurs efforts autour d'un objectif commun : la reconnaissance du kirsch comme produit de terroir. Dans cette perspective, le terroir n'est plus

[103] BRELOT Claude-Isabelle et MAYAUD Jean-Luc, *L'industrie en sabots…, op. cit.*

seulement un espace physique, mais une construction sociale et économique où convergent des intérêts parfois opposés. Cela rejoint l'analyse de J.L. Rastoin, qui identifie les entreprises de terroir comme des entités articulant savoir-faire local, stratégie collective et ancrage territorial[104].

Cette dynamique collaborative a permis à Fougerolles de prétendre à une reconnaissance officielle de son kirsch. Il faut attendre 2010 pour que le ministère de l'Agriculture lui accorde l'Appellation d'Origine Contrôlée (AOC), marquant ainsi l'aboutissement d'un long processus de légitimation.

Dès lors, le kirsch de Fougerolles devient un levier stratégique pour les entreprises familiales locales[105]. Il incarne à la fois l'authenticité d'un savoir-faire et la capacité d'adaptation à un marché en mutation. Ces entreprises doivent ainsi conjuguer fidélité à la tradition et ouverture aux évolutions techniques, logistiques et commerciales. La modernisation de la distillation, l'intégration aux réseaux de transport, la diversification des produits et des canaux de distribution deviennent des conditions de compétitivité.

Toutefois, cette transformation n'est pas sans résistance. La culture paysanne locale reste marquée par une certaine prudence face au changement, par crainte de perdre l'âme du produit. À l'image de ce que Natalie Petiteau a observé chez les horlogers de Damprichard[106], l'innovation doit donc s'articuler avec une défense farouche de l'identité locale.

Il faut souvent un acteur pionnier, capable de fédérer et de faire le lien entre tradition et modernité, pour impulser ce passage vers une dimension pleinement industrielle et commerciale. C'est ce que le chapitre suivant se propose d'explorer à travers l'étude des Établissements Abel Bresson et Lemercier Frères, deux figures emblématiques de l'industrialisation du kirsch fougerollais (entre autres).

---

104 RASTOIN J.L, « Le groupe stratégique des entreprises de terroir », *Conférence, universidade do Algarve-Faro*, 11 novembre 1997. *In* : POLGE Marion, « Petite entreprise et stratégie de terroir », *Revue française de gestion* 3/2003, n° 144, p. 181-193.

105 FORT F. et COUDERC J.-P., « Le terroir : un avantage concurrentiel à l'exportation », *Revue d'économie rurale*, n° 264-265, juillet-octobre 2001.

106 PETITEAU Natalie, *L'horlogerie des* Bourgeois *conquérants...*, *op. cit.*

Chapitre 5
Les Établissements Abel Bresson et Lemercier Frères : deux labels industriels

Nous allons à présent nous consacrer à deux firmes familiales : Abel Bresson et Lemercier Frères. Nous nous intéresserons au distillateur autant qu'à la distillerie car, au-delà de deux labels industriels, ce sont d'abord deux histoires humaines.

5.1. Le développement d'une affaire familiale : Établissements Abel Bresson

Les Établissements Abel Bresson incarnent une véritable dynastie industrielle, portée par quatre générations de dirigeants ayant chacun marqué l'histoire de l'entreprise. Fondée par Abel Bresson (1813-1878), la maison connaît une première expansion sous sa conduite. Son fils Hubert Bresson (1863-1940) lui succède, structurant davantage la production et consolidant le rayonnement de la marque.

La troisième génération, représentée par Georges Bresson (1896-1979), poursuit cette dynamique en modernisant les installations, en diversifiant les produits (liqueurs, sirops, apéritifs) et en conquérant de nouveaux marchés en France et à l'étranger. Après sa disparition, la direction devient collégiale, assurée par les petits-fils d'Abel, dont Hubert Bresson junior, dernier président-directeur général de l'entreprise. Ce mode de gouvernance partagé illustre une volonté de préserver l'esprit familial tout en répondant aux exigences d'un environnement concurrentiel en pleine mutation.

FIGURE 30. Les quatre dirigeants des Établissements Abel Bresson (1839-1990)

C'est sous la conduite de cette génération que la maison amorce un tournant stratégique majeur, aboutissant à sa cession au groupe Marie-Brizard dans les années 1990. Cette transmission marque la fin de l'indépendance d'une entreprise qui aura profondément influencé l'histoire industrielle et économique de Fougerolles.

Nous nous contentons de nous intéresser aux deux premières générations.

FIGURE 31. Schéma généalogique de la famille Bresson propriétaire de l'Établissement Abel Bresson

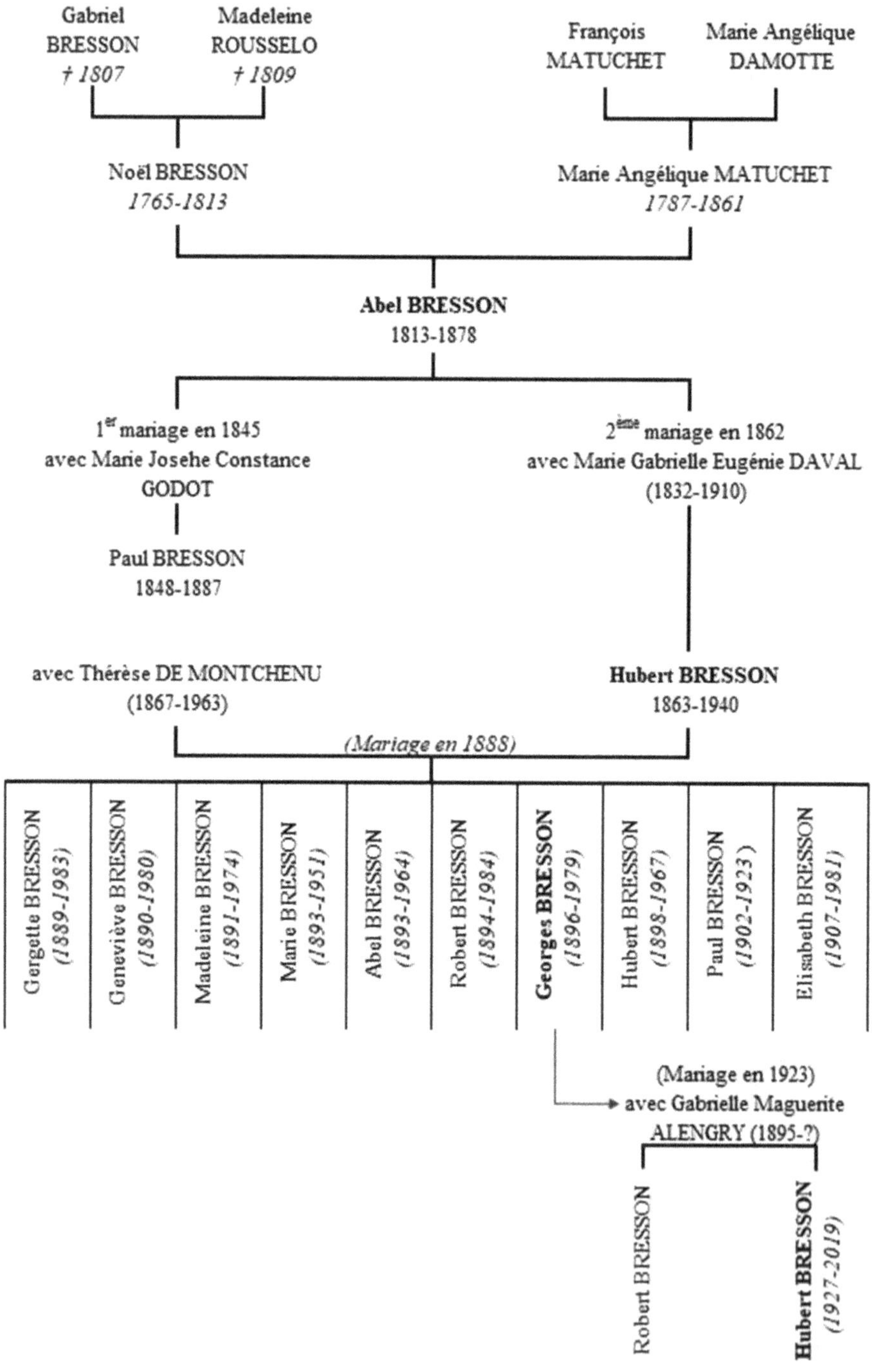

5.1.1. Abel Bresson, le fondateur

Abel Bresson naît le 29 mars 1813 à Langres, en Haute-Marne, au cœur de la région Champagne. Il s'éteint le 3 juillet 1878 à Fougerolles, en Haute-Saône, en région Franche-Comté, à l'âge de 65 ans. Au cours de sa vie professionnelle, il exerce les fonctions de négociant, distillateur et rectificateur d'alcool, d'abord en Haute-Saône puis en Côte-d'Or. Il s'inscrit ainsi dans le mouvement de spécialisation économique que connaît Fougerolles au XIXe siècle, en accompagnant l'essor de la distillation des fruits, en particulier du kirsch.

Fils unique de Marie Angélique Matuchet et de Noël Bresson, jardinier de profession, Abel connaît très tôt l'épreuve du deuil : son père décède le 3 juillet 1813, soit trois mois après sa naissance. Élevé seul par sa mère, celle-ci lui consacre sa vie jusqu'à son propre décès en 1861. Bien qu'il n'ait pas connu son père, il est permis de penser que la vocation d'Abel pour la transformation des produits du terroir trouve son origine dans cette filiation paysanne. Il puise peut-être dans la figure absente du père l'inspiration d'un lien discret entre le soin apporté à la terre et la transformation des fruits, qui deviendra le socle de son avenir industriel.

Abel Bresson se marie une première fois le 7 mai 1845 à Conflans, dans le canton de Saint-Loup-sur-Semouse, avec Mademoiselle Marie Josèphe Constance Godot, née le 24 avril 1823 à Conflans-sur-Lanterne. Ce mariage unit deux familles de statuts sociaux différenciés mais complémentaires : du côté d'Abel, une tradition religieuse est perceptible, renforcée par la présence d'un cousin prêtre, signe d'un enracinement dans la culture catholique. Cette dimension religieuse traversera d'ailleurs les générations suivantes de la famille Bresson, notamment dans leur engagement paroissial à Fougerolles. Du côté de l'épouse, les origines sont bourgeoises. Son père, de son vivant, fut maire de la commune et conseiller général. L'un de ses frères poursuit des études de médecine, tandis que d'autres membres de sa famille sont propriétaires ou rentiers.

Ce premier mariage, au-delà de l'union sentimentale, permet de poser les bases d'un capital familial. Le contrat de mariage révèle un patrimoine global de 73.000 francs[1]. Ce capital initial va connaître une croissance rapide : à la mort de Marie Josèphe Constance en 1853, soit huit ans plus tard, l'inventaire après décès évalue le patrimoine du couple à 174.412,50 francs[2]. Parmi cette somme, 145.330,50 francs[3] représentent la valeur économique de l'activité commerciale et industrielle de la famille Bresson, démontrant que l'entreprise familiale s'est considérablement développée pendant cette période.

---

[1] ADHS, 2E21092. Contrat de mariage entre M. Abel Bresson et Mademoiselle Marie Josèphe Constance Godot (7 mai 1845).

[2] ADHS, 2E20650, Inventaire après décès de Mme Bresson Josèphe Constance Godot en 1853.

[3] Dont bénéfices au 30 juin 1853 qui s'élèvent à 142 346,50 francs.

Veuf, Abel Bresson élève seul son fils Paul, né en 1848, tout en poursuivant ses affaires. Il peut, pour cela, compter sur l'aide précieuse de sa mère. C'est seulement après le décès de cette dernière, le 22 mai 1861, qu'Abel décide de se remarier. Son second mariage a lieu le 22 octobre 1862 à Luxeuil-les-Bains avec Mademoiselle Marie Gabrielle Eugénie Daval, née le 9 avril 1832. Là encore, l'analyse du contrat de mariage[4] livre des informations précieuses sur le statut social de la nouvelle épouse. Gabrielle Daval appartient à un milieu d'entrepreneurs et de notables : un cousin manufacturier actif en Haute-Saône, un beau-frère avocat, un autre frère avoué à la Cour de Besançon. Cette union renforce l'ancrage social d'Abel Bresson et lui ouvre de nouveaux réseaux familiaux et professionnels.

Au moment de ce second mariage, le patrimoine d'Abel Bresson est estimé à 363.027 francs. Ce chiffre témoigne d'un enrichissement spectaculaire : en moins de dix ans, entre 1853 et 1862, le patrimoine a progressé de 108%, une croissance fulgurante qui confirme la solidité de l'entreprise et l'intelligence stratégique du fondateur. De cette seconde union naît un fils, Hubert, le 3 novembre 1863, appelé à jouer un rôle fondamental dans la suite de l'histoire de la maison Bresson.

Le décès d'Abel Bresson survient le 3 juillet 1878 à Fougerolles. Selon un article publié dans *Le Panthéon de l'Industrie*[5], il aurait été victime d'un accident de chasse dont les séquelles l'avaient laissé physiquement diminué, sans pour autant affecter ses facultés intellectuelles. Jusqu'à la fin, il reste un acteur central de l'entreprise qu'il a fondée et développée avec ténacité. L'importance de son patrimoine au moment de sa mort atteste de sa réussite économique. L'inventaire successoral[6], particulièrement conséquent, se déroule sur six journées réparties entre le 16 juillet 1878 et le 24 avril 1879, témoignant de la complexité de ses possessions et de leur répartition géographique.

En 1878, les biens situés à Fougerolles sont estimés à 1.083.996,57 francs, tandis que ceux localisés en Côte-d'Or, notamment à Dijon et à Genlis, atteignent une valeur de 313.574,30 francs. L'ensemble du patrimoine s'élève ainsi à 1.397.570,87 francs. Cette somme colossale représente une augmentation de 285% par rapport à l'évaluation de 1862. Elle témoigne non seulement d'un enrichissement individuel, mais surtout du succès d'un modèle entrepreneurial mêlant enracinement local, maîtrise technique, alliances sociales stratégiques et sens aigu des opportunités.

---

4 ADHS, 2E23462, Contrat de mariage entre Abel Bresson et Marie Gabrielle Eugénie Daval en 1862.

5 FRŒMER A. « M. Abel Bresson », *Le Panthéon de l'Industrie*, n° 497, Paris, 7 septembre 1884.

6 ADHS, 2E20742, Inventaire après le décès M. Abel Bresson en 1878.

TABLEAU 6. Évolution du patrimoine de la famille Bresson (1845-1878)

Année	**Valeur patrimoine** (en francs)	**Évolution**	
1845	73 000,00		
1853	174 412,5	**139%**	**X 19**
1862	363 027,00	**108%**	
1878	1 397 570,87	**285%**	

Ainsi, Abel Bresson ne fut pas seulement un distillateur parmi d'autres. Il a posé les fondements d'un véritable empire familial, reposant sur un subtil équilibre entre valeurs traditionnelles (religion, famille, ancrage local) et esprit d'innovation. Sa trajectoire illustre à la fois la mobilité sociale rendue possible par le développement industriel de la province au XIXe siècle, et la capacité d'un homme à construire un patrimoine durable à partir de la transformation d'un produit agricole. Son héritage se prolongera grâce à son fils Hubert, qui saura transformer l'entreprise familiale en une firme de dimension nationale. Mais avant cela, c'est bien Abel Bresson qui, par sa ténacité, son sens des affaires et ses choix matrimoniaux éclairés, aura bâti la fortune et la réputation de la maison Bresson à Fougerolles.

Avant son décès, Abel Bresson a laissé à sa famille un testament olographe[7] signé le 10 avril 1878, soit trois mois avant son décès :

Ceci est mon testament : je lègue par préciput à Hubert Bresson, mon fils, la quotité disponible de mes biens, soit le tiers. Je lègue en outre à Marie DAVAL, ma femme, la jouissance du quart de mes biens, cette jouissance portera sur la part léguée ci-dessus par préciput à mon fils Hubert. ».

Le deuxième fils, Paul, n'est pas évoqué dans ce testament, certainement parce qu'il est majeur et que le tiers du patrimoine du père lui revient de droit.

Il est intéressant de retranscrire la vision d'un journaliste qui consacre la « Une » de son journal à cet industriel haut-saônois, Abel Bresson à travers un article[8] de la revue *Le Panthéon de l'Industrie*[9].

[7] ADHS, 2E20738.

[8] Néanmoins, il est utile de prendre assez de recul et de lire entre les lignes car cet article a pu être utilisé, en même temps, comme un outil de communication pour redorer l'image de l'absinthe qui fut une boisson critiquée et faisant l'objet de beaucoup de méfiance.

[9] FRŒMER A., « Abel Bresson », *Le Panthéon de l'Industrie*, n° 497, 7 septembre 1884, Paris.

En effet, Abel Bresson est présenté comme le « Fondateur de la fabrication de l'absinthe et de la rectification des alcools dans les départements de l'Est » et son œuvre est considérée comme bienfaitrice comme l'indique cet article qui insiste particulièrement sur « le caractère et sur l'œuvre d'Abel Bresson, que le pays a le droit et le devoir de compter au nombre de ses bienfaiteurs les plus intelligents et les plus dévoués ».

Dans un hommage publié en 1884 dans *Le Panthéon de l'Industrie*, le journaliste Frœmer dresse un portrait profondément élogieux d'Abel Bresson, tant sur le plan humain que professionnel. Il le présente comme un « homme de cœur » et un « homme de bien », dont les vertus sont indissociables de sa foi chrétienne. Une foi simple et sincère qui, parfois, l'a exposé à des désillusions : « Aucun n'a oublié cette promptitude du cœur qui ne laissa jamais Bresson indifférent ni inactif en présence d'une infortune ou d'un service rendu. [...] Et si sa loyauté cordiale l'a trompé quelquefois sur les hommes, [...] il avait de son vivant, oublié ou dédaigné tout cela ». Frœmer souligne que ses proches ne retiennent de lui que les qualités morales qu'il leur a transmises : « Volonté, Travail, austère Loyauté ».

Sur le plan industriel, Frœmer retrace les débuts de son œuvre, entamée en 1838 et poursuivie sans relâche jusqu'à sa mort en 1878. Abel Bresson, animé d'une volonté inébranlable, se consacre entièrement à l'étude des procédés techniques et scientifiques liés à la distillation. Dès l'origine, il se fixe un double objectif : le progrès industriel de la distillerie et la mise en œuvre de conditions hygiéniques encore mal définies à l'époque, mais dont il pressentait l'importance.

Frœmer insiste aussi sur l'abnégation et la rigueur d'Abel Bresson, qui s'est « si bien incarné à son entreprise » qu'il s'est volontairement détaché des aléas de la vie ordinaire, indifférent à tout ce qui n'entrait pas dans le champ de son œuvre. Ce retrait du monde s'observe aussi dans son rapport à la sphère publique. Une seule fois, en 1872, Abel Bresson accepta de s'engager temporairement dans les affaires nationales, lorsqu'il fut convoqué à Paris dans le cadre de l'élaboration d'une loi sur les alcools. Recommandé pour sa haute compétence, et inventeur d'un procédé de rectification encore secret, il mit alors « au service du pays le trésor de connaissances qu'il avait amassé ». Ce fut sa seule intervention dans la vie publique. Par la suite, il refusa toute fonction, craignant que l'exigence de ces charges n'empiète sur son travail scientifique et industriel, qu'il considérait comme sa véritable vocation.

Dans son hommage publié en 1884, Frœmer revient également sur les circonstances de la mort d'Abel Bresson et sur la transmission de son œuvre. Il rappelle que ce dernier, affaibli physiquement par un grave accident de chasse, avait néanmoins conservé intactes ses facultés intellectuelles jusqu'à la fin. Son esprit et sa volonté, fidèles à eux-mêmes, demeurèrent en action jusqu'au dernier souffle. Frœmer souligne que Bresson est « mort à la peine », entièrement voué à son œuvre, qu'il laissa en plein essor entre les mains de sa famille endeuillée. Il salue en particulier la veuve d'Abel Bresson, qu'il qualifie de « pieuse héritière des traditions établies par son époux » et qui, par fidélité à la mémoire de son mari, décida de préserver son entreprise sous le nom de Abel Bresson, « comme sous une égide ».

Le journaliste conclut par un hommage collectif, saluant la mémoire de Bresson à travers ceux qui lui survivent. Ce souvenir ne réside pas seulement dans le cœur de son épouse, ni dans ceux de ses deux fils, Paul et Hubert, ce dernier, déjà engagé dans l'entreprise familiale, étant destiné à en assurer un jour la direction, mais aussi dans l'ensemble des employés et ouvriers de la maison Bresson. Tous, selon Frœmer, gardent une vive mémoire de « cette direction énergique, juste et douce à la fois », qui faisait d'Abel Bresson un modèle de patron, respecté et aimé de tous.

FIGURE 32. M. Abel Bresson

Dixième Année

Le Panthéon de l'Industrie

Revue Hebdomadaire Internationale Illustrée des Expositions et des Concours

M. ABEL BRESSON

SOURCE : *Le Panthéon de l'Industrie*, Paris, 7 septembre 1884.

5.1.2. Hubert Bresson, la continuité assurée avec noblesse

À la suite du décès d'Abel Bresson, figure emblématique de l'essor de la distillation à Fougerolles, la continuité de son œuvre est assurée avec une rare dignité par sa veuve, Mme Bresson. En hommage à son époux et dans un esprit de fidélité aux principes qu'il avait établis, elle prend en charge la gestion de l'entreprise familiale. Dès lors, le nom d'Abel Bresson devient la raison sociale de l'établissement, comme en témoigne le journaliste A. Frœmer dans *Le Panthéon de l'Industrie*[10] :

> *Sa digne veuve, pieuse héritière des traditions établies par son époux, se montre entièrement digne de les continuer et a résolu de laisser l'œuvre d'Abel Bresson sous la protection de ce nom qui lui servira comme d'égide.*

Dans cette période de transition, Mme Bresson demeure la propriétaire légale et morale des établissements. En attendant que son plus jeune fils, Hubert Bresson, soit en âge et en capacité de prendre la direction des affaires, elle confie la gestion des différents sites à deux hommes de confiance. Le premier, Paul Bresson, fils aîné issu du premier mariage d'Abel Bresson, supervise les établissements implantés en Côte-d'Or. Le second, M. Gaspard Hudelot, est une figure centrale de la maison Bresson à Fougerolles.

Gaspard Hudelot intègre l'entreprise en 1868. Employé fidèle et collaborateur compétent, il s'impose rapidement comme un acteur essentiel de l'essor de la distillerie. Dans l'article du 7 septembre 1884, consacré à l'établissement Abel Bresson et à son absinthe, Frœmer souligne son rôle avec éloge :

> *La supériorité du produit de la maison Abel Bresson tient surtout aux soins qu'elle apporte à la distillation des plantes, avec des appareils qui réalisent les derniers perfectionnements, et que nous eûmes la bonne fortune d'admirer sous la conduite éclairée de Monsieur Hudelot, le fidèle fondé de pouvoirs et collaborateur dévoué de cette maison, depuis 16 années.*

Au-delà de son expertise technique, Hudelot assume des responsabilités croissantes. Après le décès d'Abel Bresson, il devient directeur de l'établissement de Fougerolles, habilité à agir au nom de Mme veuve Bresson. Cette délégation est officialisée dans plusieurs actes notariés, notamment ceux du 18 décembre 1878[11] et du 11 février 1887[12]. Dans ces documents, Mme Bresson lui donne plein pouvoir pour « gérer et administrer toutes les affaires commerciales, et notamment la maison de commerce de kirsch, absinthe, etc. [...] établie à Fougerolles, [...] acheter et vendre toutes marchandises, passer tous marchés, tirer et accepter toutes traites [...] signer la correspondance,

---

[10] FRŒMER A., « M. Abel Bresson »..., *op. cit.*

[11] ADHS, 2E20740. Acte notarié signé par Mme veuve Bresson, 1878.

[12] ADHS, 2E20778. Acte notarié signé par Mme veuve Bresson, 1887.

retirer de la Poste ou de tous roulages et messageries les lettres, caisses, paquets et ballots [...] ».

Hudelot, homme de confiance absolue, joue vraisemblablement un rôle clé dans la formation du jeune Hubert Bresson, préparé dès son jeune âge à prendre la relève de l'entreprise familiale.

Hubert Bresson est né le 3 novembre 1863 à Luxeuil-les-Bains, chef-lieu de canton de la Haute-Saône. Fils unique issu du second mariage d'Abel Bresson avec Mademoiselle Marie Josèphe Constance Godot, il grandit dans un environnement familial marqué par le dynamisme industriel et la rigueur entrepreneuriale. Dès sa jeunesse, il est initié aux réalités de la distillation. Le journaliste Frœmer, dans son hommage posthume à Abel Bresson, témoigne de l'engagement précoce du jeune homme :

> *Ce touchant souvenir de Bresson ne vit pas seulement dans le cœur de sa veuve, ni dans celui de son fils Paul, de son fils Hubert, que nous avons eu l'heureuse fortune de rencontrer dans nos excursions, et qui travaille déjà, en attendant d'être chargé de la diriger.*

Bien que Mme Bresson conserve officiellement la propriété des établissements jusqu'à son décès en 1910, elle confie progressivement les rênes à son fils Hubert, qui s'investit pleinement dans les affaires à partir de 1889. L'année précédente marque un tournant personnel et social pour lui. Le 6 juin 1888, à l'âge de 24 ans, Hubert Bresson épouse Mademoiselle Antoinette Marie Thérèse de Montchenu, issue d'une lignée aristocratique[13].

Née le 30 juillet 1867 à Montchenu, dans la Drôme, Antoinette est la fille du marquis Scipion de Montchenu. La maison de Montchenu, l'une des plus anciennes et des plus prestigieuses de la région Rhône-Alpes, jouit d'un prestige certain, bien que sa puissance ait décliné au fil du temps. Le contrat de mariage, signé le 4 juin 1888 devant Maître Berloty, notaire à Lyon, indique que le patrimoine personnel d'Hubert Bresson à Fougerolles s'élève alors à 910.588 francs, une somme conséquente, témoignant de sa position sociale et économique.

En 1890, deux ans après leur mariage, Hubert Bresson et son épouse font ériger à Fougerolles une maison de maître à deux niveaux, inspirés de l'architecture néo-palladienne italienne, marquant leur ancrage dans la bourgeoisie industrielle locale. La naissance de leur deuxième enfant cette même année inaugure une vie familiale nombreuse : le couple aura dix enfants, cinq filles et cinq garçons. Leur train de vie reflète leur statut social, avec dès la fin du XIXe siècle un personnel domestique composé d'un valet, d'une femme de chambre et d'une cuisinière. Au début du XXe siècle, l'équipe s'étoffe avec l'arrivée d'un jardinier, d'un chauffeur et d'un responsable du chenil, tous logés au second étage de la demeure familiale.

---

[13] RIVOIRE de la BATIE, *Armorial du Dauphiné*, Lyon, Librairie ancienne d'Auguste Brun, 1867. p. 428.

FIGURE 33. Villa Bresson au début du XXe siècle

SOURCE : Cartes postales. Collection A. El Mostain

FIGURE 34. Photo familiale des dix enfants Bresson du plus jeune au plus âgé

De gauche à droite : Élisabeth Bresson (1907-1981), Paul Bresson (1902-1923), Hubert Bresson (1898-1967), Georges Bresson (1896-1979), Robert Bresson (1894-1984), Abel Bresson (1893-1964), Marie Bresson (1893-1951), Madeleine Bresson (1891-1974), Geneviève Bresson (1890-1980), Georgette Bresson (1889-1983).

FIGURE 35. Photo familiale d'Hubert Bresson avec ses cinq garçons

SOURCE : Collection A. El Mostain

Par l'union d'un savoir-faire hérité, d'un capital humain fidèle, d'un ancrage local solide et d'un mariage au sein d'une lignée aristocratique, Hubert Bresson incarne la synthèse de la tradition entrepreneuriale et de l'ambition moderne. À travers lui, l'œuvre d'Abel Bresson se prolonge avec noblesse, continuité et vigueur, dans un paysage industriel en pleine transformation.

Issu d'une lignée d'industriels enracinés à Fougerolles, Hubert Bresson incarne une figure représentative du catholicisme républicain de la fin du XIXe siècle. Son engagement politique reste relativement modeste en dehors de sa commune, mais non négligeable : il occupe la fonction de conseiller général du canton de Faucogney-et-la-Mer, dans l'arrondissement de Lure, de 1889 à 1895. Toutefois, c'est dans la sphère religieuse, économique et familiale qu'il manifeste l'essentiel de son action, aux côtés de son épouse, une femme profondément pieuse et active dans la vie paroissiale de Fougerolles.

Mme Bresson, née de Montchenu, se distingue par son dévouement exceptionnel. Respectée pour sa piété autant que pour sa générosité, elle initie en 1889 la création d'un pensionnat pour jeunes filles, dont elle finance intégralement la construction. Elle fait venir des religieuses de la Compassion, installées à Villersexel, afin d'assurer l'encadrement pédagogique de cette école libre, mise au service des familles de la commune et des alentours. Cet établissement perdure encore aujourd'hui, sous le nom d'école Saint-Joseph de Fougerolles. L'importance symbolique de cette œuvre est confirmée par une lettre rédigée par Hubert Bresson lui-même durant la Première Guerre mondiale, dans laquelle il qualifie cette école libre de « mienne », soulignant ainsi l'investissement personnel et familial dans ce projet éducatif.

La séparation de l'Église et de l'État en 1905 ne freine en rien l'engagement religieux de Mme Bresson. Bien au contraire, elle prend à sa charge les frais de fonctionnement de l'église paroissiale. Elle multiplie les dons et les gestes de soutien, assurant la pérennité du culte catholique dans une époque troublée. Elle joue également un rôle dans la vocation religieuse de Claude-Constant Flusin[14], fils de son jardinier, né dans sa propriété, qu'elle soutient matériellement et spirituellement. Ce dernier deviendra, en 1948, le plus jeune évêque de France.

Lors de la Première Guerre mondiale, l'engagement de Mme Bresson prend une tournure patriotique[15]. Elle devient présidente de la section locale

---

[14] Claude-Constant Flusin est né le 29 août 1911, à Fougerolles. Il est ordonné prêtre le 12 juillet 1937, à Besançon. Il est consacré le 28 octobre 1948, en la cathédrale Saint-Jean de Besançon, par Mgr Maurice-Louis Dubourg, archevêque de Besançon. Il participe au IIe concile œcuménique du Vatican, qui se déroule du 11 octobre 1962 au 8 décembre 1965. Il démissionne le 10 juin 1975 et se retire à la maison de retraite de Vannoz (Jura), où il meurt le 9 février 1979.

[15] Archives de l'Écomusée du Pays de la Cerise, Fougerolles. Correspondance de la famille Bresson datant du 23 octobre 1914.

de la Croix-Rouge, mettant son pensionnat à disposition pour soigner les blessés de guerre. En parallèle, elle organise la confection de vêtements pour les soldats, employant plusieurs ouvrières locales à cette tâche. Dans un contexte de pénurie, il fallut « employer les moyens les plus invraisemblables pour pouvoir gagner les communes voisines pour acheter la laine ou les matières premières nécessaires à ces confections[16] ». Son époux n'est pas en reste : il fournit aux Poudreries de l'État, chaque année, entre deux et quatre millions de litres d'alcool[17], ressource essentielle pour l'effort de guerre.

Jusqu'à la fin de sa vie, Mme Bresson reste profondément impliquée dans la vie paroissiale de Fougerolles. Son testament moral[18], rédigé à Béziers le 6 juin 1943, témoigne de cette foi inébranlable vécue au sein de la communauté et de sa famille. Dans ce testament, elle réaffirme son attachement indéfectible à l'Église catholique, à ses œuvres, et à l'éducation chrétienne des jeunes filles, qu'elle a contribué à promouvoir dès la fin du XIXe siècle. Elle y évoque notamment la fondation de l'école libre de jeunes filles de Fougerolles, confiée aux sœurs de la Compassion, qu'elle qualifie de « mission divine que Dieu, dans sa miséricorde, m'a permis de remplir ». Elle insiste sur la nécessité pour ses héritiers de poursuivre son œuvre éducative et caritative, soulignant que la fortune familiale « n'a de sens que dans la mesure où elle est mise au service du bien et de la foi ».

Dans un passage particulièrement émouvant, elle demande que des messes soient dites pour le salut de son âme et celle de son époux Hubert Bresson, mort en 1940. Elle prie pour que ses enfants restent fidèles aux enseignements reçus, et elle formule des vœux de paix, de piété et de justice dans la gestion du patrimoine familial. On y perçoit la volonté d'inscrire la fortune des Bresson non seulement dans la durée matérielle, mais dans la fidélité à un modèle moral et spirituel.

Ce testament est aussi révélateur du rôle structurant que Mme Bresson attribue à la religion dans la cohésion familiale. Elle y désigne implicitement la foi catholique comme ciment des relations entre les générations et pilier de l'engagement social de la famille. Il ne s'agit pas d'un texte de renoncement, mais d'un message de transmission, dans lequel elle exprime l'espoir que son œuvre terrestre soit poursuivie dans un esprit de continuité chrétienne.

Le contenu de ce testament, permet ainsi de mieux comprendre l'ampleur de l'engagement spirituel de Mme Bresson. Il clôt avec solennité une existence marquée par l'union du devoir religieux, de la responsabilité sociale et de la fidélité familiale.

---

[16] *Ibid.*

[17] *Ibid.*

[18] D'après une copie du testament adressée par la fille de Mme Bresson, Geneviève Bresson devenue Mme de Borde, à son amie Mme Villeminey, ancienne secrétaire des établissements Abel Bresson à Fougerolles durant les années 1930. Testament rédigé à Béziers, le 6 juin 1943.

Sur le plan économique, la famille Bresson joue également un rôle moteur dans la consolidation du tissu industriel régional. Hubert Bresson, héritier d'une fortune considérable issue de la distillation, soutient financièrement d'autres industriels locaux, à l'image d'Auguste Antoine, repreneur en 1904 de la filature de Fougerolles-le-Château auparavant détenue par un Alsacien nommé Murbach. Son petit-fils, Jacques Antoine, raconte : « Mon grand-père a également trouvé à Fougerolles un accueil tout à fait remarquable en la personne d'Hubert Bresson [...], l'a accueilli en lui disant : "Voilà quelqu'un qui vient reprendre une usine en train de tomber, je le commandite !"[19] ». Ce soutien est matérialisé par un prêt conséquent de 250.000 francs, consenti en mars 1907 selon un acte notarié, afin d'acquérir de nouvelles machines et d'achever des constructions.

La chasse, quant à elle, constitue une tradition solidement ancrée dans la famille. Abel Bresson, père d'Hubert, est un chasseur passionné qui utilise un fusil double à piston[20]. Il dispose de plusieurs domaines de chasse, équipés de chenils, à Fougerolles et dans les environs. Sa fin tragique, causée par un accident de chasse, est relatée par le journaliste A. Frœmer dans un article du 7 septembre 1884, où il écrit que « la mort vint enlever Bresson à son œuvre et à sa famille » après qu'un « cruel accident de chasse » l'eut réduit à l'impuissance physique.

Hubert Bresson perpétue cette passion familiale en étendant ses territoires cynégétiques et en allouant un budget annuel conséquent à cette activité. En 1896, les dépenses liées à la chasse s'élèvent à 5.888 francs[21], soit l'équivalent de plus de cinq années de salaire pour un contremaître dans la distillerie Abel Bresson. En outre, il partage une autre passion, plus moderne : l'automobile. Entre 1899 et 1908, 34 véhicules sont immatriculés dans le canton de Saint-Loup, dont une majorité appartient à des Fougerollais. Le premier à posséder une voiture de type Decauville est le curé Pierre Beuret, mais Hubert Bresson détient le record du plus grand nombre de changements de véhicule sur cette période, avec quatre modèles successifs[22].

Au déclenchement de la Grande Guerre, le patrimoine de la famille Bresson est déjà considérable. Dans une lettre adressée à un général de l'armée française, datée du 23 octobre 1914[23], Hubert Bresson se présente comme un « industriel propriétaire de plusieurs établissements [...] situés dans la Haute-

---

[19] PEYRE Olivier, ANTOINE Jacques, SIMON Bernard, *De l'orgueil à l'amertume*, *op. cit.*, p.114 et 122.

[20] ADHS, 2E20650. Inventaire après décès de Mme Marie Josèphe Constance Godot épouse Bresson, effectué le 23 novembre 1853.

[21] Archives privées de Claude Roussey.

[22] ADHS, 304 S 4bis, déclarations de mise en circulation et immatriculations (1899-1920).

[23] Archives de l'Écomusée du Pays de la Cerise, Fougerolles. Correspondance de la famille Bresson datant de 1914.

Saône, Côte-d'Or, Vosges et Territoire de Belfort », déclarant la nécessité de fréquents déplacements pour « la surveillance et la défense de [ses] intérêts ». Il sollicite une « carte bleue temporaire mensuelle et renouvelable » l'autorisant à circuler librement avec son véhicule dans les départements de la Côte-d'Or, du Doubs et de la Haute-Saône. Il y mentionne ses quatre sucreries en Côte-d'Or, une usine à Pontarlier, des forêts et fermes vosgiennes, ainsi que sa qualité d'administrateur des Forges de Châtenois et des Automobiles Roussel à Sochaux.

Si la fin de la guerre entraîne des pertes, notamment du fait de l'interdiction de la fabrication et de la commercialisation de l'absinthe qui affecte fortement les usines Pernod de Pontarlier et Couvet, la famille Bresson parvient à maintenir son assise économique grâce à la diversification, notamment dans le bois. En 1920, leur patrimoine s'élève à 4.215.000 francs, incluant usines, forêts, fermes et immeubles (hors valeur du fonds industriel et commercial).

Ce patrimoine continue de croître jusqu'au décès d'Hubert Bresson en 1940. L'année suivante, un inventaire établi par un expert en assurance évalue l'ensemble à 26.859.049 francs[24].La famille devient également propriétaire d'un domaine viticole dans le sud de la France, d'un château à Scey-sur-Saône, de plusieurs villas, dont la villa La Gartempe à Hyères et une autre à Saint-Tropez, baptisée Sainte-Thérèse en hommage à l'épouse d'Hubert Bresson ainsi qu'un voilier baptisé du même nom[25]. Cette dernière villa, Sainte-Thérèse, connaîtra une destinée prestigieuse : propriété du baron Empain, elle est ensuite rachetée par la famille Al Fayed et devient célèbre lorsque la princesse Diana y séjourne peu avant son décès tragique en 1997[26], inscrivant ce lieu dans l'imaginaire collectif contemporain.

FIGURE 36. Castel Sainte-Thérèse (Saint-Tropez durant les années 1930)

SOURCE : Collection A. El Mostain

[24] D'après un inventaire effectué par un expert en assurance en 1940. Archives privées de Marcel Saire (Écomusée du Pays de la Cerise, Fougerolles).

[25] D'après mon entretien avec M. Hubert Bresson, arrière-petit-fils d'Abel Bresson, et d'après des documents d'archives de l'Écomusée du Pays de la Cerise à Fougerolles.

[26] *Le Figaro*, 25 août 1997.

FIGURE 37. Photo de M. et Mme Bresson devant leur villa à Fougerolles en 1937

FIGURE 38. Photo de la famille Bresson à Fougerolles en 1937

Sur cette photo, de bas en haut et de gauche à droite :

Premier rang : (1) Henri Bresson, (2) Colette de Chassy, (3) Chantal de Borde, (4) Alain Bresson, (5) Christian Bresson, (6) Hubert Bresson, (7) Paul Bresson, (8) François de Chassy. **Second rang :** (9) Philippe Bresson, (10) Marie Bresson, (11) Georgette Bresson, (12) Mme et M. Hubert Bresson, (13) Geneviève de Borde et Gislaine de Chassy, (14) Paule et Claude Bresson. **Troisième rang :** (17) Hubert Bresson, (18) Abel Bresson, (19) Robert Bresson, (20) Georges Bresson, (21) Hubert Bresson, (22) Louise Bresson, (23) Lucienne Bresson, (24) Yvonne Bresson, (25) Sabine DE BORDE. **Quatrième rang :** (26) Charles de Borde - (27) Paul de Borde - (28) Monique de Borde - (29) Thérèse Bresson - (30) Madeleine de Borde - (31) Jacqueline de Borde - (32) Noëlle Bresson, (33) Odile Bresson, (34) Charles de Chassy, (35) Victor de Boissieu, (36) Françoise de Boissieu. **Cinquième rang :** (37) Romain Bresson, (38) Robert Bresson, (39) Jacques de Borde, (40) Bernard de Borde.

SOURCE : Archives de l'Écomusée du Pays de la Cerise, Fougerolles.

Conformément aux souhaits de leurs parents, les enfants d'Hubert Bresson s'emploient à prolonger l'œuvre familiale et à préserver l'unité des Établissements Abel Bresson. Après le décès du patriarche en 1940, l'entreprise reste entre les mains de la famille, selon une répartition des responsabilités reflétant un souci d'organisation. Robert supervise l'exploitation forestière d'Aillevillers, Abel dirige l'usine d'Ivry-Port, Paul celle de Beaucaire, tandis que Georges prend la tête du siège de Fougerolles, aux côtés de son père dans les dernières années de celui-ci.

Cependant, cette apparente unité ne résiste pas aux tensions internes. En dépit des exhortations de Mme Bresson, dont les vœux testamentaires incitaient ses enfants à préserver l'harmonie et la stabilité de l'œuvre familiale, des dissensions profondes apparaissent rapidement entre les frères. Un différend concernant la gouvernance de la société éclate, mettant en lumière des divergences sur les modalités de gestion et sur la répartition des pouvoirs.

Ce climat conflictuel transparaît dans une note adressée aux actionnaires par Georges Bresson[27], dans laquelle il répond aux critiques formulées par son frère Hubert. Ce document, empreint à la fois de fermeté et de lassitude, révèle un désaccord latent sur la structuration de la direction de l'entreprise. Georges y souligne le fonctionnement particulier de la société depuis plusieurs années, dirigée par un conseil d'administration qualifié par lui de « Honoris Causa », c'est-à-dire un organe collégial dépourvu de rémunérations et dont il fait lui-même partie. Il rejette fermement la proposition d'Hubert visant à instituer une direction pluraliste, estimant qu'une telle configuration introduirait une « dualité de commandement » nuisible à l'efficacité de l'entreprise.

Il développe son argumentation en insistant sur les contraintes géographiques et pratiques qu'implique la nomination de plusieurs gérants répartis dans des localités éloignées :

> *Si tous habitaient la même localité, cette nomination de plusieurs gérants serait recommandable, mais en résidant aux antipodes, et en décrétant que toutes ou certaines transactions doivent être revêtues de 2 ou plusieurs signatures, des affaires intéressantes pourront échapper.*

La note se conclut par une interpellation directe des actionnaires, appelés à trancher :

> *Je vous prie donc de me faire savoir dès que possible ce que vous décidez pour les temps présents. Désirez-vous un ou plusieurs gérants ? S'il y a majorité de la pluralité, combien en voulez-vous et qui voulez-vous entre Abel, Robert, Georges, Hubert et Charles de Chassy ?*

Ce document, précieux témoignage des tensions internes, révèle à quel point la direction collégiale, souhaitée dans l'esprit de partage et de fidélité familiale, se heurte aux réalités divergentes des personnalités, des ambitions

---

[27] Archives de l'Écomusée du Pays de la Cerise, Fougerolles. Correspondance familiale non datée (1941-1942 ?)

et des conceptions managériales. À la disparition de M. Hubert Bresson, véritable figure fédératrice, la structure familiale ne parvient plus à assurer un leadership fort et consensuel. L'absence de figure d'autorité capable de rassembler les différentes branches de la famille et de coordonner les multiples activités industrielles et commerciales fragilise la gouvernance de l'entreprise. La cohésion entre les héritiers s'effrite, compromettant la survie même de l'unité patrimoniale construite avec tant d'efforts par Abel, puis Hubert Bresson.

Ainsi, les Établissements Abel Bresson, longtemps symbole d'une réussite familiale fondée sur l'alliance du travail, de la foi et de l'unité, semblent, à l'orée des années 1940, menacés par une désorganisation interne que la seule piété filiale ne suffit plus à contenir. Le destin de l'entreprise bascule alors dans une nouvelle époque, marquée par l'incertitude, les rivalités familiales et la fin d'une gouvernance patriarcale.

5.1.3. De la société de personnes à la société de capitaux

Du négoce à la firme industrielle

Abel Bresson est unanimement reconnu comme le pionnier de la distillation industrielle à Fougerolles. En 1884, un article de presse le désigne d'ailleurs comme le « Fondateur de la fabrication de l'absinthe et de la rectification des alcools dans le département de l'Est[28] ». À la différence des autres distillateurs de son époque, il ne provient pas du monde agricole. Son implantation à Fougerolles est liée à son association avec un natif de la région, Charles Roblin. Cette collaboration donne naissance, le 7 juillet 1839, à une société en nom collectif baptisée « Commerce Bresson et Roblin[29] », réunissant Abel Bresson, alors domicilié à Chameroy (Haute-Marne), et Charles Roblin, demeurant à Fougerolles (Haute-Saône). Le capital social s'élève à 40.000 francs et la durée fixée à neuf années. L'objet de la société est le commerce du kirsch, avec un siège social établi à Fougerolles.

Les travaux de Paul Simon[30] apportent un éclairage précieux sur les débuts de cette association. Il décrit Abel Bresson comme un jeune homme peu fortuné, ne disposant que de quelques milliers de francs. Pour renforcer sa capacité d'investissement, il s'allie à Charles Roblin, qui habite la commune. Ensemble, ils font ériger une maison d'habitation, une petite distillerie et quelques bâtiments de stockage. Dès 1840, leur activité commerciale débute modestement. Ils achètent des cerises pour les distiller, récupèrent les stocks d'eau-de-vie chez les propriétaires locaux ainsi que le marc de raisin auprès des vignerons de la vallée de la Mance. Les produits sont ensuite vendus à

---

[28] FRŒMER A., « M. Abel Bresson »..., *op. cit.*

[29] ADHS, 3U2851. Acte commercial notarié signé par Abel Bresson et son associé, Charles Roblin, le 7 juillet 1839.

[30] Ancien instituteur à Fougerolles qui fut un historien local et détenteur du prix d'histoire Amédée Richardet décerné par l'Académie de Besançon en 1962.

l'extérieur[31]. Toutefois, après quelques années de collaboration, Roblin quitte l'association pour fonder sa propre distillerie. Il est rapidement suivi par d'autres entrepreneurs locaux : Isidore Saguin, Pierre Aubry, les frères Barret, Beaudemont, Grandjean et Maire. Parallèlement, émergent des commerçants sans distillerie propre, qui revendent les produits fabriqués à Fougerolles, les fameux « distillateurs en chambre », ainsi que des marchands ambulants qui parcourent les régions limitrophes pour vendre le kirsch et autres spiritueux à la clientèle locale.

Outre l'acte fondateur de 1839, un second document notarié, daté du 24 mai 1843 et conservé dans l'étude de Maître Pierre Antoine Siméon Levain à Fougerolles (acte n° 719)[32], illustre les interactions commerciales entre Bresson, Roblin et les cultivateurs du cru. Dans cette quittance, les deux négociants reconnaissent une dette de 400 francs due par Amé Claudon, agriculteur à Corbenay, pour une livraison de cerises destinées à la distillation.

L'impact de cette première association, puis de l'action individuelle d'Abel Bresson, transforme profondément le tissu économique de Fougerolles. Le bourg, jusque-là ancré dans une économie essentiellement agricole, voit naître une activité artisanale et préindustrielle autour de la distillation. À la faveur de cette dynamique, d'autres activités complémentaires se développent : tonnellerie, vannerie, transport. Avec Abel Bresson, la distillation accède au statut d'industrie à part entière.

Le 17 janvier 1843 marque le début officiel des investissements d'Abel Bresson à Fougerolles. Un acte notarié passé chez Maître Levain (n° 537) fait état de l'achat d'un terrain de huit ares dans un pré appelé « le clos du village », pour la somme de 560 francs. Ce terrain pourrait avoir accueilli la première maison de Bresson, comme en témoignent à la fois son contrat de mariage du 7 mai 1845[33], dans lequel il est question d'une maison avec dépendances estimées à 16.000 francs, et plusieurs documents cadastraux consultés[34].

Dès les premières années de son activité, Abel Bresson se distingue par sa capacité à intégrer les innovations techniques. Animé d'une curiosité constante pour les progrès techniques, il est parmi les premiers à adopter la distillation à la vapeur, technologie encore peu répandue à Fougerolles au milieu du XIXe siècle. Cette volonté de moderniser les procédés se traduit rapidement par une diversification de sa production et par un équipement avancé dans chacun de ses établissements, un implanté à Fougerolles et deux autres en Côte-d'Or.

---

[31] Ce petit commerce apporte une aisance relative à la localité, en ce sens que les habitants écoulent plus facilement leurs fruits et leurs produits.

[32] ADHS, 2E20634. Acte commercial notarié signé entre MM. Roblin & Bresson et Amé Claudon de Corbenay, le 24 mai 1843.

[33] ADHS, 2E21092. Contrat de mariage entre M. Abel Bresson et Mademoiselle Marie Josèphe Constance Godot (7 mai 1845).

[34] ADHS, 3P913. Registre des cadastres à Fougerolles 1829-1880, folio 2305.

Dès 1848, il dote sa distillerie fougerollaise d'une première chaudière à vapeur, l'une des toutes premières installées dans cette commune pour ce type d'activité. Cette installation marque un tournant dans la production locale, jusque-là dominée par des méthodes plus traditionnelles. Conscient des avantages en termes de rendement, de régularité et de qualité, Abel Bresson engage, au fil des années, un programme régulier de modernisation. Entre 1856 et 1863, trois nouvelles chaudières à vapeur sont installées à Fougerolles[35], chacune adaptée aux besoins croissants de l'entreprise. Parallèlement, ses établissements de Dijon bénéficient du même type d'équipement, témoignant d'une homogénéité technologique au sein du groupe.

La première de ces chaudières, mise en place en 1856, est de marque Egrot (Paris). Elle se distingue par ses six serpentins en cuivre intégrés dans quatre alambics, permettant la distillation tant du kirsch que de l'absinthe, produits phares de la maison. Elle alimente également deux rectificateurs d'une capacité de 3/6. Son exploitation est officiellement autorisée par un arrêté préfectoral daté du 18 avril 1855, confirmant la conformité de l'installation aux exigences réglementaires.

Quatre ans plus tard, en 1860, une nouvelle chaudière de marque Chevalier (Lyon), d'une puissance de 12 chevaux, vient compléter le dispositif. Elle permet de faire fonctionner simultanément trois alambics et deux rectificateurs supplémentaires[36], augmentant considérablement la capacité de production. L'installation de cet équipement résulte directement d'une démarche proactive d'Abel Bresson. Constatant la limite du générateur initial de 5 chevaux, il adresse une pétition aux autorités compétentes. Le rapport d'un ingénieur confirme l'insuffisance du dispositif en place et valide la nécessité d'un générateur plus puissant.

La chaudière Chevalier de 12 chevaux, fonctionnant au charbon et sous une pression de 5 atmosphères, avait d'abord été utilisée à Dijon avant d'être rachetée par Abel Bresson pour ses installations fougerollaises. Cette acquisition est officialisée par un arrêté préfectoral en date du 30 juin 1860, soulignant une fois de plus le respect scrupuleux des procédures administratives par l'entrepreneur.

Cette dynamique d'innovation ne s'interrompt pas avec Abel Bresson. Son fils, Hubert, reprend le flambeau et poursuit l'équipement en chaudières à vapeur. En 1909 puis en 1942, il installe deux nouvelles unités de marque Scheidecker et Kohl (Lure, Haute-Saône), consolidant la tradition familiale d'adaptation aux avancées technologiques. Ainsi, sur près d'un siècle, les distilleries Bresson se maintiennent à la pointe des techniques de distillation, affirmant leur position de leader dans le paysage industriel fougerollais et régional.

---

[35] ADHS, 303S6. Déclarations d'appareils à vapeur à Fougerolles (1855-1862).
[36] *Ibid.*

L'innovation ne réside pas seulement dans la distillation, mais aussi dans la rectification des alcools, domaine dans lequel Abel Bresson est un pionnier en Haute-Saône. Il traite notamment l'alcool de betterave et de vin, matières essentielles dans le processus de macération de l'absinthe. En se dotant de sa propre unité de rectification, il devient indépendant vis-à-vis des fournisseurs extérieurs et parvient à alimenter d'autres distilleries de la région. À Fougerolles. L'Établissement Lemercier Frères le rejoindra, mais seulement à partir de 1895[37].

Le procédé utilisé repose sur la distillation continue[38], et Abel Bresson se distingue par son usage des systèmes Egrot (d'abord à Fougerolles) puis Savalle (installé en Côte-d'Or[39]). Ces deux procédés sont les plus avancés de leur époque. En 1863, il obtient une nouvelle autorisation pour installer deux chaudières Jourdhui, remplaçant celles de 1856. Son fils Hubert poursuivra cette logique d'équipement, notamment avec deux nouvelles installations en 1909 et 1942.

À la mort d'Abel Bresson en 1878, la valeur estimée des équipements de sa distillerie à Fougerolles atteint presque 26.500 francs[40]. Ce patrimoine industriel comprend des alambics, des chaudières à vapeur, des machines à vapeur, des colorateurs, des pompes d'alimentation et divers accessoires, décrits plus en détail dans la partie III, chapitre 6, consacré aux stratégies de croissance des entreprises familiales.

Abel Bresson lègue ainsi à ses enfants, Paul et Hubert, une entreprise prospère, disposant d'un outil industriel performant, fruit d'une combinaison entre progrès technique, adaptation aux marchés et sens des affaires. En attendant que le cadet, Hubert, atteigne l'âge requis pour prendre la tête de la société, la gestion est assurée par la veuve Bresson, assistée de Paul, son beau-fils, jusqu'au décès de ce dernier en 1887, ainsi que par Gaspard Hudelot, employé de confiance. Cette transition permet à Hubert, alors âgé de 15 ans, de se former sereinement avant de reprendre officiellement la direction de l'entreprise à l'âge de 25 ans, peu après son mariage avec Mademoiselle Antoinette Marie Thérèse de Montchenu, issue de la noblesse drômoise.

Consolidation, crises et reprises

Dès 1889, Hubert Bresson prend une part active à la direction des affaires industrielles et commerciales de sa famille. Il formalise alors juridiquement l'existence des Établissements Bresson en Côte-d'Or, conférant à cette structure familiale une reconnaissance légale adaptée à ses ambitions croissantes. Dans une logique de sécurisation de l'approvisionnement en matières premières, notamment en alcool neutre indispensable à la fabrication

---

[37] ADHS, 5K207. Subventions industrielles, canal, source, fabrique (1841-1927).

[38] Surtout pour la fabrication des alcools de type trois-six (3/6).

[39] D'après l'inventaire après décès d'Abel Bresson effectué à Dijon en 1878 (Archives privées de Claude Roussey).

[40] ADHS, 2E20742, inventaire après le décès d'Abel Bresson en 1878.

des liqueurs, les Bresson, d'abord Abel puis son fils Hubert, adoptent une stratégie d'intégration verticale. Plutôt que de dépendre de fournisseurs tiers, ils investissent dans leurs propres unités de production d'alcool.

Cette politique se traduit par la création de deux premières distilleries à Dijon[41] puis à Genlis, dans le département de la Côte-d'Or. Ces unités sont spécialisées dans la transformation de la betterave en alcool neutre. Une partie de cette production est commercialisée auprès de grossistes, négociants et distillateurs, tandis que l'autre est directement destinée aux ateliers de Fougerolles, où elle est utilisée comme base dans les processus de macération et d'élaboration de boissons alcoolisées, notamment l'absinthe et diverses liqueurs.

Face au succès rencontré par ces premières installations, deux autres distilleries sont établies à proximité de Dijon : l'une à Bretennières, l'autre à Longeault. Ces quatre unités sont rapidement organisées sous forme de sociétés en nom collectif (SNC), forme juridique privilégiée pour encadrer l'expansion des activités. Ainsi, la distillerie de Dijon, déjà existante, intègre celle de Bretennières au sein d'une première SNC. Une seconde société, baptisée « Abel Bresson[42] », voit le jour en 1888, avec pour objet l'exploitation d'une distillerie de betteraves et une activité de rectification des alcools à Genlis. Le siège social en est logiquement fixé dans cette même localité. Enfin, en 1891, est créée une troisième société en nom collectif, « Hubert Bresson et Cie[43] », chargée d'exploiter la distillerie de Longeault. Son siège social est quant à lui établi à Fougerolles, témoignant du lien persistant entre les racines familiales et les nouvelles extensions industrielles.

Parmi les sites fondés, seule la distillerie de Dijon poursuit son activité après la crise de 1929 ; les trois autres cessent leur production à la fin des années 1920, frappées par le ralentissement économique. Leur implantation n'en demeure pas moins stratégique : en bordure du canal de Bourgogne et de la ligne ferroviaire Dijon-Belfort, ces unités profitent d'une excellente accessibilité. Cette localisation facilite les échanges intragroupe et élargit les débouchés commerciaux. Le site de Genlis bénéficie notamment de sa proximité (20 km) avec le port de Saint-Jean-de-Losne, carrefour fluvial majeur connecté à la Saône, au Rhône, au canal de Bourgogne et au canal Rhin-Rhône, ouvrant ainsi vers le bassin méditerranéen et l'Europe du Nord.

---

[41] NOIROT Louis (Docteur 1814-1882) « Exposé des travaux des conseils d'hygiène publique et de salubrité du département de la Côte-d'Or, de 1860 à 1866 », Dijon, Lamarche, BNF, Collection numérisée, p. 69-70 : l'activité de la distillerie Abel Bresson à Dijon est mentionnée dans un rapport datant de 1863 et émanant du service d'hygiène de Dijon : Plaintes contre la distillerie Bresson (Conseil d'hygiène de Dijon, 30 mars 1863).

[42] ADHS, 2E20784. Acte de société n° 1724 du 28 juillet 1888, société commerciale « Abel Bresson » à Bretennières en Côte d'Or.

[43] ADHS, 2E20797. Acte de société n° 2947 du 10 juin 1891.

Dans la continuité de cette dynamique industrielle, Hubert Bresson engage, dès les premières années du XXe siècle, une nouvelle phase d'expansion fondée sur l'ouverture de succursales et d'entrepôts. Deux usines voient ainsi le jour en 1905 : l'une à Ivry-Port, en région parisienne, et l'autre à Beaucaire[44], dans le département du Gard. Cette présence dans le sud de la France permet de se rapprocher des marchés méditerranéens. Dans le même temps, un important entrepôt est ouvert à Oran, en Algérie, en 1911. Cette implantation hors métropole témoigne des ambitions coloniales et internationales de la maison Bresson.

Dans un contexte de recomposition du marché des spiritueux, Hubert Bresson saisit une opportunité majeure en 1912 : profitant de l'interdiction de l'absinthe en Suisse deux ans plus tôt, il rachète l'une des grandes maisons européennes de fabrication d'alcools de bouche, la société Édouard Pernod. Cet investissement constitue un coup stratégique pour asseoir la position des Établissements Abel Bresson à l'échelle internationale.

Avant son rachat, l'entreprise Édouard Pernod avait déjà opéré sa mutation. Héritier du fondateur, son fils Édouard (du même prénom) avait donné à l'entreprise un nouvel élan en élargissant son activité à l'ensemble des spiritueux, y compris les liqueurs. En 1897, il fonde une succursale à Pontarlier, au cœur du pays de l'absinthe, et transforme sa société en Société Anonyme (SA), signe d'une structuration capitalistique avancée. À son décès, ses successeurs cherchent à vendre les actifs de l'entreprise. En 1912, Hubert Bresson accepte d'en reprendre les installations situées à Pontarlier, ainsi qu'à Couvet en Suisse, ainsi que l'ensemble des marques attachées à la production de spiritueux : absinthe Édouard Pernod, kirsch et liqueurs. En revanche, il refuse de reprendre les activités relatives à l'alimentation et au vin basées à Couvet.

Cet achat déclenche une longue bataille juridique, opposant Hubert Bresson à d'autres membres de la famille Pernod. Ces derniers souhaitent conserver l'usage de la marque « Pernod », devenue emblématique. Le conflit judiciaire s'étire sur plusieurs décennies, et ce n'est qu'en 1942 qu'une tentative de règlement amiable est formulée. Le groupe Établissements Pernod propose alors un accord aux Établissements Abel Bresson : ils leur céderaient l'usage exclusif de la marque « Pernod Export » en échange de l'abandon de la marque « Félix Pernod », utilisée par les Bresson, afin de clarifier le paysage commercial et d'éliminer les homonymes. Cette rivalité, emblématique des tensions entre anciens et nouveaux héritiers d'une dynastie industrielle, sera examinée plus en détail dans un chapitre ultérieur.

[44] Ancienne savonnerie abandonnée, acquise et transformée par Hubert Bresson en une usine contenant plusieurs bâtiments servant à la fabrication de l'absinthe jusqu'en 1915. Après l'interdiction de l'absinthe en 1915, les locaux servent à l'embouteillage de liqueurs, apéritifs et sirops.

FIGURE 39. Recto d'un buvard expliquant l'implantation de la société anonyme des Établissements Édouard Pernod

La Maison **EDOUARD PERNOD** a été fondée en 1827, elle est la plus ancienne, la plus importante, la seule de ce nom fabriquant de l'Absinthe en Suisse, et actuellement la seule dirigée **EFFECTIVEMENT** par **M. ÉDOUARD PERNOD**.

Après avoir obtenu les plus grands succès dans tous les pays du monde où elle tient incontestablement le premier rang, grâce à sa **QUALITÉ SUPÉRIEURE** elle désire conquérir le marché français et pour cela a créé en 1897, à **PONTARLIER**, une usine modèle (reliée à la gare par un embranchement particulier), d'où elle livre en France et dans ses colonies un **PRODUIT IRRÉPROCHABLE**, fabriqué exclusivement avec de l'alcool pur vin : en un mot de **L'ABSINTHE PERNOD AUTHENTIQUE**.

Nous avons la certitude que notre produit sera apprécié par tous les connaisseurs et ne tardera pas à conquérir en France le rang incontesté qu'il occupe légitimement dans les différents pays du monde.

SOCIÉTÉ ANONYME DES ÉTABLISSEMENTS ÉDOUARD PERNOD

Exigez le nom correctement écrit.

FIGURE 40. Carte publicitaire Édouard Pernod 1912

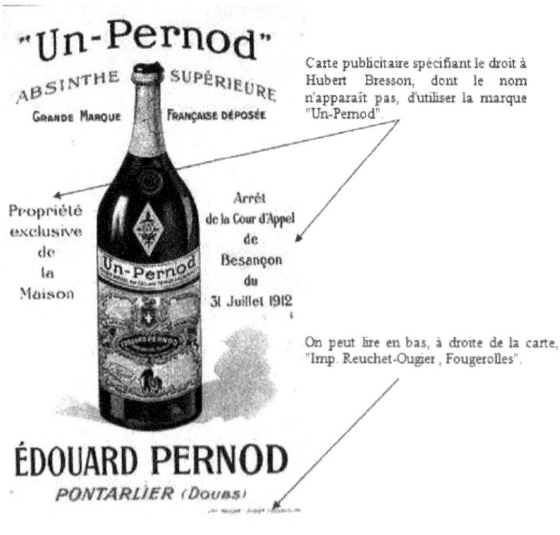

SOURCE : Collection M-C. Delahaye, Musée de l'Absinthe, Auvers-sur-Oise.

De la SNC à la société anonyme, des débuts difficiles mais prometteurs

Le 3 février 1920, par acte sous seing privé, sont établis les statuts de la Société Anonyme dénommée « Établissements Abel Bresson », marquant une étape décisive dans l'évolution juridique et industrielle d'une entreprise familiale solidement enracinée à Fougerolles. Le capital social initial, fixé à 5.800.000 francs, est réparti en 1.160 actions de 5.000 francs chacune. L'essentiel de ces titres, 1.120 actions, revient à Hubert Bresson, fils du fondateur et principal apporteur, en contrepartie de ses biens industriels et commerciaux. Les 40 actions restantes sont réparties entre ses huit enfants[45], scellant ainsi le caractère résolument familial de cette nouvelle entité juridique.

Cette répartition témoigne à la fois de la volonté d'assurer la pérennité patrimoniale et de structurer l'entreprise autour d'un capital stable et familial. Les ayants droit sont les suivants : Abel Bresson (distillateur à Fougerolles), Robert et Georges Bresson (industriels à Aillevillers et Fougerolles), Hubert Bresson (junior, également industriel à Fougerolles), Marie Bresson (célibataire domiciliée à Fougerolles), ainsi que ses sœurs mariées : Georgette, épouse de Paul de Borde à Aillevillers ; Geneviève, épouse de Charles de Borde au château de Borde (Cluny, Saône-et-Loire) ; et Madeleine, mariée au comte Pierre de Vendegres au château de Lorval (Selvigny, Nord).

Le Siège social de la société est à Fougerolles qui reste le centre symbolique de cette aventure industrielle, mais la structure comprend également plusieurs établissements secondaires d'importance, témoins de l'ambition géographique de la maison. À Ivry-Port (Seine), Beaucaire (Gard) et Oran (Algérie), la société installe des unités de production et de stockage liées aux vins et alcools. Pour l'activité bois, des installations sont établies à Aillevillers et Scey-sur-Saône (Haute-Saône), illustrant la diversification sectorielle du groupe.

La constitution de la société repose sur une mise en commun de l'ensemble du patrimoine industriel et foncier de la famille Bresson. Ce patrimoine exceptionnel se compose d'unités de production, de forêts, de domaines agricoles et de bâtiments d'exploitation répartis sur plusieurs départements de métropole et au-delà.

À Fougerolles, le cœur historique de l'entreprise, on trouve deux maisons de maître, l'une réservée à la famille, l'autre aux domestiques, ainsi qu'une distillerie complète : ateliers de tonnellerie, entrepôts, bureaux, hangars, garages, remises, vacherie, chenil, potager et parc paysager.

À Ivry-Port, la société dispose d'une vaste usine incluant une distillerie rue Franklin, des magasins, des bureaux, des installations techniques, des quais et une cour, le tout sur une surface de 4.395m². À Beaucaire, une distillerie s'étend sur plus d'un hectare dans le quartier des Moulins, au bord du canal.

[45] Il manque deux enfants qui sont mineurs, il s'agit de Paul et d'Élisabeth.

A Oran, un entrepôt est installé dans le faubourg Saint-Eugène. Il s'agit d'un ensemble immobilier de 1.108 m² comprenant magasins, caves, logements, remises et écuries. En Haute-Saône, la société possède également une scierie à Aillevillers, dotée de quatre bâtiments, d'une roue à eau, de terrains attenants et d'un logement ouvrier, sur une superficie totale de près de trois hectares.

Le patrimoine forestier de l'entreprise est également remarquable. Il comprend notamment la forêt de Poiremont (près d'Aillevillers), s'étendant sur 310,5 hectares et dotée d'un chenil ; la forêt de Lyaumont (393,5 hectares) avec ses étangs et carrières ; et le prestigieux domaine de Scey-sur-Saône (135,5 hectares dont 93 hectares boisés), comprenant un château, des écuries, des pavillons de gardes, des jardins, vergers, prairies et pâturages bordant la Saône. À ce domaine s'ajoutent 555 hectares de bois répartis sur plusieurs parcelles.

La diversification géographique et sectorielle s'étend jusqu'aux Vosges : une forêt de 70,71 hectares à Seroux (Destord) avec un pré attenant, ainsi qu'un vaste domaine agricole et sylvicole de 68 hectares aux Hauts-Champs et à la Campagne, réparti sur les communes de Padoux, Sercœur et Villoncourt, comprenant une grande ferme, des terres et des plantations forestières.

GRAPHIQUE 21. Répartition de l'origine du capital social en 1920

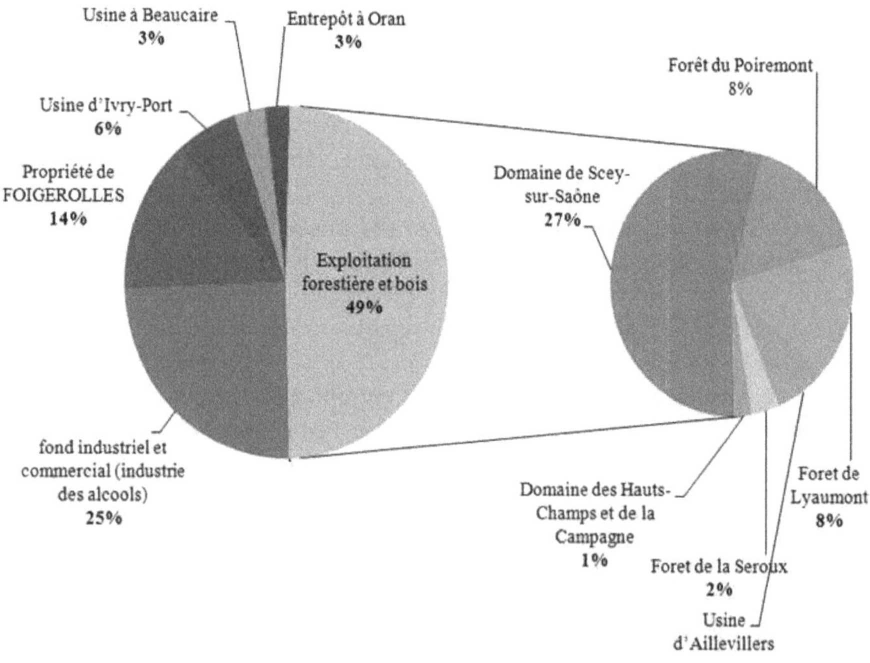

SOURCE : D'après les statuts de création de la société anonyme Abel Bresson en 1920. Archives de l'Écomusée du Pays de la Cerise, Fougerolles.

La correspondance familiale révèle aussi l'usage récréatif de ces propriétés. Dans une lettre adressée à un certain M. Krebs[46], détenteur d'un droit de chasse dans le domaine de Scey-sur-Saône, Hubert Bresson explique qu'il a surpayé la propriété dans l'objectif d'y créer une chasse privée pour ses enfants après la guerre. Il demande explicitement à M. Krebs de ne plus exercer ce droit, évoquant la perspective d'introduire du gibier à l'automne ou au printemps suivant.

Quelques mois après la création de la société anonyme, une importante opération de croissance externe marque une nouvelle étape dans le développement des Établissements Abel Bresson. Hubert Bresson procède à l'acquisition, au nom de la société, de la maison « Nugue-Richard et Cie », spécialisée dans la fabrication de vermouths, d'apéritifs et de vins de liqueur. Fondée au début du XIXe siècle à Lyon, cette entreprise est transférée en 1844 à Béziers, alors au cœur de la grande production vinicole du Midi. Elle y connaît un essor remarquable, devenant le leader national dans le domaine du vermouth. L'industriel biterrois Gaston Herrisson-Saint-Sernin, alors propriétaire de la société, accepte d'en céder l'ensemble, immeubles, fonds de commerce, marques, procédés et formules, en l'apportant au capital des Établissements Abel Bresson. En contrepartie, il reçoit 240 actions d'une valeur unitaire de 5.000 francs, soit un total de 1.200.000 francs. Cette opération stratégique porte le capital social de la société à 7.000.000 francs, renforçant sa position dans le secteur des boissons alcoolisées.

En 1922, une seconde acquisition stratégique est réalisée avec le rachat de la maison Junod, installée à Pontarlier et fondée en 1838 par le grand-père d'Auguste Junod, aviateur et dernier propriétaire de la firme. Cette enseigne historique, reconnue dans la région pour la qualité de ses absinthes et de ses spiritueux, renforce l'ancrage de la société dans la tradition liquoriste comtoise.

À partir de 1927, la société transfère son siège social à Béziers, au sein même des anciens locaux de Nugue-Richard, tandis que l'usine de Fougerolles, désormais secondaire, conserve son rôle patrimonial et symbolique en tant que lieu de résidence familiale.

Grâce à ces acquisitions successives, les Établissements Abel Bresson renforcent leur position sur le marché national, tout en adoptant une stratégie offensive à l'international. L'entreprise vise tout particulièrement le marché américain, à une époque où la prohibition touche à sa fin et où la consommation de spiritueux redémarre. Les marques Édouard Pernod, Nugue-Richard et Junod deviennent les fers de lance d'une politique commerciale ambitieuse poursuivie jusqu'à la fin des années 1930.

Un tournant s'opère toutefois à l'approche de la Seconde Guerre mondiale. En 1939, la société modifie sa stratégie en se détournant des alcools forts au

[46] Archives de l'Écomusée du Pays de la Cerise, Fougerolles. Lettre (non datée) envoyée par Hubert Bresson à M. Krebs garde du Château de Scey sur Saône.

profit des vins et sirops. Ce repositionnement se concrétise avec l'acquisition du groupe Baron-Berton, comprenant une société en nom collectif basée à Lyon et une SARL à Beaucaire, détentrice d'un important portefeuille de marques. Peu après, la société se dote d'un domaine viticole dans le Narbonnais : le domaine de Jonquières, consolidant ainsi sa reconversion vers le secteur viticole.

L'évolution du capital social au fil des années témoigne des mutations successives, de l'ambition croissante, mais aussi des ajustements imposés par le contexte économique et réglementaire.

TABLEAU 7. Évolution du capital social des Établissements Abel Bresson (1920-1942)

Mars 1920	5 800 000	Création de la SA
Avril 1921	7 000 000	Apport-acquisition de la société "NUGUE RICHARS Cie"
1923	5 000 000	L'activité économique est déficitaire
1935	5 100 000	Apport-fusion avec la société Félix PERNOD
1942	20 400 000	Incorporation de réserves

SOURCE : D'après les rapports des conseils d'administration de la société Abel Bresson entre 1920 et 1942. Archives départementales de la Haute-Saône, Vesoul et de l'Écomusée du Pays de la Cerise, Fougerolles.

L'après-guerre introduit une tentative de changement statutaire. En 1946, les dirigeants envisagent de transformer la société anonyme en société à responsabilité limitée (SARL). Dans une lettre adressée aux actionnaires[47], Georges Bresson, désormais directeur général, justifie cette démarche par le souhait d'échapper aux nouvelles obligations découlant de la loi du 16 mai 1946, imposant la création de comités d'entreprise dans toutes les sociétés anonymes employant plus de 50 salariés. Ces comités, incluant des représentants des salariés, obtiennent un droit de regard sur la gestion. Georges Bresson y voit une forme d'« inquisition » et « le premier pas de la mainmise du prolétariat sur les sociétés anonymes », selon ses propres termes. Il précise que de telles obligations ne s'appliquent pas aux SARL et recommande donc une transformation rapide, avant que d'éventuelles restrictions légales ne l'empêchent.

Cependant, le projet échoue. L'absence d'unanimité parmi les actionnaires et la portée étendue de la loi, qui concerne toutes les entreprises de plus de 50 salariés, quel que soit leur statut, rendent l'opération sans effet réel.

Ainsi s'achève, en 1946, cette période de croissance et de consolidation qui vit la société des Établissements Abel Bresson passer du rang d'entreprise

---

47 ADHS, 121J11. Constitution de l'affaire. Correspondance de la famille Bresson datant du 19 novembre 1946.

locale à celui d'un groupe industriel structuré et diversifié, confronté désormais aux réalités nouvelles de l'après-guerre.

Après avoir étudié la société Abel Bresson, nous allons à présent nous pencher sur l'Établissement Lemercier Frères, dont le développement s'est inscrit dans le sillage de la firme Abel Bresson.

5.2. L'Établissement Lemercier Frères, une industrie qui se voyait grande

5.2.1. Des agriculteurs devenus entrepreneurs

Avant le tournant du XIXe siècle, la famille Lemercier figure parmi les exploitants agricoles les plus notables du hameau du Grand-Fahys, situé sur la commune de Fougerolles. Agriculteurs de métier, ils disposent également de nombreux vergers, ce qui les conduit naturellement à produire du kirsch et de l'eau-de-vie de prune. Leur activité, d'abord limitée à une consommation domestique, connaît progressivement une expansion telle que la production excède largement les besoins familiaux. Les Lemercier se professionnalisent alors dans la distillation, amorçant une transition de l'agriculture vers une activité artisanale, bientôt industrielle.

Parmi les premières preuves tangibles de cette évolution, les archives conservent la trace d'une licence de distillateur accordée à Desle Nicolas Lemercier, domicilié au Grand Fahys et désigné comme propriétaire et distillateur, en application de l'article LXXVI de la loi du 5 Ventôse an XII. Cette autorisation légale inscrit pleinement la famille Lemercier dans le cadre réglementaire d'une distillation reconnue, bien que le marché local du kirsch reste alors limité : dans une région où chaque foyer paysan distille sa propre eau-de-vie, écouler un surplus semble un défi et un pari risqué.

L'inventaire après décès de Desle Nicolas Lemercier, établi par Maître Levain, notaire à Fougerolles, le 15 juillet 1820, suite au décès survenu le 20 juin de la même année[48], offre une précieuse photographie du patrimoine familial. On y recense deux prés, un champ, plusieurs immeubles, du mobilier, un alambic monté sur trépied, un certain nombre de bôts (bouteilles locales) contenant du kirsch, ainsi qu'un stock de 18 hectolitres de cerises, conservées sous des fougères dans un grenier en bois, prêtes à être distillées.

C'est vers 1830 que Jean Nicolas Lemercier, fils de Desle Nicolas, amorce une stratégie commerciale novatrice pour l'époque : il organise des convois de bonbonnes et de barriques de kirsch qu'il descend en Bourgogne afin de les troquer contre du vin[49]. Il remonte ensuite ce vin à Fougerolles pour le vendre, initiant ainsi une nouvelle activité de négoce. Par ce biais, il diversifie l'activité familiale, cumulant les fonctions de distillateur et de négociant en

---

48 ADHS, 2E20602, inventaire après le décès de M. Desle Nicolas Lemercier.

49 G., « Une grande distillerie à Fougerolles », *Le Panthéon de l'industrie*, n° 842, août 1891, p. 234-235.

vin. Ce double ancrage sera l'une des constantes de l'entreprise Lemercier, qui prolongera jusqu'à aujourd'hui cette tradition du commerce du vin.

À la mort de Jean Nicolas Lemercier en 1857, son épouse Marie-Barbe Lemercier reprend la direction de l'affaire familiale, épaulée par ses enfants encore mineurs, dont deux fils : Constant-Isidore, alors âgé de 15 ans, et Joseph-Isidore, 11 ans. En 1866, ces deux frères donnent une forme juridique à l'activité en créant une société en nom collectif sous la raison sociale « Lemercier Frères »[50], officialisant ainsi les deux piliers de l'entreprise : la distillation du kirsch et le négoce de vins.

Mais rapidement, les locaux du Grand-Fahys deviennent trop étroits pour une entreprise en pleine croissance. En 1880, Constant-Isidore et Joseph-Isidore font l'acquisition de terrains situés juste en face de la gare de Fougerolles, dont la construction s'inscrit dans la nouvelle ligne ferroviaire reliant Aillevillers (Haute-Saône) à Faymont (Vosges), inaugurée en 1881. Visionnaires, les deux frères perçoivent immédiatement les potentialités offertes par le chemin de fer, seul mode de transport efficace pour livrer à longue distance. Ils lancent donc la construction d'un vaste bâtiment rue de la Gare, destiné à abriter une distillerie moderne, équipée de la nouvelle technologie de distillation à vapeur, adaptée notamment à la fabrication d'absinthe. Les travaux débutés en 1881 s'achèvent en 1884. Comme le veut la pratique des nouveaux industriels issus du monde rural, les deux frères s'installent dans les locaux mêmes de la distillerie, signe de leur enracinement dans l'outil de production.

À l'instar d'Hubert Bresson, figure emblématique de l'industrialisation fougerollaise, les Lemercier entament une ascension sociale qui se traduit aussi dans leur lieu de vie. Dans les premières années du XXe siècle, après la disparition d'un des deux associés, une seconde demeure, plus vaste, est édifiée : une maison de maître destinée à héberger l'associé survivant, sa famille et le personnel de maison. Catholiques républicains, les Lemercier s'impliquent activement dans la vie paroissiale : ils contribuent au financement des frais de fonctionnement de l'église et participent à diverses œuvres caritatives, dont les dépenses sont scrupuleusement consignées dans les livres comptables de l'entreprise.

Parmi les grandes familles de distillateurs fougerollais, les Lemercier comptent parmi les premiers à œuvrer pour la structuration de la profession. Aux côtés des Bresson, ils sont à l'origine du syndicat des distillateurs de kirsch en Haute-Saône, premier syndicat patronal du département. Un membre de la famille, M. Labbé, exercera même la présidence de cette structure dans les années 1930, signe de l'influence durable de la dynastie Lemercier.

---

[50] ADHS, 3U2854, acte de société « Lemercier Frères » datant de 1866.

FIGURE 41. Schéma généalogique (Établissement Lemercier Frères) depuis 1731

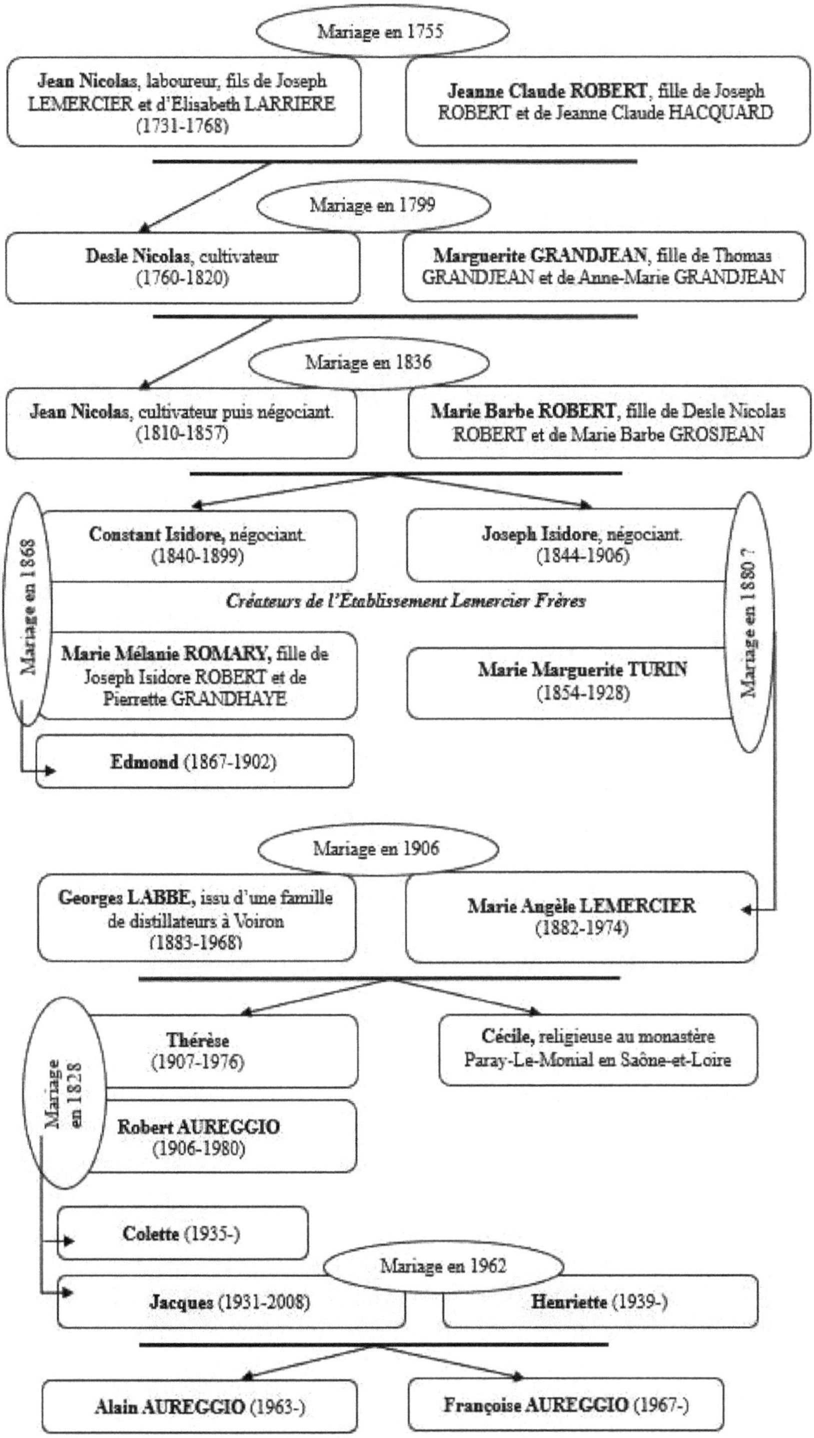

5.2.2. Lemercier Frères : des installations à la hauteur des ambitions

La société en nom collectif « Lemercier Frères » est fondée officiellement le 30 janvier 1866 par Constant-Isidore et Joseph-Isidore Lemercier[51]. Son objet est clairement défini : l'exploitation et le commerce des vins, kirschs et liqueurs. Le siège est établi dans la maison familiale du Grand-Fahys. Chaque associé détient la moitié du capital, participe à parts égales aux bénéfices comme aux pertes, et met en société l'ensemble de leurs biens meubles, immeubles, créances et droits issus de leurs économies personnelles et de la succession de leur père Jean Nicolas, décédé en 1857.

En 1881, les deux frères franchissent un cap en transférant leur distillerie au centre de Fougerolles, à proximité immédiate de la gare. Ils y érigent un bâtiment imposant, équipé de matériel de distillation à vapeur. Ils se lancent dès lors dans la production et la commercialisation de liqueurs d'absinthe, aux côtés du kirsch et des eaux-de-vie traditionnelles. Les travaux durent jusqu'en 1884.

Mais l'expansion ne s'arrête pas là. Dans les années qui suivent, les Lemercier entreprennent de nombreuses extensions de leurs infrastructures, acquérant divers bâtiments contigus à leur distillerie. À la fin du XIXe siècle, ils disposent d'un véritable complexe industriel : ateliers de distillation pour kirsch, absinthe et eaux-de-vie (E), chais de stockage (H), atelier de préparation des commandes (F), entrepôts pour le négoce de vin en gros (C et J), deux habitations dans l'usine même (B et D), tonnellerie (L), logements ouvriers (K et M), certains transformés plus tard en vinaigrerie, ainsi qu'écuries et remises (I).

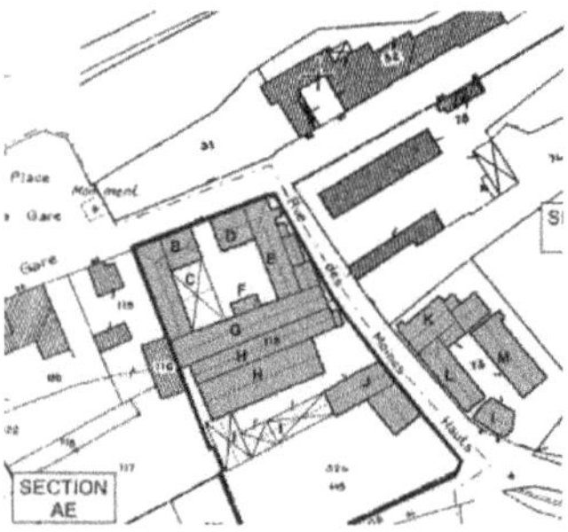

En 1895, une étape décisive est franchie avec l'installation par Lemercier Frères d'une colonne de rectification à proximité immédiate de leurs bâtiments industriels. Cette infrastructure moderne permet désormais la production d'un alcool rectifié, indispensable à l'élaboration de nombreuses liqueurs, dont l'absinthe, produit phare de la maison. Grâce à cet équipement, la maison Lemercier Frères s'impose, aux côtés des Établissements Abel Bresson, comme l'un des principaux fournisseurs régionaux en alcool neutre, destiné aussi bien à la fabrication qu'à la revente. Le choix d'implantation n'est pas anodin. En effet, l'usine de rectification bénéficie d'un emplacement stratégique, au croisement de plusieurs ressources clés : elle est implantée près des cours d'eau utiles au refroidissement et à proximité des bâtiments de la distillerie principale et de la gare de Fougerolles. Cette proximité favorise les échanges, simplifie la logistique, optimise les flux d'approvisionnement et renforce la compétitivité de Lemercier Frères à l'échelle nationale.

[51] *Ibid.*

Le développement des Établissements Lemercier Frères se poursuit de manière soutenue jusqu'au début des années 1930, période au cours de laquelle l'entreprise s'efforce d'intégrer les innovations techniques au cœur de ses processus industriels. Ainsi, la mise en service, le 2 avril 1926, d'une nouvelle chaudière à vapeur fixe[52] témoigne de cette volonté constante de modernisation. Cette installation renforce la capacité énergétique de la distillerie, garantissant une production plus continue, plus efficiente et mieux adaptée à la demande croissante en produits rectifiés et spiritueux.

Un autre levier de performance repose sur l'intégration logistique, rendue possible grâce à un maillage ferroviaire stratégique. Initialement, entre 1881 et 1889, les expéditions de marchandises sont assurées par des voituriers qui relient l'usine à la gare de Fougerolles. Mais cette organisation, jugée peu efficace et coûteuse, pousse l'entreprise à négocier avec la Compagnie des Chemins de Fer de l'Est la création d'un embranchement particulier. En 1892, un accord est conclu, autorisant Lemercier Frères à relier directement leur site de production à l'entrepôt ferroviaire de Fougerolles. Cet embranchement privé, dont l'installation, l'entretien et le fonctionnement sont entièrement pris en charge par l'entreprise, confère un avantage logistique déterminant.

Les frais associés, redevances d'usage, coûts de manœuvres et maintenance, sont intégralement supportés par l'Établissement Lemercier Frères, tout en restant encadrés par les règles et le personnel de la compagnie ferroviaire. Cette infrastructure améliore considérablement la réactivité commerciale de l'entreprise et réduit significativement les délais d'acheminement des marchandises vers les marchés régionaux et nationaux.

En 1898, la stratégie logistique s'étend à l'usine de rectification, qui est à son tour raccordée au réseau ferré. Ces embranchements particuliers sont exclusivement réservés au transport des marchandises en provenance ou à destination de la ligne principale. L'Établissement Lemercier Frères en assure directement la gestion : ils prennent en charge le chargement, le déchargement et le transfert des wagons, tout en assumant la responsabilité des éventuels dommages.

Cette logistique intégrée reflète une stratégie d'optimisation moderne et durable, où les investissements dans les infrastructures traduisent une vision industrielle de long terme. Elle démontre comment des firmes familiales rurales ont su adopter les standards de la seconde révolution industrielle en matière de gestion des flux et de rationalisation des circuits, assurant ainsi la continuité et la solidité de leur développement sur un marché en mutation constante.

---

52 Capacité de 0,780 m^3 et avec une surface de chauffe de $10m^2$. Constructeur : O. Goeminne à Saint-Denis.

FIGURE 42. Embranchement de l'usine de distillation Lemercier Frères à la ligne de chemin de fer, 1892

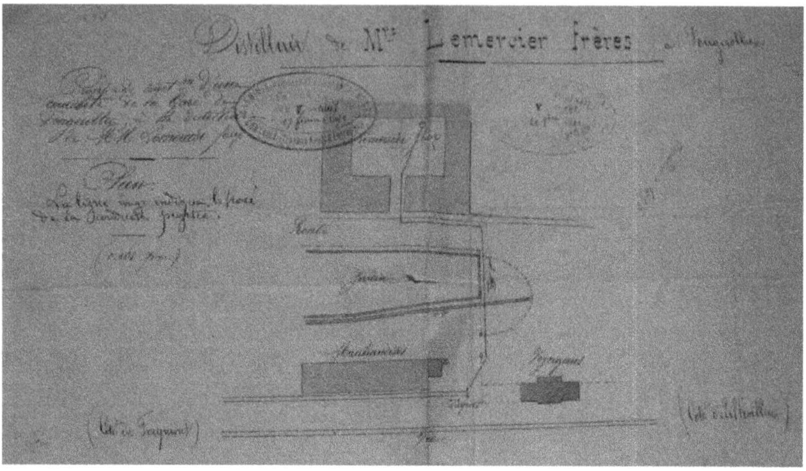

SOURCE : Archives de l'Établissement Lemercier Frères.

Approbation par le Ministre des Travaux publics du projet d'embranchement particulier, 3 décembre 1892.

FIGURE 43. Embranchement de l'usine de rectification d'alcool Lemercier Frères à la ligne de chemin ? 1898

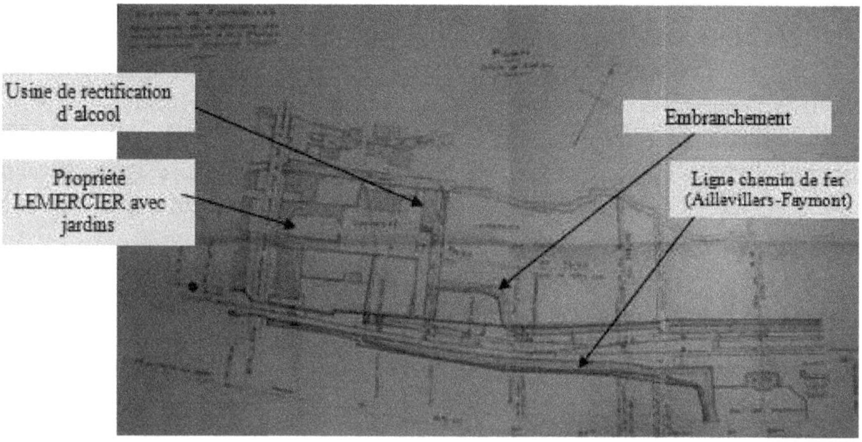

SOURCE : Archives de l'Établissement Lemercier Frères.

5.2.3. De la SNC à la SA, un parcours semé d'embûches

La fin du XIXe siècle marque un tournant majeur dans l'histoire de l'Établissement Lemercier Frères, avec le décès, le 9 septembre 1899, de l'un des fondateurs emblématiques de la société, Constant-Isidore Lemercier. Cette disparition impose une recomposition des équilibres familiaux et patrimoniaux, et engendre la constitution d'une nouvelle structure juridique. Le choix est alors fait de maintenir le cadre de la société en nom collectif[53] (SNC), forme traditionnelle et familière à l'univers entrepreneurial local. Une nouvelle entité est donc formée, avec trois associés : Joseph Isidore Lemercier, frère du défunt et associé survivant ; Marie Mélanie Romary, veuve de Constant-Isidore ; et leur fils, Edmond Isidore Lemercier, alors distillateur de profession.

Cette recomposition familiale se traduit dans les faits par une répartition du capital social, établi à 500.000 francs, selon les proportions suivantes : 50% pour Joseph Isidore Lemercier, soit 250.000 francs, et 25% chacun pour Marie Mélanie Romary et Edmond Isidore Lemercier, soit 125.000 francs pour chacun. Ce capital représente l'évaluation de la valeur patrimoniale de l'établissement au moment de la transformation. Tous les droits mobiliers et immobiliers détenus par les membres de cette nouvelle société sont mis en commun, dans le respect des règles de l'indivision familiale. Ce choix témoigne d'une volonté de continuité patrimoniale et d'ancrage familial de l'entreprise, conformément à la tradition entrepreneuriale qui caractérise la dynastie Lemercier depuis ses origines agricoles au Grand Fahys.

Pendant plus de deux décennies, cette société en nom collectif continue de fonctionner sur ses bases historiques, sans changement de structure formelle. Mais le contexte économique et juridique du début du XXe siècle, profondément transformé par les mutations industrielles, la croissance des marchés et les exigences de financement plus modernes, pousse peu à peu les dirigeants de la maison à envisager une évolution statutaire. À l'horizon de l'année 1921, les associés de la société Lemercier Frères prennent ainsi la décision de convertir leur entreprise en société anonyme (SA), une forme juridique plus adaptée à la croissance et à l'extension de leurs activités industrielles et commerciales. Il convient de souligner ici que la première société fougerollaise à opérer cette mutation est l'Établissement Abel Bresson, pionnier et concurrent respecté, qui avait opté pour cette formule dès le début du XXe siècle en Côte d'Or. Il semble fort probable que cette orientation stratégique de la maison Bresson ait influencé les réflexions de la famille Lemercier, d'autant plus que des liens de proximité, tant industriels que religieux ou politiques, existaient entre les deux familles, toutes deux catholiques républicaines fortement impliquées dans la vie locale.

---

53 *Les petites affiches*, Lure, 24 février 1900.

Les relations entre les deux firmes sont d'ailleurs bien établies et souvent fondées sur une logique de solidarité confraternelle dans le monde de la distillation. À plusieurs reprises, les Bresson n'hésitent pas à apporter leur soutien à la maison Lemercier, que ce soit lors de l'installation de la colonne de rectification d'alcool neutre ou dans les efforts déployés pour introduire leurs absinthes sur les marchés parisiens, toujours très compétitifs. Cette solidarité entre maisons locales, souvent structurée autour d'intérêts communs mais aussi de valeurs partagées, contribue à façonner un esprit de corps entrepreneurial propre à la vallée de Fougerolles.

Toutefois, la transition vers la société anonyme n'est pas accueillie avec un enthousiasme unanime au sein de la famille Lemercier. Si certains membres voient dans cette évolution une opportunité de croissance, d'autres redoutent les effets d'un changement qui pourrait ébranler la stabilité patrimoniale et remettre en question le contrôle familial sur l'entreprise. Les archives privées, notamment certaines correspondances échangées entre membres de la famille, révèlent une véritable tension autour de cette transformation juridique. Certains héritiers, notamment ceux de la lignée de Constant-Isidore, expriment le souhait de récupérer leur part d'héritage sous forme monétaire, préférant investir leur capital dans d'autres secteurs jugés plus sûrs ou plus rentables. L'indivision patrimoniale devient alors un sujet sensible et un facteur de blocage, tant pour le fonctionnement quotidien de l'entreprise que pour les perspectives de sa restructuration juridique.

Par ailleurs, la personnalité du gérant pressenti pour la nouvelle structure suscite également des réserves. La gestion de l'établissement est en effet assurée par M. Georges Labbé, époux de Marie Angèle Lemercier, fille de l'un des fondateurs. M. Labbé est issu d'une famille de distillateurs installés à Voiron en Isère. La famille Labbé à Voiron, commercialisait ses liqueurs sous la marque « Abbé François ». Cet établissement est l'un des plus gros clients de l'établissement Lemercier Frères. Georges Labbé a été envoyé par son père François en tant que stagiaire dans la firme Lemercier Frères et c'est durant cette période de stage qu'il fit la connaissance d'une des filles Lemercier qu'il épousa le 17 février 1906, sept mois avant le décès de son beau-père, Joseph Isidore Lemercier. Il assuma alors, avec son épouse, la gestion de l'établissement jusqu'en 1962 avant de laisser la place à son gendre Robert Aureggio marié à Thérèse, une de ses deux filles.

Cet homme, qui ambitionne de devenir actionnaire majoritaire dans la future société anonyme, ne parvient pas à fédérer l'ensemble des héritiers autour de son projet. Ses orientations managériales et ses objectifs stratégiques suscitent des interrogations, voire des oppositions franches. Certains membres de la famille dénoncent une captation progressive du pouvoir de décision par Michel Labbé et s'inquiètent des implications à long terme de cette concentration du capital.

C'est dans ce contexte tendu que se manifeste un acteur extérieur au conflit familial immédiat : M. André Magnillat, notaire à Lyon et docteur en droit, par ailleurs cousin de Michel Labbé. Ce dernier intervient en qualité de juriste et non de membre de la famille directe, et tente de désamorcer la crise en apportant des arguments à la fois techniques et pragmatiques en faveur de la transformation juridique. Dans une lettre adressée à un des héritiers le 1er décembre 1920, il exprime sans détour ses positions[54] :

> *Ceci suppose l'intrusion d'étrangers. L'affaire ne devant plus rester une affaire de famille. Cette vente présenterait de graves inconvénients sur lesquels mon cousin vous éclairera verbalement. Vous envisagez d'autre part le retrait de fonds par les mineurs. Ne vaut-il pas mieux avoir tous ses fonds dans une affaire qui a traversé une crise comme la guerre (suppression de l'absinthe) en donnant des preuves de vitalité extraordinaire par ses antécédents et par sa direction actuelle, que de les diviser et faire ce qu'on disait autrefois des placements de père de famille comme les P.L.M. rente 3% qui ont perdu le 1/3 ou le 1/4 de leur valeur ?*

À travers cette missive, André Magnillat développe une défense structurée du projet de transformation. Il affirme que le passage en société anonyme ne remet pas en cause les droits patrimoniaux des héritiers. Au contraire, selon lui, ce changement permettrait de mettre fin à une indivision qui bloque les décisions de gestion, tout en préservant la cohérence économique de l'établissement. Il insiste également sur les garanties juridiques qui peuvent encadrer la participation des héritiers mineurs via un conseil de famille et l'homologation du tribunal. Cette dimension juridique, solidement étayée, vise à rassurer les plus réticents sur la régularité de l'opération envisagée.

> *Tous les engagements pris dans le projet seront valablement pris même pour les mineurs. Le conseil de famille avec homologation du Tribunal a tous pouvoirs à cet effet s'il le juge opportun [...] Les immeubles restent à l'indivision et seront loués à la Société anonyme. Quand tout le monde sera majeur, on fera une augmentation de capital et les immeubles seront alors apportés.*

Le notaire lyonnais met en avant les qualités de son cousin Michel Labbé, saluant son énergie et sa rigueur pour avoir maintenu l'entreprise en activité durant la Première Guerre mondiale, malgré l'interdiction de l'absinthe. Pour lui, la future société anonyme incarne la continuité d'un projet familial porté par un entrepreneur déterminé et légitime.

> *Ce n'est pas un ami ni un cousin de Georges Labbé qui vous parle, mais un notaire. Certainement dans la nouvelle société, mon cousin a des avantages. Mais croyez-vous qu'ils ne soient pas mérités ? [...] Mon cousin avec une énergie rare, un entêtement opiniâtre, l'a*

[54] Archives de l'Établissement Lemercier Frères.

complètement rétablie. C'est une récompense pour le passé mais aussi un gage pour l'avenir. Il continuera à s'intéresser vivement à l'affaire.

Cette lettre, précieuse pour l'historien, constitue un témoignage éclairant sur les tensions internes, les arbitrages familiaux et les logiques d'autorité qui traversent les processus de transformation juridique des entreprises familiales au tournant du XXe siècle. Elle permet aussi de saisir l'ambivalence des sentiments à l'égard de la modernisation : entre peur de perdre un patrimoine hérité, et volonté de sécuriser l'avenir d'une entreprise enracinée dans le terroir local, mais appelée à évoluer dans un monde économique en pleine mutation.

En somme, le passage de l'Établissement Lemercier Frères à la société anonyme, opéré en 1921, n'est pas seulement une formalité juridique. Il cristallise des enjeux familiaux, patrimoniaux et stratégiques qui traduisent les tensions propres à toutes les dynasties entrepreneuriales confrontées à la modernité. Ce moment charnière, souvent conflictuel, marque à la fois la fin d'une époque dominée par le modèle artisanal-familial, et le début d'une ère nouvelle, tournée vers l'expansion, l'ouverture du capital, et l'adaptation à un capitalisme plus structuré.

5.2.4. De la SA à la SARL : des ambitions confrontées aux réalités du terrain.

Le 11 juillet 1921 marque un tournant majeur dans l'histoire juridique et économique de l'Établissement Lemercier Frères. En cette date, la société adopte une nouvelle structure : elle devient une Société Anonyme, sous l'appellation « Société Anonyme des Établissements Lemercier Frères ». Cette transformation est à replacer dans une dynamique de modernisation des formes juridiques d'entreprises industrielles et commerciales de taille moyenne, soucieuses d'assurer leur pérennité et leur développement dans un contexte concurrentiel renforcé. La société nouvellement constituée a pour objet l'exploitation d'un établissement commercial et industriel ayant pour cœur d'activité la distillation de toutes sortes de liqueurs, la vente de vin, ainsi que des activités annexes telles qu'une fabrique de bonbonnes et de vannerie, et une vinaigrerie[55], toutes installées à Fougerolles.

Les sept actionnaires fondateurs de cette Société Anonyme sont tous issus de la même famille, les Lemercier. Il s'agit de : Mme Marguerite Turin, veuve d'Isidore Lemercier, domiciliée à Fougerolles ; Mme Marie Angèle Lemercier, épouse de Georges Labbé, également domiciliée à Fougerolles ; M. Georges Labbé, négociant à Fougerolles ; Mlle Marie Louise Lemercier, religieuse et directrice du Couvent du Refuge à Besançon ; Mlle Suzanne Marie Constance Lemercier, religieuse à Haubourdin (Nord) ; Mlle Germaine Marie Angèle Lemercier, sans profession, domiciliée à Fougerolles ; et enfin,

[55] Cette activité fut créée pour valoriser une surproduction d'alcool neutre et d'absinthe à l'issue de l'interdiction de l'extrait absinthe par les pouvoirs publics en 1915.

M. Pierre Albert Ernest Lemercier, mineur émancipé, sans profession, résidant lui aussi à Fougerolles.

Le capital social initial de la Société Anonyme est fixé à 900.000 francs. Il est réparti entre les actionnaires, avec une part majoritaire de 20% détenue par Georges Labbé. Ce capital se compose de plusieurs éléments essentiels : le fonds de commerce désigné sous le nom « Établissement Lemercier Frères » ; la clientèle et l'achalandage ; le matériel et les objets mobiliers considérés comme immeubles par destination ; les matières premières et marchandises en stock ; les traités, conventions et contrats commerciaux conclus antérieurement par la société ; le droit d'usage des distinctions honorifiques et médailles obtenues lors de concours et expositions ; ainsi que les créances, recouvrements et marques de fabrique déposées au Greffe du tribunal de Lure en septembre et décembre 1907, avril 1909 et décembre 1920.

La stratégie de marque de l'établissement Lemercier apparaît donc tardivement, avec un premier dépôt en 1907, bien après celle de son concurrent local Abel Bresson, dont la première marque, *Bressonide*, remonte aux années 1870.

Concernant les immobilisations, elles incluent des promesses de bail, des terrains, des usines et des bâtiments relevant de l'ancienne société en nom collectif « Établissement Lemercier Frères ». On y trouve la « Propriété Nicolas », qui comprend un immeuble abritant caves, logements, greniers, magasins ; un bâtiment anciennement utilisé comme magasin, puis reconverti en bureau ; et un rectificateur d'alcool neutre transformé en 1921 en atelier de vannerie. Cette vannerie emploie à domicile plusieurs centaines de personnes pour la fabrication de paniers, et plusieurs dizaines d'ouvriers sur site pour l'emballage des bonbonnes en verre. Tous ces locaux sont connectés par voie ferrée à la gare de Fougerolles. Une autre propriété incluse regroupe des bâtiments affectés à la tonnellerie, au stockage de fûts et de merrain, des logements ouvriers et un local de vinaigrerie. La société est également propriétaire de plusieurs terrains et de deux fontaines avec canalisation[56] : la « fontaine du Château » et la « fontaine du Moineau ».

En 1921, le matériel et le mobilier sont estimés à 195.000 francs. Pour justifier sa position dominante au sein de la nouvelle structure, Georges Labbé expose par écrit ses apports immatériels, dont le dépôt de l'« Anis Lemercier » au Greffe de Lure, ainsi que ses innovations techniques, son rôle dans l'installation des ateliers, ses efforts de commercialisation, ses compétences commerciales, techniques et professionnelles, et les services rendus antérieurement à la société.

[56] Fontaines fournissant l'eau pure rentrant dans le procédé de fabrication d'eau-de-vie de qualité.

TABLEAU 8. Équipements industriels de L'Établissement Lemercier Frères en 1921

Equipements	Valeurs en francs	Equipements	Valeurs en francs
Camions automobiles et voitures légère	37 000	Pompe à balancier	1 250
Wagons-réservoirs et wagons plateformes	35 000	Machine à percer, forges et soufflets de forges, enclumes et étaux	1 100
Futs en bois de toutes contenances	32 000	Outillages de tonnellerie, distillerie, de marchand de vin, de vinaigrerie, de vannerie et de fabrique de bonbonnes	1 050
Foudres et cuves en bois de différentes contenances	19 000	Bascules	900
Chaudières semi-tubulaires et verticale avec bouteille alimentaire	12 000	Bancs, chaises de jardin et tables de jardin	700
Alambic de diverses capacités	8 000	Concasseur à cylindre	650
Broyeurs mélangeurs	6 500	Charrues, herse et tout outillage de culture	650
Futs en fer	5 500	Chaudron cuivre et fer, bassines, baquets, cuvettes et cuveaux	650
Pompes à vapeur	4 200	Fourneaux, poêles et calorifères	650
Chariots et camions divers de différentes dimensions	4 000	Harnais pour chevaux et matériels d'écuries	600
Moteurs, rhéostats de démarrage, tableaux, interrupteurs et tous accessoires électriques	3 800	Presses et tout matériel de bureau	600
Machine à vapeur	3 000	Traineaux et calèche	600
Scie à ruban	3 000	Tombereau	550
Pièces de rechange pour wagons réservoirs	2 250	Machines à boucher et à capsuler les bouteilles	500
Pompes rotatives à piston	1 750	Machines à écrire, à copier et à faire les circulaires	500
Coffre-fort	1 700	Hache-plantes	450
Bacs en tôle de différentes contenances	1 500	Casiers, égouttoirs pour bouteilles	300
Tuyauterie fixes et mobile en caoutchouc ou en métal	1 500	Brouettes	150
Robinetterie	1 450	**TOTAL**	**195000**

SOURCE : Archives de l'Établissement Lemercier Frères.

Le capital est divisé en 900 actions de 1.000 francs, dont 872 d'apport : 672 attribuées à l'indivision Lemercier et 200 à M. Georges Labbé. Les 28 actions restantes sont à souscrire. Vingt-cinq sont attribuées à M. André Magnillat, notaire à Lyon et cousin de M. Labbé, en reconnaissance de son soutien juridique et stratégique à la transformation en Société Anonyme.

Deux ans plus tard, en 1923, une augmentation de capital fait passer celui-ci à un million de francs. M. Labbé en profite pour renforcer sa position : son portefeuille s'enrichit de 28 nouvelles actions, atteignant 228 actions.

Tableau 9. Répartition des actions par actionnaires (Établissement Lemercier Frères) en 1923

M. LABBE Fernand Georges, industriel, demeurant à Fougerolles	228 Soit 23%
TURIN, veuve de Monsieur Isidore Lemercier, sans profession, demeurant à Fougerolles.	
Mlle Marie Louise Lemercier, religieuse, directrice du Couvent du refuge, demeurant à Besançon.	
Mlle Suzanne Marie Constance Lemercier religieuse à Haubourdin (Nord)	701
Mlle Germaine Marie Angèle Lemercier, sans profession, demeurant à Fougerolles.	
M. Pierre Albert Ernest Lemercier, mineur émancipé, sans profession, demeurant à Fougerolles.	
M. André MAGNILLAT, docteur en droit, demeurant à Lyon	25
M. Joannes CONFAVREUX, industriel, demeurant à Lyon	15
M. Héli GROSJEAN, comptable, demeurant à Fougerolles	10
M. Maurice MAGNILLAT, capitaine à l'État-major de Marrakech	10
M. Albert GRANDJEAN, comptable, demeurant à Fougerolles	3
M. Alphonse GRANDJEAN, directeur d'École, demeurant à ORAN	3
M. Gaston GRANDJEAN, comptable, demeurant à Béni-Saf (Algérie)	3
Mme Victorine GRANDJEAN, sans profession, demeurant à Fougerolles	1
M. Jean MAGNILLAT, rentier, demeurant à Lyon	1

Source : Archives de l'Établissement Lemercier Frères.

Désireuse de suivre l'exemple d'Abel Bresson, la famille Lemercier se heurte rapidement aux limites structurelles imposées par le statut de société anonyme. L'organisation formelle du conseil d'administration, la convocation régulière d'assemblées générales, les exigences accrues en matière de transparence comptable ou encore la standardisation des processus de décision s'avèrent difficilement compatibles avec le fonctionnement souple d'une PME familiale. Ces obligations, adaptées aux grandes firmes industrielles, pèsent lourdement sur une entreprise encore habituée à une gestion simple, familiale et de proximité.

Lors du conseil d'administration du 30 octobre 1926[57], Georges Labbé propose donc la transformation de la Société Anonyme en Société à Responsabilité Limitée (SARL), en vertu de la loi du 7 mars 1925. Il motive sa proposition en soulignant la simplicité de fonctionnement de la SARL et les allègements fiscaux qu'elle permet. Les administrateurs acceptent cette proposition et le chargent de rédiger les nouveaux statuts.

Le 15 décembre 1926, la transformation en SARL est officialisée, avec une réduction de capital de 250.000 francs. Ce nouveau cadre juridique, plus souple, permet aux associés de limiter leur responsabilité à leur mise et de restreindre la cessibilité des parts. Il facilite aussi la concentration du capital entre membres de la famille. Ce souci de fermeture se traduit par des engagements formels. Ainsi, Mlle Thérèse Labbé s'engage à rétrocéder ses parts en cas de mariage ou d'entrée au couvent[58]. Elle les cède effectivement à son père, Georges Labbé, pour 1.000 francs chacune, lorsqu'elle rejoint un couvent à Besançon le 11 octobre 1932.

Dans le même objectif de simplification, entre 1928 et 1930, la SARL acquiert l'ensemble des immeubles détenus auparavant par ses associés. Georges Labbé, qui avait rencontré une opposition lors de la constitution de la SA, consolide définitivement sa position en obtenant 60% du capital dès 1926 (soit 600 parts sociales).

Le capital de la SARL connaît plusieurs augmentations : il passe à 1.264.000 francs le 2 mai 1932, puis à 1.500.000 francs le 4 juillet 1938 (avec création de 236 parts sociales), à 2.500.000 francs en janvier 1940, 7.500.000 francs en janvier 1947, 12.000.000 francs en mai 1947, 20.000.000 francs en novembre 1949, et enfin 25.000.000 francs en octobre 1950.

Le 9 juillet 1930, deux succursales sont ouvertes à Lure et à Servance, marquant une volonté claire d'ancrage régional. Contrairement à leurs concurrents Abel Bresson et Auguste Peureux, qui ont déployé leur réseau à l'échelle nationale et coloniale avec des implantations à Ivry, Béziers, Paris, Marseille ou encore Oran, les Lemercier font le choix délibéré de concentrer leur développement commercial exclusivement en Haute-Saône.

Les augmentations de capital s'opèrent soit par incorporation des réserves, qui permet de renforcer les fonds propres par l'émission gratuite de parts au profit des actionnaires existants, soit par souscriptions en numéraire, impliquant un apport financier direct de nouveaux ou anciens associés désireux de soutenir le développement de la firme.

Entre les années 1920 et 1940, l'Établissement Lemercier Frères développe une large gamme de produits, avec plus de trente marques déposées : alcools, vinaigres, sirops, vins. Ce point sera développé dans la troisième partie.

---

[57] Archives privées de l'Établissement Lemercier Frères. Compte-rendu du Conseil d'administration datant du 30 octobre 1926

[58] Archives privées de la société Lemercier Frères. Acte notarié du 27 août 1929, Maitre Chagué Notaire.

Sur le plan industriel, la société crée de nombreux postes : contremaîtres, magasiniers, manœuvres, chauffeurs, menuisiers, tonneliers, embouteilleurs, vanniers, aides-jardiniers, comptables, sténodactylos. Les femmes occupent des postes d'ouvrières ou d'employées. Le différentiel salarial est notable : au début des années 1940, une ouvrière gagne 5,50 francs de l'heure contre 6,75 francs pour un ouvrier.

Durant les années 1930 et jusqu'à la fin de la guerre, la situation économique de l'entreprise reste globalement favorable, malgré des aléas fiscaux. La courbe des dividendes, qui quadruple entre 1936 et 1946, témoigne d'une rentabilité croissante.

GRAPHIQUE 22. Impôts et licences - Établissement Lemercier frères (1925-1943)

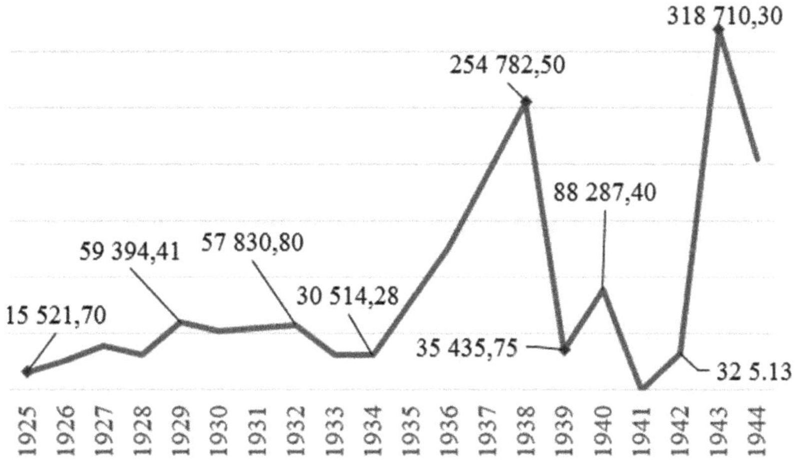

SOURCE : Archives de l'Établissement Lemercier Frères.

GRAPHIQUE 23. Dividendes distribués – Établissement Lemercier frères (1934-1946)

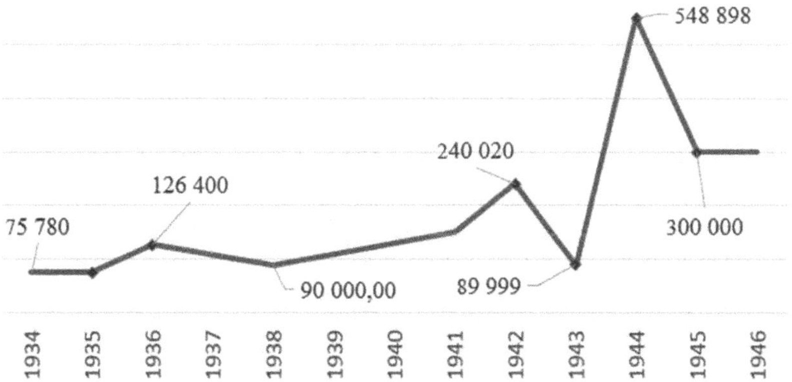

SOURCE : Archives de l'Établissement Lemercier Frères.

Conclusion

Au terme de ce chapitre, deux grandes dimensions émergent pour éclairer les ressorts de la réussite ou de l'échec des entreprises familiales dans le secteur de la distillation fougerollaise entre la fin du XIXe siècle et le début du XXe siècle. D'un côté, les facteurs économiques, prise de risque, vision stratégique, investissement, qui permettent une structuration durable de l'activité. De l'autre, les logiques humaines et familiales qui façonnent profondément les trajectoires entrepreneuriales à travers les formes de transmission, les hiérarchies internes et les rapports sociaux.

Des risques et une vision à long terme pour une croissance pérenne

Le développement de la distillation à Fougerolles n'est pas une simple conséquence de la disponibilité de matière première ou de conditions techniques favorables. Il suppose l'émergence d'un acteur capable de transformer une activité artisanale ou paysanne en un système industriel cohérent. À cet égard, Abel Bresson incarne une figure de pionnier : issu d'un milieu extérieur au monde agricole local, fort d'une expérience dans la distillation et le négoce d'alcool, il s'installe à Fougerolles avec une vision industrielle qui le distingue de la majorité des distillateurs du cru.

Ce type de comportement entrepreneurial, que Jean-Pierre Daviet qualifie d'« homme de l'innovation et du risque[59] », se heurte aux logiques locales fondées sur la prudence et la reproduction. Abel Bresson multiplie les initiatives audacieuses : il fonde une distillerie industrielle en Côte-d'Or dès les années 1850, développe une stratégie de filière complète en produisant l'alcool de base destiné aux absinthes, et s'associe avec un notable local, Charles Roblin, pour asseoir sa position dans un tissu social relativement fermé.

Dans un processus similaire à celui que Nicolas Stoskopf analyse pour les brasseries strasbourgeoises[60], où l'on observe dès le milieu du XIXe siècle un mouvement de sélection naturelle entre entreprises dynamiques et structures conservatrices, les distilleries de Fougerolles suivent une trajectoire analogue. Le nombre d'entreprises décroît progressivement à mesure que s'imposent quelques acteurs dominants. Cette concentration ne traduit pas une crise, mais plutôt une rationalisation productive. Les faillites enregistrées à la veille de l'interdiction de l'absinthe (1915) s'expliquent moins par le choc réglementaire que par l'incapacité des plus petites firmes à se projeter à long terme et à diversifier leur activité.

Dans ce contexte, l'entreprise Abel Bresson constitue une exception en construisant une stratégie fondée sur plusieurs piliers : intégration verticale,

[59] DAVIET Jean-Pierre, « Mémoires de l'entreprise française du XIXe siècle », *Revue d'histoire du XIXe siècle*, Édition La société de 1848, 01-12- 2001, p. 105.
[60] STOSKOPF Nicolas, *La petite industrie dans le Bas-Rhin 1810-1870*, Strasbourg, Éditions Oberlin, 1987, p. 168-170.

innovations techniques (adoption du système Savalle, distillation continue), conquête de nouveaux marchés à travers des succursales implantées à Ivry-Port, Béziers, Beaucaire, et enfin croissance externe via le rachat d'autres distilleries (Édouard Pernod, Nugue et Cie, Junod). Ce schéma stratégique correspond à une logique d'investissement capitalistique que nombre de distillateurs fougerollais n'ont pas su ou voulu adopter.

À l'inverse, les Établissements Lemercier Frères, pourtant structurés juridiquement sous forme de société en nom collectif dès la fin du XIXe siècle, s'inscrivent davantage dans une logique de reproduction sociale et technique. Leur trajectoire semble calquée sur celle des Bresson : construction d'une maison de maître analogue, adoption d'un rectificateur industriel d'alcool neutre, transformation en société anonyme deux ans après leurs concurrents. Ce mimétisme entrepreneurial révèle à la fois l'influence de la firme Abel Bresson et les limites d'un développement fondé sur l'imitation, davantage que sur la création.

La comparaison entre ces deux trajectoires rappelle la distinction opérée par François Gresle entre les petits patrons prudents, marqués par la logique de boutique, et ceux capables d'articuler vision économique et projet industriel[61]. En définitive, la rationalisation du secteur ne procède pas uniquement de causes économiques structurelles, mais aussi d'un processus d'apprentissage, de sélection et de reproduction sociale différenciée.

Des comportements humains archétypes

Si l'analyse économique éclaire les choix d'investissement et d'innovation, elle reste incomplète sans une prise en compte des logiques humaines et familiales qui président à la gouvernance des entreprises. Dans les firmes familiales, ces logiques s'avèrent décisives au moment des transmissions générationnelles, souvent sources de tensions ou de réajustements internes.

Chez les Bresson, la succession d'Abel à Hubert Bresson se fait selon des critères précis : l'héritier est masculin, de sang direct, et cadet dans la fratrie. Cette configuration correspond à la typologie élaborée par Daniel Jacques-Jouvenot, pour qui la désignation du successeur repose fréquemment sur une combinaison de critères biologiques et sociaux. L'héritier n'est pas simplement choisi, il est aussi « construit[62] » par la famille comme tel, au fil d'un processus d'inculcation et de légitimation.

Pierre Bourdieu avait déjà souligné dans ses travaux l'importance de ces mécanismes invisibles de reproduction sociale : « ce qui est transmis, ce n'est pas seulement un capital économique, mais un ensemble de dispositions, de

---

[61] GRESLE F., *L'Univers de la boutique. Les petits patrons du Nord, 1920-1975*, Lille, Presses universitaires de Lille, 1981.

[62] JACQUES-JOUVENOT D., *Choix du successeur et transmission patrimoniale*, Paris, L'Harmattan, 1997.

représentations et de hiérarchies incorporées[63] ». En se formant aux côtés de son père et de son cercle rapproché, en étant désigné de son vivant comme le futur chef d'entreprise, Hubert Bresson incarne ce que Bourdieu appelle une stratégie de reproduction totale.

Ce modèle fonctionne tant que l'unité familiale prévaut. Mais il se désagrège à la génération suivante. Le décès d'Hubert Bresson en 1940 ouvre une période d'incertitudes : les héritiers masculins sont plusieurs, l'unité de commandement vacille, et les tensions latentes deviennent manifestes. Une lettre envoyée en mai 1940 par Georges Bresson, alors à la tête d'une des succursales méridionales, dénonce une situation de double pouvoir entre les branches de la famille et appelle à une clarification de la gouvernance. Ce document révèle la complexité des logiques affectives et patrimoniales dans les familles industrielles, où le décès d'un patriarche peut mettre à mal des équilibres construits sur plusieurs décennies.

Marc Bauer, dans son étude sur la figure du chef d'entreprise, montre bien comment les patrons des entreprises familiales oscillent entre les logiques économiques du marché et les obligations morales ou affectives du cercle domestique[64]. Dans le cas de la famille Bresson, cette tension devient structurelle dès lors que le successeur n'est pas désigné de façon consensuelle, et que les enjeux de patrimoine prennent le pas sur les impératifs de gestion.

La situation des Établissements Lemercier Frères illustre, en miroir, une autre forme de vulnérabilité : celle de la succession impossible. Dès le décès d'Alfred Lemercier en 1912, la question de la direction se pose dans des termes nouveaux. Sans héritier masculin préparé à la reprise, la firme doit s'appuyer sur des actionnaires minoritaires ou des gérants extérieurs, ce qui nuit à la cohérence stratégique. L'horizon familial s'efface progressivement derrière des formes d'actionnariat plus dispersées.

Ce chapitre confirme que l'industrialisation des territoires ruraux ne peut être comprise à travers le seul prisme économique. Elle engage des mécanismes complexes, où se combinent capital technique, stratégies d'investissement, et transmission familiale. Elle repose sur un subtil équilibre entre logiques entrepreneuriales et logiques sociales, où l'héritage, la mémoire familiale et les rapports intergénérationnels jouent un rôle aussi décisif que la capacité d'adaptation aux mutations du marché.

Comme le souligne Daviet, « l'entreprise du XIXe siècle est autant une construction familiale qu'une entité économique[65] ». Une telle affirmation prend tout son sens à Fougerolles, où les firmes familiales spécialisées dans la

[63] BOURDIEU P., « Stratégies de reproduction et modes de domination », *Actes de la recherche en sciences sociales*, n° 105, décembre 1994, p. 3-12.

[64] BAUER M., *De l'Homo œconomicus au pater familias. Le patron d'entreprise entre le travail, la famille et le marché*, Paris, Presses du CNRS, 1991, p. 37.

[65] DAVIET Jean-Pierre, « Mémoires de l'entreprise française du XIXe siècle », *op. cit.*

distillation illustrent une convergence forte entre l'organisation domestique et les exigences de la production industrielle. L'histoire des maisons Abel Bresson et Lemercier Frères montre que la réussite économique ne repose pas uniquement sur la maîtrise des outils techniques ou l'accès au capital, mais sur une cohérence globale du projet entrepreneurial. Ce dernier s'incarne dans des familles capables d'intégrer la gestion d'entreprise à leur mode de vie, en faisant évoluer leur organisation interne au rythme des transformations économiques et sociales.

L'exemple de Fougerolles révèle ainsi que l'insertion durable dans l'industrie des spiritueux suppose à la fois une capacité d'innovation constante, dans les procédés de fabrication comme dans les produits, une structuration juridique évolutive, passant du négoce individuel à la société en nom collectif, puis à la société anonyme, et un système de succession anticipé et encadré. Ce dernier point est crucial car la pérennité des affaires dépend souvent de la capacité des héritiers à reprendre le flambeau dans des conditions à la fois économiques, sociales et humaines durables.

Les trajectoires croisées des maisons Abel Bresson et Lemercier Frères permettent de penser ensemble la logique de marché et celle de la transmission familiale, dans ce que Marc Bauer a nommé le passage de l'homo œconomicus au pater familias[66] : une évolution où la figure de l'entrepreneur ne se définit plus uniquement par ses compétences économiques, mais aussi par sa capacité à incarner une autorité familiale, garante de la continuité et de la stabilité du groupe.

Ces enjeux de long terme, propres aux entreprises familiales industrielles implantées en milieu rural, seront approfondis dans les prochains chapitres. Ceux-ci s'attacheront à explorer les outils commerciaux, les stratégies de marque, les politiques de distribution et les formes de communication mises en œuvre pour faire face à la montée de la concurrence, à l'échelle nationale comme internationale. Car c'est aussi par leur capacité à s'imposer dans l'espace marchand que ces firmes parviennent à inscrire leur héritage familial dans la durée.

---

[66] BAUER M., *De l'Homo œconomicus au pater familias... », op. cit.*

Troisième partie

Stratégies de croissance et dynamique commerciale des firmes familiales

Introduction

Entre 1839 et 1940, l'industrie de la distillation à Fougerolles subit une série de mutations profondes, la contraignant à une constante adaptation face aux soubresauts du marché des alcools de bouche. Elle doit composer avec des acteurs souvent défavorables à son essor, viticulteurs concurrents, ligues antialcooliques et autorités publiques, dont les positions varient au gré des contextes politiques et économiques. Tantôt marginalisée sur le plan moral, tantôt sollicitée pour répondre à des impératifs budgétaires, l'industrie de la distillation devient une ressource fiscale majeure pour l'État.

Les apéritifs distillés sont en effet lourdement taxés par le biais du droit de consommation, établi sur l'hectolitre d'alcool pur. Ce droit passe de 229 francs en 1900 à 400 francs en 1916, 600 francs en 1918, 1.000 francs en 1920, puis 1.350 francs en 1933. Même si l'inflation atténue la portée réelle de cette hausse, elle témoigne d'une fiscalité en constante augmentation, confirmant le rôle de la distillation comme variable d'ajustement budgétaire. À ce titre, les distillateurs professionnels deviennent des contributeurs significatifs au Trésor public.

Malgré un environnement souvent hostile, l'industrie fougerollaise parvient à traverser les bouleversements naturels, législatifs et sociaux. Elle sait tirer avantage des crises viticoles, mais doit affronter l'influence croissante du mouvement antialcoolique, qui mène à l'interdiction de l'absinthe en 1915. Cette interdiction provoque une hécatombe dans le tissu industriel local. Toutefois, certaines distilleries, parmi lesquelles figurent les Établissements Abel Bresson et Lemercier Frères, réussissent à survivre grâce à une diversification précoce et des stratégies de croissance réfléchies.

La production de liqueurs à base d'absinthe représentait jusqu'à cette date une part considérable de l'activité locale, comme l'indique le graphique suivant :

GRAPHIQUE 24. Production annuelle moyenne d'alcool pur d'absinthe des huit principales distilleries fougerollaises (1909-1914 et 1915)

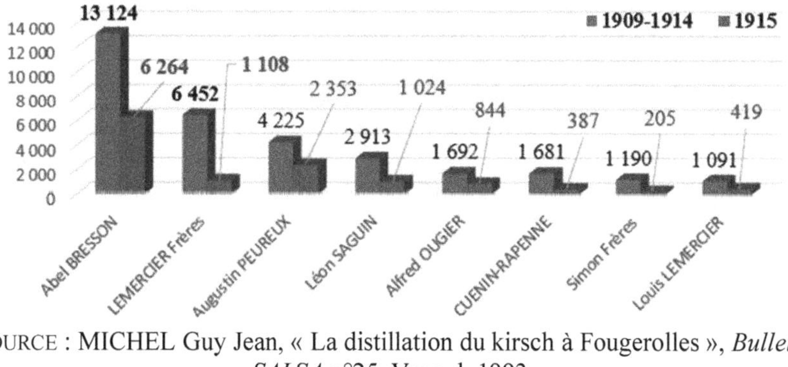

SOURCE : MICHEL Guy Jean, « La distillation du kirsch à Fougerolles », *Bulletin SALSA* n°25, Vesoul, 1993.

Parmi les distillateurs ayant survécu à l'interdiction, l'Établissement Abel Bresson s'impose comme leader, tandis que l'Établissement Lemercier Frères apparait comme un suiveur agile. Tous deux adaptent leur forme juridique : de sociétés en nom collectif, ils deviennent des sociétés de capitaux, bien que Lemercier Frères ne conserve que temporairement le statut de société anonyme avant de devenir une SARL. Ces mutations révèlent une volonté stratégique d'adaptation aux exigences du marché.

Pour analyser leur croissance, plusieurs indicateurs sont mobilisables : volume de production, chiffre d'affaires, résultats comptables, capitaux investis, mais aussi innovation technologique, diversification commerciale et implantation sur les marchés extérieurs.

Deux dimensions structurent cette analyse : la croissance des moyens (techniques, humains, commerciaux) et celle des résultats économiques. Ces deux dimensions sont interdépendantes : l'augmentation des performances économiques permet d'investir dans les moyens de production, tandis que l'expansion des infrastructures renforce à terme la rentabilité.

La croissance des résultats repose sur des indicateurs classiques : bénéfices, dividendes, valeur ajoutée. La croissance des moyens, elle, se décline en croissance interne (développement des capacités propres) et croissance externe (acquisitions, partenariats). Ce double regard permet de saisir la dynamique d'ensemble qui soutient la longévité des firmes familiales locales. Ce sera l'objet de notre sixième chapitre qui s'intitule : *Des stratégies de croissance comme sources de longévité des firmes familiales.*

Enfin, cette croissance n'est rendue possible que par des stratégies commerciales adaptées, destinées à susciter l'adhésion du consommateur tant sur le plan utilitaire que symbolique. Trois dimensions sont ici essentielles : la politique de produit, la politique de distribution et la politique de communication. Ces aspects seront étudiés au chapitre 7.

FIGURE 44. Stratégies de croissance et dynamique commerciale des firmes familiales

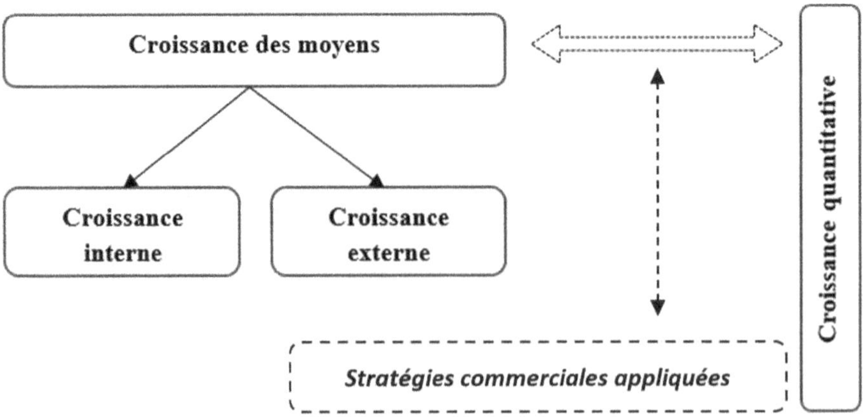

Chapitre 6
Des stratégies de croissance comme sources de longévité des firmes familiales

Le succès de l'industrie de la distillation à Fougerolles repose sur une synergie étroite entre les ressources naturelles, les savoir-faire locaux et les dynamiques familiales d'entrepreneuriat. La culture du cerisier, omniprésente dans le paysage fougerollais, constitue le socle agricole sur lequel s'est construite une filière spécialisée dans la production d'eaux-de-vie, avec en tête le kirsch, produit emblématique de la région. À ce capital naturel s'ajoute un savoir-faire ancien, transmis de génération en génération au sein des familles de bouilleurs de cru, puis structuré et professionnalisé par l'essor industriel.

Cette réussite repose sur des investissements consentis dans l'ensemble de la chaîne de valeur, de l'approvisionnement à la commercialisation. Ils révèlent le niveau de capitalisation et les choix stratégiques propres à chaque firme familiale. Les Établissements Abel Bresson illustrent une politique d'investissement ambitieuse, appuyée sur une assise financière solide, qui les distingue nettement d'autres distilleries familiales comme l'Établissement Lemercier Frères, davantage marqué par la prudence et la préservation du capital existant.

Les trajectoires divergentes de ces deux entreprises permettent de comparer, à travers leurs choix respectifs, les niveaux d'engagement entrepreneurial, la capacité à prendre des risques et les résultats obtenus. Cette analyse sera un peu enrichie par des références à d'autres distilleries locales plus modestes, qui compléteront ce panorama économique local.

Deux grandes logiques de croissance s'imposent : d'une part, la croissance interne, fondée sur le développement progressif des capacités existantes, amélioration des installations, élargissement de la gamme de produits, consolidation des circuits de distribution ; d'autre part, la croissance externe, qui repose sur l'absorption d'unités déjà existantes, leur restructuration et leur intégration à une stratégie de groupe. C'est par cette dernière, plus ambitieuse et plus risquée, que nous entamerons notre analyse.

6.1. Croissance externe des moyens

La croissance externe constitue donc un levier stratégique important, bien que peu utilisé à Fougerolles. Parmi les quelques exemples recensés, l'expérience des Établissements Abel Bresson se distingue par son ampleur, sa régularité et sa cohérence dans le temps. Elle illustre de manière concrète les stratégies d'acquisition mobilisées par une entreprise familiale rurale, soucieuse d'élargir son ancrage territorial tout en diversifiant ses activités productives pour renforcer sa croissance.

6.1.1. Une stratégie facile mais coûteuse

La croissance externe désigne une stratégie consistant pour une entreprise à racheter ou fusionner avec des structures concurrentes pour étendre son champ d'activité.

À Fougerolles, cette stratégie est rare : seules deux entreprises y recourent réellement. La première, les Distilleries Peureux, tente une implantation en région parisienne à la fin des années 1920. Mais l'expérience tourne court, et la firme est déclarée en faillite en 1936, avant de renaître après la Seconde Guerre mondiale.

À l'inverse, les Établissements Abel Bresson adoptent dès 1858 une politique active d'acquisitions :

FIGURE 45. Chronologie des différentes acquisitions (croissance externe)

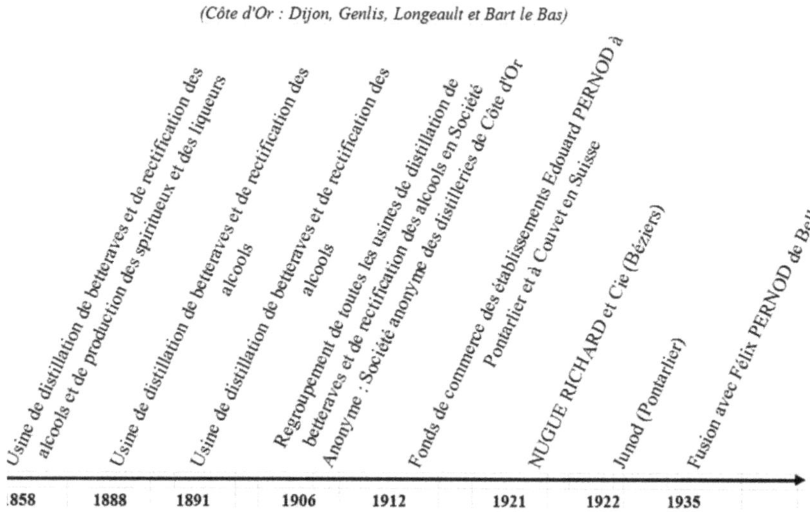

Acquisitions réalisées par les Établissements Abel Bresson
entre 1858 et 1935

Dès 1858, Abel Bresson acquiert une distillerie à Dijon, rue Audra, d'une valeur estimée à 280.750,63 francs[1] par le Conseil central d'hygiène de la Côte-d'Or[2]. Il modernise l'établissement pour produire des alcools industriels à base de betterave et des liqueurs inspirées du savoir-faire fougerollais. Boillon et Blondeau, collaborateurs locaux, en assurent la gestion jusqu'en 1869, date à laquelle Paul Bresson, fils aîné du fondateur, reprend l'affaire jusqu'à sa mort en 1887.

---

[1] Inventaire après décès d'Abel Bresson en 1878 effectué à Dijon. Archives privées de Claude Roussey.

[2] LADREY Claude, « Rapport général sur les causes d'infection de la rivière d'Ouche », Conseil central d'hygiène et de salubrité de la Côte-d'Or (1823-1885), Dijon, E. Jobard, 1866.

En 1888, Hubert Bresson crée un établissement à Genlis[3], doté d'un capital de 92.000 francs, en partenariat avec sa mère, veuve d'Abel Bresson, et Pierre Constant Ledoux, négociant local. L'année 1891 voit la création à Longeault d'une société en nom collectif[4], « Hubert Bresson et Cie », au capital de 100.000 francs. En parallèle, une petite distillerie à Bretenières est confiée à la famille Boillon pour alimenter Dijon en alcool neutre.

Les localisations choisies bénéficient d'infrastructures logistiques efficaces : canal de Bourgogne, ligne Dijon-Belfort, proximité du port fluvial de Saint-Jean-de-Losne. Cette configuration optimise les échanges intersites et l'expansion du réseau commercial.

TABLEAU 10. Répartition du chiffre d'affaires de la maison Bresson à Genlis, 1896

À destination de l'Établissement Abel Bresson à Fougerolles	1.085.527 frs	72%
À destination de l'Établissement Hubert Bresson et Cie à Longeault	67.454 frs	4%
À destination de l'Établissement Ledoux à Cart-Le-Bas	64.000 frs	4%
Autre clientèle	282.183	20%

SOURCE : Archives privées de Claude Roussey.

En 1906, toutes ces entités sont fusionnées en une société anonyme : la Société des Distilleries de la Côte-d'Or, dont le siège est à Genlis. Cette centralisation favorise la rationalisation des procédés et la mutualisation des ressources.

Pendant la Première Guerre mondiale, les installations participent à l'effort de guerre en fournissant des alcools pour la fabrication d'explosifs. Par ailleurs, l'interdiction de l'absinthe en 1915 entraîne le rachat de stocks invendus, comme en témoigne une circulaire datée du 20 décembre 1915, proposant 68 francs l'hectolitre d'alcool à 100° pour les liqueurs saisies, même celles produites par des concurrents[5].

La stratégie de croissance externe des Bresson dépasse le simple élargissement territorial : elle correspond à une logique de diversification, d'intégration verticale et d'adaptation aux marchés industriels, alimentaires ou pharmaceutiques. C'est cette complexité stratégique qui distingue la firme et assure sa longévité dans un secteur en perpétuelle recomposition.

---

[3] ADHS, 2E20784. Acte de société n° 1724 du 28 juillet 1888.

[4] ADHS, 2E20797. Acte de société n° 2947 du 10 juin 1891 : SNC « Hubert Bresson et Cie » à Genlis en Côte d'Or.

[5] Archives de l'Écomusée du Pays de la Cerise, Fougerolles. Circulaire envoyée par la maison Abel Bresson à sa clientèle le 20 décembre 1915 pour récupérer les invendus d'absinthe.

FIGURE 46. En-tête de facture Abel Bresson Côte d'Or, 1905

Alcool Supérieur Dénaturé
L'ÉCLATANT
Se vend en bidons plombés de 5 litres
Marque Déposée
Usines à
Genlis, Bretenières, Longeault (Côte d'Or)
et Fougerolles (Hte Saône)

ABEL BRESSON

TÉLÉPHONE

Genlis (Côte d'Or) le 15 avril 1905

Monsieur Bourgetti, négt
rue Argenterie à Montpellier (Hérault) Doit

FIGURE 47. En-tête de facture, Société Anonyme des Distilleries de la Côte d'Or, 1908

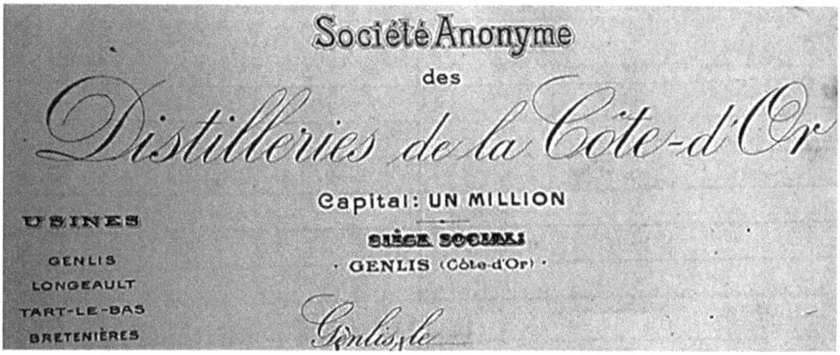
Société Anonyme
des
Distilleries de la Côte-d'Or
Capital : UN MILLION
SIÈGE SOCIAL
GENLIS (Côte-d'Or)
USINES
GENLIS
LONGEAULT
TART-LE-BAS
BRETENIÈRES
Genlis, le

FIGURE 48. Distillerie Bresson à Genlis, Côte d'Or, au début du XXe siècle

SOURCE : Collection A. El Mostain

6.1.2. Des enseignes pour une notoriété nationale et internationale

L'Établissement Édouard Pernod, une acquisition réussie

Le 29 avril 1912, Hubert Bresson, héritier et dirigeant de la maison Abel Bresson, réalise une opération décisive pour l'avenir de l'entreprise familiale : il acquiert le fonds de commerce de la société anonyme des Établissements Édouard Pernod. Cette dernière exploitait alors deux sites de production emblématiques, l'un à Pontarlier en France, l'autre à Couvet en Suisse. Cette double implantation résultait d'une longue tradition industrielle liée à la fabrication d'absinthe. L'acquisition s'effectue dans un contexte particulier, marqué par l'interdiction de l'absinthe en Suisse en 1910 et le décès du fondateur Édouard Pernod. Le montant de l'opération s'élève à 652.413 francs, une somme importante que Bresson complète par un investissement supplémentaire de 342.980 francs destiné à moderniser les infrastructures industrielles.

Ce rachat permet à la maison Abel bresson de devenir l'un des leaders sur le marché français des apéritifs, bénéficiant de l'aura de la marque Pernod, déjà reconnue en France et à l'étranger. Au-delà d'un simple actif industriel, Hubert Bresson acquiert également un héritage industriel prestigieux, une légitimité technique et symbolique qui confère à sa maison une nouvelle dimension.

La marque Édouard Pernod est issue d'une saga familiale et industrielle débutée au début du XIXe siècle à Couvet, dans le Val-de-Travers, en Suisse. À l'origine, un certain Perrenoud, dit Pernod, devenu veuf, se remarie avec une demoiselle Ducommun. Celle-ci travaille avec le docteur Ordinaire à la mise au point d'un élixir médicinal aux vertus multiples : l'absinthe. En possession de la recette, elle la transmet à son mari, qui commence à produire la liqueur à plus grande échelle. De cette union naît un second fils, Henri-Louis. À sa mort, Perrenoud lègue à son fils aîné Édouard l'établissement de Couvet, et à son cadet Henri-Louis une succursale à Pontarlier, construite pour répondre à la demande croissante de la clientèle française.

Pour éviter toute concurrence entre les deux héritiers, le patriarche délimite leurs sphères d'action : Édouard est autorisé à commercialiser ses produits en Suisse et à l'international, hors France et ses colonies, tandis qu'Henri-Louis obtient l'exclusivité sur ces derniers territoires. Il leur impose également d'utiliser des noms commerciaux distincts : « Édouard Pernod » pour l'aîné, « Pernod Fils » pour le cadet. Cet arrangement tient jusqu'aux alentours de 1880.

Par la suite, des évolutions complexes affectent la famille Pernod. Henri-Louis s'associe au banquier Vieil Picard pour développer la marque Pernod Fils, poussant Édouard à créer une succursale à Lunel, en France, gérée par un employé de confiance, Gemp. Ce dernier épouse la fille d'Édouard et hérite de la fabrique de Lunel, à condition que le nom de son beau-père figure toujours sur l'étiquette, avec la mention « Successeur d'Édouard Pernod ».

À la mort d'Édouard, son fils, également prénommé Édouard, donne un nouvel essor à l'entreprise. En 1897, il fonde une succursale à Pontarlier et transforme son entreprise en société anonyme sous l'intitulé « Société anonyme des Établissements Édouard Pernod ».

FIGURE 49. Publicité de la vente de l'absinthe Édouard Pernod en France et dans les colonies. Illustration 1898

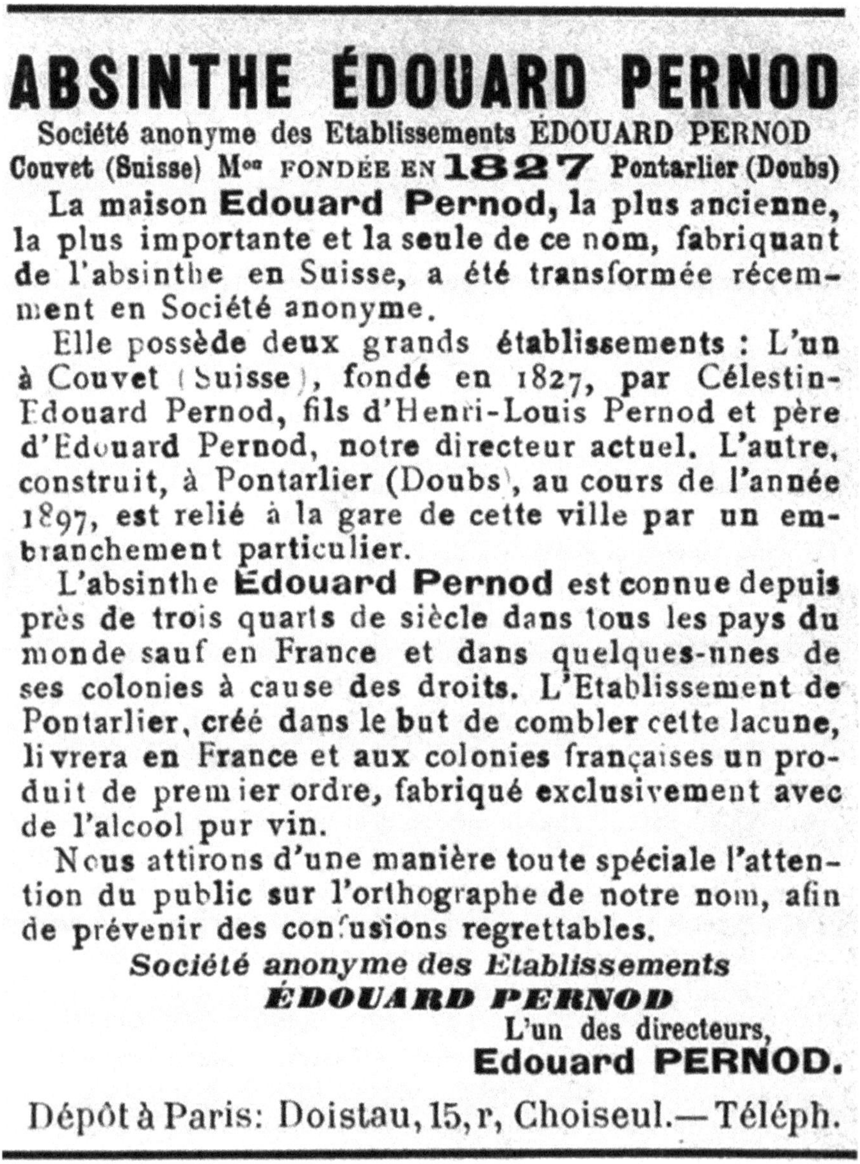

SOURCE : Collection M-C. Delahaye. Musée de l'Absinthe, Auvers-sur-Oise.

À la disparition d'Édouard Pernod (fils), la société cherche un repreneur. En 1912, Hubert Bresson reprend l'établissement de Pontarlier, incluant les marques associées à la production d'absinthe, de kirsch et de liqueurs. En revanche, il laisse à d'autres investisseurs le soin d'exploiter la partie vinicole et alimentaire de Couvet. Celle-ci est reprise par une nouvelle entité, Pernod SA, qui s'associe plus tard au fils d'Henri-Louis pour relancer la production d'absinthe sous cette appellation. Les descendants directs d'Henri-Louis ayant été écartés de Pernod Fils par les manœuvres financières des Vieil Picard, la reprise de la branche Édouard Pernod par Bresson assure à ce dernier la légitimité industrielle, le prestige et la visibilité commerciale d'une marque historique.

FIGURE 50. Étiquette Édouard Pernod (1912) déposée par Hubert Bresson

Marque déposée par Hubert Bresson, même si l'on remarque que sous « Un Pernod » est précisé « Marque déposée par Édouard Pernod à Pontarlier ». Édouard Pernod est décédé en 1901, mais garder son nom est essentiel.

SOURCE : Archives privées de Paul Simon

Cette opération d'envergure permet à Hubert Bresson d'acquérir non seulement un outil de production performant, mais également un réseau de distribution structuré, organisé autour de consortiums, notamment celui de Paris, particulièrement stratégique. Grâce à cet appui, la maison Abel Bresson étend rapidement son rayonnement national et ouvre de nouvelles perspectives à l'exportation.

Le montant total de l'opération (652.413 francs pour l'acquisition, plus 342.980 francs pour la modernisation) est rapidement rentabilisé grâce à des marges brutes importantes. L'actif immobilisé, bien que progressivement amorti, reste fonctionnel tout au long de la période 1913-1916, comme le montre le graphique ci-dessous.

GRAPHIQUE 25. Actif immobilisé de l'usine Édouard Pernod (1913-1916)

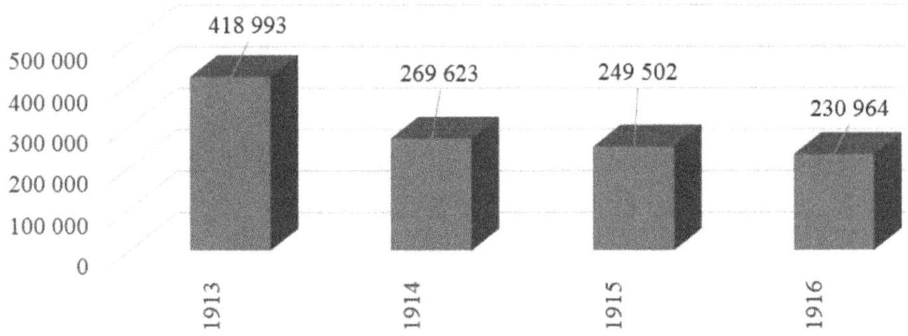

SOURCE : D'après les documents comptables des Établissements Abel Bresson (1913-1916). Archives de l'Écomusée du Pays de la Cerise, Fougerolles.

Parallèlement, les indicateurs économiques enregistrent une forte baisse du chiffre d'affaires entre 1913 et 1916, conséquence de l'instabilité réglementaire pesant sur la filière absinthe. Celui-ci chute de 77%, affectant certains postes stratégiques comme les salaires, la publicité ou les frais de justice engagés dans les nombreux litiges liés aux contrefaçons.

TABLEAU 11. Indicateurs liés à l'usine Pernod à PONTARLIER (1913-1916)

Chiffre d'affaires		**1913**	**1914**	**1915**	**1916**
		1 611 264	1 375 409	782 193	431 722
Salaires d'ouvriers	*En valeur (francs)*	29 989	20 670	10 129	7 682
	% par rapport au chiffre d'affaires	2%	2%	1%	2%
Publicité	*En valeur (francs)*	10 398	26 878	25 250	7 022
	% par rapport au chiffre d'affaires	1%	2%	3%	2%
Procès Pernod	*En valeur (francs)*	12 000	15 750	16 600	1 348
	% par rapport au chiffre d'affaires	1%	1%	2%	0,3%
Marge brute	*En valeur (francs)*	1 015 231	939 409	438 653	152 745
	% par rapport au chiffre d'affaires	63%	68%	56%	35%

Les salaires, représentant environ 2% du chiffre d'affaires, traduisent une faible intensité en main-d'œuvre de cette industrie. La distillation, en effet, repose sur des équipements puissants et automatisés. Ainsi, dès 1896, l'Établissement Abel Bresson produit 22.133 hectolitres d'alcool pur[6] avec seulement 25 ouvriers travaillant 11 heures par jour : un contremaître rémunéré 4 francs de l'heure, 18 ouvriers entre 2,50 et 4 francs, et 6 manœuvres ou charretiers payés entre 2 et 2,50 francs.

L'investissement dans la marque Édouard Pernod est un choix stratégique à long terme. Hubert Bresson ne se limite pas à la commercialisation d'absinthe : il anticipe les mutations du marché et prévoit d'utiliser l'enseigne pour d'autres types de produits. Le contrat signé le 21 février 1912 avec le consortium parisien[7] atteste d'ailleurs que l'éventualité d'une interdiction de l'absinthe en France est pleinement intégrée dans ses prévisions.

... mais des tracas judiciaires

Avant même l'achat de la maison Édouard Pernod, Hubert Bresson doit affronter l'opposition juridique des héritiers de la marque. Il anticipe en déposant la marque « Un Pernod », ce qui déclenche une action en justice des associés Vieil Picard, détenteurs de « Pernod Fils ». Le Tribunal de Pontarlier, confirmé par la Cour d'appel de Besançon, donne raison à M. Bresson, validant une stratégie habile qui associe juridiquement et commercialement son produit au nom emblématique de l'absinthe.

Mais la concurrence sur le nom ne s'arrête pas là. Un autre acteur entre en scène : Jules Pernod, installé à Avignon. Cet homonyme, sans lien direct avec les deux lignées principales (Édouard et Henri-Louis), voit dans son patronyme une opportunité de rebond industriel. Ancien fabricant de garance, un colorant naturel utilisé notamment par l'armée pour la teinture des pantalons rouges, il voit son activité décliner avec l'apparition des teintures chimiques dans les années 1880. Pour échapper à la faillite, il se lance entre 1880 et 1888 dans la production d'absinthe. Toutefois, ses tentatives sont entravées par une série de procès intentés et gagnés par Édouard Pernod, qui défend avec fermeté ses droits sur la marque.

L'interdiction de l'absinthe en 1915 met un terme momentané aux activités de toutes les maisons Pernod. Elles entrent en sommeil jusqu'en 1922, date à laquelle le Parlement français autorise la fabrication de liqueurs anisées, sous réserve qu'elles ne soient pas assimilables à de l'absinthe. Cette distinction légale ouvre la voie à de nouvelles tensions commerciales et judiciaires. Jules Pernod relance ses activités avec une liqueur baptisée « Pernod Père et Fils », nom soigneusement choisi pour évoquer la marque prestigieuse Pernod Fils sans en être la copie directe. Il espère ainsi capter une part du marché, en exploitant la mémoire collective attachée au nom.

---

6 ADHS, 9M1. Rapports préfectoraux sur la situation industrielle du canton de Saint-Loup (1828-1900).

7 Archives de l'Écomusée du Pays de la Cerise, Fougerolles. Contrat de consortium Pernod signé à Paris le 21 février 1912.

De son côté, Hubert Bresson envisage en 1922 de commercialiser une liqueur d'anis sous la marque Édouard Pernod. Averti de ce projet, Jules Pernod le met en garde contre d'éventuelles poursuites. Dans le même temps, Hubert Bresson acquiert la marque concurrente « Junod », ce qui lui permet de diversifier sa stratégie commerciale. Sur le conseil avisé de sa clientèle parisienne, soucieuse d'éviter un retour offensif des hygiénistes hostiles à l'alcool, il choisit prudemment de suspendre son projet. Il renonce temporairement à l'utilisation du nom « Pernod » pour ses produits anisés, préférant la voie de la discrétion tactique.

Mais la querelle ne s'arrête pas là. En 1926, les Vieil Picard s'allient à un fabricant d'anis nommé Heymard pour relancer la marque Pernod Fils, cette fois non pas pour de l'absinthe, mais pour une liqueur anisée. Jules Pernod, voyant dans cette relance une usurpation manifeste, saisit la justice. Il avance un argument juridique précis : selon lui, la marque Pernod Fils est indissociable de l'absinthe, produit désormais interdit. Puisque la loi reconnaît que la liqueur anisée est une liqueur nouvelle, n'ayant aucun lien avec l'ancienne absinthe, l'association Heymard-Vieil Picard n'aurait pas le droit d'utiliser le nom Pernod pour un produit fondamentalement différent. De plus, aucun membre de la famille Pernod ne participe à cette relance. En 1928, le Tribunal de la Seine tranche en sa faveur et déclare nulle la marque Pernod Fils en matière d'anisés.

Cette décision judiciaire réactive les ambitions de la maison Abel Bresson. En 1927, Hubert Bresson décide de commercialiser à son tour une liqueur d'anis sous le nom Édouard Pernod.

FIGURE 51. Étiquette Liqueur d'Anis « Édouard Pernod », fin des années 1920

SOURCE : Collection A. El Mostain

Cette initiative déclenche immédiatement une nouvelle assignation en justice par Jules Pernod. Toutefois, dans ce cas précis, la situation juridique des Établissements Abel Bresson est plus solide que celle de Vieil Picard et Heymard, car Hubert Bresson dispose d'un historique industriel et d'une filiation directe avec la maison Édouard Pernod. Jules Pernod décide alors de différer ses poursuites, dans l'espoir de d'abord consolider sa victoire contre ses anciens adversaires.

En 1929, un retournement de situation survient. À la faveur de tractations confidentielles, Jules Pernod conclut un accord avec Vieil Picard et Heymard. Ils créent ensemble une nouvelle entité : « Les Établissements Pernod », avec une répartition équitable des actions entre le groupe d'Avignon (Jules Pernod) et l'alliance Heymard-Vieil Picard. Cette pacification partielle du conflit ne règle cependant pas les tensions avec la firme Abel Bresson.

En 1930, les Établissements Abel Bresson sont assignés devant le tribunal de Lure, qui prononce la nullité de la marque Édouard Pernod pour les produits anisés. L'entreprise fait appel, mais la Cour d'appel de Besançon confirme le jugement en février 1932. Cette décision constitue un revers important : elle prive les Établissements Bresson de l'usage de leur propre marque dans un marché en pleine croissance. En réaction, la société entame une nouvelle manœuvre juridique : elle se rapproche d'un autre Pernod, Félix, installé à Bellegarde. En 1935, une fusion est conclue entre les Établissements Abel Bresson et Félix Pernod, donnant naissance à une nouvelle entité utilisant la dénomination « Félix Pernod ».

FIGURE 52. Établissements Abel Bresson et Félix Pernod (d'après paquet papier pour rouler les cigarettes)

SOURCE : Collection A. El Mostain

La réaction ne se fait pas attendre. Les Établissements Pernod assignent immédiatement la nouvelle entité en justice, dans l'espoir d'obtenir la radiation de la marque « Félix Pernod ». Cependant, les juridictions civiles ne leur donnent pas raison. Le tribunal de première instance de la Seine rend un jugement favorable à la maison Abel Bresson, jugement confirmé par la Cour d'appel de Paris dans un arrêt marquant. Cette dernière reconnaît aux Établissements Abel Bresson et Félix Pernod le droit de commercialiser une boisson sous le nom Félix Pernod, même lorsqu'un client demande simplement « un Pernod ».

En 1940, la Cour de cassation confirme définitivement l'arrêt d'appel, donnant gain de cause à Hubert Bresson dans ce long contentieux. Toutefois, en 1941, le Parlement interdit la production de liqueurs anisées, nouvelle restriction légale qui oblige les différents acteurs du marché à reconfigurer leur stratégie.

C'est dans ce contexte troublé qu'intervient, en 1942, une tentative de conciliation. Le groupe des Établissements Pernod, lassé de décennies de rivalités judiciaires, propose aux Établissements Abel Bresson un accord commercial : en échange de l'abandon de la marque Félix Pernod, ceux-ci se verraient concéder l'usage de la marque « Pernod Export ». Cette offre vise à éliminer du marché toutes les marques concurrentes portant le nom *Pernod*, pour ne conserver que celles associées à l'ancienne notoriété de l'absinthe.

FIGURE 53. « PERNOD export 45° », propriété des Établissements Abel Bresson (1942)

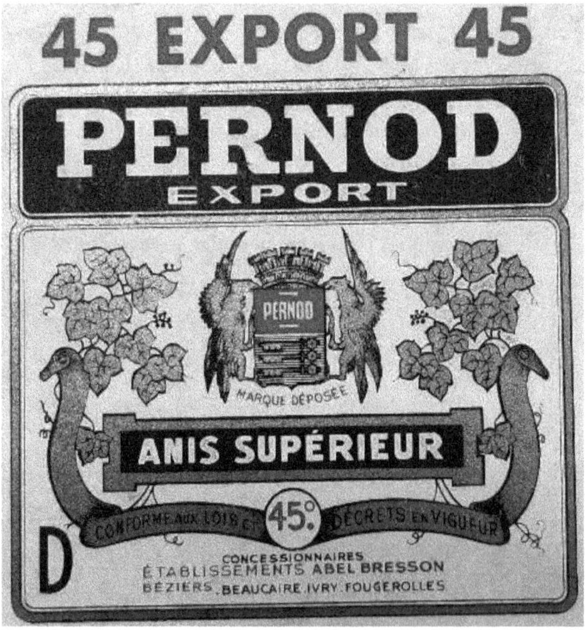

SOURCE : Archives privées de Paul Simon

Ainsi se clôt un cycle de plus de 80 ans de luttes autour d'un nom devenu emblématique. De Pernod Fils à Jules Pernod, d'Édouard à Félix, la marque s'est transformée en enjeu industriel, juridique et symbolique, reflet des mutations du marché des spiritueux français entre la fin du XIXe siècle et la Seconde Guerre mondiale.

Un Junod pour suppléer Un Pernod

Face aux incertitudes juridiques récurrentes entourant l'usage du nom de marque « Pernod » au cours des années 1920, les Établissements Abel Bresson cherchent à consolider leur présence sur le marché des liqueurs anisées sans dépendre d'un nom contesté. D'après le rapport du Conseil d'administration des Établissements Abel Bresson sur l'exercice 1922[8], ils tentent de lancer une nouvelle marque : « Anis Bressonnette ». Cette initiative repose sur la création d'un syndicat de distribution à Paris, spécialement constitué pour porter ce produit. Malgré une campagne promotionnelle soutenue, avec 60.000 francs investis en publicité, le succès commercial n'est pas au rendez-vous.

Cependant, malgré ces efforts, le succès commercial attendu ne se concrétise pas. Le rapport du Conseil d'administration pointe plusieurs raisons de cet échec. Certes, la marque « Bressonnette » respecte pleinement les nouvelles réglementations en vigueur depuis l'autorisation des anisés, mais elle souffre de défauts sensoriels : son goût est jugé trop sucré et sa teinte, d'un vert excessivement prononcé, s'éloigne du profil gustatif recherché par les consommateurs. Ces défauts sensoriels, ajoutés à un positionnement commercial encore flou, compromettent l'adhésion du marché malgré l'investissement consenti.

Consciente de l'impasse, la firme Abel Bresson change de cap stratégique. Elle renonce à créer et développer une nouvelle marque et décide de s'appuyer sur une marque déjà bien implantée : « Junod », un nom jouissant d'une solide réputation tant en France qu'à l'international. L'entreprise négocie et obtient les droits exclusifs d'exploitation de la marque pour les territoires français et coloniaux, moyennant une redevance annuelle équivalente à 6% du chiffre d'affaires généré. Ce choix s'avère judicieux : en capitalisant sur un nom reconnu, la société s'épargne les coûts d'un nouveau lancement et sécurise son positionnement sur un segment concurrentiel.

La production de la liqueur d'anis « Junod » est organisée selon un schéma industriel décentralisé. Deux établissements sont mobilisés : l'usine d'Ivry-Port, à proximité de Paris, et celle de Beaucaire, dans le département du Gard, dans le sud de la France. Ce dispositif vise une double efficacité : d'une part, se rapprocher physiquement des principaux consortiums de distribution ; d'autre part, faciliter l'exportation des produits via les grands ports français. Cette organisation optimise les coûts logistiques, réduit les délais de livraison et garantit une meilleure réactivité commerciale. Chaque site respecte des standards de production précis garantissant la parfaite homogénéité du produit final, gage de fiabilité pour la clientèle et les distributeurs. Cette stratégie industrielle, articulée autour d'un nom fort et d'une organisation souple, permet aux Établissements Abel Bresson de retrouver une stabilité commerciale à un moment charnière de leur histoire.

---

[8] Archives de l'Écomusée du Pays de la Cerise, Fougerolles.

FIGURE 54. En-tête de facture « Junod » propriété des Établissements Abel Bresson, 18 février 1929

SOURCE : Archives de l'Écomusée du Pays de la Cerise, Fougerolles.

La notoriété du nom Junod ne repose pas uniquement sur la qualité du produit. Elle est également portée par l'histoire singulière de la famille fondatrice de la distillerie. Fondée en 1838 à Pontarlier par Auguste Junod (grand-père), la maison est transmise à son petit-fils, également prénommé Auguste (1877-1927), qui en prend la direction en 1907. Sous sa conduite, la distillerie conserve son caractère artisanal tout en s'ouvrant à la modernité technique.

Mais ce qui confère à la marque Junod un rayonnement particulier, c'est l'exploit extra-professionnel d'Auguste Junod en tant que pionnier de l'aviation. Le 29 octobre 1910, il devient le premier homme à faire décoller un appareil motorisé depuis la plaine de la Chaux d'Arlier, près de Pontarlier[9]. Aux commandes d'un biplan Farman III militaire de 50 chevaux, construit en bois et toile, il réussit après plusieurs tentatives à s'élever dans les airs devant une foule enthousiaste. Cet événement, largement relayé dans la presse locale et spécialisée, confère à Junod une double image : celle d'un distillateur innovant et d'un aviateur audacieux. Il devient rapidement une figure incontournable des premiers meetings aériens français, côtoyant des pionniers de renom comme René Hanriot, Georges Legagneux, Robert Martinet ou Émile Obré.

Cette dimension héroïque participe pleinement à la construction de la marque « Junod » comme synonyme d'audace, de modernité et d'élégance technologique. Elle légitime son usage dans le domaine des spiritueux et justifie pleinement le choix d'Hubert Bresson de s'adosser à cette notoriété pour renforcer sa stratégie commerciale.

---

[9] « Auguste JUNOD, le distillateur volant », *L'Est Républicain* du 29 août 2014.

Par ailleurs, l'exploitation de la marque Junod s'inscrit dans une logique d'élargissement géographique des ventes. Grâce à l'implantation des unités de production près des grands ports, notamment à Beaucaire, la maison Abel Bresson peut répondre efficacement aux demandes internationales. Le capital symbolique associé à l'aviation, couplé à l'ancrage historique dans la région de Pontarlier, bastion de la distillation de l'absinthe puis de l'anis, renforce encore la valeur commerciale de la marque.

L'exploitation du nom Junod par la maison Abel Bresson perdure jusqu'à l'interdiction des boissons anisées en 1940 par le régime de Vichy. Ce décret met un terme provisoire à la production et à la commercialisation de ces liqueurs, considérées comme dangereuses pour la santé publique dans le climat moral et hygiéniste de l'époque. Malgré cette interruption, l'expérience Junod reste un exemple de gestion de marque habile et de stratégie d'adaptation réussie face aux contraintes juridiques et commerciales imposées par la prohibition de l'absinthe et la réorganisation du marché des spiritueux.

Nugue-Richard et Cie, des liqueurs à base de vin pour préparer l'avenir

À la sortie de la Première Guerre mondiale, Hubert Bresson, souhaite se lancer sur le marché des alcools de bouche en limitant les risques d'échec comme celui subit avec la liqueur d'absinthe suite à l'acquisition de l'enseigne Pernod. Il décide d'acquérir la société biterroise Nugue-Richard en 1921 appartenant à M. Gaston Herrisson-Saint-Sernin qui accepte d'intégrer le capital de la société Abel Bresson en y apportant ses immeubles, son fonds de commerce, ses marques de fabrique, ses procédés de fabrication et ses formules de préparation en contrepartie de 240 actions pour une valeur totale de 1.200.000 francs. L'entreprise Nugue-Richard, fondée à Lyon en 1840 et transférée à Béziers en 1844 se trouve au centre de la grande production de vins et sous un climat très favorable à la fabrication du vermouth.

Suite à son acquisition en 1921 par la société Abel Bresson, cette dernière y installe même son siège social quelques années plus tard. Nugue-Richard est une marque internationale déposée et protégée le 31 décembre 1907[10] au Bureau international de l'Union pour la protection de la propriété industrielle à Berne. Elle possède un portefeuille de marques riche avec à leur tête la marque « Ambrois'y » déposée en 1885 et qui correspond à une liqueur issue du Banyuls (vin du Roussillon) que la société Nugue-Richard et Cie n'hésite pas à mettre en avant dans ses réclames. Cette acquisition permet à la société Abel Bresson de diversifier son offre sur le marché des alcools de bouche en France et dans ses colonies et surtout d'enrichir son offre de produits destinés à l'exportation.

[10] *La Propriété industrielle*, organe officiel du Bureau international de l'union pour la protection de la propriété industrielle, Bureaux internationaux réunis pour la protection de la propriété intellectuelle, Genève (Suisse), 31 décembre 1907.

FIGURE 55. Étiquette Nugue-Richard, années 1920

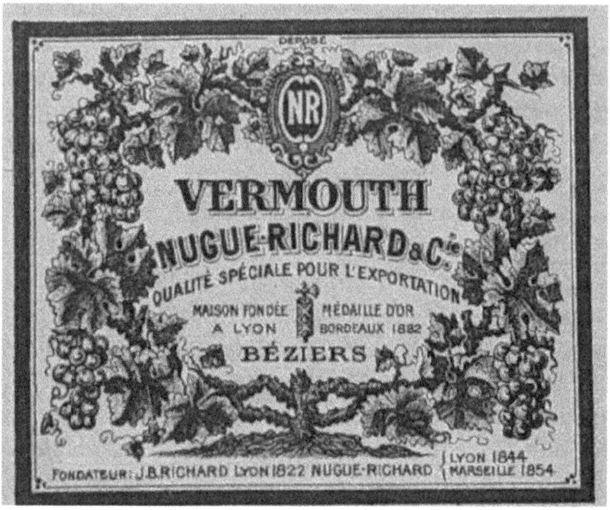

SOURCE : Archives de l'Écomusée du Pays de la Cerise, Fougerolles.

Félix Pernod : une idée ingénieuse

Suite aux différents procès intentés par des descendants de la famille Pernod pour interdire à la société Abel Bresson d'user de la dénomination Pernod qu'Hubert Bresson avait acquise en 1912 pour la liqueur d'absinthe et qu'il essaye d'utiliser pour ses liqueurs anisées, ce dernier opte pour une solution insolite mais bien pensée.

D'après nos différents entretiens avec des descendants de la famille Bresson dont M. Hubert Bresson, le dernier PDG de cette société avant sa cession en 1995 au groupe Marie Brizard et d'après le contrat d'apport-fusion datant du 28 décembre 1934[11] répertorié aux archives de l'Hérault, M. Hubert Bresson, le fils du fondateur de la société Abel Bresson, réussit à convaincre un certain Félix Pernod, un gendarme à la retraite installé à Bellegarde dans le Gard (2, rue Charcot), de mettre son nom à la disposition d'une société qui portera son nom et dont il sera un des sept actionnaires. En effet, le 1er juin 1932, la société anonyme des Établissements Félix Pernod spécialisée dans la fabrication des boissons alcooliques est créée avec sept actionnaires dont Félix Pernod et Hubert Bresson.

Dès sa création, plusieurs marques portant l'homonyme Pernod sont déposées et protégées au niveau national et international et, à la fin de l'année 1934, il est procédé à une fusion entre cette société et la société des Établissements Abel Bresson dont le siège social est établi à Béziers. La fusion est réalisée par l'absorption de la société Félix Pernod par la société Abel Bresson. Cette fusion devient définitive en 1935.

---

[11] Archives départementales de l'Hérault. Montpelier. 6U2/254. Actes de sociétés datant de 1935 (Abel Bresson et Félix Pernod)

FIGURE 56. Réclame Félix Pernod.

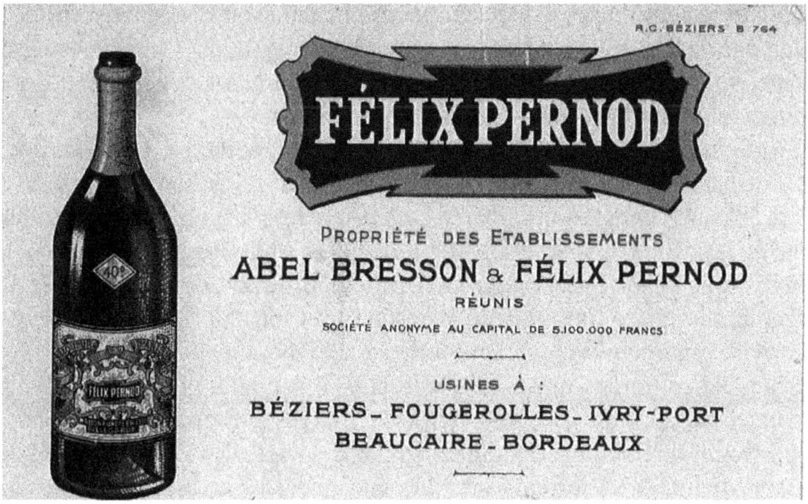

SOURCE : Collection A. El Mostain.

FIGURE 57. Buvard Lou Féli (1938-1939)

Marque de pastis propriété des Établissements Abel Bresson et Félix Pernod Réunis.

SOURCE : Collection A. El Mostain.

La fusion entre la société Félix Pernod et les Établissements Abel Bresson, officialisée au début de l'année 1935, constitue une étape stratégique majeure dans le processus d'expansion et de consolidation du groupe fougerollais sur le marché des spiritueux. Par cette opération, la maison Bresson consolide non seulement ses actifs industriels et commerciaux, mais s'assure également l'usage du prestigieux nom « Pernod », reconnu à l'échelle nationale et internationale dans le secteur des boissons anisées.

En vertu de cet accord de fusion, la société apporteuse, Félix Pernod, se voit attribuer, en complément de son apport en actifs, 200 actions de 500 francs chacune, entièrement libérées, représentant ainsi un dixième du capital social de la société anonyme des Établissements Abel Bresson. Ce mouvement capitalistique manifeste l'intégration officielle de la société absorbée dans l'organigramme de la maison Bresson, tout en lui donnant une place minoritaire mais symboliquement forte au sein du nouvel ensemble.

L'accord comprend une clause restrictive essentielle : Félix Pernod, à titre personnel et au nom de ses héritiers, s'engage formellement à ne pas concurrencer directement ou indirectement la société des Établissements Abel Bresson. Il lui est désormais interdit, sauf accord exprès et écrit, de créer, d'exploiter ou d'administrer toute entreprise industrielle ou commerciale dans le domaine de la distillation. Ce verrou juridique vise à sécuriser l'usage exclusif des marques et savoir-faire rachetés et à prémunir la société fusionnée contre toute résurgence concurrentielle utilisant le nom Pernod.

L'actif transmis par la société Félix Pernod s'élève à un total de 118.278 francs. Cet apport comprend un ensemble cohérent de biens matériels et immatériels :

1- L'établissement industriel et commercial de fabrication et de vente de tous les produits se rattachant à l'industrie de distillation explicité par la société apporteuse à Bellegarde, comprenant :

– La dénomination commerciale et sociale de la société, la clientèle, l'achalandage et le droit de se dire successeur de la société des Établissements Félix Pernod, si elle le juge utile, ou de se servir uniquement des marques et de la dénomination sociale ;

– La propriété de toutes marques, procédés et secrets de fabrication et notamment de leurs marques déposées le 28 avril 1934 au Greffe du Tribunal de 1ère instance de Nantua (Ain) sous les n° 359 et 360 et destinées à désigner des vins, vins mousseux, cidres, bières, alcools et eaux-de-vie et liqueurs spiritueuses diverses, lesdites marques étant constituées essentiellement par la dénomination : Félix Pernod ;

– Les dessins, plans, prix de revient, catalogues, archives et pièces de comptabilité ;

– Le droit au bail, pour le temps qui reste à courir, d'une partie d'immeuble situé à Arold près de Bellegarde, consenti par la société foncière et industrielle du Rhône, société au capital de 4.000.000 francs pour une durée de trois, six, neuf ans, à partir du 1er juin 1932, moyennant un loyer annuel de 10.000 francs suivant acte sous seing privé du 10 mai 1932 enregistré à Bellegarde le 13 juillet 1932 ;

– Le bénéfice et les charges de tous traités, marchés, accords qui ont pu être passés par la société absorbée à raison de l'exploitation dudit établissement industriel et commercial notamment avec son personnel et avec tous les clients et fournisseurs. Le tout représentant une valeur fixée de commun accord à 50.000 francs ;

2- Les agencements, les approvisionnements en matières consommables et divers objets de nature mobilière se trouvant à Arold-Bellegarde, dans les bureaux et l'usine de la société (le tout décrit et estimé à la somme de 80.248 francs) ;

3- Les matières premières et marchandises fabriquées et en cours de fabrication, existant au 20 décembre 1934 et se trouvant à Arold, décrites et estimées à la somme de 7.547 francs ;

4- Les espèces existant dans la caisse de la société et les sommes en dépôt à vue chez ses banquiers, le tout figurant au bilan de ladite société au 20 décembre 1934 ;

5- Les effets à recevoir et le montant des créances diverses de la société sur ses clients, le tout porté au bilan pour un total de 29.625 francs.

Ce regroupement d'actifs permet à la société absorbante de renforcer à la fois ses capacités de production et son maillage territorial. Le 25 janvier 1935, la fusion est entérinée juridiquement : la nouvelle entité prend le nom de « Société des Établissements Abel Bresson et Félix Pernod réunis », avec une augmentation de capital de 100.000 francs, portant le capital total à 5.100.000 francs.

Au-delà de la consolidation patrimoniale, cette fusion se distingue par sa portée symbolique et commerciale. Elle autorise l'usage du nom « Pernod », levier « marketing » précieux dans le contexte d'un marché de liqueurs anisées en plein essor depuis l'assouplissement législatif de 1922. Dès lors, la maison Abel Bresson peut revendiquer la légitimité historique de la marque Pernod, tout en l'intégrant dans une nouvelle dynamique commerciale. En 1938, cette stratégie trouve une expression concrète avec le lancement d'un nouveau produit : le « Pastis Lou Féli 45° ».

Cette fusion réussie illustre également la complémentarité entre croissance externe (par acquisitions ciblées) et croissance interne (par diversification de l'offre), deux dynamiques que la maison Abel Bresson maîtrise avec rigueur. D'autres firmes locales comme l'Établissement Lemercier Frères adoptent, à des échelles moindres, des stratégies similaires. La fusion entre Abel Bresson et Félix Pernod représente cependant un cas d'école, où se rejoignent ambition industrielle, stratégie commerciale et habileté juridique, dans un marché en profonde mutation à la veille de la Seconde Guerre mondiale.

6.2. Croissance interne des moyens

La croissance interne résulte donc de l'accroissement des moyens de distribution et de production de l'entreprise créés grâce à ses propres ressources internes (ressources humaines, financières et techniques). Comme son nom l'indique, la croissance interne est un processus endogène. Il résulte des seuls efforts de la firme sans qu'elle s'associe ou qu'elle se regroupe avec d'autres firmes. C'est l'augmentation des dimensions et le changement des caractéristiques de l'entreprise obtenus par l'adjonction de moyens de production créés par l'entreprise elle-même.

Nous avons recensé les différents moyens de croissance utilisés par les firmes fougerollaises entre 1839 et 1940 à travers toute la filière, de l'approvisionnement à la distribution en passant par la production et que nous schématisons ainsi :

FIGURE 58. Moyens de croissance utilisés par les firmes fougerollaises 1839-1940

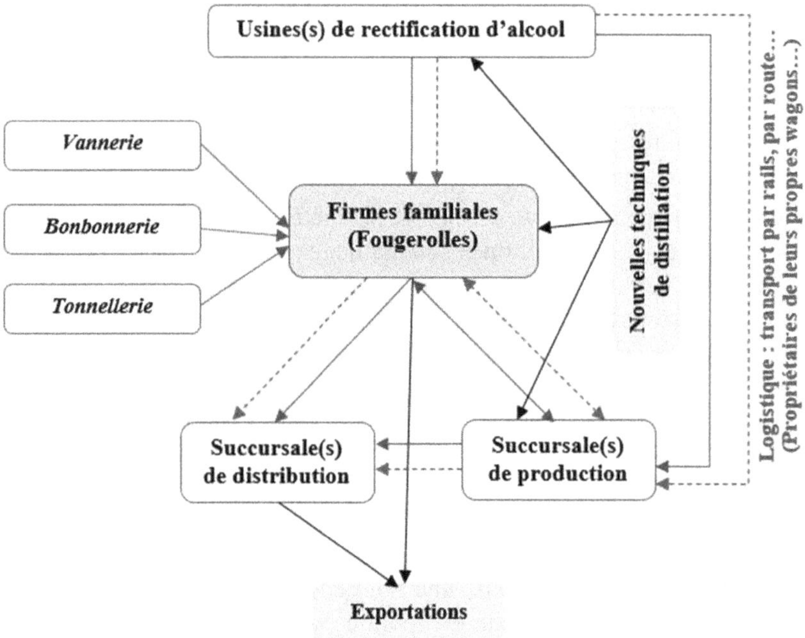

La dynamique de croissance de l'industrie de distillation à Fougerolles est favorisée par l'utilisation des nouvelles techniques de distillation et des moyens de transport, par le désir de contrôler une grande partie de la filière des alcools naturels et industriels qui permet aux firmes fougerollaises de maîtriser les coûts et tendre vers une certaine indépendance vis-à-vis des fournisseurs d'alcools neutres, des conditionnements et des emballages. Les firmes familiales se lancent alors dans l'ouverture de plusieurs succursales de production, des entrepôts de stockage et de distribution et dans l'extension vers des marchés étrangers en développant les exportations.

6.2.1. Utilisation des nouvelles techniques de distillation

D'une manière générale, l'industrie de la distillation à Fougerolles se développe grâce à plusieurs techniques de distillation innovantes et dont les principales sont la technique de distillation au bain-marie, la distillation continue avec les systèmes Egrot et Savalle et la distillation à la vapeur qui permet une meilleure rentabilité et un meilleur rendement. Hormis la distillation au bain-marie, la distillation continue et la distillation à vapeur sont deux techniques introduites à Fougerolles par Abel Bresson dès les années 1850 avant d'être imitées par plusieurs firmes locales avec à leur tête l'Établissement Lemercier Frères.

La distillation continue est utilisée dans l'unité de production d'alcool de betteraves et d'alcool rectifié installée durant les années 1860 à Fougerolles par le fondateur de la société des Établissements Abel Bresson avant d'être suivi par l'Établissement Lemercier Frères en 1895[12] avec l'appui d'Hubert Bresson (fils du fondateur) et la distillerie Auguste Peureux en 1899. Seule l'unité de rectification appartenant à l'Établissement Lemercier frères a arrêté son activité en 1907 pour manque de rentabilité. Les deux autres colonnes de rectification continuent leur activité plusieurs années plus tard.

Entre 1850 et 1945, nous avons recensé 17 chaudières à vapeur destinées à faire fonctionner des appareils de distillation et dont la majorité est de marque Scheidecker et Kohl. L'Établissement Abel Bresson est le premier à faire appel à la distillation à vapeur et le premier à installer une chaudière de cette marque à Fougerolles. L'Établissement Abel Bresson installe à lui seul cinq appareils de distillation à vapeur et Lemercier Frères deux appareils. Abel Bresson est aussi le premier distillateur haut-saônois à installer la technique de la distillation à vapeur dans son usine à Fougerolles. C'est une technique qu'il installe d'abord en Côte d'Or dans ses usines de rectification d'alcool et de production d'alcool d'industrie issu des betteraves. La performance de cette technique le pousse à renouveler l'expérience à Fougerolles dès les années 1856.

En 1878, suite à l'inventaire après décès[13] du fondateur, Abel Bresson, la valeur comptable des équipements de la distillerie Bresson s'élève à 26.499 francs dont des chaudières, des machines à vapeur et des appareils fonctionnant avec le système de distillation continue, des pompes et alimentation, deux rectificateurs système Savalle et leurs accessoires, des condenseurs, des réfrigérants, des régulateurs de vapeur et éprouvettes, un petit rectificateur système Caille servant aussi d'alambic de distillation et ses accessoires, deux alambics de distillation d'absinthe et de Bressonide et leurs accessoires, deux alambics de distillation de kirsch et leurs accessoires et

[12] ADHS, 9M1. L'Établissement Lemercier Frères embauche en 1895 cinq hommes pour la rectification d'alcool qu'il vient d'installer.

[13] ADHS, 2E20742. Inventaire après décès d'Abel Bresson, effectué le 16 juillet 1878.

éprouvettes, deux colorateurs pour les infusions d'absinthe et Bressonide et leurs accessoires et un réfrigérant, divers objets, outils et ustensiles.

À la suite d'un second inventaire dressé après le décès d'Abel Bresson, un relevé détaillé du matériel de distillation est établi dans l'établissement qu'il possédait à Dijon. Ce bilan fait état de six appareils de distillation d'une valeur comptable totale de 18.840 francs. Ces équipements comprennent diverses chaudières, des machines à vapeur et plusieurs dispositifs fonctionnant selon le principe de la distillation continue, notamment des appareils de marque Savalle, réputés pour leur efficacité dans la production d'alcools fins. Voici le détail des installations recensées :

- Appareil 1 : une machine à vapeur développant une puissance de 5 chevaux, accompagnée d'une pompe alimentaire, d'une pompe à eau en cuivre et d'une pompe système Letestu équipée de sa transmission, courroies et accessoires. L'ensemble est complété par une chaudière en tôle d'une capacité de 150 hectolitres, pourvue de serpentins, d'une colonne à 11 tronçons, d'un condenseur, d'un réfrigérant, d'un régulateur de débit et d'une éprouvette graduée.
- Appareils 2 et 3 : deux chaudières à vapeur à un et deux bouilleurs respectivement, chacune équipée des dispositifs de sécurité réglementaires : vannes d'alimentation et de vapeur, manomètre Bourdon, plaques de foyer, grilles et divers accessoires. Les deux générateurs combinés développent une force estimée à environ 40 chevaux. On y joint également une bâche d'alimentation en tôle et une autre en cuivre, servant à réguler l'apport d'eau.
- Appareil 4 : une chaudière en tôle, associée à un serpentin de vapeur en cuivre, un serpentin de refroidissement également en cuivre, ainsi qu'un réfrigérant à enveloppe en tôle.
- Appareil 5 : une chaudière en tôle couplée à une colonne de distillation composée de 14 tronçons et de 28 plateaux en cuivre. Le dispositif est complété par un condenseur de type Savalle comprenant 217 tubes, un réfrigérant à enveloppe en tôle, un serpentin en cuivre et un serpentin de vapeur en cuivre, formant un ensemble technique sophistiqué.
- Appareil 6 : une chaudière entièrement en cuivre avec ses accessoires, un serpentin de cuivre, un barboteur également en cuivre, un tampon de vidange avec tête en cuivre, et enfin un serpentin réfrigérant en cuivre.

Abel Bresson compte parmi les entrepreneurs les plus ouverts aux innovations techniques de son temps, notamment dans le domaine de la distillation. Il adopte ainsi le système Savalle, reconnu pour ses performances, et se distingue comme le seul industriel haut-saônois à faire appel à la maison Savalle pour l'installation de ses équipements. Ce choix technologique marque une volonté affirmée de moderniser et d'optimiser la production. La maison Bresson est d'ailleurs citée dans un rapport d'époque comme l'une des principales firmes françaises ayant confié à la société Savalle le montage de ses distilleries, tant à Fougerolles qu'à Dijon[14].

L'amélioration de la productivité par l'usage des procédés de distillation les plus performants constitue l'une des préoccupations constantes de la firme Abel Bresson. Cette volonté se traduit concrètement par l'installation de divers appareils de distillation à vapeur dans ses établissements de Fougerolles et de Côte-d'Or. Cette orientation vers des équipements modernes et efficaces illustre une stratégie d'optimisation des facteurs de production. À la mort d'Hubert Bresson en 1940, la valeur vénale des installations industrielles de Fougerolles est estimée à 1.203.019 francs, soit près de 29% de l'ensemble des immobilisations corporelles et incorporelles de la société. 24% de l'actif industriel concernent les alambics et la machine à vapeur.

TABLEAU 12. Répartition de la valeur de l'actif immobilisé de l'usine Abel Bresson à Fougerolles en 1940

Bâtiments	3.000.305 francs	**71%**
Installations industrielles	1.203.019 francs	**29%**
Total de des immobilisations corporelles	4.203.324 francs	

TABLEAU 13. Valeurs des appareils de distillation installés dans l'usine Abel Bresson à Fougerolles en 1940

Appareils de distillation	Valeur vénale en francs
Machine à vapeur (marque Scheidecker)	70.000
5 alambics à vapeur	149.650
Un alambic à infusion	
3 alambics à feu nu	21.500
6 alambics à bain-marie	45.000

En 1940, la valeur de l'actif immobilisé de l'usine Abel Bresson à Fougerolles est 1,4 fois supérieure à celle de l'Établissement Lemercier Frères. Ce dernier connaît néanmoins une progression remarquable : entre 1921 et 1944, la valeur de son actif immobilisé est multipliée par 20, un rythme nettement supérieur à celui de l'inflation sur la même période. Une dynamique similaire s'observe dans les usines de rectification de la famille Bresson situées en Côte-d'Or, où l'augmentation progressive des capitaux investis permet d'importants achats de matériels de production. Entre 1914 et 1929, la valeur des installations industrielles, en francs courants, double, portée par une stratégie d'investissement soutenue dans les équipements techniques.

---

[14] SAVALLE Désiré, *Progrès récents de la distillation SAVALLE (1791-1864)*, Paris, G. Masson, 1873.

GRAPHIQUE 26. Capitaux et installations industrielles, usines de distillation en Côte d'Or (1914, 1922 et 1922)

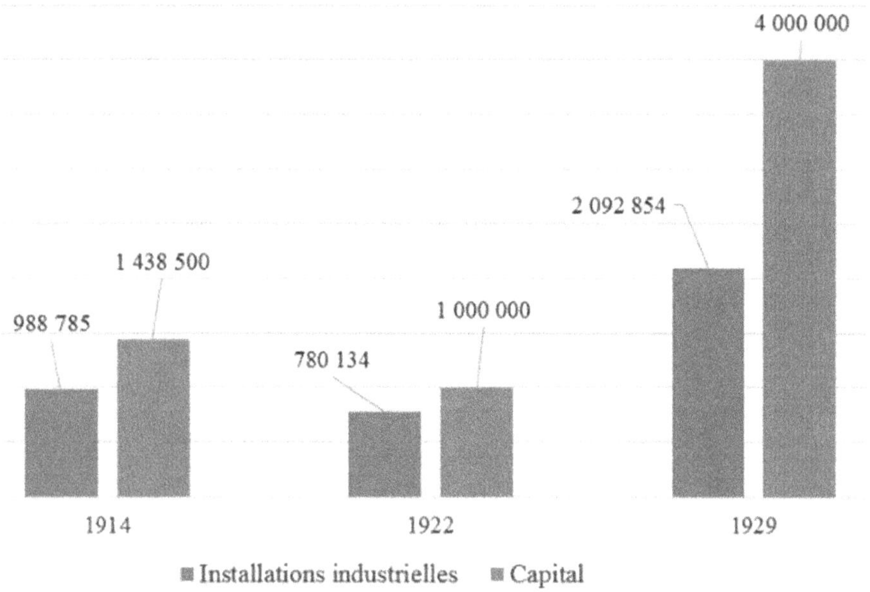

Néanmoins, la part de ces installations industrielles dans les capitaux propres est variable. Si elle représente 78% en 1922, année du lancement des liqueurs anisées autorisées par les pouvoirs publics avec des investissements dans les outils de production, elle ne représente plus que 52% en 1929 à cause, en grande partie, de la perte de valeurs de ces installations non renouvelées.

TABLEAU 14. Capitaux et installations industrielles, usines de distillation en Côte d'Or (1914, 1922 et 1922)

Années	**Installations industrielles**	**Capital**	**Capital**	**Installations industrielles / capital investi**
1914	988 785	1 438 500	100%	**69%**
1922	780 134	1 000 000	100%	**78%**
1929	2 092 854	4 000 000	100%	**52%**

La stratégie d'investissement dans les équipements de distillation modernes n'est pas l'apanage des seuls Établissements Abel Bresson. La maison Lemercier Frères, à son échelle, adopte une logique similaire en mobilisant une part significative de ses capitaux dans des installations techniques de plus en plus performantes. Dès la fin du XIXe siècle, la firme revendique l'usage de la distillation à vapeur, combinée au transport ferroviaire pour l'expédition de ses produits, comme en témoigne une affiche publicitaire conservée dans les archives de l'établissement.

FIGURE 59. Affiche publicitaire fin XIXe siècle mentionnant le recours de l'Établissement Lemercier Frères à la distillation à vapeur et au transport par rails

SOURCE : Archives privées de l'Établissement Lemercier Frères.

Dès leur implantation au cœur de Fougerolles en 1881, les frères Lemercier investissent dans des appareils à la pointe du progrès. Un article de 1891 publié dans *Le Panthéon de l'Industrie*[15] illustre le caractère moderne et structuré de leur distillerie :

> *La distillerie [...] est un des établissements les plus beaux, les plus complets, et les mieux organisés que nous ayons jamais vus. [...] Les petits appareils servant à la fabrication des kirschs purs [...] d'une perfection absolue [...] permettent d'obtenir des produits vraiment incomparables.*

Outre ces équipements, les Lemercier se dotent d'un atelier de fabrication mécanique de tonneaux, propulsé par machine à vapeur, et de wagons-réservoirs spécialement conçus pour le transport de leurs produits sur l'ensemble du réseau ferroviaire français. Les expéditions sont assurées en bonbonnes de 10 à 60 litres et en fûts de diverses capacités.

L'essor technologique s'accompagne également d'une attention portée à la qualification de la main-d'œuvre. Pour attirer du personnel spécialisé, la maison Lemercier recourt à des annonces dans la presse parisienne. Un exemple publié en 1915 dans *La Croix* en témoigne :

> *On demande chauffeur-distillateur pour distillerie à vapeur, et ouvrier connaissant la manipulation des alcools, région Haute-Saône. On*

[15] G., « Une grande distillerie à Fougerolles », *Le Panthéon de l'industrie*, n° 842, août 1891, p. 234-235.

accepte hommes libérés du service militaire ou émigrés mariés ou non. On peut loger. Labbé, Fougerolles.[16]

Après la Première Guerre mondiale, cette politique d'investissement se poursuit et s'intensifie, notamment après la transformation de la Société en Nom Collectif Lemercier Frères en société anonyme en 1921. Face aux incertitudes du marché des spiritueux, Georges Labbé, alors à la tête de la société, propose de renforcer l'activité de vinaigrerie. Lors du conseil d'administration du 28 septembre 1921, il fait le constat d'une demande en vinaigre supérieure aux capacités de production actuelles. Il propose alors d'installer une batterie de neuf cuves selon le système Michaëlis, en réutilisant les anciennes cuves à absinthe, tout en soulignant que ce choix serait plus économique que l'acquisition de coûteux appareils électro-acéto.

Le système Michaëlis, inventé en 1880 par Victor et Frédéric Michaëlis, est un procédé innovant d'acétification utilisé pour produire vinaigres de vin, de bière, de fruits ou d'eaux-de-vie. Déposé dans de nombreux pays européens et extra-européens, ce système repose sur des cuves tournantes en chêne montées sur galets, divisées en deux compartiments : l'un contenant des copeaux de bois, l'autre le liquide à acétifier. L'air circule entre les deux, et toutes les trois heures, une rotation complète est effectuée à l'aide d'une manivelle pour activer le processus d'acétification.

Un an après cette décision, les premiers résultats se font sentir. Lors de la séance du conseil d'administration du 27 mai 1922[17], les performances sont jugées encourageantes :

Pour la fabrique de vinaigres qui débutait aussi l'an dernier, nous avons dû, du fait de la demande de la clientèle, doubler notre production.

Toutefois, les capacités de production restent insuffisantes. Lors du conseil du 22 août 1922[18], Georges Labbé indique que « La nouvelle salle de fabrication des appareils Michaëlis est en plein fonctionnement [...] mais la production [...] suffit à peine à répondre aux demandes de la clientèle ». Malgré cette tension sur l'offre, il juge prématuré d'investir davantage sans avoir expérimenté plusieurs campagnes complètes : « Il ne peut être question d'un nouvel agrandissement avant d'avoir fonctionné durant une ou deux campagnes pleines. »

Néanmoins, des ajustements sont décidés. Pour répondre aux besoins spécifiques de certains clients professionnels, notamment dans la conserverie, le conseil d'administration envisage une production ciblée de vinaigre concentré à 12° : « Tous les clients en gros demandent de ce vinaigre à 12°

[16] Journal *La Croix*, 16 janvier 1915.

[17] Archives de l'Établissement Lemercier Frères. Compte-rendu du Conseil d'administration du 27 mai 1922.

[18] *Ibid.* Compte-rendu du Conseil d'administration du 22 août 1922.

pendant la période des conserves et des cornichons ». Ce nouveau produit vise à éviter que les acheteurs ne se tournent vers des concurrents, ce qui pourrait entraîner une perte de parts de marché sur l'ensemble de la gamme.

Face à la pression continue de la demande, le conseil du 12 décembre 1922[19] dresse un constat préoccupant : « Pendant tout le cours de l'été, il fut difficile de livrer rapidement la clientèle par suite d'une production insuffisante ». Pour y remédier, la société autorise l'installation d'une troisième salle d'acétification, équipée d'une nouvelle batterie de cuves Michaëlis. Cette extension, confiée à Georges Labbé, vise à éviter les retards de livraison au printemps 1923.

Il faut néanmoins attendre 1926 pour que des outils de production véritablement adaptés à la demande soient installés. À cette date, la direction note que :

> *La demande en vinaigres dépasse de beaucoup la production actuelle [...] cela a pour conséquence un mécontentement de la clientèle [...] qui trouve que nous livrons trop difficilement*[20].

Ce constat incite finalement l'entreprise à engager des investissements plus ambitieux, afin de préserver sa clientèle et de s'adapter à un marché devenu structurellement porteur.

À partir de 1926, l'activité de vinaigrerie prend une place croissante dans le chiffre d'affaires de l'Établissement Lemercier Frères, portée par les agrandissements successifs des installations et la mise en service progressive de nouveaux équipements. Ce développement incite la firme à rejoindre le Syndicat des vinaigriers de France[21], marquant ainsi son insertion dans un réseau professionnel structuré. Cette adhésion permet à l'entreprise de nouer des relations commerciales avec d'autres producteurs régionaux et nationaux, dans l'objectif commun de modérer les effets d'une concurrence exacerbée et de stabiliser, autant que possible, les prix de vente du vinaigre.

Les investissements productifs, tant dans la distillerie que dans la vinaigrerie, se poursuivent tout au long des années 1920 et 1930. Cette dynamique s'interrompt brutalement avec l'arrivée au pouvoir du régime de Vichy, qui impose dès 1940 des restrictions sévères à la production et à la commercialisation des alcools, mettant un terme à la croissance des firmes fougerollaises, et en particulier à celle de Lemercier Frères.

L'analyse des données comptables met en évidence l'ampleur des investissements réalisés. Entre 1921 et 1940, la valeur de l'actif immobilisé progresse de plus de 760%, traduisant une stratégie d'expansion soutenue. Cette dynamique se prolonge jusqu'en 1944, année où l'actif atteint un niveau

---

[19] *Ibid.* Compte-rendu du Conseil d'administration du 12 décembre 1922.

[20] *Ibid.* Compte-rendu du Conseil d'administration du 20 avril 1925.

[21] Archives de l'Établissement Lemercier Frères. Compte-rendu du Conseil d'administration du 15 avril 1926.

vingt fois supérieur à celui de 1921. Initialement financé par les capitaux propres, cet effort d'investissement s'appuie, à partir des années 1930, sur un recours croissant au crédit bancaire. Ce changement marque une inflexion dans la gestion financière de l'entreprise, désormais structurée autour d'un double levier : autofinancement et endettement. L'ampleur de ces engagements reflète une volonté affirmée de modernisation des équipements et d'adaptation aux exigences d'un marché en mutation.

GRAPHIQUE 27. Évolution des capitaux investis, Lemercier Frères (1921-1944)

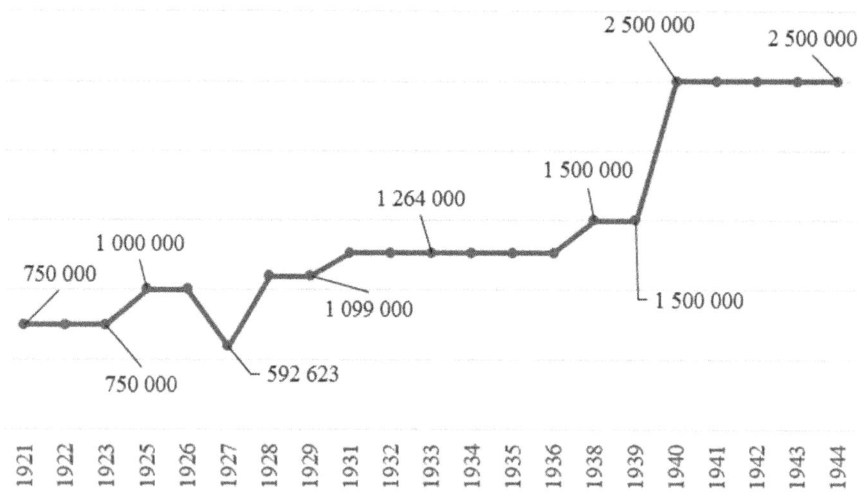

SOURCE : Archives comptables de l'Établissement Lemercier Frères (1921-1944)

Deux ruptures majeures affectent cependant cette trajectoire. La première intervient en 1927, lors du passage de la société anonyme à la société à responsabilité limitée, changement de statut qui se traduit par une réduction du capital social et par le report de plusieurs projets d'équipement. La seconde, plus profonde, débute avec les mesures de restriction adoptées sous Vichy à partir de 1940. La production chute alors nettement, contraignant l'entreprise à suspendre tout renouvellement de ses installations industrielles.

Le gel des investissements entraîne des répercussions immédiates sur la santé financière de l'Établissement Lemercier Frères. Faute de capacité d'autofinancement, la société affiche une trésorerie nette globale négative entre 1940 et 1944. Cette situation fragilise sa structure financière, réduit ses liquidités et limite fortement ses marges de manœuvre, compromettant ainsi sa capacité à faire face aux aléas conjoncturels ou à saisir d'éventuelles opportunités économiques.

GRAPHIQUE 28. Évolution de la trésorerie nette globale (TNG) de l'Établissement Lemercier Frères (1921-1944)

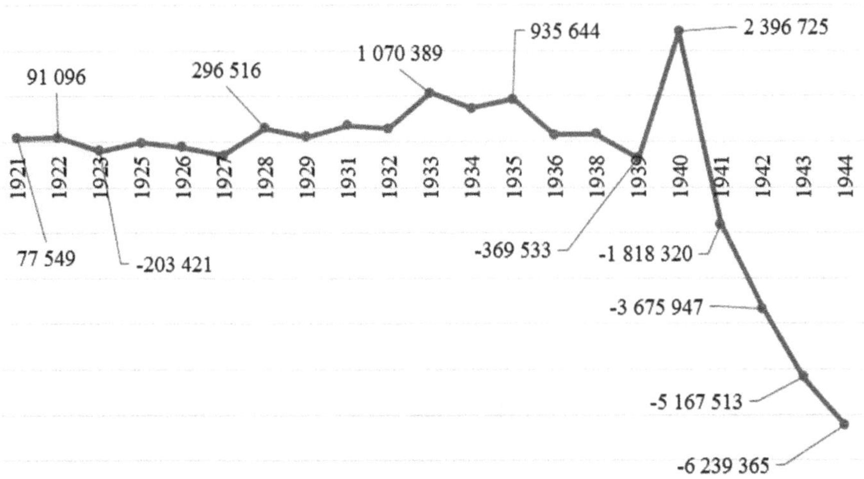

SOURCE : Archives comptables de l'Établissement Lemercier Frères (1921-1944)

À la différence de l'Établissement Lemercier Frères, la firme Abel Bresson bénéficie d'une organisation plus diversifiée et d'une base capitalistique solide, qui lui permettent de mieux faire face aux aléas économiques. Cette robustesse repose sur une spécialisation fonctionnelle bien définie. Les Établissements Abel Bresson regroupent les activités liées à la fabrication et à la commercialisation de boissons alcoolisées et non alcoolisées, mais aussi l'exploitation forestière et la transformation du bois, à travers un réseau d'entrepôts et de sites industriels implantés dans plusieurs régions françaises. En parallèle, une entité juridique autonome administre les distilleries situées en Côte-d'Or, orientées vers la production d'alcools rectifiés et d'alcools industriels. Ces derniers sont destinés à une clientèle diversifiée : industries agroalimentaires, secteurs industriels variés et approvisionnements militaires. Cette répartition fonctionnelle et géographique renforce la résilience du groupe face aux crises économiques ou aux fluctuations du marché.

La diversification des activités permet de mutualiser et de répartir les risques : les pertes subies dans un domaine peuvent être compensées par les bénéfices générés dans un autre. Ce mécanisme d'équilibrage apparaît clairement durant la Première Guerre mondiale. Tandis que les distilleries produisant des alcools de bouche connaissent des difficultés en raison des restrictions et de la baisse de la consommation, celles orientées vers l'alcool industriel, notamment en Côte-d'Or, enregistrent des résultats positifs. Ces excédents financiers assurent alors le soutien et la continuité de l'ensemble du groupe, démontrant l'intérêt stratégique d'une structure économique diversifiée face aux aléas conjoncturels.

GRAPHIQUE 29. Ratios financiers des Établissements Abel Bresson en Côte d'Or (1914, 1922 et 1929)

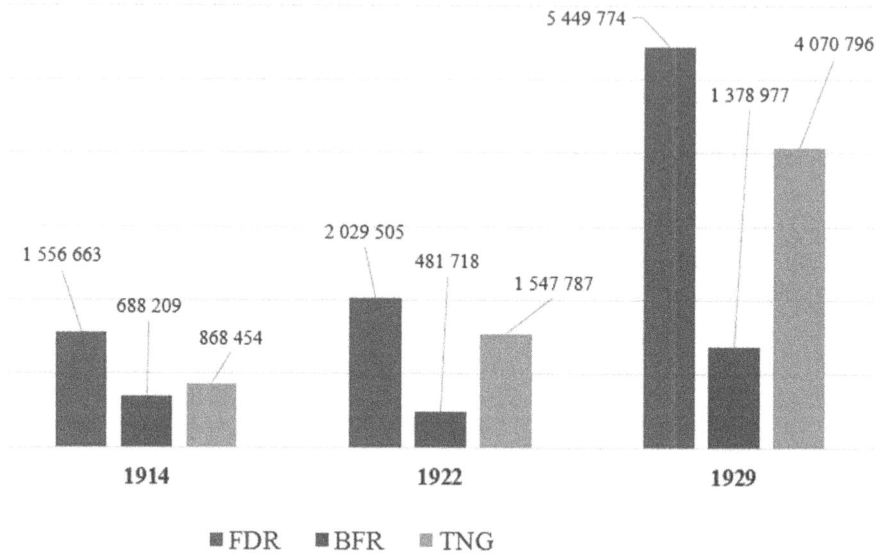

Fonds de roulement, Besoins en fonds de roulement et trésorerie nette globale

SOURCE : Archives de l'Écomusée du Pays de la Cerise. Fougerolles. D'après les documents comptables de la société Abel Bresson (1914-1929).

Cette capacité d'adaptation structurelle permet aux Établissements Abel Bresson de maintenir leur dynamique industrielle et commerciale, y compris dans les périodes de crise. En comparaison, l'Établissement Lemercier Frères, plus vulnérable par sa taille et son moindre niveau de capitalisation, subit de plein fouet les effets des contraintes politiques et économiques des années 1940.

Au-delà de la stratégie de répartition des risques entre les différentes composantes industrielles et commerciales de l'empire Bresson, une nouvelle politique financière émerge à partir de 1920, année de transformation des Établissements Abel Bresson en société anonyme. Tout en maintenant leur siège social à Fougerolles, les dirigeants de la société adoptent des outils de financement plus adaptés à leurs ambitions industrielles, notamment par le recours à l'émission d'obligations. C'est dans ce cadre qu'est décidée, lors du conseil d'administration du 30 décembre 1924, une levée obligataire destinée à soutenir les investissements planifiés pour l'exercice 1925.

Cette évolution vers une société de capitaux n'est pas sans rappeler les difficultés rencontrées par l'Établissement Lemercier Frères à chaque changement de statut juridique. La firme Abel Bresson elle-même connaît une phase délicate après sa transformation juridique en 1920, aggravée l'année suivante par l'intégration de la société Nugue-Richard et Cie, maison spécialisée dans la production de vermouth, basée à Béziers.

Ce double événement, passage du statut de société de personnes à celui de société anonyme, et acquisition d'une nouvelle entité, génère d'importants besoins de financement que la structure ne parvient pas à couvrir immédiatement. Le rapport du Conseil d'administration pour l'exercice 1922, présenté par Hubert Bresson, dresse un constat préoccupant[22] : pour la deuxième année consécutive, la société affiche un exercice déficitaire.

Hubert Bresson y identifie plusieurs causes : le rachat de Nugue-Richard, les frais fixes élevés liés à cette nouvelle unité, l'importance des stocks accumulés, et les pertes issues de la branche bois. Il précise :

> *Les mêmes causes hélas, que l'an dernier pour cet établissement [Nugue-Richard acquise en 1921], situation générale des affaires ayant amené un chiffre de sorties beaucoup trop faible par rapport aux frais généraux énormes de cette maison qui depuis la constitution de notre Société n'a vu que quelques mois de prospérité. Stocks anciens trop importants en vins et matières premières bien trop chers qui nous donnent encore l'assurance pour cette branche de nos affaires d'une perte sérieuse sur l'exercice courant.*

Le rapport souligne également la pression exercée par la détention de stocks anciens, notamment en vins et spiritueux, achetés à des prix très élevés et devenus difficilement rentables dans un contexte de baisse des cours. À cela s'ajoute la faiblesse du chiffre d'affaires dans chacune des unités de production, ainsi que les mauvais résultats du secteur bois, pénalisé par la chute des prix du sciage et du bois de chauffage.

Face à cette situation, Hubert Bresson envisage des mesures structurelles. Parmi les pistes évoquées figure la création d'une société commune regroupant plusieurs entreprises confrontées aux mêmes difficultés, dans l'objectif de mutualiser les charges et de réduire significativement les frais généraux. Il envisage aussi des désengagements ciblés, comme la vente pure et simple de l'usine de Béziers si aucune amélioration n'est constatée à court terme.

Une première décision concrète est rapidement mise en œuvre : la vente de l'entrepôt situé à Oran, en Algérie, jugé peu stratégique. Hubert Bresson justifie cette cession par l'impossibilité d'y écouler les anis français, alors non admis sur le marché algérien. Le rapport mentionne les termes de la transaction :

> *Cet entrepôt est vendu à Macia & Fuentes d'Oran pour 180.000 francs, payables 30.000 francs comptant et 150.000 francs payables avec intérêts 7%, en dix annuités commençant pour la première le 31 décembre 1922.*

---

[22] Archives de l'Écomusée du Pays de la Cerise, Fougerolles. Rapport du Conseil d'administration pour l'exercice 1922

Cette opération traduit la volonté de recentrer les ressources sur les unités les plus rentables et de préserver l'équilibre financier de la société. Elle s'inscrit aussi dans une politique d'investissement prudente. Dans le même rapport, Hubert Bresson renonce à se diversifier davantage dans le commerce des vins doux, en raison du manque de capitaux disponibles et de la dégradation annoncée du marché :

Nous n'avons pas cherché à ajouter, comme nous l'avions indiqué l'an dernier, un commerce de vins doux à nos affaires. Il eût fallu des capitaux importants et avec la baisse actuelle et en perspective, l'affaire n'eût pas été heureuse.

6.2.2. Création de succursales pour être au plus près de la clientèle

L'analyse des en-têtes de factures et de la correspondance commerciale émanant des distilleries fougerollaises, entre le XIXe siècle et le déclenchement de la Seconde Guerre mondiale, met en évidence une stratégie d'expansion particulièrement structurée, fondée à la fois sur la mobilité des représentants commerciaux et, de manière plus décisive, sur la création de dépôts et d'unités de production implantés dans des zones géographiques jugées stratégiques. Cette politique d'extension territoriale répond à plusieurs objectifs : se rapprocher des bassins de consommation, faciliter la logistique de distribution, réduire les délais de livraison, contourner les contraintes liées au transport ferroviaire ou maritime, mais aussi s'insérer dans de nouveaux marchés, qu'ils soient régionaux, nationaux ou coloniaux.

Deux maisons se démarquent nettement dans cette dynamique : les Établissements Abel Bresson et la distillerie des Fils d'Auguste Peureux, seules à avoir mis en œuvre une stratégie de décentralisation industrielle par l'implantation de succursales de production en dehors de leur site d'origine à Fougerolles. Cette volonté d'expansion industrielle repose sur une anticipation fine des mutations du marché des alcools et sur une capacité à structurer un réseau logistique et productif multirégional.

Hubert Bresson inaugure cette stratégie en 1906 avec l'ouverture de deux premières usines : l'une à Beaucaire (Gard), l'autre à Ivry, en région parisienne. Suivent ensuite Oran en 1911, puis Pontarlier en 1912, cette dernière étant intégrée par l'acquisition de l'enseigne Édouard Pernod, précédemment évoquée comme moteur de croissance externe.

Cette logique d'implantation hors du berceau fougerollais ne débute toutefois pas avec Hubert Bresson. Dès 1858, Abel Bresson établit une usine de rectification d'alcools issus de betteraves à Dijon. À la fin des années 1880, d'autres unités voient le jour dans les environs, à Genlis, Longeault et Bretenières, formant progressivement un ensemble de structures juridiquement indépendantes, chargées à la fois d'approvisionner le site de Fougerolles et, à partir de 1906, de desservir les nouvelles succursales de production. Ces usines bourguignonnes remplissent également une fonction logistique en tant que dépôts pour les produits finis issus de Fougerolles.

Entre 1850 et 1940, trois grandes maisons fougerollaises, Abel Bresson, Lemercier Frères et Auguste Peureux, développent un réseau combinant 16 usines et au moins 15 entrepôts répartis sur l'ensemble du territoire français et au-delà. Les villes concernées sont : Fougerolles, Dijon, Genlis, Longeault, Bretenières, Beaucaire, Ivry-Port, Oran, Pontarlier, Béziers, Aillevillers, Chambéry, Saint-Denis et Marseille. La maison Peureux ne déploie que trois sites de production : Fougerolles (dès 1864), Saint-Denis (1912) et Marseille[23] (début années 1920). En revanche, la firme Abel Bresson installe 11 usines : à Fougerolles dès les années 1840, puis à Dijon, Genlis, Longeault et Bretenières entre 1858 et 1891, suivies de Beaucaire et Ivry en 1906, Oran en 1911, Pontarlier en 1912, Béziers en 1921, et Chambéry au début des années 1940.

Les entrepôts complètent cette couverture nationale et coloniale. Ils sont localisés à Valence, Montpellier, Le Havre, Lyon, Alger, Nice, Cette (Sète), Avignon, Rouen, Bordeaux, Saint-Nazaire, Bruxelles et Pantin. La répartition entre les trois firmes s'organise comme suit :

- Lemercier Frères ouvre sept entrepôts entre les années 1890 et la fin des années 1920 à Sète, Lyon, Avignon, Rouen, Bordeaux, Saint-Nazaire et Pantin. À partir des années 1930, l'établissement opte pour une relation directe avec la clientèle, les livraisons s'effectuant désormais à partir de Fougerolles sans passer par des dépôts intermédiaires.
- Abel Bresson en installe six entre les années 1880 et 1920 : à Valence, Montpellier, Le Havre, Lyon, Nice et Alger. À compter des années 1920, la société ferme progressivement ces entrepôts pour en transférer les fonctions logistiques à ses succursales de production.

Certains cas présentent un intérêt particulier, notamment Lyon, qui accueille des entrepôts appartenant aux trois grandes firmes fougerollaises, confirmant son rôle central dans le commerce des alcools. De même, la région parisienne constitue un pôle stratégique : elle concentre deux unités de production, l'une à Ivry-Port pour Abel Bresson, l'autre à Saint-Denis pour la maison Peureux. Ces choix d'implantation répondent à la fois à des logiques commerciales, techniques et politiques.

Ainsi, loin de se limiter à un modèle artisanal ou local, les distilleries fougerollaises, en particulier les maisons Bresson et Peureux, déploient dès le XIXe siècle une stratégie industrielle et commerciale ambitieuse, fondée sur la territorialisation de la production, l'intégration logistique et la segmentation des marchés. Cette capacité à se projeter au-delà du cadre régional constitue l'un des moteurs essentiels de leur pérennité et de leur rayonnement économique.

---

23 La présence de la firme Peureux à Marseille est mentionnée par DAUMALIN Xavier, DOMENICHINO Jean, GUILLON Jean-Marie, *Paul Ricard et le vrai pastis de Marseille*, Marseille, Éditions Jeanne Laffitte, 2009, p. 13.

FIGURE 60. Répartition des usines et des entrepôts appartenant aux trois firmes fougerollaises : Abel Bresson, Lemercier Frères et Auguste Peureux (1850-1940)

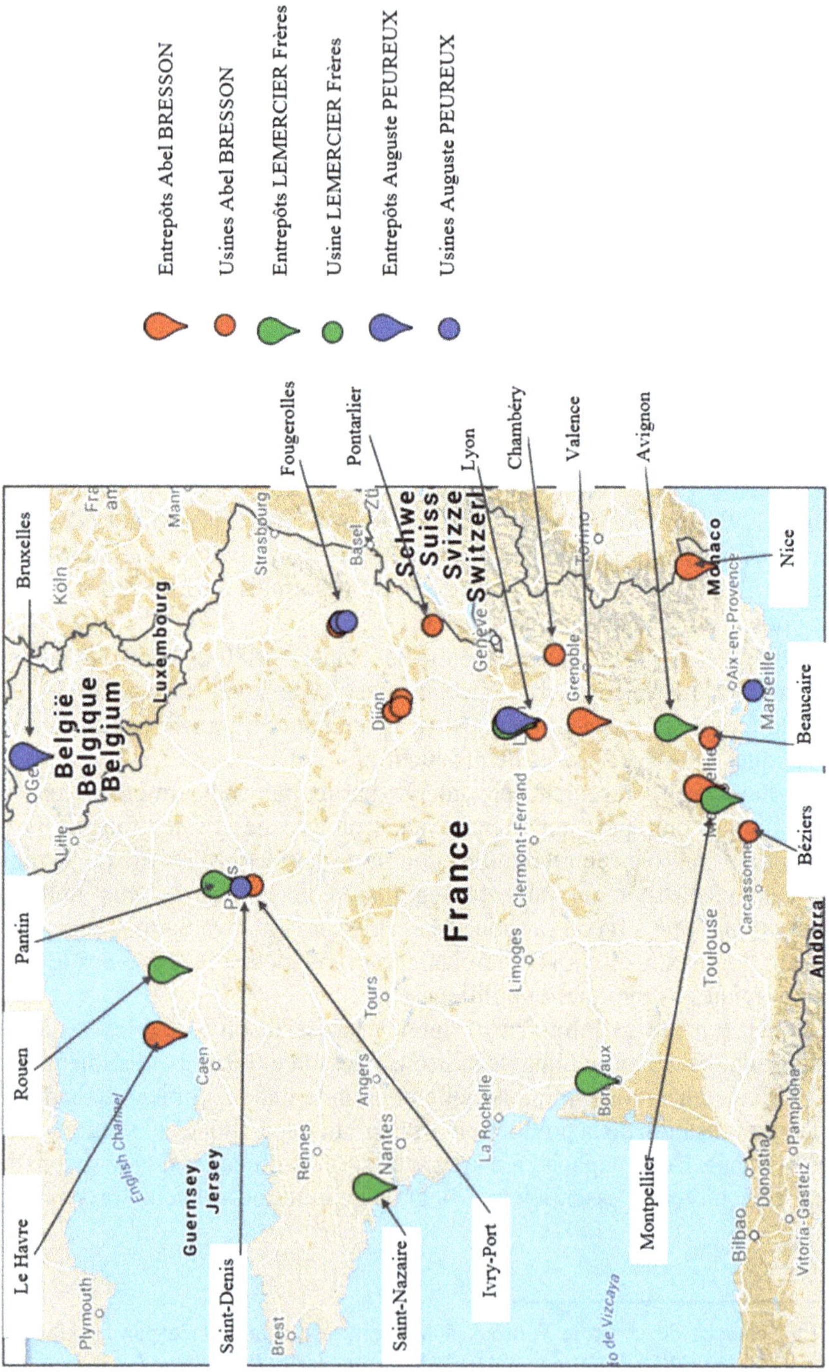

Ce maillage territorial n'est pas uniquement symbolique. Il se traduit par des dépenses significatives. Entre 1911 et 1915, les Établissements Abel Bresson investissent 679.743 francs dans les travaux d'aménagement, d'agrandissement et les campagnes publicitaires de leurs succursales. Ces sommes témoignent de l'ampleur des moyens mobilisés pour asseoir leur présence commerciale à l'échelle nationale et coloniale.

GRAPHIQUE 30. Répartition des dépenses effectuées dans les succursales Abel Bresson entre 1911 et 1915 (Aménagements, agrandissements et publicité)

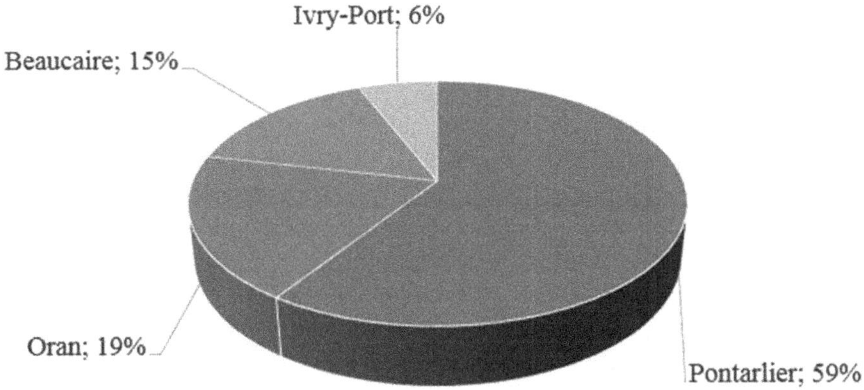

Parmi ces dépenses, la publicité représente un poste spécifique s'élevant à 41.217 francs, soit 6% du total. Ce budget couvre la production de supports promotionnels variés : affiches, tableaux, objets publicitaires, contrats de distribution, brochures et autres imprimés commerciaux. Il reflète une politique commerciale offensive, visant à consolider la notoriété de la marque dans des zones à fort potentiel de consommation, tout en soutenant l'activité des succursales.

Ainsi, le développement d'un réseau de succursales, qu'elles soient productives ou logistiques, s'inscrit dans une logique globale d'expansion des marchés, de proximité avec la clientèle et de rationalisation des flux. Cette politique s'avère être l'un des piliers de la réussite des grandes firmes fougerollaises dans la première moitié du XXe siècle.

6.2.3. Emballage et transport : une logistique au service du client mais aux coûts maîtrisés

Intégration de l'activité d'emballage pour maîtriser les coûts

La tonnellerie et la vannerie sont deux activités qui marquent l'histoire économique fougerollaise. Elles se développent au rythme de la croissance de l'industrie de la distillation. Leur disparition est due à plusieurs facteurs : l'arrivée des emballages plastiques après la seconde guerre mondiale, la loi de finances de juillet 1953, entrée en application le 1er janvier 1955, qui rend l'embouteillage obligatoire pour les eaux-de-vie, la modernisation des distilleries qui utilisent des cuves métalliques ou en ciment, vitrifiées à l'intérieur pour la fermentation des fruits et des cuves ou des réservoirs en fer pour le transport des alcools.

Parmi toutes les activités secondaires exercées à Fougerolles durant le XIXe siècle et qui sont aussi nombreuses que variées : bûcheronnage, charroyage, vannerie, distillation, tonnellerie, extraction de pierres, taillage de meules, de pierres de taille, tissage de toile et de droguet, trois seulement ont survécu à la Grande Guerre : la distillation, la tonnellerie et la vannerie.

A la fin du XIXe siècle, on compte à Fougerolles sept tonnelleries et environ 250 ouvriers tonneliers. Certains sont paysans et pratiquent cette activité en complément de leur travail d'agriculteur. On réalise des tonneaux dans des ateliers ou seul dans sa ferme. Parmi ces tonnelleries, seules deux appartiennent d'une manière durable à des distillateurs de profession : il s'agit de la firme Abel Bresson qui crée son atelier de tonnellerie et de ferblanterie dans le dernier quart du XIXe siècle et de l'Etablissement Lemercier Frères dont l'atelier tonnellerie est installé vers 1890. Ce dernier établissement voit son activité de tonnellerie se développer fortement grâce à l'essor de sa vinaigrerie qui demande un nombre de tonneaux conséquent. L'activité de tonnellerie ne se contente pas de fabriquer du neuf mais la réparation de l'ancien donne à cet atelier une bonne activité aussi.

Les tonneaux de différentes contenances sont utilisés exclusivement pour la livraison des alcools à la clientèle. Ils sont, en général, consignés et doivent être retournés aux usines pour être lavés et éventuellement réparés avant d'être réutilisés. La vannerie va de pair avec la tonnellerie. Les diverses activités concourent toutes au même but : l'emballage des verres à bonbonnes pour les besoins de la distillerie. L'Etablissement Lemercier Frères possède la vannerie la plus importante de la Haute-Saône à la fin de la Première Guerre mondiale.

La tonnellerie et la vannerie sont deux postes très importants et demandent un contrôle permanent afin de maîtriser les coûts de production dans un marché de plus en plus concurrentiel.

Si nos deux firmes familiales intègrent ces deux activités dans le processus de production et de distribution, les autres firmes familiales locales se contentent de se fournir chez les tonneliers locaux indépendants avec le risque d'être confronté aux ruptures de stock ou de se faire appliquer les prix du marché.

Maîtrise de la logistique (Transports ferroviaire, fluvial et routier)

Comme nous l'avons évoqué dans notre deuxième partie, l'ouverture de la gare ferroviaire à Fougerolles en 1881 favorise l'extension de l'industrie de la distillation dans cette commune. Tous les distillateurs locaux en font usage et, à leur tête, l'Établissement Lemercier Frères qui n'hésite pas à installer un embranchement entre son établissement et la gare de Fougerolles.

S'il faut attendre 1881 pour voir Fougerolles se doter d'une gare ferroviaire, Abel Bresson en fait déjà usage dans ses usines en Côte d'Or dès les années 1860. En effet, en Côte-d'Or, les établissements Bresson bénéficient déjà d'une bonne liaison ferroviaire et Abel Bresson utilise les transports ferroviaires pour livrer sa clientèle dans toute la France. De plus, les établissements de Côte-d'Or peuvent approvisionner facilement l'usine de fabrication à Fougerolles et inversement grâce à la ligne Dijon-Belfort.

Jusqu'en 1881, date d'ouverture de la gare ferroviaire de Fougerolles, les Établissements Lemercier Frères et Abel Bresson livrent une partie de leurs produits via la gare d'Aillevillers qui se trouve à proximité de Fougerolles (5km). D'Aillevillers, les firmes fougerollaises peuvent accéder au marché national en approvisionnant rapidement leur clientèle tout en s'approvisionnant en matières premières dans des délais raisonnables. Les établissements Bresson à Fougerolles et en Côte-d'Or peuvent donc travailler ensemble dans les meilleures conditions.

Le transport par chemin de fer est souvent appelé « Vitesse rapide ». Les établissements fougerollais n'hésitent pas à le mentionner dans leurs correspondances car c'est un argument de vente et de fiabilité vis-à-vis de la clientèle de professionnels.

Comme l'Établissement Lemercier Frères, Abel Bresson possède des wagons-citernes attachés à la gare de Fougerolles. Il possède même à Genlis (Côte-d'Or) un petit nombre de wagons marqués par la compagnie PLM[24] de l'estampille « admis à circuler ». En plus de ces wagons PLM, la firme Bresson possède d'autres wagons sans aucune marque spéciale.

En 1900, la gare de Fougerolles expédie jusqu'à 320 hectolitres de spiritueux par jour[25]. La maison Bresson, à elle seule, livre 230 hl par jour. L'absinthe compte pour plus de la moitié des expéditions. Les Établissements Abel Bresson proposent systématiquement à leur clientèle le transport par rail dans des wagons-réservoirs, des fûts, des muids et des pipes. Ce service est facturé à l'hectolitre.

La situation géographique des distilleries en Côte-d'Or permet à l'Établissement Abel Bresson d'utiliser, en plus des voies ferrées, d'autres canaux de transport performants appelés « petite vitesse » comme le canal de Bourgogne qui peut acheminer la matière première de Dijon au port de Saint-Jean-de-Losne et puis continuer par le canal de l'Est jusqu'au port de Gray voire jusqu'au port de Port-sur-Saône pour approvisionner sa distillerie de Fougerolles, comme pour livrer sa clientèle sur tout le territoire français. Le port de Gray semble être une plaque tournante des échanges avec la Côte-d'Or et avec le reste du pays. En effet, l'accroissement du trafic fluvial dans la première moitié du XIXe siècle entraîne, de fait, une recrudescence d'activité. Le port de Gray, essentiellement consacré au transit, se hisse au second rang des ports de l'Est, immédiatement après celui de Strasbourg.

Précisons que l'Établissement Lemercier Frères fait plus usage du transport par rails et rarement par voie fluviale. L'implantation des succursales en Côte

[24] Compagnie des chemins de fer de Paris-Lyon-Méditerranée créée le 19-07-1857.
[25] Archives privées de Jacques Simon, Fougerolles.

d'Or par la famille Bresson justifie cette diversification du transport et surtout le recours à la « petite vitesse », moins onéreuse que le transport par rails, pour réduire ses coûts de logistique.

Après la transformation de la SNC en SA en 1920 et contrairement à l'Établissement Lemercier Frères qui continue à faire appel au transport par chemins de fer et par livreurs externes à l'entreprise, la société des Établissements Abel Bresson décide d'assurer elle-même le transport d'une partie de ses productions. Elle investit alors dans des camions citernes et embauche des chauffeurs pour sillonner la France et livrer sa clientèle. Ainsi, en 1940, lors d'un inventaire effectué par un expert en assurance[26], plusieurs véhicules sont mentionnés pour une valeur vénale totale de 1.035.000 francs : Camion « Saurer » 10 tonnes marchant au gazoil ; Berliet gazobois[27], 6,5 tonnes, 19 CV ; Renault gazogène, 2,5 tonnes, 7 CV ; camionnette 402 Peugeot gazobois, 1,200, 12 CV ; Peugeot 12 CV à essence ; Renault commerciale 0,5 tonne, 8CV ; Berliet 15CV, 3,5 tonnes.

6.2.4. Diversification des activités et des produits

La réussite des deux firmes familiales, notamment celle de l'Établissement Lemercier Frères, repose sur une diversification maîtrisée des activités et des produits. Face à la crise provoquée par l'interdiction de l'absinthe, la maison Lemercier Frères s'appuie sur une activité complémentaire déjà ancienne : le négoce de vin, développé bien avant l'installation de la société au centre de Fougerolles en 1880. Cette orientation devient centrale dans le modèle économique de l'entreprise, avec l'ouverture d'une succursale à Bordeaux pour se rapprocher des bassins de production. Après la Première Guerre mondiale, le négoce de vin connaît une forte expansion, représentant plus de 60% du chiffre d'affaires en 1921, comme le confirme l'analyse des documents comptables conservés dans les archives de l'entreprise.

Par ailleurs, la diversification passe aussi par l'élargissement de la production. En 1895, l'installation d'une colonne de rectification permet à l'entreprise de produire ses propres alcools, de sécuriser ses approvisionnements et de répondre à la demande locale. Même si cette activité cesse en 1907, elle ouvre la voie à de nouveaux développements avec la mise en place de deux ateliers internes : la bonbonnerie et la vannerie très utiles au fonctionnement de la société jusqu'à la fin des années 1930. S'y ajoute l'activité de tonnellerie, implantée dès 1890 à Fougerolles, qui soutient l'ensemble de ces secteurs jusqu'à la fin des années 1960. Cette stratégie de diversification productive et commerciale a constitué un levier fondamental de pérennité pour la maison Lemercier Frères.

---

[26] Archives de l'Écomusée du Pays de la Cerise à Fougerolles, d'après des archives privées de Marcel Saire.

[27] Matière première adaptée aux restrictions de matières premières imposées par l'occupation allemande pendant la Seconde Guerre mondiale.

TABLEAU 15. Répartition du chiffre d'affaires en volume Lemercier Frères en 1921

Produits	Répartition du chiffre d'affaires en volume
Vins embouteillés à Fougerolles	62%
Vinaigre	9%
Mirabelle	6%
Kirsch	5%
Quetsche	4%
Alcool aromatisé	4%
Marc	4%
Rhum	4%
Vins de liqueurs	2%

SOURCE : Archives de l'Établissement Lemercier Frères.

TABLEAU 16. Portefeuille de produits commercialisés par l'Établissement Lemercier Frères (1862-1940)

Années	Portefeuille de produits
1862	Vins et eaux-de-vie dont le kirsch.[488]
1876	Vins, liqueurs, absinthe et eaux-de-vie dont le kirsch[489].
1880	Vins, liqueurs, absinthe et eaux-de-vie dont le kirsch.
1900	Vins, liqueurs, absinthe et eaux-de-vie dont le kirsch.[490] et alcool d'industrie.
1913	Vins, liqueurs, absinthe, eaux-de-vie dont le kirsch, jus de cerises, fruits en bocaux et en fûts et fabrique de bonbonnes emballées.
1916	Vins, sirops, eaux-de-vie dont le kirsch, jus de cerises, fruits en bocaux et en fûts et fabrique de bonbonnes emballées.
1921	Vins, sirops, vinaigres, rhum, eaux-de-vie dont le kirsch et fabrique de bonbonnes emballées.
1925[491]	eaux-de-vie dont le kirsch, vinaigres, liqueurs, spiritueux, eaux-minérales, produits chimiques et fabrique de bonbonnes emballées.
1932	Vins, liqueurs de vin, liqueurs anisées, rhum, sirops, vinaigres et eaux-de-vie dont le kirsch.
1940	Vins, eaux-de-vie dont le kirsch, liqueurs de vin, liqueurs anisées, sirops et vinaigres.

SOURCE : Archives de l'Établissement Lemercier Frères.

Cette diversification de la production concerne aussi les marques commercialisées que nous étudierons dans le septième chapitre. En effet, nous avons recensé pas moins de 20 marques commercialisées par la société Lemercier Frères entre 1890 et 1940. Des marques qui touchent toutes les variétés de produits commercialisés : les vins, les liqueurs de vin, les eaux-de-vie, les rhums, les boissons anisées, les vinaigres et les sirops.

Chez les Établissements Abel Bresson, la diversification s'opère très tôt. Dès 1839, Abel Bresson se spécialise dans le kirsch[28], avant d'élargir son offre dans les années 1850 avec la fabrication d'absinthe et d'alcools d'industrie. La « Bressonide », liqueur anisée anticipant une possible interdiction de l'absinthe, symbolise cette stratégie d'innovation réactive. L'inventaire dressé en 1878[29], à la mort d'Abel Bresson, met en évidence une gamme déjà riche : alcools d'industrie, eaux-de-vie, rhum, cognac, absinthe, et la fameuse Bressonide.

Jusqu'en 1915, l'alcool d'industrie et la liqueur d'absinthe représentent la part la plus importante du chiffre d'affaires des Établissements Abel Bresson. L'interdiction de l'absinthe et la lutte antialcoolique contre l'alcool d'industrie portent un coup aux activités de la firme familiale mais ces difficultés sont amorties par une diversification plus accrue avec un retour vers le kirsch et les eaux-de-vie. Cette diversification va s'enrichir avec un nouveau produit autorisé par les pouvoirs publics au début des années 1920 : la liqueur anisée. C'est à partir de la fin des années 1920 et jusqu'à la fin des années 1930 que la société des Établissements Abel Bresson présente le portefeuille de produits et de marques le plus étoffé de son histoire. C'est la plus belle période dans l'histoire de cette société familiale.

La stratégie de diversification de la maison Abel Bresson ne se limite pas à la production et à la commercialisation d'alcools. Elle s'étend également à d'autres secteurs économiques, en particulier celui du bois, à la fois matière première et ressource stratégique. Dès les années 1870, la famille Bresson acquiert plusieurs domaines forestiers autour de Fougerolles, notamment à Aillevillers, où elle installe une scierie hydraulique dotée d'un outillage moderne. Cette activité secondaire devient rapidement un levier économique à part entière, participant à la valorisation du patrimoine foncier et à l'autonomie énergétique de l'entreprise. En 1920, la valeur cumulée des biens forestiers et de la scierie atteint 1.260.000 francs, soit 22% du patrimoine industriel de la famille. Parallèlement, les Bresson prennent des participations dans d'autres sociétés issues de secteurs variés, tant en France qu'à l'étranger, inscrivant ainsi leur stratégie dans une logique de capitalisation industrielle et de sécurisation patrimoniale.

---

[28] ADHS, 3U2851. Acte commercial notarié signée par Abel Bresson et son associé, Charles ROBLIN, le 7 juillet 1839.

[29] ADHS, 2E20742. Inventaire après décès de M. Abel Bresson, effectué le 16 juillet 1878.

TABLEAU 17. La valeur des domaines forestiers et de la scierie appartenant à la famille Bresson en 1920

Usine d'Aillevillers	195.000	15%
Forêt du Poiremont	450.000	36%
Foret de Lyaumont	450.000	36%
Foret de la Seroux	100.000	8%
Domaine des Hauts-Champs et de la Campagne	65.000	5%
Valeur totale	**1.260.000**	**100%**

SOURCE : Archives de l'Écomusée du Pays de la Cerise, Fougerolles.

L'exploitation de la scierie d'Aillevillers et des forêts avoisinantes, lancée par Abel Bresson, fondateur de l'entreprise, ne s'éteint pas avec lui. Elle va, au contraire, se prolonger bien au-delà de son décès grâce à l'implication de ses descendants. Son fils Hubert Bresson reprend l'affaire avec rigueur et dynamisme, et poursuit l'œuvre de son père jusqu'à sa propre mort en 1940. Ce sont alors les soins de son fils Robert Bresson qui assurent la continuité de l'exploitation familiale dans les années qui suivent. Toutefois, cette transmission intergénérationnelle trouve sa fin quelques décennies plus tard : à la mort de Mme Bresson de Montchenu, survenue en 1963, l'exploitation cesse définitivement ses activités, marquant ainsi la fin d'un cycle familial et entrepreneurial. Deux ans plus tard, en 1965, la demeure familiale est cédée à une association locale de formation professionnelle qui y installe la Maison Familiale Rurale de Fougerolles. Ce lieu, porteur de mémoire, devient alors un espace de transmission de savoirs d'un autre ordre.

Au-delà de la seule production d'alcools, qu'ils soient de bouche ou d'industrie, la famille Bresson manifeste très tôt une volonté de diversification, à la fois dans ses activités économiques et dans sa stratégie patrimoniale. Abel Bresson, le fondateur, initie une politique d'investissement dans le capital d'autres entreprises avant son décès en 1878. L'inventaire dressé après son décès révèle ainsi la détention de 22 actions de la Banque Faivre et Cie de Luxeuil, pour une valeur totale estimée à 5.500 francs, une somme importante pour l'époque, témoignant de la prospérité de ses affaires.

Cette logique d'investissement se poursuit et s'amplifie avec son fils Hubert. En 1888, ce dernier détient déjà 50 actions au porteur entièrement libérées de la Société Générale du Téléphone, illustrant un intérêt pour des secteurs en plein essor, comme celui des télécommunications. Au fil des décennies, et plus particulièrement entre 1900 et 1940, la famille Bresson opère des placements réguliers dans différentes sociétés anonymes, touchant à de multiples secteurs d'activité. Ces investissements sont rendus possibles par les bénéfices générés dans les ateliers de distillation et les usines de production d'alcools installées dans plusieurs régions de France.

L'ampleur de ces participations financières, allant de simples actions à des obligations plus sophistiquées, reflète une véritable stratégie patrimoniale, souvent discrète mais méthodique. Ce volet moins connu de l'histoire de la famille Bresson a pu être mis en lumière grâce à un travail d'inventaire minutieux réalisé dans les archives de l'Écomusée du Pays de la Cerise et de la Maison Familiale Rurale de Fougerolles (ancienne demeure de la famille Bresson), mais aussi grâce aux témoignages de plusieurs membres de la famille Bresson et de collectionneurs passionnés. Un tableau récapitulatif synthétise les différentes sociétés dans lesquelles la famille Bresson a investi au cours de la première moitié du XXe siècle, révélant ainsi l'ampleur d'un capital financier bâti sur l'innovation, la diversification, et la rigueur entrepreneuriale.

FIGURE 61. Actions détenues par la famille Bresson (1928–1929) : CGMT Thakhek et Charbunion

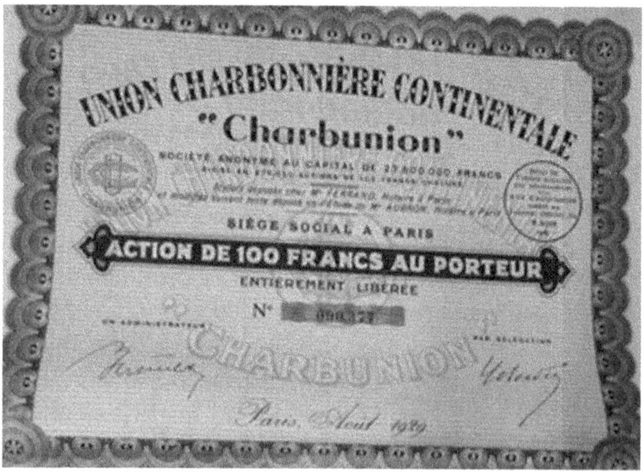

SOURCE : Collection A. El Mostain.

TABLEAU 18. Prise de participation (actions) de la maison Abel Bresson dans des sociétés françaises et étrangères

SOCIETES	Activité	SIEGE SOCIAL
Au Bon Marché	Distribution alimentaire et non alimentaire	Paris
Automobiles Roussel à Sochaux	Automobile	Sochaux
Banque coloniale d'Etudes et d'Entreprises mutuelles	Banque	Paris
Banque générale de Warrants	Banque	Paris
Compagnie française d'Installation du Chauffage central	Installation du Chauffage	Paris
Compagnie générale des Mines de Thakhek	Mines	Laos - Indochine
Compagnie minière du Haut-Mékong	Mines (Indochine)	Paris
Cotonnière de Dedovo, près de Moscou	textile vosgien	Epinal
Domaines africains	Agriculture	Alger
Etablissement GOULET-TURPIN	Distribution alimentaire	Reims
Etablissement Warmé - Prenveille	Divers	Paris
Etablissements CHATARD	Vin	Vichy
Etablissements Continsouza	Fabrication de matériel de projection et des appareils cinématographiques	Paris
Etablissements de Dijon-Bouton	Automobile	Puteaux (Seine)
Fabrique de Machines agricoles Fabrik für landwirtschaftliche Maschinen	Fabrique de Machines agricoles	Hambourg, SAAR.
Filature de Bourette et de Schappe	Soie	Thizy (Rhône)
Filature de Laine Schwartz et Cie	Laine	Mulhouse
Fonderie et Ateliers de Nord-Paris	Mécanique	La Courneuve (Seine)
L'alimentation française	Agroalimentaire	Paris
Le Crédit hypothécaire de France	Activités bancaires	Paris
Office des Produits coloniaux	Diverses matières premières	Paris
Société d'alimentation d'Alsace et de Lorraine (SADAL)	Distribution alimentaire	Strasbourg
Société des établissements SOHIER	Métallurgie	Paris
Société française LEMOINE	Sondage et fonçage	Paris
Société immobilière du CAP	Immobilier	Paris
Société nouvelle des Usines de la CHALEASSIERE	Mécanique	Paris
Union charbonnière Continentale	Négoce	Paris
Union coloniale de l'Afrique occidentale	Ressources minières	Bordeaux
Union immobilière	Immobilier	Paris
Usines de la CHALEASSIERE	Mécanique	Paris

SOURCE : Archives de l'Écomusée du Pays de la Cerise et de la Maison Familiale Rurale, Fougerolles

6.2.5. Développement des exportations

Une partie de la production locale trouve des débouchés à l'étranger. Le précurseur de cette exportation n'est autre que le fondateur de l'industrie de la distillation à Fougerolles. D'après des correspondances commerciales, Abel Bresson est en contact avec des Établissements étrangers dès le début des années 1860[30] : Mannheim dès 1862 (France), Vienne, Prague et Miskowitz (dénomination allemande de la ville de Myslkovice en République tchèque) dès 1877.

D'après les revues spécialisées dans le commerce des produits agroalimentaires français[31], les produits fougerollais sont connus en France métropolitaine, en Algérie française, en Indochine française, à Madagascar et bien d'autres colonies. Cette notoriété est véhiculée, surtout, par la firme Bresson qui fait de ses acquisitions externes des outils d'internationalisation de son activité de fabrication des boissons alcoolisées.

Si les produits appartenant aux firmes fougerollaises connaissent déjà un succès dans les pays européens comme la France et l'France, d'autres pays sont dans le viseur des sociétés fougerollaises et à leur tête la société des Établissements Abel Bresson qui fait de l'exportation une stratégie centrale de son activité.

Si Abel Bresson donne l'exemple en suscitant des vocations chez les distillateurs locaux, les foires et les expositions jouent aussi leur rôle. Les distillateurs fougerollais en raffolent. Nous avons recensé pas moins de 25 foires et expositions auxquelles participent plusieurs distillateurs fougerollais. Parmi ces 25 manifestations, 10 se situent à l'étranger : Sydney en 1879, Londres en 1888 et 1908, Bruxelles en 1890, 1891 et 1910, Lisbonne en 1890, Madrid en 1890 et 1891, Barcelone en 1898, Saint-Louis (Amérique) en 1904, Lièges en 1905, Milan en 1906 et Turin en 1911. Plusieurs prix sont gagnés durant ces manifestations comme des médailles, des prix du jury, des diplômes d'honneur, des palmes d'honneur, des croix de mérite… les distillateurs y participent aussi en tant que jury de concours comme c'est le cas de l'Établissement Lemercier Frères. Ces participations diminuent avec les années pour ne concerner que quelques établissements fougerollais de taille industrielle comme la société des Établissements Abel Bresson.

Les produits fabriqués à Fougerolles bénéficient de plus en plus de notoriété et de renommée au niveau international. Plusieurs distillateurs de profession se lancent dans l'aventure avec deux produits phares : le kirsch et l'absinthe qui se déclinent en plusieurs variétés : le kirsch ordinaire, ½ fin, fin, supérieur, pur et pur vieux et l'absinthe 45°, 50°, 60° et 70° supérieur.

---

[30] Archives de l'Écomusée du Pays de la Cerise à Fougerolles, d'après des archives privées de Marcel Saire.

[31] dont la *Revue des vins et liqueurs et des produits Alimentaires pour l'exportation* qui référence les boissons alcoolisées des fabricants français entre 1877 et 1939.

Ci-dessous une circulaire datant du début des années 1900, envoyée par un distillateur professionnel (Louis Lemercier) à des agents importateurs mentionnant les produits et leur prix de vente franco gare de Fougerolles. Elle illustre le dynamisme à l'export des firmes fougerollaises.

FIGURE 62. Circulaire non datée (1900-1915) envoyée par la distillerie Louis Lemercier à des agents importateurs au début des années 1900 (produits et prix de vente franco gare de Fougerolles)

Le prénom est de rigueur

EXPORTATION

PRIX·COURANT

			En Caisse de 12 Litres	
KIRSCH	ordinaire	50°	La Caisse	16 00
»	1/2 fin	»		24 »
»	fin	»		30 »
»	supérieur	»		45 »
»	pur	»		60 »
»	pur vieux	»		80 »
QUETSCH		»		30 »
MIRABELLE		»		30 »
ARQUEBUSE		»		16 »
ABSINTHE		45°		14 »
»		50°		15 »
»	Marque "La Comtoise"	60° supre		17 »
»	Marque "La Comtoise"	72° supre		18 »

Marchandise logée franco gare d'Embarquement.

SOURCE : Collection A. El Mostain

Pour mesurer la dynamique des Établissements Abel Bresson et Lemercier frères en matière d'exportation, nous avons répertorié leurs différents produits destinés à l'exportation entre 1850 et 1940[32] :

[32] D'après les revues des vins et liqueurs et des produits alimentaires pour l'exportation de 1882 à 1940.

TABLEAU 19. Produits référencés dans la presse spécialisée par les Établissements Abel Bresson et Lemercier Frères à destination des marchés étrangers (1850-1940)

Périodes	LEMERCIER Frères	Abel BRESSON
1850-1870		ABSINTHE (Marque de fabrique : Abel BRESSON)
1870-1900		Absinthe et kirsch (Marque de fabrique : Abel BRESSON)
1900-1915	ABSINTHE ET KIRSCH (Marque d'absinthe : Constant PERNOD)	ABSINTHE ET KIRSCH (Marques d'absinthe : Abel BRESSON, PIERROT et Édouard PERNOD, Primia, La Royale)
1918-1920	KIRSCH	KIRSCH
1920-1930	Kirsch, quetsche, mirabelle, prune	Liqueurs anisées, vermouth. (Marques de fabriques : Nugue-Richard, Ambrois'y, Junod, Primia, BRESSON ...)
1930-1940	KIRSCH PHÉNIX, LIQUEUR ANISÉE (Marque de fabrique : La Bleue)	LIQUEURS ANISÉES, VERMOUTH. (Marques de fabriques : Nugue-Richard, Ambrois'y, Un Édouard, ...)

Même si les Établissements Abel Bresson ont toujours exporté une partie de leurs productions, la part des exportations ne représente à la fin des années 1920 que 7% du chiffre d'affaires total grâce surtout aux ventes du vermouth et atteint 38% en 1938 (soit 22.554.567 francs) grâce en grande partie à la fin de la prohibition des alcools aux États-Unis d'Amérique en 1933 et l'exportation du vermouth de marque propre (Bresson) et de marque Nugue-Richard et des liqueurs anisées.

D'abord du vermouth

Le succès des exportations du vermouth fabriqué par la firme Abel Bresson date de la fin des années 1920 grâce à sa qualité gustative et surtout grâce aux méthodes commerciales utilisées. Ainsi, le procès-verbal dressé le 26 février 1929[33] après l'assemblée générale réunissant les membres du Consortium Nugue-Richard de la région parisienne nous donne quelques précisions : le vermouth Nugue-Richard connaît un succès chez les distributeurs professionnels dans la région parisienne. Ce succès s'étend à la clientèle étrangère qui permet aux intermédiaires parisiens de doubler leur chiffre d'affaires en 1928 grâce à la fois à la qualité du produit qui « peut rivaliser avec n'importe quelle marque [...] que le consommateur accueille favorablement[34] », mais surtout grâce à une méthode commerciale bien rodée de l'agent exportateur qui peut décider de ne plus fournir que l'Export-

[33] Archives de l'Écomusée du Pays de la Cerise, Fougerolles. Procès-verbal du Consortium Nugue-Richard de la région parisienne datant du 26 février 1929.
[34] *Ibid.*

Nugue, pour tous les ordres d'export qui peuvent lui être transmis par ses représentants et de n'accepter les autres ordres de vermouth sur lesquels un nom de marque est spécifié, qu'à la condition expresse qu'il livre autant que possible, en même temps que les bouteilles de la marque demandée, un nombre égal de bouteilles Export-Nugue. La marque Nugue-Richard est commercialisée surtout en France et dans ses colonies et une partie est exportée vers cinq principaux pays européens (France, France, France, France et Angleterre) et vers la Chine.

La part de marché de l'exportation du vermouth dans la société des Établissements Abel Bresson augmente fortement avec la levée des restrictions prohibitives qui frappent le marché des alcools aux États-Unis d'Amérique depuis 1920. Néanmoins, l'introduction du vermouth Bresson sur le marché américain est semée d'embûches car ce produit ne fait pas partie des habitudes de consommation alcoolique des Américains. C'est en 1934 que ce produit réussit à être commercialisé aux États-Unis grâce à une étude de marché réalisée et fournie par deux intermédiaires installés au pays[35].

La faisabilité de ce projet est confiée à l'un des fils d'Hubert Bresson, Georges Bresson aidé d'un de ses beaux-frères, de Chassey, qui est chargé de calculer le coût de revient des vermouths à commercialiser aux États-Unis.

D'après ce rapport fourni par Georges Bresson, nous apprenons que les vins n'ont pas de succès aux États-Unis où les consommateurs sont plus demandeurs de spiritueux, mais le vermouth peut déroger à cette règle puisqu'il rentre en assez forte proportion dans la préparation des cocktails et que la consommation du vermouth est appelée à augmenter aux États-Unis car sur 10 cocktails conçus, il y en a quatre à base de vermouth français.

Néanmoins, l'essai de lancement du vermouth Nugue-Richard par l'intermédiaire d'un agent importateur du nom de Studler, un des associés de la société Brown spécialisée dans l'importation des boissons alcoolisées et leader sur le marché américain, ne semble pas être couronné de succès puisque les résultats obtenus sont en effet dérisoires, et se traduisent par un ordre de 100 caisses expédiées en octobre 1933 à un pharmacien, 300 en décembre 1933 et 500 en mai 1934. Soit un total de 900 caisses alors que le groupe s'était engagé à prendre un minimum de 10 000 caisses dès la première année. Studler justifie ce résultat négatif par le fait que « son groupe s'est principalement consacré à l'importation des spiritueux, délaissant les vins à cause des gros déboires que ceux-ci lui ont procurés[36] ».

D'après Studler, cet échec proviendrait du fait que le groupe Brown n'a reçu ses commandes de vins divers qu'au moment des gros froids de l'hiver, et que la marchandise en a été altérée à un tel point qu'elle en est devenue pratiquement invendable au point que « M. Reinfeld, chef du groupe Brown,

---

[35] Archives de l'Écomusée du Pays de la Cerise, Fougerolles. Rapport sur une agence aux États-Unis datant du 1er septembre 1934.

[36] *Ibid.*

en a été tellement découragé qu'il a donné ordre à ses placiers de ne plus consacrer leurs efforts en produits et de les reporter sur les spiritueux. Il serait sur le point d'abandonner définitivement la vente des vins aux États-Unis ».

Néanmoins, le vermouth Nugue-Richard appartenant à la société des Établissements Abel Bresson fait exception comme le précise M. Studler car après avoir débouché une bouteille faisant partie d'un lot de bouteilles de vermouth Nugue-Richard reçues aux mêmes conditions que tous les autres vins, elle « était restée absolument limpide, avec cependant quelques voltigeurs de tartre, alors que les bouteilles de Noilly[37] reçues pendant la même période, sont toutes complétement troubles[38] ». Devant une telle constatation, M. Reinfeld aurait repris confiance, paraît-il, dans la valeur de la marque Nugue-Richard, et décide de tenter un effort spécial en sa faveur, à condition d'investir massivement dans une campagne de publicité qui peut être financée directement par une somme d'argent allouée par la société Abel Bresson ou, comme le propose la société Brown, par l'octroi d'un rabais de 20 à 25% sur le prix des caisses commandées et expédiées pendant une période à déterminer.

Ce projet est soumis à l'approbation du conseil d'administration en même temps qu'une deuxième solution qui provient d'un des concurrents de la société Brown. Il s'agit de M. Labourdette, le président du groupe des importateurs de Champagne aux États-Unis spécialisé dans l'importation du vin et du champagne comme la Maison Moët & Chandon.

Tout comme Studler, Labourdette estime « qu'il est impossible dans l'état actuel des choses de lancer une marque de vermouth aux États-Unis sans faire une grosse publicité ». Il exige alors la somme minimum de 30.000 dollars, soit 450.000 francs, et en contrepartie, il consent à « payer le vermouth 85 francs par caisse, soit 12 francs plus cher que le prix fait actuellement à Brown ».

Le vermouth fabriqué par la société Abel Bresson en général et la marque Nugue-Richard en particulier a toutes les chances de réussir sur le marché américain car, d'après les statistiques fournies par Studler et Laboudette, la marque française concurrente, Noilly, n'a pas aux États-Unis une réputation égale à celle qu'elle a dans le monde entier car son *vermouth gelé* lui a fait du tort. De plus cette marque ne fait pas de publicité. Ce qui n'est pas le cas des Italiens qui font un effort considérable en vendant aux États-Unis deux types de vermouth : l'un sec, qui porte une bandelette avec le mot *Dry* et qui est une

[37] *Noilly* est un vermouth créé en 1813 par Joseph Noilly à Marseillan, à partir d'une recette originale. Son fils Louis Noilly (1801-1865) fonde une première compagnie à Marseille en 1843. Il confie la direction de cette entreprise à Claudius Prat (1824-1859), qui l'année suivante devient son gendre. Mais ce n'est qu'en 1855 que la marque Noilly Prat prend naissance grâce à l'association de Louis Noilly avec Claudius Prat.

[38] Archives de l'Écomusée du Pays de la Cerise, Fougerolles. Rapport sur une agence d'importation aux États-Unis datant du 1er septembre 1934.

imitation du vermouth français tant par la présentation que par le goût ; l'autre, qui porte une bandelette avec le mot *Italy* et qui est le *Torino* connu.

D'après les statistiques officielles citées par Labourdette, la répartition de la consommation de vermouth dans l'État de Pennsylvanie au début des années 1930 témoigne d'un équilibre relatif entre les grandes marques : un tiers pour Noilly Prat, un tiers pour Martini, et le dernier tiers partagé entre les autres fabricants. Ce constat met en évidence la forte pénétration du vermouth italien, notamment le Martini Dry, sur un marché américain pourtant historiquement attaché au vermouth de type français. Labourdette attribue cette réussite en grande partie à l'importance des campagnes publicitaires menées par les maisons italiennes telles que Martini et Cinzano. Ces campagnes, diffusées dans les grands magazines, se distinguent par leur esthétique : des pages en couleur, mettant côte à côte une bouteille de Dry et une d'Italy, incarnant une double offre commerciale clairement identifiable.

Face à cette concurrence redoutable, la société des Établissements Abel Bresson prend conscience de la nécessité de s'engager résolument à l'export. Georges Bresson exprime sans détour sa crainte d'un recul de l'identité française sur le marché du vermouth : « Si les Français ne réagissent pas, le mot de French Vermouth sera éclipsé par Dry et les Italiens monopoliseront le marché de tous les Vermouths ». Dans cette perspective, le label « made in France », reconnu pour sa qualité, devient un argument commercial central. La maison Abel Bresson entend l'utiliser comme levier de valorisation à l'international, en particulier sur le marché américain.

Le conseil d'administration des Établissements Abel Bresson décide ainsi d'un double engagement stratégique. Le premier prend la forme d'un partenariat avec la société Brown, pour la distribution du vermouth Bresson. Le second, plus ambitieux encore, associe la maison Bresson au puissant groupe des importateurs de champagne aux États-Unis, pour la commercialisation du vermouth Nugue-Richard. Ce second contrat prévoit, par l'intermédiaire de Labourdette, un engagement d'achat portant sur un volume minimal de 30.000 caisses à écouler sur une période de trois à quatre ans.

Afin d'assurer le succès de cette double offensive commerciale, la société adopte une politique de prix agressive : une caisse de 12 bouteilles est proposée à 55 francs, avec une offre promotionnelle incluant douze verres offerts. Cette stratégie permet à la firme Bresson de réduire les barrières à l'entrée sur le marché américain, tout en affirmant une image de marque compétitive.

Enfin, selon un rapport établi par M. de Chassey, 18% de la marge dégagée est affectée à l'amortissement des installations et aux frais généraux liés à la distribution, notamment les dépenses publicitaires. Par cette politique de conquête structurée, les Établissements Abel Bresson aspirent à imposer leur marque « Vermouth Bresson » comme un acteur incontournable du marché américain, face à la domination italienne.

TABLEAU 20. Coût de revient du vermouth 19° « Abel Bresson » destiné à l'exportation aux USA

12 bouteilles de 90 cl	19,45 frs
Caisse rendue usine	3,00 frs
12 verres	9,60 frs
12 paillons	0,90 frs
2 cercles avec chapes	0,60 frs
Clous et papier	0,50 frs
Pochoirs et encre	0,30 frs
Main d'œuvre	3,50 frs
Accessoires	1,50 frs
Transport par Marseille	3,25 frs
Mise à bord	2,35 frs
Visa consulaire	0,20 frs
Coût de revient	**45,15 frs**

SOURCE : D'après un rapport sur agence aux États-Unis, datant du 1er septembre 1934. Archives de l'Écomusée du Pays de la Cerise, Fougerolles.

Et du Pernod ensuite

À la fin de la prohibition aux États-Unis, la réouverture du marché des boissons alcoolisées offre de nouvelles opportunités aux producteurs européens. Parmi les produits introduits, la liqueur anisée occupe une place croissante, notamment grâce à deux acteurs majeurs : les Établissements Abel Bresson, avec les marques « Édouard Pernod » et « Pernod Liqueur », et le groupe réunissant les deux sociétés (Pernod Fils et Pernod Père et Fils). Ces deux concurrents investissent rapidement le marché américain en misant sur une stratégie publicitaire soutenue. Leurs campagnes associent la liqueur anisée à l'art de vivre à la française, valorisant l'élégance, le goût raffiné et l'héritage artisanal national. Le label « made in France » devient un argument central, positionnant le produit comme une incarnation du savoir-faire français reconnu et recherché dans le monde entier.

Une note confidentielle[39] rédigée par l'un des avocats de la société des Établissements Abel Bresson nous fournit des informations précieuses au sujet de l'exportation de la liqueur anisée de marque Pernod aux États-Unis. Nous apprenons que le différend judiciaire entre la société Abel Bresson et la société Pernod et Fils qui se déroule sur le territoire français se poursuit aux États-Unis à cause de la commercialisation de la marque Édouard Pernod dans une bouteille d'un litre vendue à 120 *proofs* par la société Abel Bresson en se prévalant du droit de l'antériorité de l'utilisation de la dénomination Pernod en tant que boisson assimilée à l'absinthe.

[39] Archives de l'Écomusée du Pays de la Cerise, Fougerolles.

Dans cette note, il s'agit de trois clients[40] parmi la clientèle américaine de la société Abel Bresson aux États-Unis qui « sont poursuivis depuis le début de l'année [1937] par les Établissements Pernod pour avoir vendu de l'Édouard Pernod, en application de l'arrêt rendu en février 1932 par la Cour d'appel de Besançon ». Sachant que les assimilés d'absinthe ne subissent pas d'interdiction de commercialisation aux États-Unis, la société des Établissements Abel Bresson, par le biais de ses avocats, invoque son droit d'antériorité de la marque « Édouard Pernod » qui remet en question le jugement de la Cour d'appel de Besançon rendu en février 1932 et interdisant à cette dite-société l'utilisation de la dénomination Pernod pour des liqueurs anisées dont elle ne possède pas de droit d'antériorité. Comme le précise l'avocat de la société Abel Bresson à propos de cet arrêt rendu par la Cour d'appel de Besançon :

Ce jugement, s'il confirme l'interdiction qui nous a été faite de vendre sous la marque « Édouard Pernod » de la liqueur d'anis selon la formule légale française, a par contre maintenu nos droits pour tous les autres produits. [...] Ayant acheté un fonds de commerce d'absinthe, nous n'en avons pas modifié la nature en mettant en vente un similaire d'absinthe.

De ce fait, la société des Établissements Abel Bresson se prépare à attaquer en justice tous les acteurs qui usent de l'appellation « Un Pernod » pour contrefaçon en invoquant le droit d'antériorité dans l'utilisation de cette dénomination à commencer par une publicité parue dans un magazine américain (édition de mars 1937) dans lequel figure une gravure-publicitaire des Établissements Pernod, au milieu de laquelle on relève le texte suivant :

« Ask for Un Pernod and you will drink the national apéritif Pernod Fils ».

Comme les mots « Un Pernod » figurent intégralement dans le texte anglais il devient évident pour les avocats de la société des Établissements Abel Bresson que « les Établissements Pernod se servent de leur dépôt *Un Pernod* de septembre 1922 dans un pays où il existe des droits préexistants, ceux d'Édouard Pernod en la circonstance ».

Les différends juridiques opposant les différentes sociétés revendiquant l'usage du nom « Pernod » restent longtemps sans issue tranchée. La société Abel Bresson continue alors à utiliser le nom de marque « Pernod » jusqu'à l'interdiction des liqueurs anisées en France en 1941. L'année suivante, en 1942, un accord intervient entre la société des Établissements Abel Bresson et le groupe des Établissements Pernod pour faire cesser la lutte judiciaire : les dirigeants de la société Abel Bresson acceptent l'offre de la concession de la marque « Pernod Export » en contrepartie du « Félix Pernod » et d'« Édouard Pernod », afin de faire disparaître du marché tous les homonymes et n'y laisser que les Pernod du temps de l'absinthe.

[40] Henry Kelly & Son Inc.-Majestic Wine & Liquor Corp. & Francfort Dodge & Son Inc du district de New-York.

6.3. Croissance quantitative, des résultats économiques à la hauteur des ambitions

À Fougerolles, l'activité de distillation connaît un essor remarquable durant les premières décennies du XXe siècle, portée par la demande croissante en spiritueux, notamment l'absinthe, dont la réputation dépasse largement les frontières régionales. Cette dynamique est cependant brutalement interrompue en 1915, lorsque la fabrication et la commercialisation des extraits d'absinthe sont interdites en France. Cette décision, prise dans un contexte de préoccupations sanitaires et morales, met un terme à ce qui fut l'âge d'or de la distillation locale. Pour les entreprises fougerollaises, ce tournant marque une rupture brutale, les contraignant à abandonner une part importante de leur production et à recentrer leurs efforts sur d'autres spécialités, au premier rang desquels le kirsch, emblème du terroir haut-saônois.

L'interdiction frappe durement plusieurs distilleries, notamment celles qui s'étaient spécialisées dans l'absinthe sans avoir anticipé de solutions alternatives. Faute d'avoir engagé des démarches de diversification ou d'innovation, nombre d'entre elles cessent rapidement leur activité. Le tableau ci-dessous témoigne de l'ampleur du choc subi par la filière absinthe à Fougerolles entre 1909 et 1915.

TABLEAU 21. Variation de la production d'absinthe à Fougerolles (1909 et 1915)

Production annuelle moyenne en hl / Firmes fougerollaises	Production annuelle moyenne entre 1909 et 1914	Production annuelle en 1915	Variations
Abel BRESSON	13 124	6 264	-52%
LEMERCIER Frères	6 452	1 108	-83%
Auguste PEUREUX	4 225	2 353	-44%
Léon SAGUIN	2 913	1 024	-65%
Alfred OUGIER	1 692	844	-50%
CUENIN-RAPENNE	1 681	387	-77%
SIMON Frères	1 190	205	-83%
Louis LEMERCIER	1 091	419	-62%

Malgré cette crise, deux firmes se distinguent par leur résilience : les Établissements Abel Bresson et Lemercier Frères. Leur capacité à affronter l'interdiction de l'absinthe tient à une stratégie de croissance interne fondée sur la diversification des produits et l'investissement constant dans des outils de production efficaces. Pour les Bresson, la croissance externe, notamment par l'acquisition d'établissements en Côte-d'Or, à Ivry-Port, Beaucaire ou

Oran, constitue également un levier de développement majeur. Ces stratégies croisées permettent aux deux firmes de maintenir une dynamique de croissance mesurable à travers l'évolution du chiffre d'affaires, la répartition de la valeur ajoutée, les bénéfices, les salaires, les impôts et les dividendes.

6.3.1. L'Établissement Lemercier Frères, des résultats corrects à défaut d'être exceptionnels

Localement, les Établissements Abel Bresson dominent en volume d'alcool pur transformé. En 1900, Lemercier Frères ne représente que la moitié de leur production. La croissance de la maison Abel Bresson est exponentielle jusqu'en 1914, leur chiffre d'affaires étant multiplié par neuf entre 1896 et 1914. Cette dynamique est cependant freinée par la guerre, l'inflation et surtout l'interdiction de l'absinthe, provoquant une baisse moyenne de 20% de leur activité entre 1915 et 1921.

Chez Lemercier Frères, le repli est plus prononcé : 45% entre 1915 et 1920. Toutefois, une reprise est amorcée dès la fin des années 1920 grâce à la vente de la boisson anisée et à la politique de promotion du vin menée par l'État. Cette embellie dure jusqu'en 1935, avant d'être entravée par une nouvelle poussée inflationniste et l'interdiction des liqueurs anisées en 1941. Une diversification vers le négoce de vin en 1942 permet néanmoins de stabiliser le chiffre d'affaires.

GRAPHIQUE 31. Évolution du chiffre d'affaires en franc courant, Établissement Lemercier Frères (1930-1942)

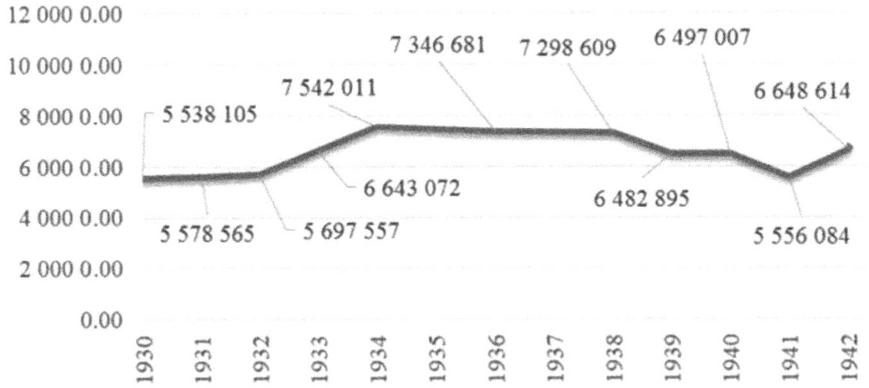

SOURCE : Archives de l'Établissement Lemercier Frères. D'après les données comptables de la société.

Les bénéfices de Lemercier Frères évoluent de manière irrégulière entre 1921 et 1928, période marquée par la transformation de l'entreprise en société anonyme. Cette restructuration s'accompagne de difficultés de gestion dans un marché concurrentiel. La création d'une SARL en 1927 stabilise l'activité et améliore les résultats, qui culminent en 1939 avec 925.949 francs de bénéfices, représentant 14% du chiffre d'affaires.

GRAPHIQUE 32. Évolution des bénéfices de l'Établissement Lemercier Frères (1921-1942)

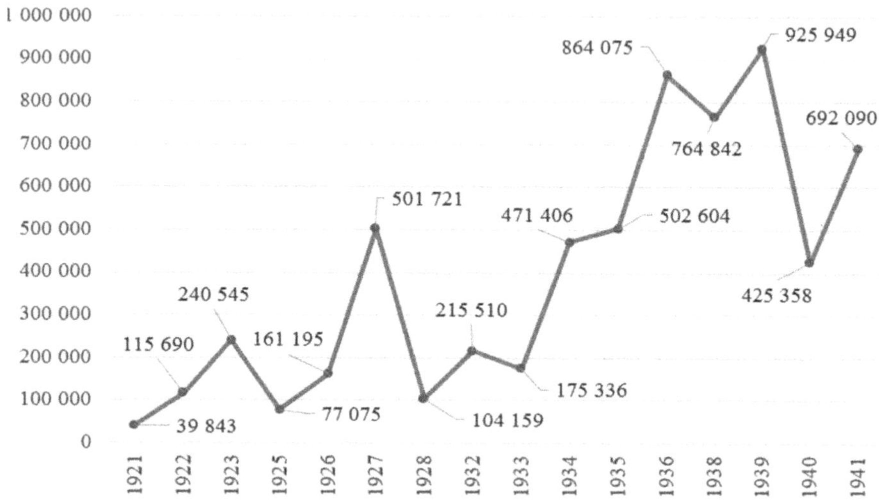

SOURCE : Archives de l'Établissement Lemercier Frères. D'après les données comptables de la société.

La société parvient à générer une valeur ajoutée annuelle représentant en moyenne 25% de son chiffre d'affaires entre 1925 et 1942. Cette richesse est redistribuée sous forme notamment de salaires, de dividendes et d'impôts.

GRAPHIQUE 33. Évolution de la valeur ajoutée dégagée par l'Établissement Lemercier Frères (1925-1942)

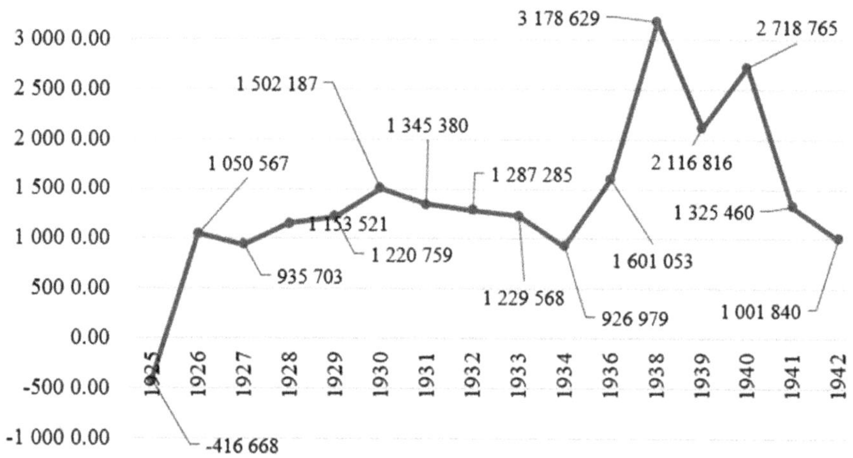

SOURCE : Archives de l'Établissement Lemercier Frères. D'après les données comptables de la société.

Entre 1925 et 1942, Lemercier Frères verse 876.920 francs d'impôts[41], avec un pic en 1938, porté par la maîtrise des coûts de production et l'essor du marché des anisés.

GRAPHIQUE 34. Évolution des impôts et licences payés par l'Établissement Lemercier Frères (1925-1942)

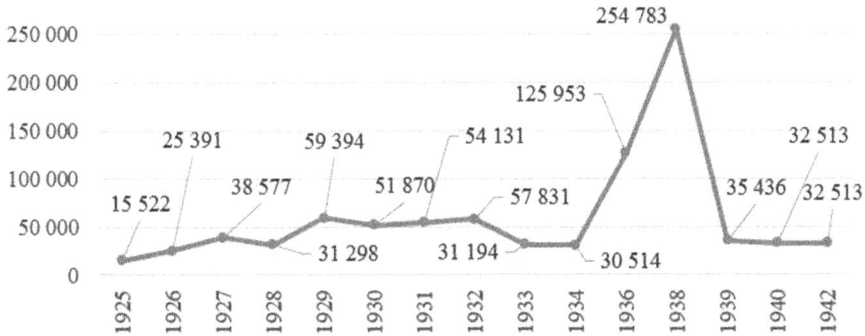

SOURCE : Archives de l'Établissement Lemercier Frères. D'après les données comptables de la société.

Le poste salarial augmente régulièrement durant l'entre-deux-guerres, notamment grâce aux accords de Matignon (1936) qui consacrent les droits syndicaux et favorisent la hausse des bas salaires. Les dividendes, quant à eux, connaissent une croissance continue entre 1934 et 1944, multipliés par 7,6 sur cette période.

GRAPHIQUE 35. Évolution des dividendes distribués par l'Établissement Lemercier Frères (1934-1944)

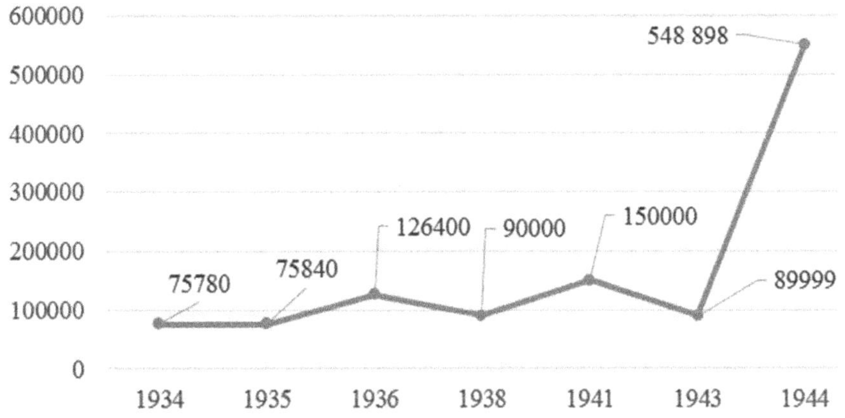

SOURCE : Archives de l'Établissement Lemercier Frères. D'après les données comptables de la société.

[41] Les impôts et licences sont payés en fonction des bénéfices réalisés et par rapport aux quantités d'alcool pur (100°) produites.

Cette réussite ne va toutefois pas sans quelques entorses à la législation. L'établissement, bien que reconnu pour la qualité de sa production et sa contribution au dynamisme économique de la région, a parfois été confronté aux limites d'un encadrement réglementaire complexe et évolutif. Entre 1912 et 1946, il fait l'objet d'au moins dix procédures judiciaires, dont six cas de fraude avérée :

- 1912 : refus d'un compteur alcoolique (selon le règlement de 1881).
- 1915 : affaire « La Fougerollaise », vente illégale d'un substitut d'absinthe.
- 1926 : kirsch étiqueté frauduleusement.
- 1940 : kirsch sous-dosé à 44°.
- 1946 : affaire « Noyau comtois », livraison non conforme.

Ces irrégularités témoignent d'un empressement à s'adapter aux évolutions de la demande ou d'une interprétation large des cadres réglementaires en vigueur. Toutefois, ces écarts n'ont pas durablement nui à la réputation de la société, qui conserve sa position de référence dans le secteur. Ces pratiques doivent être replacées dans le contexte plus large d'un marché particulièrement concurrentiel, instable et soumis à des modifications fréquentes du cadre légal et fiscal. L'environnement économique et réglementaire de l'époque imposait aux entreprises une grande réactivité,

Entre 1936 et 1941, l'établissement se voit ainsi réclamer plus de 500.000 francs par l'administration fiscale au titre d'indemnités. Ces poursuites s'inscrivent dans un contexte de renforcement général des contrôles de l'État sur les industries de l'alcool, alors considérées comme des secteurs sensibles, à la fois en raison de leur poids économique et de leur impact sur la santé publique. Très taxée, cette filière était soumise à une surveillance étroite, dans un objectif de moralisation des pratiques, mais aussi d'augmentation des recettes fiscales pour un État confronté à de lourds besoins financiers dans l'entre-deux-guerres.

TABLEAU 22. Montants des indemnités payées par l'Établissement Lemercier Frères (1936-1941)

Années	Montants exigés par la Direction des contributions directes (en francs)
1936	42.096
1937	89.524
1938	48.272
1939	129.504
1940	125.196
1941	65.600
TOTAL	500.192 francs

SOURCE : Archives de l'Établissement Lemercier Frères. D'après les lettres de rappels fiscaux envoyées par la Direction des contributions directes (1936-1941).

6.3.2. Les Établissements Abel Bresson, une firme familiale aux résultats performants

L'examen de la trajectoire économique des Établissements Abel Bresson révèle une performance remarquable, tant en matière de croissance que de rentabilité. Implantée à Fougerolles, la firme s'impose dès la fin du XIXe siècle comme l'acteur économique dominant du secteur local des eaux-de-vie et des liqueurs. Abel Bresson, fondateur visionnaire, s'appuie d'abord sur le négoce avant de développer une activité de distillation industrielle avec une forte spécialisation dans les liqueurs anisées, notamment la « Bressonide », conçue dès les années 1870 comme une alternative à l'absinthe.

Dès les années 1890, la production annuelle dépasse les 10.000 hectolitres d'alcool pur, franchissant la barre des 12.000 hl en 1895, une année exceptionnelle marquée par l'augmentation des ventes et la mise en place d'entrepôts à Alger et dans plusieurs centres métropolitains. Cette stratégie de distribution témoigne d'une capacité à anticiper les mutations du marché et à sécuriser les débouchés par une logistique performante.

TABLEAU 23. Évolution du chiffre d'affaires en volume de la maison Abel Bresson à Fougerolles 1894-1900[42]

Indicateurs	1894	1895	1896	1900
Chiffre d'affaires en volume (hl d'alcool pur)	10.039,95	12.443,91	10.257,44	10.094,64

Malgré les aléas conjoncturels, Première Guerre mondiale, interdiction de l'absinthe, fluctuations inflationnistes, la croissance du chiffre d'affaires reste impressionnante. Multiplié par deux entre 1896 et 1908, puis par 4,6 entre 1908 et 1914, il est encore multiplié par huit entre 1920 et 1940.

Ce dynamisme s'explique par la diversification de la production, la modernisation des installations, et une stratégie d'implantation de succursales à l'échelle nationale (Ivry-Port, Béziers, Beaucaire) et au-delà de la métropole (Alger et Oran) comme l'explique M. Hubert Bresson dans une note accompagnant des statistiques économiques locales liées aux années 1894 et 1895 :

> *Cette augmentation forte sur la vente de l'absinthe que j'écoule plus facilement par suite de l'institution d'un entrepôt à Alger et dans divers centres de la France*[43].

[42]ADHS, 9M1 (1894 et 1895). Données d'après un registre de commerce conservé par M. Claude Roussey (1896) et ADHS, 121J41, Registre de commerce 1900.

[43] ADHS, 9M1. Rapports préfectoraux sur la situation industrielle du canton de Saint-Loup (1894-1895).

GRAPHIQUE 36. Évolution du chiffre d'affaires en franc courant des Établissements Abel Bresson (1896-1942)

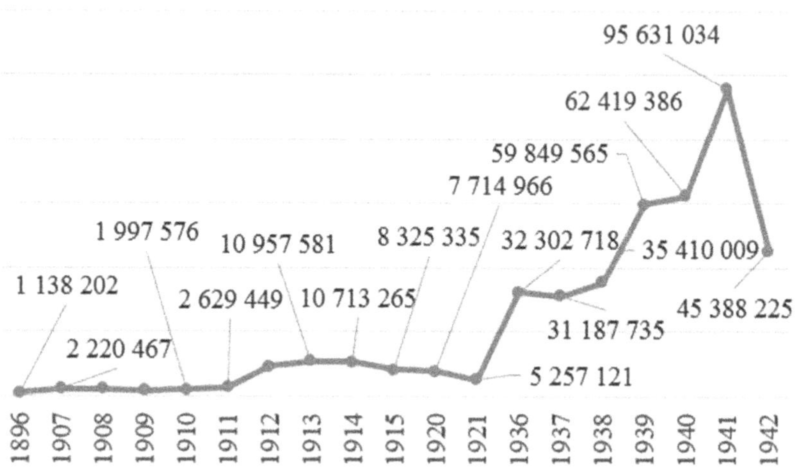

SOURCES : Archives privées de Claude Roussey, archives comptables de l'Écomusée du Pays de la Cerise (1907-1929) et ADHS (121J72, 1936-1942).

La comparaison avec Lemercier Frères souligne l'ampleur de l'écart : en 1941, le chiffre d'affaires des Établissements Abel Bresson représente jusqu'à 17 fois celui de leur principal concurrent local.

TABLEAU 24. Tableau comparatif des chiffres d'affaires réalisés par les Établissements Abel Bresson et Lemercier Frères (1936-1942)

Périodes	Chiffre d'affaires Abel Bresson	Chiffre d'affaires Lemercier Frères	Rapport entre le CA Bresson et le CA Lemercier
1936	32 302 718	7 346 681	4,4
1938	35 410 009	7 298 609	4,9
1939	59 849 565	6 482 895	9,2
1940	62 419 386	6 497 007	9,6
1941	95 631 034	5 556 084	17,2
1942	45 388 225	6 648 614	6,8
CA annuel moyen	55 166 823	6 638 315	8,7

La firme Abel Bresson affiche également une capacité à surmonter les crises. Les années 1914-1921 sont marquées par une stagnation due à la guerre et à l'interdiction de l'absinthe. Toutefois, les périodes fastes reprennent dès 1922, culminant en 1936 grâce à l'alliance avec Félix Pernod et en 1939 avec le développement des exportations. Le site de Fougerolles, bien qu'historiquement central, décline au profit des unités de production plus rentables comme Béziers, Ivry-Port ou Beaucaire. En 1920, il ne représente plus que 22% du chiffre d'affaires total.

GRAPHIQUE 37. Variation du chiffre d'affaires des Établissements Abel Bresson (1896-1942)

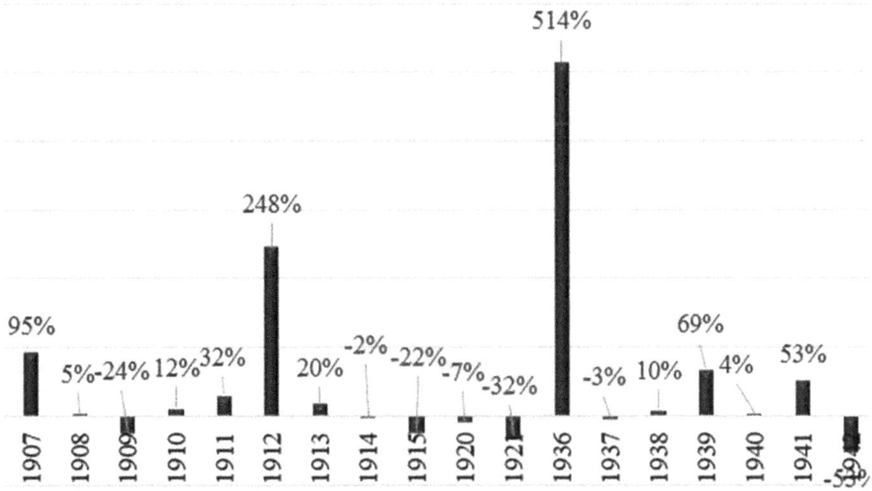

TABLEAU 25. Répartition du chiffre d'affaires par sites (1936-1942)

Sites	1936	1937	1938	1939	1940	1941	1942
Fougerolles	12,80%	14,90%	15,70%	11,30%	34,70%	27,50%	13,30%
Ivry	50,40%	49,50%	46,40%	30,30%	30,70%	44,80%	33,10%
Beaucaire	17,80%	19,80%	22,70%	14,90%	19,60%	27,70%	53,60%
Bordeaux	2,00%	2,10%	1,10%	0,50%	0,70%	?	
Béziers	16,90%	13,80%	14,00%	43%	14,30%	?	

SOURCE : ADHS, 121J72. Ventes, copies des états mensuels, (1936 à 1942).

La rentabilité des Établissements Abel Bresson tient à la combinaison de compétences humaines et d'innovations techniques. Ouvriers qualifiés, employés administratifs et cadres participent ensemble à une production efficace. Certains, comme Hubert Menogoz, futur maire de Fougerolles, ou Alexandre Raspiller, futur distillateur à son compte, illustrent cette dynamique ascendante. Leur engagement reflète une organisation structurée autour d'une gestion rigoureuse, d'un esprit d'innovation constant et d'une excellente connaissance du marché.

L'exemple d'Abel Bresson démontre combien la croissance d'une firme repose sur l'alliance d'un capital humain solide et d'une capacité à s'adapter aux transformations économiques et techniques de son temps.

GRAPHIQUE 38. Répartition du chiffre d'affaires des Établissements Abel Bresson par produit (1936-1942)

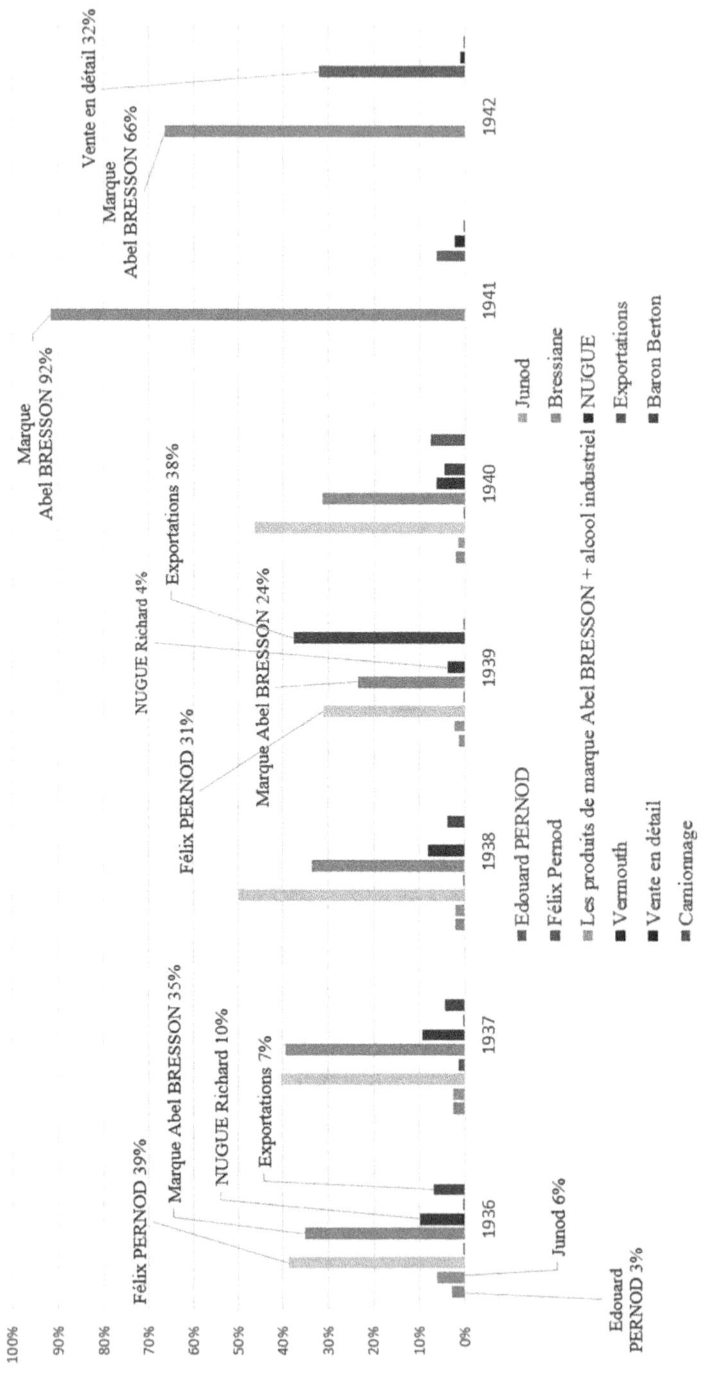

SOURCE : ADHS, 121J72. Ventes, copies des états mensuels (1936 à 1942).

FIGURE 63. Les ouvriers Bresson en 1907

Le personnel est composé d'ouvriers qualifiés et non qualifiés et d'employés de bureau. Parmi ces derniers il y a :

André Causeret et Henri Flusin, 2ème et 3ème à gauche, puis Hubert Menogoz comptable et qui succédera à Auguste Peureux comme maire de Fougerolles de 1919 à 1929 et près de son épaule gauche, Alexandre Raspiller qui fondera sa propre distillerie quelques années plus tard. Un employé de la distillerie tient dans ses mains le « Pyujô » qui est un « puisoir » en cuivre équipé d'un long manche pour atteindre le fond des tonneaux et des alambics.

SOURCES : Archives de l'Écomusée du Pays de la Cerise, Fougerolles.

La dynamique de rendement et de rentabilité des Établissements Abel Bresson s'appuie pour partie sur les affaires industrielles et commerciales implantées en Côte-d'Or. Dès 1858, Abel Bresson, fondateur de la firme, initie une stratégie d'expansion géographique en créant ou en acquérant plusieurs distilleries dans cette région, afin de produire principalement de l'alcool industriel. Cette production est complétée par celle d'alcools naturels, tels que des liqueurs d'absinthe, d'anis, ainsi que des eaux-de-vie, du rhum et du cognac, contribuant ainsi à un positionnement stratégique sur l'ensemble de la filière alcools.

En 1905, les établissements Bresson regroupent leurs unités de production en une seule entité juridique : la Société anonyme des distilleries de la Côte d'Or, dont le siège social est établi à Genlis. Ce regroupement vise à rationaliser les moyens de production et à renforcer la capacité de réponse face à la demande croissante. Cette structure fonctionne de manière efficiente jusqu'à la fin des années 1920, avant de voir son activité décliner progressivement, jusqu'à la cessation complète de la production au début des années 1950.

En 1878, la répartition de la production entre les différents types d'alcools atteste de la polyvalence de l'outil industriel :

GRAPHIQUE 39. Répartition de la production des alcools des distilleries Abel Bresson en Côte d'Or (1878)

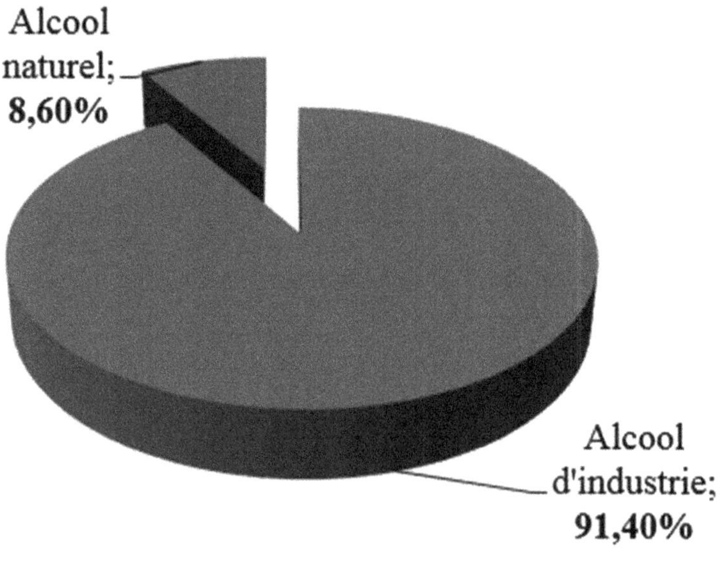

SOURCE : Archives privées de Claude Roussey. Inventaire après décès d'Abel Bresson en 1878, Dijon.

Les données comptables disponibles pour l'année 1896 révèlent un déficit exceptionnel de 74.904 francs, malgré un chiffre d'affaires de 1.499.164

francs. Toutefois, cette perte apparente est à relativiser, car elle ne tient pas compte d'un stock de marchandises invendues estimé à 236.936 francs.

En dehors de cet exercice, les résultats des distilleries implantées en Côte-d'Or sont dans l'ensemble largement excédentaires. Les déficits d'un site sont en général compensés par les excédents d'un autre, et l'équilibre entre les branches industrielle et commerciale assure la stabilité globale des résultats.

TABLEAU 26. Résultats dégagés par les distilleries Abel Bresson installées en Côte d'Or (1909-1929)

Périodes	Résultats	Genlis	Bréteniêres	Longeault	Tart-le-Bas	Résultat activité industrielle	Résultat Activité commerciale	Bénéfices réalisés
1909	Bénéfices	76 912	4 256	20 293	10 449	111 909	95 593	207 502
	Pertes							
1914	Bénéfices	6 839		33 068	18 251	48 544	310 315	358 860
	Pertes		9 615					
1918	Bénéfices	15 428				-57 015	248 783	191 768
	Pertes		55 203	3 318	13 922			
1920	Bénéfices			35 203	26 666	9 779	661 729	671 508
	Pertes	40 488	11 603					
1922	Bénéfices	205 954	142 876	108 722	111 187	568 740	615 385	1 184 125
	Pertes							
1929	Bénéfices	288 166	171 466	278 171		627 301	1 317 223	1 944 524
	Pertes				110 503			

La performance de l'entreprise trouve son origine dans un dispositif de répartition des bénéfices mis en place dès 1905, lors de la création de la société anonyme par le conseil d'administration. Ce mode de partage, clairement structuré et hiérarchisé, attribue 75 % des bénéfices aux actionnaires et 5 % au personnel sous forme de gratification. Bien que cette dernière part soit modeste, elle témoigne d'une volonté d'impliquer les salariés dans les résultats de l'entreprise.

TABLEAU 27. Répartition des bénéfices de la société anonyme des distilleries de la Côte d'Or à partir de 1905

Conseil d'administration	15%
Administrateur délégué	5%
Gratification du personnel	5%
Actionnaires	75%

Ce système reflète une volonté de reconnaître les différents niveaux de contribution à la réussite de l'entreprise, tout en assurant la fidélisation des salariés et la stabilité de la gouvernance par une redistribution incitative et équilibrée.

Conclusion

La croissance quantitative constitue un objectif central partagé par les deux grandes firmes fougerollaises que sont les Établissements Abel Bresson et Lemercier Frères. Toutefois, les voies empruntées par chacune pour atteindre cet objectif diffèrent sensiblement, tant par les moyens mobilisés que par les dynamiques entrepreneuriales sous-jacentes, révélant deux cultures d'entreprise profondément distinctes.

Chez Lemercier Frères, la progression s'avère plus irrégulière, marquée par les crises successives et par des conflits familiaux, notamment au moment du décès des fondateurs et de la transformation de la société en nom collectif en société anonyme. Ce passage à une structure plus moderne ne s'accomplit pas sans résistances. L'interdiction de l'absinthe en 1915 porte un coup sévère à l'entreprise, qui, comme l'ensemble du secteur, perd son produit phare. La gestion de cette crise met en lumière les limites d'une culture d'entreprise encore fortement imprégnée d'héritages paysans, davantage tournée vers la préservation du capital existant que vers la prise de risque ou l'innovation. Si Lemercier Frères dispose pourtant d'atouts réels, des équipements modernes, une activité diversifiée englobant alcools, vinaigre, bonbonnes et vannerie, ainsi qu'un savoir-faire reconnu, elle peine à transformer ces ressources en avantage compétitif durable.

Le tournant est amorcé avec l'arrivée de Georges Labbé, gendre d'un des fondateurs, dont l'action marque une rupture salutaire. Visionnaire et gestionnaire rigoureux, il impulse la transformation en société anonyme dès les années 1920 et stimule la croissance en développant l'activité de vinaigrerie. Son apport témoigne de l'importance d'ouvrir l'entreprise familiale à des compétences extérieures capables de proposer une autre vision. En introduisant une culture managériale plus audacieuse, Georges Labbé parvient à faire évoluer la structure sans la dénaturer, mais ce changement demeure encadré par les logiques prudentes d'une gestion patrimoniale.

À l'inverse, les Établissements Abel Bresson poursuivent une politique de croissance ambitieuse, fondée à la fois sur l'expansion interne (diversification des produits, investissements continus) et externe (acquisition de nouvelles unités, extension géographique). Plusieurs leviers structurants permettent d'expliquer cette trajectoire ascendante :

- Une intégration verticale maîtrisée, avec la mise en place d'une chaîne de valeur couvrant la production d'alcool industriel (surtout à base de betteraves), la fabrication des produits finis (absinthe, kirsch, anisés), et leur distribution via des entrepôts en France et en Algérie.
- Une stratégie de marque bien définie, avec un portefeuille de marques à notoriété nationale et internationale, appuyée par une standardisation des processus de production dans les différents sites (Fougerolles, Ivry-Port, Beaucaire, Oran, Béziers, Chambéry).

– Un investissement précoce dans des technologies innovantes, comme l'adoption en 1912 du « dictograph Edison » au siège de Fougerolles, un outil permettant la dictée vocale enregistrée, promu comme la machine « qui transmet la pensée du cerveau au papier[44] ». La firme est citée comme l'un des premiers clients français de cet équipement[45], révélant son souci de moderniser sa gestion administrative et commerciale.
– Une orientation forte vers l'international, avec la création de marques adaptées aux marchés extérieurs, comme l'absinthe « Édouard Pernod » ou le vermouth « Nugue-Richard », et un effort continu pour capter des débouchés à l'export.

Ces stratégies s'avèrent décisives pour affronter les menaces extérieures, notamment les campagnes antialcooliques et la montée en puissance du lobby viticole. En misant sur la diversification, la modernisation et l'audace entrepreneuriale, l'Établissement Abel Bresson a su devenir une référence dans le secteur.

La comparaison entre les deux firmes confirme l'influence décisive de l'origine sociale, de la culture d'entreprise et de la capacité à se projeter à long terme. Tandis que Lemercier Frères adopte une gestion prudente et familiale, proche des logiques de l'exploitation agricole, les Bresson conçoivent leur entreprise comme une firme industrielle moderne, avec des ambitions nationales et internationales.

L'exemple de Georges Labbé constitue une exception notable. Il montre qu'un changement de paradigme est envisageable au sein d'une entreprise familiale, à condition qu'un individu porteur d'une vision nouvelle parvienne à fédérer et convaincre. Sa réussite relative prouve que la dynamique de croissance n'est pas uniquement liée à la structure juridique, mais dépend aussi du leadership et de la capacité d'adaptation au contexte économique.

En définitive, qu'il s'agisse de croissance interne chez Lemercier Frères ou de croissance combinée chez Abel Bresson, les résultats économiques traduisent l'aptitude de ces deux firmes familiales à adapter leurs trajectoires aux mutations du marché. Toutefois, la firme Abel Bresson se distingue nettement par l'ampleur de ses ambitions et la cohérence de ses choix stratégiques. Portée par une vision industrielle affirmée, elle conjugue innovations techniques, diversification maîtrisée et déploiement territorial, tant en France qu'à l'international. Sa capacité à intégrer les contraintes réglementaires, à anticiper les évolutions du marché des alcools et à structurer ses réseaux commerciaux témoigne d'un modèle de gestion moderne. Ainsi, Abel Bresson incarne pleinement une firme familiale industrielle ancrée dans son terroir fougerollais, mais ouverte sur le monde, capable d'articuler héritage local et esprit d'entreprise tourné vers l'avenir.

---

[44] J. B., « Le dictograph Edison », *Le Journal*, Paris, 4 février 1912.
[45] *Ibid.*

TABLEAU 28. Tableau comparatif des stratégies de croissance suivies par les Établissements Abel Bresson et Lemercier Frères (1848-1940)

		Etablissements Abel BRESSON		Etablissement LEMERCIER Frères	
Croissance des moyens	Croissance interne (1850-1940)	**Nouvelles techniques de distillation**			
		1848-1942	- Appareils pour la distillation au bain-marie - Distillation continue - 5 Chaudières à vapeur - 5 appareils de distillation à vapeur	1881-1926	- Appareils pour la distillation au bain-marie - Distillation continue - 2 Chaudières à vapeur - 2 appareils de distillation à vapeur
		Entrepôts de distribution			
		1890-1920	Valence Montpellier Le Havre Lyon Nice Alger	1890-1920	Cette (Sète) Lyon Avignon Rouen Bordeaux Saint-Nazaire Pantin
		Succursales de production			
		1906 1906 1911 1912 1921 1940	Ivry-Port Beaucaire Oran Pontarlier Béziers Chambéry		
		Diversification des activités			
		- Alcool de bouche (Distillation et négoce) - Scierie (Bois brut et transformé) - Tonnellerie-vannerie - Prises de participation dans les capitaux de plusieurs sociétés anonymes		- Alcool de bouche (Distillation et négoce) - Tonnellerie-vannerie	
		Diversification des produits			
		- Alcool industriel (1858-fin des années 1940) - Alcool naturel		- Alcool industriel (1895-1907) - Alcool naturel	
		Développement des exportations			
		1850 - 1915	- Absinthe : une marque produit - Kirsch : une marque-enseigne	1900-1915	- Absinthe : 4 marques-produits et une marque-enseigne. - Kirsch : une marque-enseigne.
		1918-1940	- Kirsch : une marque-produit et une marque-enseigne. - Eaux-de-vie : une marque-produit et une marque-enseigne. - Liqueur anisée : une marque-produit.	1918-1940	- Kirsch : une marque-enseigne. - Eaux-de-vie : une marque-enseigne. - Liqueur anisée : 3 marques-produits - Liqueurs de vin : au moins 10 marques-produits
	Croissance externe (1858-1935)	1858-1906 1912 1921 1922 1935	- Usines de rectification des alcools en Côte d'Or - Acquisition de l'enseigne Edouard PERNOD - Acquisition de l'enseigne Nugue-Richard - Acquisition des droits d'utilisation de la marque « Junod » - Fusion avec la société Félix PERNOD		

Chapitre 7
Des stratégies commerciales en soutien à la croissance des firmes familiales

La croissance économique des entreprises familiales fougerollaises, en particulier dans le secteur de la distillation, repose sur des choix stratégiques volontaristes. Face aux aléas économiques, aux mutations du marché et aux incertitudes juridiques (interdictions réglementaires, fiscalité fluctuante, crises conjoncturelles), les entrepreneurs locaux ne peuvent se contenter d'une croissance spontanée ou linéaire. Ils doivent structurer des stratégies de développement, qu'elles soient internes, par diversification et modernisation des outils de production, ou externes, via des opérations d'acquisition ou d'implantation géographique. Or, la réussite de telles dynamiques ne peut se concevoir sans un ancrage solide dans une politique commerciale cohérente et adaptée.

Ainsi, au-delà des décisions d'ordre industriel et financier, les firmes familiales de Fougerolles mettent en œuvre un ensemble d'actions commerciales destinées à accompagner, soutenir et sécuriser leur croissance. Ces stratégies commerciales n'ont pas seulement vocation à conquérir de nouveaux marchés ; elles visent aussi à stabiliser l'activité, fidéliser une clientèle professionnelle exigeante, et construire une réputation pérenne, tant au niveau local que national, voire international. Dans cet esprit, les Établissements Abel Bresson, particulièrement dynamiques, illustrent une recherche affirmée de domination sectorielle par une volonté constante d'élargissement des parts de marché et de valorisation de leur image de marque.

Les orientations commerciales de chaque entreprise familiale sont le fruit d'une interaction complexe entre plusieurs facteurs structurants : la position concurrentielle occupée ou souhaitée, les objectifs de développement à court et long terme, les valeurs et représentations portées par la culture d'entreprise, la structure du capital et, bien sûr, la spécificité intrinsèque des produits proposés. Ces éléments conditionnent la définition d'un marketing stratégique propre à chaque maison.

Pour atteindre leurs objectifs, les firmes étudiées mobilisent des moyens concrets et déploient une série d'actions portant sur trois grands axes :

– Le produit, considéré non seulement dans sa nature physique (formulation, goût, degré alcoolique, qualité des ingrédients), mais aussi dans sa valeur perçue par les clients comme par les concurrents. Cette perception passe notamment par la standardisation, la spécialisation ou encore la capacité à innover (par exemple en proposant des liqueurs anisées dès l'interdiction de l'absinthe).

– La distribution, qui suppose une maîtrise des circuits de commercialisation (succursales, entrepôts, agences locales), une politique tarifaire adaptée à la segmentation de la clientèle (notamment entre les professionnels et les détaillants) et une capacité logistique à couvrir l'ensemble du territoire national et colonial.

– La communication, en tant que levier majeur de valorisation commerciale. Celle-ci est en grande partie assurée par le produit lui-même à travers sa marque, sa présentation visuelle, son conditionnement, l'étiquetage, mais aussi par le recours à la réclame (publicité), à la propagande commerciale, et à l'affichage d'une identité distinctive.

Dans le cadre de ce chapitre, nous analyserons plus spécifiquement les dispositifs commerciaux mis en œuvre par les deux principales entreprises familiales fougerollaises de notre étude : les Établissements Abel Bresson et l'Établissement Lemercier Frères. Ces deux firmes, bien que très différentes par leur envergure, leur culture entrepreneuriale et leur capacité d'investissement, ont en commun de s'adresser prioritairement à une clientèle professionnelle. Celle-ci est composée principalement de distillateurs, de grossistes, d'entrepositaires et de négociants, qui jouent un rôle clé dans la diffusion et la visibilité de leurs produits sur les marchés.

Le choix stratégique de s'adresser à une clientèle spécialisée, souvent dotée d'une expertise technique et d'attentes élevées en matière de qualité, entraîne pour ces maisons une exigence renforcée dans tous les aspects de leur production. Chaque étape de la conception des produits doit ainsi répondre à des critères stricts de performance et de constance, garantissant une qualité irréprochable à chaque livraison. Ce positionnement influence profondément l'ensemble des décisions commerciales de l'entreprise. Il détermine non seulement le type de discours publicitaire employé, mais aussi la sélection des canaux de distribution. Par ailleurs, cette orientation vers une clientèle exigeante impose des stratégies de fidélisation sur-mesure, incluant notamment des politiques d'exclusivité contractuelle qui permettent de renforcer la relation avec les clients tout en garantissant une certaine maîtrise de la distribution.

Enfin, cette approche met également en lumière l'importance accordée par ces firmes à la notion de réputation, ressource immatérielle fondamentale dans le domaine des spiritueux. Construire et entretenir cette réputation passe par une constance dans la qualité des produits, une attention soutenue aux évolutions réglementaires, une capacité d'innovation mesurée, et une gestion prudente des risques commerciaux ou juridiques. Ces dimensions seront examinées à travers les pratiques concrètes des deux entreprises dans les sections suivantes.

7.1. Une diversification indispensable des produits et des marques

7.1.1. Le kirsch et l'absinthe : deux produits incontournables

Le kirsch de Fougerolles : socle identitaire et emblème commercial

Le kirsch constitue sans conteste le socle historique et identitaire de l'activité de distillation à Fougerolles. Véritable emblème du terroir local, cette eau-de-vie de cerise a acquis, dès le XIXe siècle, une notoriété dépassant les frontières de la Haute-Saône, s'imposant progressivement comme un produit reconnu à l'échelle nationale, voire au-delà. Si sa contribution au chiffre d'affaires global des distilleries fougerollaises s'avère relativement modeste à partir de la fin du XIXe siècle, sa valeur symbolique et commerciale demeure néanmoins centrale dans la constitution de l'image de marque des entreprises locales.

C'est notamment grâce au kirsch qu'Abel Bresson parvient à s'implanter durablement à Fougerolles dès 1839, posant ainsi les bases de ce qui deviendra une des plus grandes firmes familiales de la région. Ce produit emblématique joue aussi un rôle décisif dans la transformation économique du territoire, en permettant à de nombreux paysans-distillateurs de se hisser au rang d'entrepreneurs accomplis. Par-delà son poids économique, le kirsch confère à Fougerolles une renommée durable, qui perdure jusqu'à nos jours.

En dépit de sa faible part dans les volumes de production ou dans les marges générées, il est inconcevable pour les maisons locales de l'exclure de leur portefeuille. Son nom figure systématiquement sur les correspondances commerciales, les en-têtes de factures, les étiquettes et les supports promotionnels, attestant de sa fonction de produit vitrine. Cette valorisation

est renforcée par un conditionnement spécifique, à la fois ancien et distinctif : la célèbre bouteille en verre soufflé appelée *« bô »* ou *« bôt »*, héritée du mot ancien *boteille*. Produite artisanalement dans les verreries vosgiennes de Darney[1] et de Vioménil[2], cette bouteille sombre, reconnaissable à ses formes irrégulières, ses bulles internes et son fond coupant, devient dès 1780 l'écrin réservé au kirsch. Sa contenance standard avoisine les 70 cl. Utilisée jusqu'au milieu du XXe siècle, elle est aujourd'hui encore reconnue comme un élément de patrimonialisation, inscrite dans le cahier des charges de l'AOC « Kirsch de Fougerolles » obtenue en 2010.

FIGURE 64. « Bô » ou « Bôt » : Bouteille de conservation du kirsch à Fougerolles
SOURCE : Archives de l'Écomusée du Pays de la Cerise, Fougerolles.

---

[1] RODIER Paul, *Les verreries des hautes forêts de Darney*, Épinal, Imprimerie et lithographie Henry FRICOTEL, 1909, p.28.

[2] *Almanach du commerce de Paris*, Paris, Bureau de l'Almanach, 1833, p. 835.

Le tandem kirsch-absinthe : moteur historique de la distillation fougerollaise

Ainsi, bien avant l'avènement des politiques de marketing modernes, le kirsch bénéficie déjà d'un conditionnement personnalisé, révélateur d'une stratégie implicite de différenciation et de valorisation.

Il est remarquable de constater qu'un autre produit-phare du patrimoine fougerollais suit un chemin similaire un siècle plus tard : la liqueur d'absinthe, dont la production se développe à partir du milieu du XIXe siècle. Elle est aussi conservée dans des bouteilles sombres, conçues pour protéger sa teinte verte naturelle des effets de la lumière. Ces flacons, qui deviendront ceux des liqueurs anisées à partir du XXe siècle, s'inscrivent dans une même logique de standardisation qualitative et visuelle.

FIGURE 65. Bouteilles « Absinthe Édouard Pernod », début XXe siècle, « Un Peureux », 1925 ; « Anis Félix Pernod », années 1930.

SOURCE : Archives de l'Écomusée du Pays de la Cerise, Fougerolles ; Collection A. El Mostain.

L'association du kirsch et de l'absinthe comme piliers de la distillation fougerollaise remonte à la première moitié du XIXe siècle. Dès les années 1840, Abel Bresson développe une offre complémentaire articulant ces deux produits. Après sa première entreprise fondée en 1839 avec Charles Roblin, il enrichit progressivement son portefeuille avec d'autres spiritueux tels que le rhum ou le cognac. Mais ce sont bien le kirsch, en tant que produit d'origine locale, et l'absinthe, en tant que produit à forte diffusion sur le marché national et à l'export, qui forment la véritable assise du succès économique des firmes familiales fougerollaises.

D'un point de vue commercial, cette complémentarité entre kirsch et absinthe fonctionne comme un levier de synergie : la réputation du kirsch assure à l'absinthe une crédibilité commerciale auprès des professionnels et des consommateurs, tandis que la popularité croissante de l'absinthe, notamment sur les marchés urbains comme Paris, renforce, en retour, la visibilité et la notoriété du kirsch. Aucune distillerie ne peut, à cette époque, prétendre à la pérennité sans cette double production.

Sur le plan politique et syndical, cette alliance se manifeste également. Le syndicat des distillateurs de kirsch, fondé en 1892, fédère les bouilleurs de cru, les industriels, mais aussi des élus, comme le député Auguste Peureux. Derrière la défense du kirsch se cache en réalité une volonté de préserver les intérêts liés à l'absinthe, qui représente, à elle seule, la plus grande part du chiffre d'affaires de l'ensemble du secteur local. Le discours patrimonial autour du kirsch sert ainsi, dans une certaine mesure, de paravent stratégique aux enjeux économiques majeurs portés par l'absinthe.

En définitive, ces deux produits, le kirsch, pilier patrimonial enraciné dans la tradition locale, et l'absinthe, vecteur d'innovation et d'expansion commerciale, forment un tandem indissociable. Ils incarnent à la fois la mémoire, la spécificité territoriale et la capacité d'adaptation du tissu entrepreneurial fougerollais, tout en préfigurant les dynamiques de diversification qui s'intensifieront dans les décennies suivantes. Ce tandem constitue, jusqu'au début du XXe siècle, le cœur stratégique de l'activité distillatoire locale.

Toutefois, l'histoire de cette industrie ne saurait se résumer à la seule exploitation de ces deux alcools. En effet, la crise de 1915, consécutive à la prohibition de l'absinthe, agit comme un véritable révélateur : seules les entreprises ayant anticipé cette rupture, en diversifiant suffisamment leur portefeuille de produits, parviennent à maintenir leur activité. La capacité d'adaptation et d'élargissement de l'offre commerciale devient alors un critère déterminant de survie et de consolidation dans un marché désormais instable et réglementé. La stratégie de diversification s'impose comme un levier indispensable de résilience et de projection à long terme.

Stratégies de diversification et segmentation des marchés

C'est précisément cette voie qu'empruntent les deux principales firmes familiales de Fougerolles, les Établissements Abel Bresson et Lemercier Frères, dont l'évolution témoigne d'une remarquable capacité à transformer une spécialisation initiale en une dynamique d'expansion structurée.

La firme Abel Bresson, fondée en 1839 autour du commerce du *kirschenwasser* (eau-de-cerise), amorce très tôt une diversification de ses activités, jalonnée par plusieurs étapes-clés :

- 1839 : lancement du négoce du kirschenwasser, rapidement désigné sous le nom de « kirsch » ;
- 1850 : élargissement à d'autres eaux-de-vie et à l'absinthe ;
- 1858 : intégration du rhum, du cognac, d'eaux-de-vie variées et d'alcools dits « d'industrie » ;
- 1870 : création d'une boisson innovante baptisée *Bressonide*, pensée comme une alternative à l'absinthe, dans la perspective de son interdiction. Il s'agit d'une liqueur anisée inédite, probablement l'une des premières

produites en France, vendue 20% moins cher qu'une absinthe supérieure et au même tarif qu'une absinthe ordinaire. Ce positionnement tarifaire stratégique favorise son adoption rapide. Ce produit connaît un second souffle commercial dans les années 1920, après que la législation autorise à nouveau les liqueurs anisées ;

– 1878 : la maison propose désormais deux grandes gammes de produits, regroupant au moins 25 références, réparties entre alcools naturels et alcools industriels.

TABLEAU 29. Gammes de produits fabriqués et commercialisés par les Établissements Abel Bresson en 1878

Gammes de produits	Références	Prix de vente d'un hl en frs	Prix de vente au litre en frs
Alcool naturel	Kirsch pur vieux 50°	400	4
	Kirsch pur nouveau 50°	300	3
	Kirsch bonne distillation 50°	100	1
	Kirsch ordinaire de commerce 50°	45	0,45
	Eau de vie de prunes pure 50°	200	2
	Eau-de-vie d'Aigrefeuille	120	1,2
	Eau-de-vie de marc pur 50°	75	0,75
	Eau-de-vie ordinaire de commerce 50°	35	0,35
	Rhum vieux 50°	125	1,25
	Rhum ordinaire 50°	70	0,7
	Cognac 50°	120	1,2
	Absinthe triple	100	1
	Absinthe supérieure 72°	75	0,75
	Absinthe ordinaire 72°	60	0,6
	BRESSONIDE 67°	60	0,6
Alcool industriel	(3/6) Béziers 90°	100	1
	(3/6) marc 86°	70	0,7
	(3/6) surfin et extra-fin	60	0,6
	(3/6) pour absinthe 90°	60	0,6
	(3/6) marc	60	0,6
	Alcool pur flegme 90°	56	0,56
	Alcool pur flegme	55	0,55
	Alcool pur flegme	50,5	0,51
	Alcool pur	50	0,5

SOURCE : Archives départementales de la Haute-Saône, 2^{E}20742. Inventaire après décès de M. Abel Bresson, effectué le 16 juillet 1878.

Ce développement s'accompagne d'une stratégie de segmentation interne des gammes. Hormis le cognac, chaque ligne de produits proposée par les Établissements Abel Bresson se décline en plusieurs qualités distinctes, avec des tarifs adaptés aux capacités financières de différentes clientèles, des cafetiers de campagne aux grands distributeurs urbains.

TABLEAU 30. Profondeur des gammes de produits proposés par la firme Abel Bresson en 1878

(3/6)	Kirsch	Absinthe	Eau de vie	Alcool pur	Rhum
5 références	4 références	3 références	4 références	4 références	2 références

À titre d'illustration, le kirsch se présente en quatre versions, dont un produit haut de gamme commercialisé à 4 francs le litre pour les professionnels, et un kirsch dit « ordinaire de commerce », vendu à 0,45 franc le litre, constitué d'une faible proportion de kirsch pur complétée par de l'alcool industriel. Une logique similaire préside à la commercialisation de l'absinthe, qui existe également en version bon marché, à 0,60 franc le litre, grâce à l'utilisation d'alcool d'industrie en lieu et place de l'alcool de vin distillé dans les étapes de macération.

Cette politique de diversification horizontale, conjuguée à une tarification différenciée, permet à la firme Abel Bresson de couvrir un large spectre de segments de marché, tout en assurant une certaine sécurité économique en cas de variation de la demande ou de contrainte réglementaire. L'introduction de produits innovants comme la « Bressonide » témoigne aussi d'un esprit d'anticipation, fondé sur l'observation des mutations sociales et politiques affectant le secteur des spiritueux. En ce sens, la diversification devient autant un outil de conquête qu'un mécanisme de protection.

Dès la fin des années 1870, les Établissements Abel Bresson adoptent une stratégie commerciale clairement articulée autour de la diversification des gammes et des produits et d'un positionnement tarifaire différencié, adapté aux divers segments de clientèle. Chaque catégorie de produits est pensée selon une logique de hiérarchisation qualitative : à un produit haut de gamme, ou « premier choix », tel que le kirsch pur vieux, l'eau-de-vie de prunes, le rhum vieilli ou encore l'absinthe triple, correspond un produit plus abordable, qualifié ici de « produit ordinaire ». Ce dernier, destiné à une clientèle plus modeste, se compose de mélanges utilisant de l'alcool d'industrie, comme le kirsch ordinaire de commerce (mélange de kirsch pur et d'alcool 3/6), l'eau-de-vie ordinaire ou l'absinthe à faible coût.

Dans cette architecture commerciale, la « Bressonide » occupe une place spécifique. Conçue au début des années 1870 comme une liqueur anisée susceptible de pallier une interdiction de l'absinthe, elle se distingue par son caractère anticipateur et par sa fonction tactique dans la stratégie à long terme de la firme. Ni absinthe au sens strict, ni liqueur anodine, elle inaugure un segment nouveau et s'impose comme produit de transition dans un contexte incertain.

La hiérarchie tarifaire traduit également des écarts de pouvoir d'achat. À titre d'exemple, un litre de kirsch pur vieilli, titrant à 50°, est proposé à 4 francs aux grossistes, soit l'équivalent d'une journée de salaire d'un contremaître, ou presque deux journées de travail pour un ouvrier non qualifié au sein même de la maison Abel Bresson. En considérant un coefficient multiplicateur moyen de 2 entre le grossiste et le client final, ce produit devient pratiquement inabordable pour la majorité des consommateurs.

Face à cette situation, une partie de la clientèle populaire se tourne vers une solution de substitution à très bas prix : un alcool industriel 3/6 (trois-six), commandé dans les cafés sous l'appellation familière « le chien ». Pour en atténuer la teneur en alcool, il est dilué à l'eau, ce qui en fait un produit rudimentaire mais accessible, révélateur de la segmentation socio-économique du marché de l'alcool.

Dans un souci de rationalisation de la production et de standardisation à l'échelle nationale, les Établissements Abel Bresson s'appuient également sur leur distillerie de Dijon, spécialisée dans la fabrication d'alcools industriels. Cette usine joue un double rôle : d'une part, elle produit en grande quantité des bases alcooliques industrielles, et d'autre part, elle fabrique à plus petite échelle des alcools naturels comme le kirsch, l'absinthe, le rhum et la Bressonide. Cette double fonction permet d'alimenter le marché avec des produits identiques à ceux de Fougerolles, tout en bénéficiant d'une politique tarifaire distincte et en maintenant des coûts de fabrication maîtrisés.

TABLEAU 31. Répartition des produits fabriqués par la distillerie Abel Bresson installée à Dijon entre alcool d'industrie et alcool naturel en 1878

Alcool industriel	Trois/six, de bonne qualité (cœur de rectification, extra fin, surfin et fin)
	Alcool pur flegme
	Trois/six, de mauvais goût
Alcool naturel	Absinthe
	Trois/six marc
	Kirsch de commerce
	Rhum
	Cinq/six marc
	BRESSONIDE
	Cognac
	Eau-de-vie

SOURCE : Archives privées de Claude Roussey. Inventaire après décès d'Abel Bresson en 1878.

En 1878, la distillerie de Dijon, intégrée aux Établissements Abel Bresson, consacre 91,4% de sa production à l'alcool industriel, contre seulement 8,6% aux alcools naturels. Ce déséquilibre apparent témoigne d'une stratégie industrielle clairement assumée : concentrer à Dijon une production de masse à faible coût, principalement destinée à alimenter des gammes de produits standardisés, tout en maintenant une offre qualitative diversifiée à l'échelle du groupe.

Cette orientation se confirme dans les données de 1896 : si le kirsch, produit emblématique à forte valeur patrimoniale, ne représente plus que 8,2% du chiffre d'affaires, l'absinthe devient le véritable moteur économique de la firme, tandis que l'alcool industriel « trois-six », prisé pour son faible coût, s'arroge à lui seul 24% des parts de marché.

Malgré la rentabilité évidente de l'absinthe, les Établissements Abel Bresson ne cèdent pas à la tentation d'une spécialisation. Ils réaffirment au contraire leur engagement dans une politique de diversification raisonnée, en intégrant de nouvelles références : vermouth, eau-de-vie jaune de Béziers, arquebuse, mais aussi des produits à forte marge et à coût de fabrication réduit, en raison de leur faible teneur en alcool naturel et de leur forte proportion d'alcool industriel. C'est notamment le cas du kirsch fantaisie, des eaux-de-vie anisées ou encore des eaux-de-vie noyautées.

GRAPHIQUE 40. Répartition du chiffre d'affaires en volume de l'Établissement Abel Bresson à Fougerolles par type d'alcool en 1896

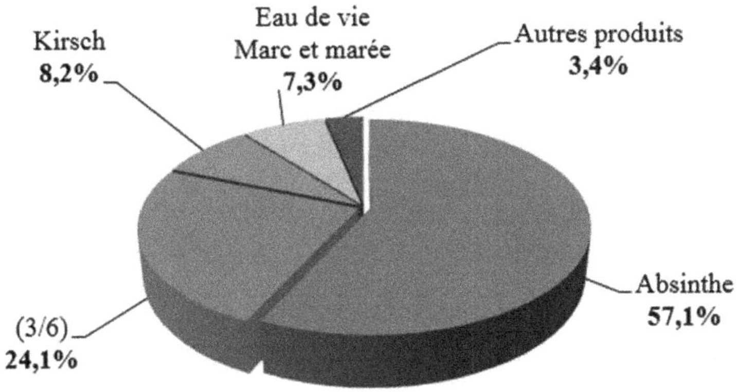

L'absinthe demeure le produit phare, générant plus de la moitié du chiffre d'affaires en volume. Le kirsch, bien qu'il n'occupe plus qu'une place marginale dans les ventes, conserve une fonction d'image essentielle : en tant que produit patrimonial à forte résonance nationale, il agit comme vecteur de légitimité et levier de valorisation pour l'ensemble de l'offre de la firme. Sa simple mention sur les étiquettes ou les factures contribue à ancrer l'identité de marque des Établissements Abel Bresson et à en maintenir la visibilité dans un environnement concurrentiel en mutation.

Jusqu'à l'année 1915, les Établissements Abel Bresson parviennent à maintenir une offre particulièrement étendue et diversifiée, ce qui leur permet de limiter les effets de la crise provoquée par l'interdiction de l'absinthe. Cette diversification ne constitue pas seulement une stratégie de précaution, mais devient également une opportunité commerciale : la firme familiale se distingue en proposant à sa propre clientèle, puis à ses concurrents, le rachat de leurs stocks d'absinthe invendus[3]. Ces stocks sont ensuite rectifiés afin d'être reconvertis en alcools d'industrie, une pratique révélatrice de l'agilité de l'entreprise face aux changements réglementaires et aux aléas du marché.

---

[3] Archives de l'Écomusée du Pays de la Cerise à Fougerolles, d'après des archives privées de Marcel Saire. D'après une circulaire du 20 décembre 1915.

Vers une résilience industrielle : innovations, reconversions et expansion sectorielle

Parallèlement, l'Établissement Lemercier Frères suit une trajectoire similaire, bien que d'une ampleur plus modeste. Dès les premières décennies du XIXe siècle, Desle Nicolas Lemercier, cultivateur au lieu-dit du Grand-Fahys à Fougerolles, s'engage dans l'activité de distillation du kirsch[4], après avoir obtenu une licence officielle en 1811. Cette entreprise artisanale prend progressivement de l'ampleur avec son fils Jean Nicolas, qui diversifie l'activité familiale en intégrant le négoce de vin dans les années 1830[5].

La structuration juridique de cette activité intervient en 1866, avec la création de la société en nom collectif Lemercier Frères, fondée par les deux fils de Jean Nicolas. Cette forme sociétale leur permet de formaliser et de développer leur portefeuille de produits[6], désormais composé de plusieurs variétés d'eaux-de-vie (dont le kirsch) et de vins de négoce, témoignant d'une volonté claire de diversification commerciale.

Dès 1862, les produits Lemercier bénéficient d'une certaine reconnaissance, puisqu'ils figurent dans l'annuaire-almanach Firmin Didot[7], un répertoire parisien de référence pour le commerce et l'industrie. Y sont notamment répertoriés les vins et les eaux-de-vie.

La création officielle de la société en 1866 donne une nouvelle impulsion à cette stratégie. Celle-ci se renforce encore à partir de 1881, année de l'installation de l'établissement au centre de Fougerolles, à proximité immédiate de la gare ferroviaire, infrastructure stratégique pour l'expédition des marchandises et l'approvisionnement des marchés.

Entre 1895 et 1906, l'Établissement Lemercier Frères adopte une politique de double production, répartie entre alcools naturels et alcools industriels, bien que dans des volumes plus modestes que ceux de la firme Abel Bresson. Toutefois, à partir de 1906, un recentrage s'opère : la maison renonce à la production d'alcools industriels pour se consacrer exclusivement à une offre élargie d'alcools naturels, comprenant plusieurs gammes : kirsch, vins, eaux-de-vie, rhum, cognac, absinthe et liqueurs anisées.

Dans cette configuration, l'absinthe occupe une place prépondérante, à égalité avec le vin, illustrant l'importance commerciale que l'établissement accorde à ce produit jusqu'à son interdiction en 1915. Si la disparition de ce marché aurait pu menacer l'équilibre économique de la maison Lemercier

---

[4] ADHS, 2E20602. Inventaire après décès de Desle-Nicolas Lemercier survenu le 20 juin 1820.

[5] D'après un article intitulé « Une grande distillerie à Fougerolles » consacré à l'Établissement Lemercier Frères paru dans la revue *Le Panthéon de l'Industrie* en août 1891.

[6] ADHS, 3U2854. Acte de société de l'Établissement Lemercier Frères, 1866.

[7] *Annuaire-almanach du commerce, de l'industrie, de la magistrature et de l'administration.* Paris, Firmin-Didot frères, 1862.

Frères, sa capacité à anticiper et à réorienter ses productions lui permet de limiter les conséquences de cette crise. En effet, un nouveau produit voit le jour au sein de l'établissement : le vinaigre, dans lequel les anciens stocks d'absinthe sont recyclés par rectification. Ce choix stratégique, opérer une reconversion industrielle des invendus, témoigne d'une volonté d'adaptation rapide, d'autant plus salutaire qu'il permet d'amortir les pertes liées à la suppression brutale d'un produit pourtant central dans le portefeuille. Par leur sens de l'anticipation et leur capacité à diversifier leurs productions, les Établissements Lemercier Frères rejoignent ainsi la logique déployée par la maison Bresson, bien qu'à une échelle plus modérée.

Parmi les produits ayant rencontré un véritable succès commercial au sein des distilleries fougerollaises figure le kirsch fantaisie. Bien qu'il en emprunte le nom, ce produit ne contient qu'une proportion limitée de kirsch pur, généralement comprise entre 2% pour les versions les plus économiques et jusqu'à 10% pour les déclinaisons de meilleure qualité, selon les pratiques de chaque maison. Grâce à son coût de production réduit et à son positionnement tarifaire attractif, ce produit s'avère extrêmement rentable, au point d'être adopté par l'ensemble des distilleries de Fougerolles.

Entre 1900 et 1915, le kirsch fantaisie acquiert une dimension stratégique pour l'Établissement Lemercier Frères, qui en fait un axe central de sa politique commerciale. Dans une optique de fidélisation de la clientèle professionnelle, la firme innove en lançant une formule dite de « kirsch fantaisie concentré[8] ». Ce produit, conçu pour être utilisé à hauteur de 10%, permet aux distributeurs et clients finaux de composer eux-mêmes leur propre kirsch fantaisie, selon les proportions souhaitées. Cette innovation relève d'une stratégie de réduction des coûts à double avantage : elle diminue les frais de production pour la distillerie tout en offrant aux clients un contrôle sur le dosage, donc sur la qualité et le prix final du produit.

La formulation standardisée proposée par Lemercier Frères à ses partenaires professionnels repose sur une composition type : 10% de kirsch pur, 35% d'alcool rectifié, et 55% d'eau. Cette liqueur peu onéreuse ouvre cependant la voie à des pratiques de contournement, voire de fraude, notamment en raison de l'absence de réglementation claire jusqu'aux années 1920. Ce n'est qu'avec le décret du 19 août 1921, portant sur les vins, les vins mousseux et les eaux-de-vie, que les autorités publiques tentent d'encadrer ces fabrications. Toutefois, de nombreuses interprétations abusives persistent, obligeant l'administration à diffuser une circulaire spécifique à destination des agents des fraudes afin d'en finir avec les tromperies commerciales récurrentes[9].

---

[8] Archives privées de l'Établissement Lemercier Frères. Circulaire non datée envoyée par Lemercier Frères à sa clientèle professionnelle. Date de la circulaire estimée entre 1900 et 1915.
[9] *Le Bulletin législatif Dalloz*, Paris, Dalloz, 1931, p.406.

En effet, certaines entreprises peu scrupuleuses profitent de l'ambiguïté réglementaire pour réduire drastiquement la proportion de kirsch pur dans leur produit, tout en continuant de le présenter comme un kirsch fantaisie de qualité. La pratique la plus courante consiste à ajouter des noyaux de cerises concassés afin d'intensifier artificiellement l'arôme du kirsch, permettant ainsi de masquer la faible quantité réelle de kirsch utilisé.

Une lettre commerciale non datée mais vraisemblablement rédigée entre 1910 et 1915 par l'Établissement Lemercier Frères fournit un calcul détaillé du coût de revient pour la production de 100 litres de kirsch fantaisie à 40° :

TABLEAU 32. Coût de fabrication de 100 litres de kirsch fantaisie de 40°

	Degré alcoolique	Quantité en litre	Alcool pur	Prix de vente d'un litre pur	Montant en francs
Alcool de kirsch	67%	10	6,7	22,39	150
Alcool rectifié	95%	35	33,25	8,50	282,65
Eau très pur (eau de source par exemple)		55			
		100	39,95		432,65
Coût de fabrication d'un litre de kirsch fantaisie de 40°					**4,33 frs**

La manipulation des pourcentages de kirsch pur dans la composition finale permet ainsi une variation significative des coûts. Par exemple, en faisant passer la proportion de kirsch pur de 10 litres à seulement 2 litres, il est possible de réduire le coût de production de 17%, sans pour autant modifier le titrage alcoolique final :

TABLEAU 33. Simulation du coût de fabrication d'un litre de kirsch fantaisie de 40° avec des quantités d'alcool de kirsch variables

	Degré alcoolique	Quantité en litre	Alcool pur	Prix de vente au litre pur aux professionnels	Montant en francs
Alcool de kirsch	67%	2	1,34	22,39	30
Alcool rectifié	95%	41	38,95	8,50	331,10
Eau très pur (eau de source par exemple)		57			
		100	40,3		361,10
Coût de fabrication d'un litre de kirsch fantaisie de 40°					**3,61 frs**

En parallèle, les distillateurs disposent d'autres leviers d'optimisation des coûts. L'un des plus fréquents consiste à remplacer l'alcool rectifié d'origine vinique (plus onéreux) par de l'alcool issu de la distillation de betteraves, nettement moins coûteux. Ces économies sont ensuite réinvesties dans des stratégies de différenciation marketing, fondées sur des dénominations commerciales suggestives, telles que :

– « Eau-de-vie kirschée » ;
– « Kirsch fantaisie supérieur » ;
– « Kirsch fantaisie surfin ».

Ces appellations, souvent floues et non réglementées, visent à valoriser l'image du produit auprès des consommateurs, tout en permettant des marges confortables à la firme. L'exemple du kirsch fantaisie illustre parfaitement la manière dont les entreprises fougerollaises, notamment Lemercier Frères, ont su concilier innovations commerciales, maîtrise des coûts de production et flexibilité réglementaire, dans un contexte de forte concurrence et d'évolution incertaine du marché des alcools de bouche.

La stratégie de diversification adoptée par les deux principales firmes fougerollaises, Abel Bresson et Lemercier Frères, s'accompagne d'une politique tarifaire pleinement assumée, orientée vers une maîtrise rigoureuse des coûts de production, sans pour autant sacrifier la rentabilité ni compromettre la compétitivité de leurs produits. Comme nous l'avons déjà évoqué avec l'exemple du *kirsch fantaisie* développé par l'Établissement Lemercier Frères, cette orientation vers la rentabilité s'exprime également dans les procédés techniques employés par les Établissements Abel Bresson pour la fabrication de l'une de leurs spécialités : la liqueur d'absinthe.

Ce produit, emblématique du marché des alcools de bouche jusqu'à son interdiction en 1915, fait l'objet de nombreux perfectionnements techniques et économiques. Si le processus de fabrication respecte globalement les quatre grandes étapes traditionnelles, macération, distillation, coloration, assemblage et vieillissement, chaque distillerie élabore ses propres recettes, selon les résultats visés, les segments de marché ciblés, ou les contraintes économiques internes. Cette diversité des pratiques témoigne d'une adaptation fine à une clientèle multiple.

Les Établissements Abel Bresson ne font pas exception. Lorsqu'ils rachètent, en 1912, l'Établissement Édouard Pernod de Pontarlier, ils héritent non seulement d'un nom prestigieux, mais aussi d'un savoir-faire spécifique, gardé confidentiel, leur permettant de produire une absinthe de qualité acceptable à un coût de revient réduit. Ce procédé repose sur un principe économique simple : épuiser les plantes aromatiques par plusieurs distillations successives afin de maximiser leur rendement. Le processus, tel qu'il apparaît dans les archives techniques de Pontarlier, est à la fois ingénieux et révélateur des arbitrages effectués entre coût, qualité et efficacité industrielle. Voici les étapes de fabrication d'un lot de 1.200 litres d'absinthe à 73° :

- Macération initiale : 160 kg d'anis de Russie, 96 kg de fenouil, 27 kg de grande absinthe et 6 kg de mélisse sont placés dans 667 litres d'alcool industriel à 90° pour une macération de 12 à 48 heures, puis distillés.
- Distillation répétée : Les mêmes plantes sont conservées dans l'alambic pour une deuxième distillation, avec l'ajout d'un nouveau lot de 667 litres d'alcool à 90°. Cette opération est répétée une troisième fois, toujours avec les mêmes matières végétales.
- Complément de volume : Une fois les distillations achevées, 1.200 litres supplémentaires d'alcool industriel sont ajoutés directement au distillat

obtenu, sans distillation complémentaire, ce qui permet un gain en temps, en énergie et en volume final.

– Coloration : L'absinthe obtenue, incolore à ce stade, est teintée par un mélange de petite absinthe (3/5) et d'hysope (2/5), parfois enrichi de mélisse citronnée ou de menthe. Ces plantes sont elles-mêmes macérées avant d'être ajoutées au distillat, puis le tout est filtré pour obtenir une teinte verte stable.

– Vieillissement et conditionnement : La liqueur est ensuite conservée en cuves ou en fûts pendant plusieurs mois, voire jusqu'à trois ans pour les absinthes de qualité supérieure. Un assemblage de différents lots est parfois réalisé afin d'harmoniser le goût final. Jusqu'en 1915, la commercialisation se fait principalement en bonbonnes et en tonneaux, les bouteilles restant minoritaires.

Cette méthode permet, pour 1.200 litres d'absinthe à 73°, une production à partir de 320 kg d'anis, 192 kg de fenouil, 54 kg de grande absinthe, 12 kg de mélisse, et 3 868 litres d'alcool industriel à 90°. La clé de rentabilité réside ici dans la multiplication des distillations sur le même lot de plantes, une pratique qui diminue le coût d'achat de matières premières végétales au détriment d'une concentration optimale des arômes.

Une version plus qualitative du produit aurait nécessité une réduction du nombre de distillations, une sélection plus stricte des plantes et surtout l'utilisation d'un alcool vinique, plus coûteux mais plus noble, en lieu et place de l'alcool industriel issu de betteraves. Ce choix stratégique illustre les dilemmes permanents rencontrés par les industriels du secteur : produire en quantité tout en maintenant un seuil acceptable de qualité perçue.

La diffusion massive de l'absinthe à la Belle Époque, combinée à la forte demande urbaine, a conduit à une normalisation de ces pratiques d'optimisation, avec comme conséquence un marché saturé de produits d'entrée de gamme, souvent fabriqués selon des procédés similaires. Les fabricants, guidés par la logique de rentabilité maximale, ont parfois privilégié le rendement sur la fidélisation à long terme de leur clientèle.

Cependant, il convient de nuancer cette appréciation. Les Établissements Abel Bresson, tout en rationalisant leur production, veillent à conserver une offre différenciée qui inclut des produits dits de « premier choix », fabriqués avec davantage de soin et destinés à une clientèle plus exigeante. Ce double positionnement, d'un côté, des références prestigieuses garantes de l'image de marque, et de l'autre, des produits à forte marge, constitue le socle de leur stratégie commerciale fondée sur la segmentation et la standardisation différenciée.

Enfin, cette politique n'est pas propre à Fougerolles. Le modèle développé par Édouard Pernod à Pontarlier illustre la généralisation de ce type de procédés dans les grands centres de production d'absinthe, marquant ainsi un tournant dans l'histoire industrielle de la distillation française, entre tradition artisanale et industrialisation rationnalisée.

Il n'est pas exceptionnel de constater que des maisons de renom telles qu'Édouard Pernod ou Abel Bresson déclinent leur production d'absinthe en une gamme étendue de qualités, allant de produits accessibles à des absinthes dites « supérieures », destinées à une clientèle exigeante et disposant d'un pouvoir d'achat plus élevé. Et cela, quand bien même ces firmes revendiquent une production exclusivement orientée vers la haute qualité. Cette diversité de l'offre, qui peut apparaître comme paradoxale, s'explique en réalité par une stratégie commerciale bien maîtrisée : il s'agit de répondre à une segmentation du marché, en proposant des références adaptées à la fois aux besoins d'une clientèle professionnelle diversifiée et à ceux de circuits de distribution plus populaires.

Dans ce cadre, les Établissements Abel Bresson développent et perfectionnent leurs propres recettes de liqueur d'absinthe, jalousement conservées, qu'ils adaptent en fonction des cibles visées. Il s'agit ici d'une recette de base modulable, à partir de laquelle sont déclinées différentes marques-produits : l'absinthe supérieure Abel Bresson, la marque Pierrot, fabriquée à base d'alcool pur vin[10], des absinthes fabriquées pour des commanditaires spécifiques, comme l'épicerie-fruiterie parisienne Hachette et Bernard, qui impose son propre cahier des charges, ou encore une absinthe blanche, prévue pour être oxygénée avant consommation, conformément à certaines pratiques de l'époque. Ce panel de produits illustre pleinement la place centrale occupée par la stratégie de diversification, qui s'affirme comme un levier structurel de développement pour les firmes familiales fougerollaises.

Cette politique trouve d'autant plus de justification qu'à la veille de la Première Guerre mondiale, l'absinthe représente, à elle seule, plus de 80% de la production d'alcool à Fougerolles[11]. L'interdiction prononcée en 1915, dans le sillage des campagnes antialcooliques et des préoccupations sanitaires et morales, constitue donc un véritable séisme économique pour l'ensemble du secteur local. Nombre de distilleries, incapables de s'adapter à la nouvelle donne, sont contraintes de fermer leurs portes. Seules les entreprises ayant anticipé cette rupture brutale, en élargissant suffisamment leur portefeuille de produits, parviennent à maintenir leur activité et à engager leur reconversion progressive.

Dans ce contexte incertain, le marché français des alcools de bouche entame, dès le début des années 1920, une reconfiguration lente et prudente, marquée par un retour aux sources régionales, dont le kirsch devient l'emblème. Toutefois, cette parenthèse de repli identitaire ne dure qu'un temps. L'essor des liqueurs anisées, autorisées officiellement à partir de 1922, ouvre la voie à une relance industrielle. Ces nouvelles boissons, conçues pour

---

[10] Journal *La Dépêche de Brest*, 13 décembre 1909, page 4.

[11] « LE CHEQUEILLOT », *Bulletin n° 20*, Association Fougerolles Terroir et Traditions (FTT), décembre 2015.

imiter l'absinthe sans en reproduire les composants prohibés, rencontrent un vif succès auprès des consommateurs nostalgiques de la « fée verte ».

Les Établissements Abel Bresson et Lemercier Frères, forts de leur expérience préalable dans la production d'anisés, s'engouffrent très rapidement dans ce nouveau segment porteur. La maison Bresson relance ainsi la « Bressonide », une liqueur anisée conçue dès 1870 dans une logique d'anticipation de l'interdiction de l'absinthe. De son côté, l'Établissement Lemercier Frères ressort sa marque « La Fougerollaise », qui avait déjà suscité l'attention des autorités pendant la guerre pour ses similitudes avec l'absinthe. Cette réactivité témoigne d'une capacité stratégique à adapter rapidement l'offre à l'évolution du cadre réglementaire, en capitalisant sur les acquis techniques et commerciaux des décennies précédentes.

La transformation de la société Lemercier Frères en société anonyme en 1921, sous l'impulsion de Georges Labbé, marque un tournant décisif dans l'histoire de la firme. Cette évolution statutaire s'accompagne d'une amplification de la stratégie de diversification, désormais étendue à un large éventail d'activités. L'annonce publiée dans un annuaire industriel international en 1925[12] en témoigne clairement :

> *« LEMERCIER FRÈRES, Fougerolles (Haute-Saône). Président et Administrateur délégué : M. G. Labbé-Lemercier. Distillerie à vapeur et à feu nu de kirsch des Vosges, mirabelle de Lorraine, quetsche d'Alsace. Fabrique de liqueurs et spiritueux divers. Fabrique de vinaigre de vin et alcool, procédés modernes. Vins en gros de toutes provenances. Fabrique de bonbonnes et vannerie, articles pour distillateurs, vinaigriers, eaux minérales, produits chimiques, parfumeurs, etc. Tonnellerie, fabrique de fûts en chêne et frêne. »*

Ce texte illustre à quel point l'entreprise s'efforce de diversifier à la fois ses produits et ses débouchés, en allant bien au-delà du cœur de métier traditionnel de la distillation. Vinaigrerie, spiritueux, eaux-de-vie, mais aussi bonbonnes, vannerie, tonnellerie ou produits chimiques : l'ensemble de ces activités contribue à renforcer la résilience de la firme face aux crises successives du secteur des boissons alcoolisées. Le modèle de croissance adopté conjugue ainsi intégration verticale, diversification sectorielle et polyactivité locale, dans une perspective de pérennisation industrielle.

Ces évolutions illustrent plus largement la manière dont les firmes familiales de Fougerolles, malgré les secousses du marché et les mutations réglementaires, parviennent à ajuster leurs trajectoires. En diversifiant leurs productions, en s'adaptant aux attentes du marché, et en intégrant progressivement de nouveaux savoir-faire, elles continuent à incarner un capitalisme industriel enraciné, à la fois flexible et résilient.

---

[12] *Kompass international,* Paris, annuaire industriel, 1925

Les Établissements Abel Bresson, fidèles à leur logique de diversification engagée dès le XIXe siècle, élargissent encore leur portefeuille de produits au tournant des années 1920. En plus de leur gamme déjà étendue, comprenant le kirsch, une grande variété d'eaux-de-vie, plusieurs spiritueux dont des liqueurs anisées, des alcools industriels et certains produits chimiques, ils font en 1921 un pas stratégique en direction d'un nouveau segment du marché des boissons alcoolisées : celui du vermouth.

Cette nouvelle orientation prend corps avec le rachat de la maison Nugue-Richard et Cie, entreprise spécialisée dans la fabrication de vermouths, implantée à Chambéry. L'acquisition ne se limite pas à un simple transfert d'actifs : elle s'accompagne d'une politique commerciale offensive, caractérisée par une stratégie de prix très compétitive. En abaissant significativement les prix de vente de leurs vermouths, les Établissements Abel Bresson visent à conquérir de nouvelles parts de marché, tant sur le territoire national que dans l'espace colonial français.

Ce positionnement tarifaire audacieux se vérifie notamment en Indochine[13], où le vermouth Nugue-Richard, malgré sa notoriété internationale déjà bien établie, est proposé à des prix inférieurs à l'ensemble des autres vins de liqueur français et étrangers, à l'exception notable de la marque italienne Cinzano, vendue à un tarif équivalent. Cette volonté d'imposer une présence forte dans les colonies reflète une vision expansionniste cohérente, s'appuyant sur la notoriété des marques acquises et sur une politique tarifaire étudiée, capable d'attirer une clientèle diversifiée.

Au cours des années 1930, dans un contexte de relance encadrée par l'État du marché des alcools de bouche, le secteur connaît un véritable foisonnement de produits. Aux traditionnelles boissons fermentées viennent s'ajouter des spiritueux simples, dont le goût provient directement du processus de distillation (kirsch, eaux-de-vie de fruits, cognac, rhum, vodka), ainsi que des spiritueux composés, élaborés à partir d'alcool neutre ou d'eau-de-vie, dans lesquels sont infusées ou macérées des substances végétales aromatiques. On y retrouve toute une gamme de liqueurs : amers, eaux-de-vie dites « de fantaisie », et liqueurs anisées, très populaires après 1922.

Entre 1839 et 1940, les archives révèlent plus de 150 références distinctes de boissons alcoolisées[14] au sein des portefeuilles des deux principales entreprises familiales de Fougerolles : les Établissements Abel Bresson et Lemercier Frères. Cette large diversité témoigne d'une volonté stratégique constante d'élargir l'offre afin de répondre aux multiples attentes des consommateurs, tout en fidélisant une clientèle aux profils variés. Elle traduit également une capacité de résistance face aux défis imposés par un marché en

[13] Chambre de commerce de Saigon, *Bulletin bimensuel de Chambre de commerce de Saïgon*, Saïgon, 31 mai 1928.

[14] Chaque firme possède ses propres recettes.

constante évolution, soumis à des régulations de plus en plus strictes et traversé par des crises économiques successives.

L'esprit d'innovation qui accompagne cette politique de diversification conduit parfois les firmes familiales à explorer des secteurs de niche ou des marchés annexes. C'est ainsi que les Établissements Abel Bresson s'engagent, à une échelle certes réduite, dans la fabrication d'eaux de Cologne, un produit non alimentaire à destination de la clientèle professionnelle parisienne. Bien que cette activité représente une part marginale du chiffre d'affaires, elle illustre la capacité de la maison Abel Bresson à se diversifier au-delà du champ traditionnel des boissons alcoolisées.

Cinq variantes distinctes de ce produit sont répertoriées, chacune issue d'une méthode de fabrication relativement simple[15], mais reposant sur des dosages d'ingrédients minutieusement préservés, jalousement tenus secrets par leurs concepteurs. Ces formulations précises, établies avec rigueur, sont commercialisées sous des appellations spécifiques : Eau-de-Cologne à faible degré (souvent appelée « de Jean Marie Fariner »), Eau-de-Cologne classique, Eau-de-Cologne à fort degré, Eau-de-Cologne fine, et enfin Eau-de-Cologne supérieure. Cette dernière se distingue par son positionnement haut de gamme, tant en termes de qualité perçue que de prestige commercial.

L'introduction de ces eaux-de-Cologne dans la gamme des productions s'inscrit dans une stratégie de valorisation des compétences techniques en matière de distillation, héritées d'un long savoir-faire dans le traitement des alcools. En s'appuyant sur des installations déjà opérationnelles, cette diversification permet d'ouvrir de nouveaux débouchés tout en optimisant les outils de production. Si cette activité reste secondaire en comparaison des volumes générés par les distillations traditionnelles, elle présente néanmoins un intérêt économique certain. En effet, cette orientation vers la parfumerie alcoolique vise avant tout des marchés de niche, exigeants et sélectifs, où la rareté du produit, sa qualité artisanale et son image contribuent à une forte valorisation.

Par ailleurs, la politique de diversification des entreprises ne se limite pas à une simple multiplication des produits. Elle s'exprime aussi dans une stratégie de marques volontariste, pensée pour valoriser la qualité, segmenter les clientèles et affirmer la présence des firmes sur différents marchés. À travers des noms évocateurs, une iconographie soignée et des positionnements « marketing » différenciés, les Établissements Abel Bresson et Lemercier Frères construisent un véritable capital de marque. Cette démarche contribue non seulement à leur résilience face aux fluctuations du marché, mais aussi à leur ancrage durable dans le paysage économique régional et national, affirmant leur identité et leur pérennité à long terme.

---

[15] Archives privées Paul Simon. Le procédé de fabrication est le même : mettre les ingrédients dans un vase de verre, le boucher et remuer 3 ou 4 fois par jour. Laisser infuser pendant 6 jours, filtrer et mettre en bouteilles en bouchant hermétiquement.

TABLEAU 34. Eau de Cologne faible degré fabriquée par la firme Abel Bresson (Recette 1)

Ingrédients	Quantités
Alcool à 35°	Un litre
Essence de Bergamote[529]	4 grammes
Essence de Citron	6 grammes
Essence de Romarin	2 grammes
Essence de Cédrat[530]	2 grammes
Essence de Lavande	1 gramme
Essence de Benjoin[531]	1 gramme
Écorce de Cannelle	1 gramme
Écorce de Vanille	1 gramme
Écorce d'Anis	1 gramme
Écorce de Nérolis[532]	6 gouttes

TABLEAU 35. Eau de Cologne supérieure fabriquée par la firme Abel Bresson (Recette 2)

Ingrédients	Quantités
Alcool à 90°	Un litre
Essence de Bergamote	6 gr
Essence de zeste de Citron	4 gr
Essence d'Origan	1 gr
Essence de zeste de Portugal	8 gr
Essence de Romarin	½ gr
Essence de Cédrat	1 gr ½
Essence de Néroli	1 gr ½
Essence d'Anis	2 gouttes
Essence de Cannelle	5 gr
Teinture de Musc[529]	3 gr
Teinture d'Ambre	4 gr

SOURCE : Archives privées de Paul Simon.

7.1.2. Des marques pour se distinguer et mieux commercialiser ses produits

La diversification des produits proposés par la société s'accompagne de l'élaboration d'une stratégie de marque réfléchie, stratégie entamée dès les années 1870 avec le lancement de la première marque identifiant un produit spécifique : « Bressonide » de la maison Abel Bresson. Cette marque est commercialisée jusqu'à l'interdiction des liqueurs anisées par le régime de Vichy en 1941. Elle constitue la première marque-produit issue de la marque-caution « Abel Bresson ». Il s'agit là d'une stratégie bien réfléchie, préparant l'avenir commercial de la société familiale. Cette vision à long terme est pleinement soutenue par l'engagement des membres de la famille Bresson, tant de la première génération que de la suivante.

Au cours des 70 années d'existence de la société Abel Bresson (1870-1940), la marque-caution « Abel Bresson » s'est enrichie de plusieurs marques dérivées.

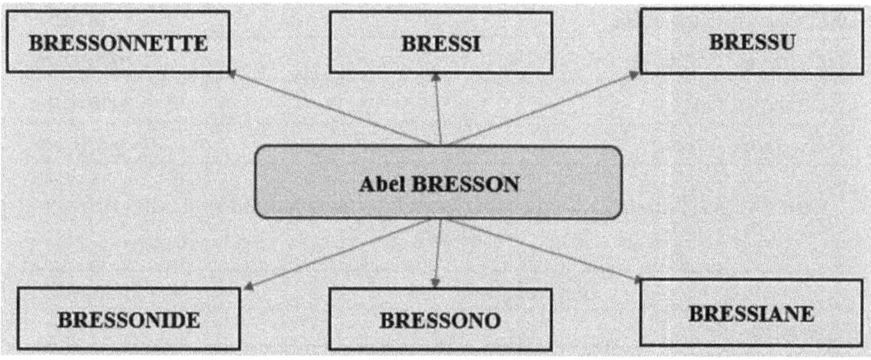

La société Abel Bresson n'est pas seulement pionnière dans le domaine de la distillation à Fougerolles, mais elle l'est également en matière de stratégie de marque. En effet, elle a transformé la dénomination de la société en une marque-caution, qui nourrit et se nourrit par les marques dérivées associées à celle-ci. La marque de fabrique devient, sous l'impulsion de la société Abel Bresson, un élément incontournable de la stratégie commerciale, permettant de se distinguer de la concurrence et d'assurer la pérennité de l'entreprise familiale. Cette approche s'avère particulièrement efficace durant la période florissante de la liqueur d'absinthe, entre 1880 et 1915. À cette époque, la société Bresson est la seule à ne pas avoir besoin d'utiliser un homonyme de « Pernod » pour la commercialisation de ses liqueurs d'absinthe. Parmi les 6.500 marques d'absinthe déposées et recensées en 1908 en France[16], l'absinthe Abel Bresson bénéficie d'une forte notoriété et d'une image de marque qui la place en deuxième position, juste derrière « Pernod ».

[16] Archives de l'Établissement Lemercier Frères. D'après une lettre de prospection reçue de l'entreprise Matray Frères et Cie spécialisée dans l'ingénierie et le conseil en matière de marque de fabrique le 14 novembre 1908.

La marque Pernod, détenue par les descendants de l'inventeur de la liqueur d'absinthe en Suisse, domine le marché, tant au niveau national qu'international, et jouit d'une grande notoriété en France et à l'étranger. En effet, il est courant de dire « commander un Pernod » plutôt que « commander une absinthe ». Cette popularité explique pourquoi presque toutes les distilleries de Fougerolles adoptent un « Pernot » en plus de leur propre marque.

Afin d'éviter tout risque d'illégalité, les distillateurs fougerollais prennent le pari d'imiter la marque Pernod, mais en optant pour un autre prénom que celui d'Édouard, en modifiant la lettre « D » en « T », ou encore en se rapprochant de personnes portant le nom de famille Pernod ou Pernot, afin de pouvoir commercialiser leur produit sous ce nom. C'est ainsi qu'a été créée la marque « Constant Pernot » de l'Établissement Lemercier Frères. Cette marque a en effet été acquise d'un certain Constant Pernot[17], qui avait préalablement déposé et protégé son nom avant de le céder à la société Lemercier Frères.

TABLEAU 36. Inventaire des liqueurs d'absinthe vendues par les distillateurs fougerollais sous différents homonymes de Pernod

Marques de fabrique d'absinthe	Propriétaires
Constant Pernot	Lemercier Frères
Jean-François Pernot	Louis Lemercier
J-P. Pernot	Distillerie Saguin
Jules Pernot	Fils d'Auguste Peureux
Vve J. Pernot	Cuenin-Rapenne

Les Établissements Abel Bresson ne sont pas en reste dans la dynamique de développement stratégique, puisqu'en 1935, ils s'associent à Félix Pernod, un gendarme à la retraite installé à Bellegarde, pour créer la société « Abel Bresson et Félix Pernod Réunis ».

Au début des années 1920 et jusqu'à la fin des années 1930, l'attractivité du marché des alcools de bouche se développe, entraînant une diversification de l'offre avec l'émergence de nombreux concurrents. Dans ce contexte, la stratégie de marque devient un levier commercial essentiel pour se distinguer. Cette période est marquée par un foisonnement de marques de fabrique. Entre 1870 et 1940, plus de 40 marques ont été recensées, dont les trois quarts appartiennent aux Établissements Abel Bresson.

[17] Le nom Pernot est très répandu en Haute-Saône et dans les Vosges toutes proches.

TABLEAU 37. Marques de fabrique commercialisées par les Établissements Abel Bresson (1870-1940)

Produits	Avant 1915	Après 1915
Absinthe	Abel Bresson	
	Édouard Pernod	
	Pierrot	
	La Royale	
	Primera	
Liqueur anisée	LA BRESSONIDE	Abel Bresson
		LA BRESSONIDE
		Édouard Pernod
		Félix Pernod
		Junod
		LOU FELI 45
Kirsch et eaux-de-vie	Abel Bresson	Abel Bresson
Vins de liqueur	Abel Bresson	Abel Bresson
		NUGUE Richard et Cie
		BRESSONO
		BRESSIANE
		BREZZANO
		Vermouth CHAMBERY
		AMBROIS'Y
		QUINA Bresson
		BREGUI
		MAGALI
		ACOLA
		ALISO
		LA CASTILLANE
		AMER Bresson
		VESPA (Cap Corse)
Amer pour bière[104]		Le Mandéden
		BAMA
Autres apéritifs		GOUDRON DE NORWEGE[105]
		REGAL-KOLA
		UN BRESSI
Vodka[106]		YOUREVITCH
Rhum[107]	Abel Bresson	MINERVA
		GROG AMERICAIN
		PUNCH
Gin[108]		Bresson'S (Old Gin)
Sans alcool	Abel Bresson	Abel Bresson

L'utilisation des noms d'enseignes devient un outil puissant pour créer des marques-cautions qui dynamisent les marques-produits. C'est ce qu'illustre l'exemple des Établissements Abel Bresson, dont la notoriété nationale profite directement aux différentes marques-produits associées à la marque-enseigne.

En plus de ces marques destinées principalement aux marchés nationaux et francophones, plusieurs autres marques sont créées pour s'adapter aux marchés internationaux, notamment chinois, sud-américains, nord-américains et anglais. Cette dynamique s'intensifie avec la fin de la prohibition aux États-Unis. Dans les années 1930, les produits des Établissements Abel Bresson sont proposés à l'exportation dans des versions en français, anglais, espagnol, italien et chinois.

FIGURE 66. Marques de la maison Abel Bresson destinées à l'exportation au début des années 1930

SOURCE : Collection A. El Mostain.

À noter que les Établissements Abel Bresson se contentent de commercialiser leurs kirschs et eaux-de-vie sous la marque-enseigne « Abel Bresson ». En revanche, la majorité des marques-produits sont associées à d'autres catégories de produits, avec en tête les vins de liqueur, représentant 47% des marques créées.

À l'inverse, chez Lemercier Frères, ce sont les kirschs et eaux-de-vie qui bénéficient de la majorité des marques-produits (40%), tandis que les liqueurs anisées représentent 20%. Les vins et liqueurs de vin sont, quant à eux, commercialisés uniquement sous la marque-enseigne Lemercier Frères.

TABLEAU 38. Marques de fabrique des Établissements Lemercier Frères (avant et après 1915)

Marques de fabrique des Établissements LEMERCIER Frères		
	Avant 1915	**Après 1915**
Absinthe	LEMERCIER Frères	
	Absinthe Ozonisée LEMERCIER Frères	
	Constant PERNOT	
Liqueur anisée	LA FOUGEROLLAISE	Anis LEMERCIER Frères
		LA FOUGEROLLAISE
		UNE BLEUE
		Pastis Peuchère
Kirsch et eaux-de-vie	LEMERCIER Frères	LEMERCIER Frères
		KIRSCH PHENIX
		VRAIQUETSCH
		Noyau comtois
		Eau-de-vie de noyau comtois
		Un comtois
		Noyau Breten
Vins	LEMERCIER Frères	LEMERCIER Frères
Vins de liqueur		
Vodka		LEMERCIER Frères
Rhum		
Cognac		
Vinaigres		PURVIN
		Cristal de Vinaigre
Sans alcool	LEMERCIER Frères	ORANGEADE aux fruits pressés
		CITRONNADE aux fruits pressés

La création, le dépôt et la protection des marques de fabrique sont souvent confiés à des entreprises spécialisées, telles que « Matray Frères et Cie », installée à Paris. Cette société, spécialisée dans l'ingénierie et le conseil en matière de marques de fabrique, travaille en étroite collaboration avec les tribunaux de commerce qui lui fournissent les coordonnées des industriels déposant leurs marques. C'est ainsi que l'Office de marques de fabrique a pu contacter des entreprises comme Lemercier Frères. En 1908, cette dernière reçoit une offre de services comprenant[18] :

[18] Archives privées de l'Établissement Lemercier Frères. Lettre de prospection reçue de l'entreprise Matray Frères le 14 novembre 1908.

– La réalisation de recherches d'antériorité pour éviter toute contrefaçon ;
– Le dépôt et la protection des marques au niveau national et international, pendant 15 ans renouvelables, dans les pays signataires de conventions communes (Belgique, Hollande, Suisse, Italie, Tunisie, Espagne, Portugal, Brésil et Cuba) ;
– La fourniture des coordonnées des contrefacteurs potentiels pour engager des poursuites judiciaires.

Ainsi, à la fin de l'année 1908, l'Établissement Lemercier Frères confie à Matray Frères et Cie la protection de deux marques d'absinthe : « Absinthe ozonisée Lemercier Frères » et « Absinthe Constant Pernot ». La première est déposée le 19 juillet 1907, et la seconde, le 27 août 1908, au greffe du tribunal de Lure.

FIGURE 67. Étiquette avec la marque déposée « Constant ozonisée »,
Établissement Lemercier Frères, 1907.

SOURCE : Archives de l'Établissement Lemercier Frères.

FIGURE 68. Étiquette avec la marque déposée « Constant Pernot »,
Établissement Lemercier Frères, 1908.

SOURCE : Archives de l'Établissement Lemercier Frères.

Dans les années 1920, Lemercier Frères collabore également avec l'entreprise parisienne Arnoux, spécialisée dans la protection des marques. En 1923, la marque « Anis Lemercier » est protégée, suivie en 1925 des marques « Orangeade Lemercier » et « Citronnade Lemercier ». Dans les années 1930, c'est le cabinet H. Boettcher Fils, spécialisé en propriété industrielle, qui prend en charge le dépôt et la protection de trois nouvelles marques : « Anis Lemercier », « Un Lemercier » et « Une Bleue », cette dernière étant une marque d'un produit phare de la société.

FIGURE 69. Marques déposées « Anis Lemercier » et « Une Bleue », Établissement Lemercier Frères (1920-1940)

SOURCE : Archives de l'Établissement Lemercier Frères.

Afin de garantir et promouvoir « La Bleue », son produit leader, l'Établissement Lemercier Frères dépose plusieurs expressions associées à cette liqueur anisée entre 1932 et 1940, dont les suivantes :

- « La Bleue » (n° 247 du 5 juillet 1932) ;
- « La Fée Bleue » (n° 262 du 27 février 1934) ;
- « La Bleue Crème d'Anis » (n° 267 du 17 août 1939) ;
- « Garçon, Une Bleue, c'est un anis » (n° 245 du 3 mai 1937) ;
- « Une Grande Bleue » (n° 256 du 31 mai 1938) ;
- « Une Petite Bleue » (n° 257 du 31 mai 1938) ;
- « La Bleue Ah ! Quel Pastis » (n° 267 du 17 août 1939) ;
- « La Liqueur Bleue » (n° 270 du 14 octobre 1940).

Si Lemercier Frères se contente de créer ses propres marques, en plus de la marque-enseigne, les Établissements Abel Bresson optent pour une stratégie de croissance externe. En effet, ils acquièrent des marques prestigieuses telles que « Pierrot », « Édouard Pernod », « Nugue-Richard » et « Junod », afin de stimuler leurs ventes, ouvrir de nouveaux marchés et renforcer leur notoriété à la fois en France et à l'étranger.

La marque « Pierrot » est probablement une acquisition des Établissements Abel Bresson auprès de l'Établissement H. Corbrion, basé dans la région parisienne. Les deux sociétés sont membres du même syndicat des fabricants d'absinthe et situées dans la même ville (Ivry-Port). Déposée en 1900 par H. Corbrion[19], la marque bénéficie d'une grande notoriété, accentuée, entre autres, grâce à une pièce de théâtre, « le Dieu vert », qui se joue sur les scènes parisiennes en 1903[20] et dont le personnage central s'appelle Pierrot. La marque « Pierrot Absinthe » est également redéposée le 6 septembre 1909 à Fougerolles par Hubert Bresson, faisant de d'elle une marque de qualité

FIGURE 70. PIERROT ABSINTHE. « Garçon ! Un Pierrot !!! » (Début XXe siècle)

SOURCE : Collection M-C. Delahaye. Musée de l'Absinthe, Auvers-sur-Oise.

Enfin, parmi les marques acquises par Abel Bresson, c'est « Édouard Pernod » qui suscite le plus d'attention, car elle assure une clientèle déjà fidèle. En plus de renouveler la protection de cette marque, acquise en 1912, les Établissements Abel Bresson déposent en 1935, au greffe du Tribunal de commerce de Béziers, plusieurs variantes de la marque « Pernod » (notamment « du Pernod », « deux Pernod », « un Second Pernod », « un autre Pernod », « trois Pernod ».) afin de contrôler l'utilisation de ce nom dans toutes les transactions commerciales. Cette stratégie vise à pérenniser la firme Abel Bresson et se poursuit jusqu'au décès d'Hubert Bresson en 1940, date à laquelle la direction est transmise à la troisième génération.

La stratégie de diversification des produits et des marques mise en place par les Établissements Abel Bresson et Lemercier Frères a été un facteur clé de leur réussite. Tandis que les Établissements Abel Bresson ont su asseoir leur notoriété nationale face aux concurrents de plus en plus virulents et à s'attaquer avec sérénité au marché international, Lemercier Frères a traversé la crise post-absinthe, maintenant une activité stable correspondant aux

---

[19] DELAHAYE Marie-Claude, *L'absinthe : Dictionnaire des marques A-B,* Auvers-sur-Oise, Musée de l'Absinthe, septembre 2003.

[20] « Le Dieu vert », pièce de théâtre en trois actes de F. PHILIPPI, traduction française de Luigi KRAUSS. *In* : *Le Ménestrel*, journal de musique, Paris, Heugel, 8 novembre 1903.

besoins d'une société familiale de taille moyenne. Cependant, cette stratégie de produit seule n'a pas suffi ; elle a dû être accompagnée d'une stratégie de distribution efficace pour répondre aux exigences d'une clientèle professionnelle de plus en plus exigeante.

7.2. Le client au cœur des stratégies de distribution

Au début du XIXe siècle, les distillateurs de Fougerolles vendaient leurs produits à des marchands en gros établis à Fougerolles ou dans les environs, notamment à Luxeuil-les-Bains. L'annuaire statistique de la Haute-Saône, publié en 1803, souligne le rôle croissant de Luxeuil-les-Bains comme centre marchand par rapport à Fougerolles, mentionnant « un nombre infini d'arbres fruitiers, notamment des cerisiers[21] », et indiquant que le commerce issu de cette activité s'étend jusqu'à Luxeuil-les-Bains, distante de 15 km, considérée comme l'entrepôt principal distribuant dans toute la France. En 1815, J.A. Marc remarque :

Quant aux eaux de cerises, il n'est pas de département où il s'en fabrique davantage et d'où il s'en exporte plus que dans celui-ci. La seule commune de Fougerolles en distille 2.500 hectolitres durant l'année commune. Le prix moyen est de 2 francs le litre[22].

Ces produits étaient principalement envoyés dans les départements du Nord, mais aussi vers les entrepôts de Paris, où les Anglais et les Hollandais venaient s'approvisionner[23].

En 1830, un chiffre d'affaires de 400.000 francs est mentionné pour le seul marché parisien[24]. Plusieurs négociants s'installent à Luxeuil-les-Bains et viennent s'approvisionner à Fougerolles. En 1835, Louis Suchaux, dans son annuaire[25], écrit : « Cette ville est le principal entrepôt des eaux de cerises qui proviennent de son canton et ceux de Faucogney, de Saint-Loup et de Champagney ». Il ajoute que « les kirschwassers de Fougerolles jouissent depuis longtemps d'une grande réputation ». En 1845, Pery mentionne l'abondance des cerisiers à Fougerolles en ces termes :

Le territoire de Fougerolles abonde en cerisiers dont les fruits sont convertis en excellent kirsch-wasser qui s'exporte dans toute la France[26].

---

[21] LAPAGNEZ, *Annuaire statistique et historique de la Haute-Saône*. An XI, Vesoul, 1803, p. 67.

[22] MARC J-A., *Annuaire statistique et historique de la Haute-Saône*, Gray, 1815, p. 207.

[23] *Ibid.*

[24] MALTE-BRUN Conrad, *Traité élémentaire de géographie*. Berthot, Bruxelles, Ode et Wodon, H. Remy, et H. TARLIER, 1830.

[25] SUCHAUX Louis, *Annuaire statistique et historique de la Haute-Saône,* Vesoul, 1835.

[26] PERY F., *Almanach du commerce de la Franche-Comté*, Baume-les-Dames, imprimerie de V. SIMON, 1845, p. 576.

En 1845, Pery recense plusieurs acteurs spécialisés dans le commerce du kirsch à Luxeuil-les-Bains[27], notamment : Veuve Billy-Pierrey et Auguste Michaud, G.F. Richard, Alexis Tisserand, et Galaire à Saint-Sauveur. À Fougerolles, de nouveaux négociants apparaissent, comme le montre un document du 30 mai 1824[28], qui atteste que C.A. Devoille est marchand d'eau de cerises en gros.

Lorsque Abel Bresson s'installe à Fougerolles en 1839 et s'associe avec Charles Roblin, les réseaux de distribution sont déjà bien établis dans la région. Les grossistes sont proches et actifs. Avec l'industrialisation de la distillation et le développement du réseau ferroviaire, cette activité prend de l'ampleur. Les distillateurs fougerollais vendent leurs productions à des grossistes qui assurent la distribution via les gares d'Aillevillers et de Lure, ainsi que le port fluvial de Port d'Atelier.

Ce mode de distribution demeure prévalent chez la plupart des distillateurs fougerollais jusqu'à l'ouverture de la gare ferroviaire de Fougerolles en 1881. Cependant, Abel Bresson, le fondateur de l'industrie de la distillation à Fougerolles, ne se contente pas de ce système. Dès la fin des années 1850, il diversifie son réseau de distribution. Son objectif est d'aller chercher directement le client professionnel, plutôt que d'attendre que les intermédiaires commerciaux viennent à lui. Cette vision commerciale va façonner la stratégie de distribution d'Abel Bresson et celle de ses successeurs.

Contrairement à Abel Bresson, les fondateurs de l'Établissement Lemercier Frères se contentent d'approvisionner les négociants locaux et de compléter leurs transactions par des livraisons ferroviaires vers des clients éloignés. L'activité industrielle de Lemercier Frères ne prend de l'ampleur qu'à partir de son installation à proximité de la gare de Fougerolles en 1881 et de la construction de son usine de distillation et de rectification des alcools.

Deux grandes périodes se distinguent dans les stratégies de distribution mises en œuvre durant le XIXe siècle et jusqu'en 1940. La première, qui s'étend sur la seconde moitié du XIXe siècle, illustre les différents moyens de distribution utilisés par les deux entreprises familiales, avec une volonté de diversifier les moyens de distribution pour élargir leur zone de chalandise. La deuxième période, qui commence au début des années 1900 et se prolonge jusqu'en 1940, marque un rapprochement avec la clientèle grâce à l'ouverture d'entrepôts de distribution, de succursales de production, ainsi qu'au développement de partenariats commerciaux et de consortiums commerciaux.

Il est important de rappeler que ces deux firmes familiales s'adressent à un marché de gros. Leur clientèle est principalement composée de professionnels tels que des distillateurs, des liquoristes, des grossistes, des distributeurs, des

---

[27] PERY F., *Almanach du commerce... op. cit.,* p.564.

[28] Document communiqué par M. Marcel Saire : *« M. Devoille vient de perdre 1.000 litres de kirsch et 290 litres d'eau-de-vie entreposés dans la grange dans deux futailles qu'une vache, détachée de l'écurie attenante, a encornées la nuit précédente. »*

débitants de boissons, des pharmaciens, etc. Les deux sociétés commercialisent leurs produits sous leurs propres marques (marque-enseigne et marques-produits), mais aussi sous des marques de distributeurs, comme le montre l'exemple de l'Établissement Lemercier Frères, qui l'indique clairement dans ses documents commerciaux.

FIGURE 71. Carte publicitaire, Anis Lemercier, destinée à la clientèle professionnelle de l'Établissement Lemercier Frères, Fougerolles

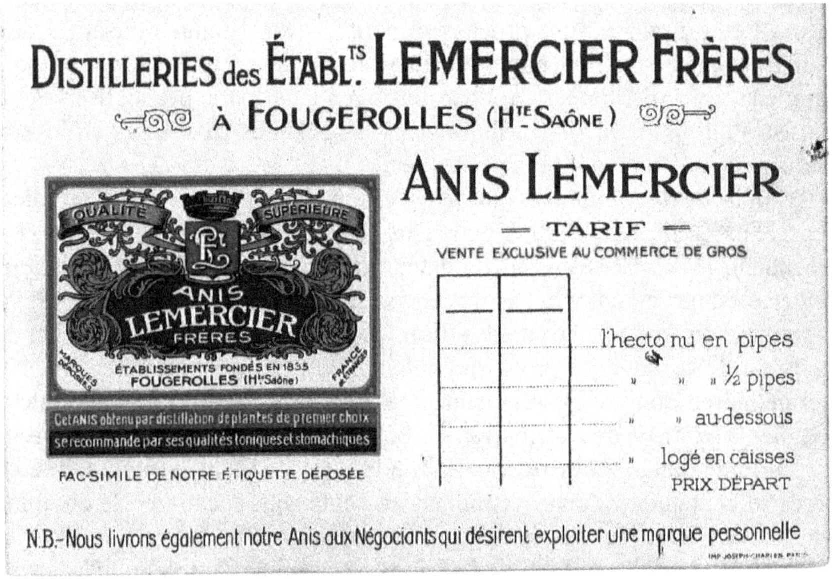

SOURCE : Collection A. El Mostain.

7.2.1. Diversifier pour s'étendre

Pour notre développement, nous aurions pu intituler cette partie : une clientèle financée, des représentants performants et des entrepôts adaptés au marché de gros.

La réussite de la politique de distribution des Établissements Abel Bresson repose d'abord sur l'efficacité de leurs équipes de vente, composées de représentants répartis sur tout le territoire français, puis sur l'ouverture de plusieurs entrepôts pour réduire les coûts de transport et être plus proches de la clientèle. Ces deux stratégies sont renforcées par une politique de financement par crédits accordés par les Établissements Abel Bresson à une partie de leurs clients les plus importants et les plus fidèles. Nous allons maintenant développer ces trois éléments clés.

Pour augmenter ses parts de marché et couvrir l'ensemble du territoire français, les Établissements Abel Bresson ont recours à des représentants professionnels, à qui l'exclusivité de la distribution de leurs produits est accordée. Cette stratégie, lancée par le fondateur, est développée et perfectionnée par son successeur, Hubert Bresson, qui l'organise et la réglemente avec des commissions, des escomptes, des objectifs de vente et des zones de chalandise clairement définies pour éviter toute concurrence interne entre les représentants.

Nous prendrons l'année 1896 comme référence pour expliquer cette stratégie de distribution. En 1896, les Établissements Abel Bresson collaborent avec 53 représentants[29] répartis sur l'ensemble du territoire français. Les secteurs les plus représentés sont le Jura, le Nord, les Vosges, la Gironde, la Côte-d'Or, la Haute-Saône et le Doubs.

Pour être encore plus proches de la clientèle et augmenter leur chiffre d'affaires, tant en volume qu'en valeur, les Établissements Abel Bresson mettent en place une nouvelle stratégie : l'ouverture de plusieurs entrepôts dans différentes grandes villes françaises. En 1896, la société compte six entrepôts : Le Havre, Lyon, Montpellier, Nice, Valence et Alger. Cette démarche leur permet d'augmenter leur chiffre d'affaires, de limiter les frais de transport, de répondre rapidement aux besoins de la clientèle et surtout de faire face à la concurrence locale.

Afin de se distinguer de la concurrence, fidéliser sa clientèle et maintenir une force de vente performante, les Établissements Abel Bresson, sous la direction d'Hubert Bresson, appliquent des conditions de vente bien adaptées au marché de gros. En examinant les factures envoyées aux représentants, on note les éléments suivants[30] :

– Les ventes sont exclusivement destinées au commerce de gros (pas de vente aux particuliers), comme l'indique clairement Hubert Bresson dans l'un de ses courriers à ses représentants : « Je ne vends qu'au commerce de gros et ne veux rien avoir à faire avec la clientèle de détail » ;
– Des commissions sont accordées :
 1% sur les alcools ;
 3% sur les absinthes, eaux-de-vie et arquebuses ;
 5% sur les kirschs et alcools du midi ;
– Les zones de chalandise sont définies à l'avance ;
– Un catalogue de produits et de prix est adapté à chaque zone de chalandise ;
– Des délais de paiement sont accordés, avec des escomptes en fonction de la durée :
 30 jours : escompte de 2% ;
 60 jours : escompte de 1% ;
– Deux stratégies sont privilégiées pour contrer la concurrence :
 Une large fourchette de prix ;
 Une meilleure qualité et rapidité de livraison.

---

[29] Archives privées de Claude Roussey. D'après un registre de commerce et enregistrements comptables, 1896.

[30] Dont une facture datant du 25 novembre 1898. Archives de l'Écomusée du Pays de la Cerise, Fougerolles.

En complément de ces deux stratégies de distribution (par représentants et par entrepôts), les Établissements Abel Bresson choisissent également de financer une partie de leur clientèle habituelle sous forme de crédits, se substituant ainsi aux établissements bancaires. Après le décès du fondateur, Abel Bresson, sa veuve accorde des crédits à certains clients professionnels, principalement ceux situés à Fougerolles. C'est le cas de M. Hoyon, un client important, propriétaire d'une distillerie et d'un commerce de négoce à Fougerolles. Ce client achète des produits intermédiaires (alcool industriel) et des produits finis (absinthe, kirsch, eaux-de-vie) qu'il revend ensuite sur le marché national.

Un exemple de ce financement est fourni par un acte notarié daté du 18 avril 1887[31]. Ce document atteste que Mme veuve Bresson a accordé un crédit de 5.000 francs à M. Hoyon, sous forme de marchandises, pour une durée de cinq ans, avec des intérêts de 5% payables tous les six mois. La garantie de ce crédit est assurée par une hypothèque sur les biens immobiliers de M. et Mme Hoyon, localisés à Fougerolles et dans l'arrondissement de Lure[32].

Avec cette stratégie de distribution diversifiée et performante, la firme Abel Bresson dispose des atouts nécessaires pour réussir ses projets commerciaux à moyen et long terme. Mais qu'en est-il de l'Établissement Lemercier Frères ?

Les fondateurs de l'Établissement Lemercier Frères, Constant-Isidore et Joseph-Isidore Lemercier, choisissent, dès leur installation près de la gare de Fougerolles, de maintenir une collaboration continue avec leurs représentants répartis sur le territoire français. Cependant, aucun contrat d'exclusivité n'est signé, ce qui permet aux représentants de travailler également pour d'autres distillateurs. Cette absence d'exclusivité empêche l'Établissement Lemercier Frères de fidéliser ses représentants, qui font ainsi jouer la concurrence entre les distillateurs. En conséquence, Lemercier Frères doit renouveler fréquemment sa force de vente, en recourant notamment à des annonces dans des revues spécialisées. Par exemple, en 1913, l'Établissement Lemercier Frères publie une annonce dans la revue parisienne *Vins et Liqueurs* pour recruter de nouveaux agents commerciaux[33] :

> *DISTILLERIE D'ABSINTHE, kirsch, eaux-de-vie de fruits, jus de cerises, fruits en bocaux et en fûts, fabrique de bonbonnes emballées. LEMERCIER FRÈRES, à Fougerolles (Haute-Saône), maison fondée en 1835, désirerait entrer en relations avec agents sérieux et maisons d'achats que ces produits intéresseraient.*

---

[31] ADHS, 2E20783. acte N° 1265, contrat commercial passé entre Mme veuve Bresson et M. HOYON (18 avril 1887).

[32] ADHS, 2E20783. convention d'hypothèque passée entre Mme veuve Bresson et M. HOYON (18 avril 1887).

[33] *Revue des vins et liqueurs et des produits alimentaires*, Paris, 31 janvier 1913

La clientèle professionnelle de l'Établissement Lemercier Frères se répartit en grande partie entre les départements de la Haute-Saône et des Vosges voisines. Cette zone primaire qui s'étale sur 100 km en moyenne n'évolue pas malgré la proximité de la gare ferroviaire. En 1921, la zone de chalandise nationale de l'Établissement Lemercier Frères est composée de 34 départements. La zone primaire est composée de 17 communes du département de la Haute-Saône et de 11 communes du département des Vosges. Avec cette zone de chalandise, l'Établissement Lemercier Frères, réalise 60% de son chiffre d'affaires. Néanmoins, Face à l'augmentation de la concurrence, Lemercier Frères doit élargir sa zone de chalandise pour maintenir ses parts de marché.
La forte demande de liqueurs d'absinthe à la fin du XIXe siècle renforce la concurrence, rendant le client de plus en plus exigeant. Pour répondre à cette demande et permettre aux représentants de réagir rapidement, plusieurs entrepôts sont ouverts en France par les deux firmes familiales :

– Sept entrepôts par Lemercier Frères entre la fin des années 1890 et la fin des années 1920 : Cette (Sète aujourd'hui), Lyon, Avignon, Rouen, Bordeaux, Saint-Nazaire et Pantin ;
– Six entrepôts par la maison Abel Bresson entre le début des années 1880 et 1920 : Valence, Montpellier, Le Havre, Lyon, Nice et Alger.

Si Lemercier Frères se contente de ses représentants et de ses entrepôts pour distribuer ses produits, les Établissements Abel Bresson vont encore plus loin dans leur approche pour se rapprocher de leur clientèle en ouvrant des usines dans des régions autres que la Haute-Saône et la Côte-d'Or. C'est ce que nous allons examiner maintenant.

7.2.2. Se rapprocher du client pour mieux le satisfaire et le fidéliser

Pour renforcer la proximité avec leur clientèle et mieux répondre à ses attentes, les Établissements Abel Bresson ont mis en place une série de stratégies commerciales visant à élargir leur réseau de distribution et à optimiser leur production. Cette démarche s'inscrit dans une logique de diversification des outils de distribution, incluant non seulement les représentants et les entrepôts, mais aussi l'ouverture de succursales à travers la France et à l'international. En parallèle, des accords commerciaux et des consortiums ont été établis pour structurer les relations avec d'autres acteurs du marché et développer des marques communes. Ces initiatives permettent à la firme de se démarquer de ses concurrents et de renforcer sa position sur les différents marchés, tant en France qu'à l'étranger.

Des entrepôts, des succursales et des accords commerciaux

Les représentants commerciaux jouent un rôle clé dans la stratégie de distribution des entreprises. Armés de leurs échantillons et de leurs catalogues, ils assurent la prospection et servent de lien entre le producteur et la clientèle professionnelle. Souvent rémunérés par commission, ces agents sont un maillon essentiel dans la chaîne commerciale des producteurs d'alcools de bouche.

Les Établissements Abel Bresson bénéficient d'une notoriété qui leur permet de disposer de représentants qui travaillent exclusivement avec leurs produits. Cela les distingue de l'Établissement Lemercier Frères, qui fait face à une concurrence constante de la part des grands industriels établis sur le marché national.

Pour réduire ses coûts de distribution, l'Établissement Lemercier Frères ferme ses entrepôts de commerce dès le début des années 1930. Il choisit alors de remplir ses contrats commerciaux en livrant directement ses clients par chemin de fer avec ses propres wagons. De son côté, Hubert Bresson, propriétaire des Établissements Abel Bresson, décide de se rapprocher de sa clientèle en ouvrant des succursales de production dès le début du XXe siècle. Les ouvertures s'enchaînent : Deux succursales en 1906, une à Ivry-Port (région parisienne) et une autre à Beaucaire (département du Gard) ; une à Oran (Algérie) en 1911 ; une à Pontarlier (Doubs) en 1912 ; une à Béziers (département de l'Hérault) en 1921 et une autre à Chambéry (Savoie) en 1940.

L'ouverture de ces succursales permet à la firme Bresson de fermer progressivement ses entrepôts de distribution, ces succursales jouant désormais un double rôle, à la fois d'usine et d'entrepôt commercial.

Pour optimiser ses investissements, Hubert Bresson adopte une stratégie de standardisation de la production, tout en adaptant les usines aux spécificités des marchés :

- L'usine de Fougerolles se spécialise dans la fabrication des eaux-de-vie, des sirops, de l'absinthe Abel Bresson et des alcools industriels ;
- L'usine de Pontarlier produit principalement l'absinthe Pernod pour les marchés national et international, ainsi que du kirsch pour le marché suisse ;
- L'usine de Beaucaire fabrique des liqueurs destinées à l'exportation, en priorité vers l'Algérie, via le port de Marseille ;
- L'usine d'Ivry-Port se concentre sur les boissons destinées spécifiquement au marché parisien, avec des marques créées pour ce marché comme « Primia » et « La Royale ».

Afin de se démarquer de la concurrence, certains industriels prennent des risques en imitant les marques établies, comme le montre l'exemple de la marque « Pernod ». Pour contrer la concurrence croissante, Hubert Bresson choisit également une stratégie de coopération commerciale avec des concurrents locaux et nationaux, permettant de créer des marques communes qui utilisent les capacités de production des firmes partenaires.

Dès 1909, Hubert Bresson signe une convention avec l'Établissement Barry Rohrer & Fils, situé à Charenton, pour l'exploitation commune de deux marques d'absinthe : « Primia » et « La Royale ». Cette convention établit un syndicat d'exploitation des deux marques, qui seront distribuées principalement par un groupe de distillateurs et d'entrepositaires. Les deux firmes, Abel Bresson et Barry Rohrer & Fils, partagent la propriété des marques et s'engagent à respecter des critères de production et de qualité spécifiques, avec des échantillons types adoptés et conservés chaque année[34].

Les livraisons se font indifféremment par l'une ou l'autre des maisons partenaires, et les ventes sont proportionnelles à l'attribution initiale : deux tiers des livraisons doivent être faites par Abel Bresson, et un tiers par Barry Rohrer & Fils. Cette convention, d'une durée de 25 ans, permet aux deux maisons de se positionner sur les marchés de Paris, du département de la Seine et de la province.

La rétribution des agents se fait selon les marchés : à Paris et dans le département de la Seine, la commission est de 1,50% du chiffre d'affaires, tandis que pour la province, la commission est de 5%. Grâce au succès de cette convention, d'autres industriels rejoignent l'accord, et en 1912, l'Établissement Lemercier Frères s'associe à l'accord commercial.

La demande pour les liqueurs d'absinthe étant en forte augmentation, un syndicat regroupant plusieurs producteurs est formé[35], comprenant MM. Baron, Berton & Cie, Barry Rohrer & Fils, Hubert Bresson, Léon Remy & Cie, et Lemercier Frères, en janvier 1912. Ce syndicat a pour objectifs :

- La défense des intérêts communs des participants ;
- La fixation d'un prix minimum de vente pour les liqueurs d'absinthe ;
- La mise en commun d'une fraction des revenus pour soutenir les intérêts de l'association.

Conscient des réticences des pouvoirs publics envers l'absinthe, l'association prévoit que si la fabrication de l'absinthe venait à changer (par exemple, avec l'interdiction de la thuyone), la production ou l'appellation pourrait être ajustée. En plus des conventions commerciales, les producteurs les plus influents établissent des accords exclusifs avec certains clients professionnels pour la distribution exclusive de certaines boissons alcoolisées.

... et des consortiums

Dans la continuité de la convention signée en 1909, Hubert Bresson, après l'acquisition de l'Établissement Édouard Pernod à Pontarlier, relance les consortiums établis par les anciens propriétaires de la marque « Édouard Pernod ». Parmi ceux-ci, le consortium parisien est particulièrement stratégique. Le 21 février 1912, Hubert Bresson renégocie les termes du contrat pour relancer l'activité autour de la marque « Édouard Pernod » [36]. Ce

[34] Archives de l'écomusée de la cerise à Fougerolles. D'après une convention commerciale passée entre Barry ROHRER & Fils et Hubert Bresson datant du 16 avril 1909.

[35] Archives de l'Écomusée du Pays de la Cerise à Fougerolles. Contrat d'association en participation, signé le 29 janvier 1912.

[36] Archives de l'Écomusée du Pays de la Cerise, Fougerolles. Contrat commercial entre les membres du consortium Édouard Pernod datant du 21 février 1912.

consortium réunit quarante distillateurs de Paris et de la Seine sous un syndicat administré par un bureau de neuf membres, et se concentre sur la commercialisation de l'absinthe « Édouard Pernod ». Les caractéristiques de ce contrat sont les suivantes :

- Le nombre d'adhérents est limité à 40 ;
- Le syndicat garantit un achat minimum de 2.500 hectolitres d'absinthe par an ;
- L'absinthe est vendue exclusivement en litres, avec des conditions de vente et de conditionnement spécifiques ;
- Le prix minimum de vente de l'absinthe « Édouard Pernod » est strictement réglementé.

Ce contrat, d'une durée de 50 ans, favorise une distribution exclusive de la marque dans les départements de Paris et de la Seine. De plus, la mise en bouteille et la distribution sont gérées par le syndicat, et Hubert Bresson prend en charge certains coûts, comme l'impôt sur les alcools.

Suite à l'interdiction de l'absinthe en 1915, les consortiums liés à cette boisson entrent en sommeil jusqu'à la promulgation du décret du 24 octobre 1922, autorisant la production de nouveaux apéritifs à base d'anis. Hubert Bresson relance alors ces consortiums en introduisant de nouvelles marques, telles que le vermouth « Nugue-Richard » (acquis en 1921), la liqueur anisée « Un Junod » (acquise en 1922), et l'apéritif « Un Esky » (créé en 1924). Chaque marque fait l'objet de plusieurs consortiums, répartis sur différents départements français, assurant une large couverture du marché.

La constitution des consortiums reflète des rapports de force variables, étroitement liés à la notoriété des marques impliquées. Ainsi, les Établissements Abel Bresson se montrent plus enclins à accorder des concessions commerciales lorsqu'il s'agit de lancer de nouvelles marques, à l'image de « Un Esky », que lorsqu'ils négocient autour de produits déjà bien implantés, comme la célèbre marque « Édouard Pernod ». Cette différence d'attitude traduit une stratégie différenciée selon le degré de maturité commerciale des produits concernés.

À la fin des années 1920, la dynamique évolue nettement : la marque « Junod » connaît un essor remarquable et surpasse désormais la marque « Édouard Pernod » en termes de volumes écoulés. En 1928, les ventes de « Junod » sont trois fois supérieures à celles de « Pernod », marquant un tournant significatif dans la hiérarchie des marques de l'entreprise. Loin de se concurrencer, ces deux marques se révèlent en réalité complémentaires : leur coexistence permet aux Établissements Abel Bresson de renforcer leur position sur le marché des spiritueux, en diversifiant leur offre et en s'adaptant plus efficacement aux mutations de la demande et à la pression concurrentielle.

TABLEAU 39. Volumes alcools, *Junod* et *Édouard Pernod* en 1927 et 1928

Marque « Junod »		
	1927	1928
	hl d'alcool commandés	hl d'alcool commandés
Adhérents	7.639,15	6.988,24
Non-adhérents	3.314,85	2.772,72
TOTAUX	10.954 hl	9.760,96 hl
Marque « Édouard Pernod »		
Adhérents	2.136,32	2.406,63
Non-adhérents	428,60	621,79
TOTAUX	2.564,92 hl	3.028,42 hl

Les différents consortiums formés par les Établissements Abel Bresson assurent un niveau de production et de commercialisation stable, tout en créant des opportunités pour de nouvelles stratégies commerciales et une expansion continue sur le marché national. D'après les rapports des assemblées générales, les dirigeants des Établissements Abel Bresson expriment leur satisfaction quant aux résultats obtenus, comme le souligne le rapport de l'assemblée générale du consortium « Junod » du 18 février 1929[37].

7.3. Se faire connaître et faire connaître pour vendre

7.3.1. Inutile pour les uns et indispensable pour les autres

Comme nous l'avons déjà mentionné, Fougerolles bénéficie d'une situation géographique avantageuse, à proximité de Luxeuil-les-Bains, un centre névralgique du commerce du kirsch dès la fin du XVIIIe siècle et au début du XIXe. La présence de l'abbaye, du bailliage et des thermes fait de cette ville un pôle économique très attractif. L'eau de cerise y trouve une clientèle variée, composée de nobles, de religieux et de notables venus de toute la France (avocats, fonctionnaires, notaires, commerçants, artisans, etc.), constituant ainsi un puissant levier pour sa renommée. Cette clientèle forme la meilleure publicité pour l'eau de cerise, qui, quelques années plus tard, sera rebaptisée « kirsch ».

Au début du XIXe siècle, le kirsch de Fougerolles jouit déjà d'une renommée nationale. Il est même exporté par le port du Havre, où des négociants prennent régulièrement des commandes de Fougerolles et de ses environs, comme l'indique une annonce de la maison Ybert publiée en 1804,

---

[37] Archives de l'Écomusée du Pays de la Cerise, Fougerolles. Rapport de l'assemblée générale du bureau du consortium « Junod » en France datant du 18 février 1929.

précisant qu'elle dispose dans son entrepôt « du vieux Kerchwaser de Fougerolles, par caisses et par bouteilles[38] ».

En 1823, deux visiteurs parisiens, probablement clients des thermes de Plombières-les-Bains situés à quelques kilomètres de Fougerolles, écrivent :

[...] le char-à-bancs qui nous attendait, rapide comme nos accélérés, nous fait, en deux heures, franchir un espace de quatre lieues. Nous traversons Fougerolles qui est à moitié de chemin, et où l'on fait une si prodigieuse quantité d'eau de cerise que les bras n'y suffisent point pour dépouiller de ses fruits l'immense forêt de cerisiers et de merisiers dont est couvert son territoire. C'est là, mon ami, ce que notre foi robuste accepte à Paris pour l'eau de cerise de la Forêt-Noire. Moi-même, qui fais ici le censeur, lorsqu'armé de la bouteille d'un demi-litre, qui n'en contient cependant qu'un quart, je t'offre, et à nos joyeux convives, le petit verre de kirsch-wasser, j'assure de la meilleure foi du monde qu'il est du plus haut lieu[39].

Il est facile de comprendre que le bouche-à-oreille joue un rôle essentiel dans la diffusion de la réputation de Fougerolles et de son kirsch à travers la France, et même au-delà. Cette forme de transmission informelle, mais puissante, a permis aux produits de la région de gagner une renommée bien au-delà des frontières locales, établissant ainsi une base commerciale solide sur laquelle les firmes fougerollaises ont pu s'appuyer pour se développer et prospérer, comme c'est le cas pour les deux maisons familiales étudiées dans ce travail.

Sur cette base commerciale solide, les firmes fougerollaises vont pouvoir se développer et faire prospérer leurs affaires industrielles et commerciales, comme c'est le cas pour les deux Firmes familiales étudiées dans ce travail.

Notre analyse se structure autour de deux périodes distinctes, délimitées par les évolutions du marché des alcools de bouche en France, un secteur qui a été profondément influencé par des facteurs sociaux, économiques et législatifs souvent instables. La première période s'étend jusqu'à l'interdiction de l'absinthe en 1915, que nous prolongeons jusqu'en 1920, car la Première Guerre mondiale a plongé l'industrie de la distillation dans un état de stagnation, qui ne s'est dissipé qu'au début des années 1920. C'est à ce moment-là que les autorités ont enfin autorisé la commercialisation de boissons semblables à l'absinthe. Ce retour progressif de l'industrie marque donc le début de notre deuxième phase, qui couvre la période de 1921 à 1939. En 1939, la réinstauration de la lutte contre l'alcoolisme, amorcée sous le Front Populaire et intensifiée sous le régime de Vichy dès 1940, marque la fin de cette période.

---

[38] *Journal général de France*, Paris, Bureau du *journal des petites affiches réunies*, 11 novembre 1804.

[39] PIRAULT DES CHAUMES Jean-Baptiste-Vincent. *Voyage à Plombières en 1822*, Paris, Guillaume, 1823, p. 131.

Durant la première période (1839-1920), le marché des alcools de bouche est marqué par une forte concurrence entre les distillateurs d'une part, et les viticulteurs d'autre part, qui cherchent à regagner des parts de marché perdues à cause des ravages du phylloxera et des campagnes antialcooliques menées par les ligues antialcooliques. L'industrie de la distillation, bien que bénéficiant de la crise viticole engendrée par le phylloxera, lutte pour sa survie, en particulier en défendant son produit phare : l'absinthe. Cette dernière suscite une véritable convoitise, favorisant la multiplication des distilleries, mais également la production de liqueurs de mauvaise qualité, ce qui déstabilise parfois le marché.

La deuxième période, quant à elle, se distingue par la libération de l'industrie de la distillation du poids de l'absinthe. Avec l'interdiction de ce produit, les distillateurs commencent à s'imposer en tant que véritables créateurs de marques, notamment grâce aux liqueurs à base d'anis, mais aussi par une politique de diversification qui mène à la création de nouvelles boissons alcoolisées et de marques distinctives. Cette diversification entraîne une certaine confusion dans le choix et l'achat des produits par le consommateur final, rendant la communication envers les professionnels et les consommateurs primordiale pour se démarquer de la concurrence et pérenniser les affaires.

Bien que la communication soit cruciale, la majorité des firmes fougerollaises, issues du milieu agricole, n'y accordent guère d'importance, se contentant d'attendre le client professionnel plutôt que de le chercher activement. C'est le cas de l'Établissement Lemercier Frères, qui jusqu'au début des années 1920, et la transformation de la société en société anonyme, n'alloue aucun budget spécifique à la publicité. Une fois transformée en société anonyme, l'Établissement Lemercier Frères réserve une part infime de son chiffre d'affaires à la communication, représentant en moyenne 0,1% de ce dernier. Ces fonds sont principalement alloués aux frais de dépôt des marques et au référencement de ses produits dans des médias spécialisés parisiens.

La fin des années 1930 constitue un moment particulièrement propice aux investissements en communication commerciale. Le marché des alcools de bouche y atteint alors son apogée, porté par une demande soutenue et une concurrence stimulante, favorisant l'essor des stratégies publicitaires. Cette période faste marque l'ultime phase d'expansion avant un brusque changement de contexte. Dès 1940, les premières lois mises en place par le régime de Vichy dans le cadre de la lutte contre l'alcoolisme entraînent un net recul de l'activité. Ces mesures restrictives annoncent une rupture profonde dans l'histoire de la distillation française, inaugurant une ère de crise pour le secteur.

GRAPHIQUE 41. Évolution du budget-publicité de l'Établissement Lemercier Frères (1925-1940)

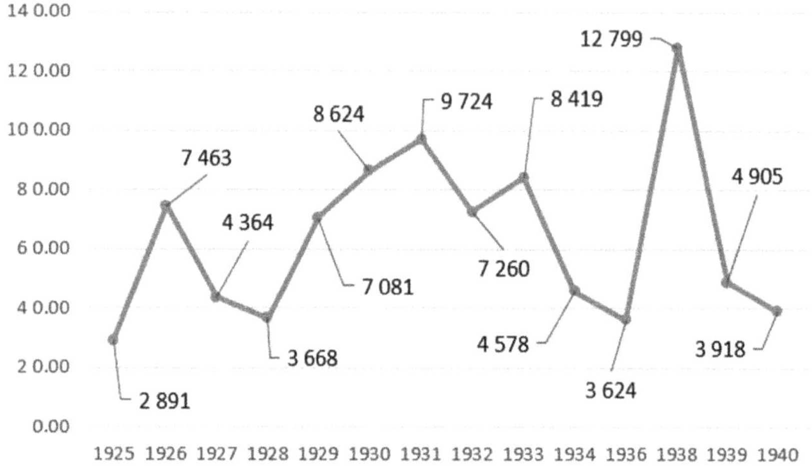

SOURCE : Archives de l'Établissement Lemercier Frères. D'après les documents comptables de la société.

Le graphique sur l'évolution du budget-publicité de l'Établissement Lemercier Frères montre un investissement en publicité fluctuant. La maison Lemercier Frères semble ne porter attention à la communication commerciale qu'en période de crise, comme au début des années 1930, avec le soutien des pouvoirs publics pour la filière viticole, et en 1938, dans un marché saturé et très concurrentiel.

Pour sa part, la firme Abel Bresson inclut les charges publicitaires dans son budget depuis le XIXe siècle. Chaque année, 1% de son chiffre d'affaires est consacré à la communication commerciale, et ce poste prend encore plus d'importance au début du XXe siècle, avec la publicité lors de l'ouverture de ses succursales à Ivry-Port et Beaucaire, ainsi qu'à l'acquisition de l'enseigne Édouard Pernod à Pontarlier en 1912.

TABLEAU 40. Quelques indicateurs liés à l'usine Pernod à Pontarlier (1913-1916)

		1913	1914	1915	1916
Chiffre d'affaires		1.611.264	1.375.409	782.193	431.722
Publicité	*En valeur (francs)*	10.398	26.878	25.250	7.022
	% par rapport au chiffre d'affaires	1%	2%	3%	2%
Procès Pernod	*En valeur (francs)*	12.000	15.750	16.600	1.348

SOURCE : Archives de l'Écomusée du Pays de la Cerise, Fougerolles. D'après les documents comptables des Établissements Abel Bresson (1913-1916).

Face à une concurrence particulièrement vive sur le marché des liqueurs d'absinthe, les Établissements Abel Bresson mettent en place une stratégie de communication ciblée afin de préserver leurs parts de marché. Entre 1908 et 1912, l'entreprise consacre un budget spécifique à l'absinthe, couvrant divers postes : campagnes publicitaires, participation à des actions de lobbying en faveur de l'absinthe, protection des intérêts commerciaux de la firme, ainsi que frais de justice liés aux procédures engagées.

Parallèlement à ces dépenses générales, des budgets sont également dédiés à la promotion de plusieurs marques stratégiques. Ainsi, entre 1911 et 1915, un montant de 22.988,35 francs est attribué à la publicité pour deux absinthes produites à l'usine de Beaucaire : les marques « Bresson » et « Primia ». En outre, un investissement conséquent de 60.000 francs est engagé pour le lancement de la marque d'anis « Bressonnette ». Toutefois, cette dernière opération ne rencontre pas le succès espéré, comme le souligne le rapport du Conseil d'administration des Établissements Abel Bresson à la clôture de l'exercice 1921 :

Nous espérions l'an dernier un départ intéressant pour l'anis la Bressonnette que nous avions essayé de lancer avec notre syndicat de Paris constitué. Cet anis bien conforme au règlement d'alors, trop sucré et de couleur trop verte, nous n'avons pas eu de succès tout en ayant exposé plus de 60.000 francs de publicité[40].

De même, pour pénétrer le marché américain avec le vermouth Nugue-Richard, les Établissements Abel Bresson reconnaissent l'importance de la publicité, comme l'indique un rapport rédigé après la négociation avec un intermédiaire américain :

Pour réussir dans le lancement de notre marque, Brown estime qu'une publicité assez intensive doit être faite, et que si nous ne voulons pas y participer sous forme d'argent, il est obligatoire de lui consentir un rabais de 20 à 25% sur le prix de nos caisses, et cela jusqu'à nouvel ordre. Le prix de 50 francs la caisse avait même été demandé[41].

Enfin, une annonce parue dans le quotidien *Paris-Soir* en 1937 montre que les Établissements Abel Bresson recherchent des représentants pour leur marque « Bressiane », soutenue par une importante campagne publicitaire.

Apéritif Bressiane demande Représentants. Grosse publicité faite pour soutenir efforts Agents, S'adresser ou écrire à BOREL, 4, rue Francis de Pressense, La Plaine Saint Denis[42].

[40] Archives de l'Écomusée du Pays de la Cerise, Fougerolles. Rapport du Conseil d'administration des Établissements Abel Bresson de l'exercice 1922.

[41] Archives de l'Écomusée du Pays de la Cerise, Fougerolles. D'après un rapport sur une agence d'importation aux États-Unis datant du 1er septembre 1934.

[42] *Paris-soir*, Paris, 16 janvier 1937.

Contrairement à l'Établissement Lemercier Frères, les Établissements Abel Bresson intègrent la publicité dans leur stratégie commerciale comme un outil indispensable à la pérennisation de leur activité et à l'augmentation de leurs parts de marché.

Après cette mise au point sur les positionnements respectifs des deux firmes familiales vis-à-vis de la publicité, nous allons maintenant nous intéresser aux différents outils de communication utilisés. À cet égard, nous avons recensé plusieurs supports de communication employés par les firmes Abel Bresson et Lemercier Frères entre 1855 et 1939, que nous présentons dans le tableau ci-après.

TABLEAU 41. Outils de communication utilisés par les firmes familiales fougerollaises (1855-1939)

PRODUIT-LUI-MEME (Étiquetage, marques, design)	AFFICHES PUBLICITAIRES	EN-TETES DES DOCUMENTS ADMINISTRATIFS (Factures, correspondances)
Cartes de visite	Participation aux foires et aux expositions	Accessoires et gadgets publicitaires
MEDIAS ECRITS (Généraliste et spécialisés)	PATRONAGE (Parrainage d'évènements, sportifs, culturels, récréatifs…)	lobbies (Syndicats, Hommes politiques...)

Nous classons ces outils dans deux catégories : la communication média, qui inclut la presse écrite, qu'elle soit spécialisée ou généraliste, et la communication hors média, qui fait référence à la communication relationnelle à travers des supports comme les correspondances, les en-têtes de factures, les étiquettes des produits, les affiches d'intérieur, ou encore les gadgets et accessoires utilisés pour la commercialisation de certains produits.

La communication média, en particulier les annonces publicitaires dans les journaux spécialisés et généralistes, constitue un levier important pour renforcer la visibilité des produits. Les deux firmes familiales ont utilisé ces supports pour promouvoir leurs marques et accroître leur notoriété. En revanche, la communication hors média s'est avérée tout aussi essentielle, notamment pour créer une connexion directe avec le client professionnel et final, en renforçant l'image de la marque à travers des objets et des supports personnalisés.

7.3.2. La communication média à travers la presse écrite : du référencement simple des produits au message publicitaire évocateur

Entre 1855 et 1939, une vingtaine de supports de presse différents ont été mobilisés par les Établissements Abel Bresson et Lemercier Frères pour promouvoir leurs produits. Parmi ceux-ci, environ 40% relèvent de la presse spécialisée, destinée à un lectorat professionnel composé de négociants, cafetiers, restaurateurs ou détaillants. Toutefois, si l'on considère le nombre total de parutions et la fréquence d'utilisation, ces supports spécialisés occupent une place nettement plus importante que la presse généraliste, souvent utilisée de manière plus ponctuelle. Cette répartition révèle une stratégie communicationnelle différenciée : à travers la presse spécialisée, les distillateurs s'adressent à un public professionnel, tandis que la presse généraliste vise à toucher un auditoire plus large, mêlant professionnels et consommateurs finaux.

Les périodes d'intensification du recours à la presse généraliste sont concentrées sur deux moments clés : les années 1910-1920 d'une part, et les années 1930 d'autre part. Ces deux phases correspondent à des temps forts pour le marché des boissons alcoolisées, stimulé par la vogue de la liqueur d'absinthe dans un premier temps, puis par l'essor des liqueurs anisées dans l'entre-deux-guerres. La presse spécialisée, quant à elle, reste présente de manière continue sur toute la période étudiée, mais se contente généralement de référencer les produits et de présenter succinctement les établissements. En revanche, dans la presse généraliste, les entreprises cherchent à se démarquer par un discours plus travaillé, en incitant explicitement à la consommation et à la préférence de leurs marques face à la concurrence.

TABLEAU 42. Répartition des supports utilisés par les Établissements Abel Bresson et Lemercier Frères entre 1855 et 1939

Périodes	Supports		Lieu d'édition
1855-1910	Annuaire-almanach du commerce, de l'industrie, de la magistrature et de l'administration	Revue commerciale spécialisée	Paris
	Revue des vins et liqueurs et des produits alimentaires pour l'exportation	Revue commerciale spécialisée	Paris
	Le Panthéon de l'Industrie	Revue encyclopédique des manufactures, fabriques et usines	Paris
	Archives commerciales de la France	Journal hebdomadaire spécialisé	Paris
1911-1920	La Croix	Journal quotidien religieux	Paris
	La Mutualité algérienne	Revue mensuelle des œuvres sociales algériennes	Alger
	Le Journal	Quotidien généraliste	Paris
	L'Impartial	Quotidien généraliste	Djidjelli (Algérie)
	Revue des vins et liqueurs et des produits alimentaires pour l'exportation	Revue commerciale spécialisée	Paris

Cette différenciation s'illustre également dans les approches adoptées par les deux firmes. Les Établissements Abel Bresson mettent en œuvre une communication variée et active, tant auprès des professionnels que du grand public. Leur stratégie s'inscrit dans une volonté de bâtir une identité de marque forte et de s'adresser à des clientèles multiples à travers des supports diversifiés. L'Établissement Lemercier Frères, en revanche, se limite dans la majorité des cas à un référencement sobre dans les revues spécialisées. Ce positionnement traduit une approche plus discrète de la communication, concentrée sur le strict nécessaire. Quelques exceptions ponctuelles existent néanmoins, à l'image de la publication de 1891 dans *Le Panthéon de l'Industrie*[43], revue dédiée aux manufactures françaises, dans laquelle la maison Lemercier Frères met en avant la qualité de ses produits. Ces initiatives isolées ne remettent toutefois pas en cause l'orientation générale de l'établissement, peu porté sur les techniques de réclame.

Communication de marque chez Abel Bresson, discrétion artisanale chez Lemercier Frères

L'analyse des supports de communication, notamment dans la presse, met en évidence une grande diversité dans les termes utilisés pour désigner les produits ou les marques, soulignant ainsi le rôle stratégique du langage dans la construction d'une image commerciale. Cette pluralité lexicale traduit non seulement une volonté d'adaptation aux différents publics, mais aussi une recherche de distinction sur un marché concurrentiel.

La richesse de l'offre en eaux-de-vie et liqueurs, particulièrement dans le contexte fougerollais, justifie cette variété d'expressions. Le kirsch, véritable produit du terroir, bénéficie d'une forte visibilité dans les discours promotionnels. Toutefois, les marques associées à ce spiritueux sont rarement mises en avant de manière explicite. Cette relative discrétion semble délibérée : elle vise sans doute à préserver l'image d'un produit authentique, enraciné dans un savoir-faire traditionnel, que l'usage trop marqué de marques commerciales pourrait nuire à crédibiliser. En évitant une exposition trop directe des noms de firmes, les acteurs locaux cherchent à maintenir la réputation artisanale du kirsch, tout en le promouvant de manière subtile et valorisante.

En termes de produits, les eaux-de-vie et le kirsch dominent les références, tandis que du côté des marques, ce sont les liqueurs à base de vin qui sont le plus souvent citées. Ces données attestent de l'attractivité croissante du marché des apéritifs en France[44], particulièrement dans l'entre-deux-guerres, période durant laquelle le pays s'impose comme un haut lieu de la culture de l'apéritif. Les fabricants, pour valoriser des produits éloignés de l'univers symbolique du vin, investissent dans des stratégies de marque, des techniques de commercialisation et surtout dans la réclame.

---

[43] G., « Une grande distillerie à Fougerolles », *Le Panthéon de l'industrie*, n° 842, août 1891, p. 234-235.

[44] HOWARD Sarah, *Les images de l'alcool en France 1915-1912*, *op. cit.*, p.13

GRAPHIQUE 42. Expressions utilisées par les Établissements Abel Bresson et Lemercier Frères dans les médias écrits (1855-1939)

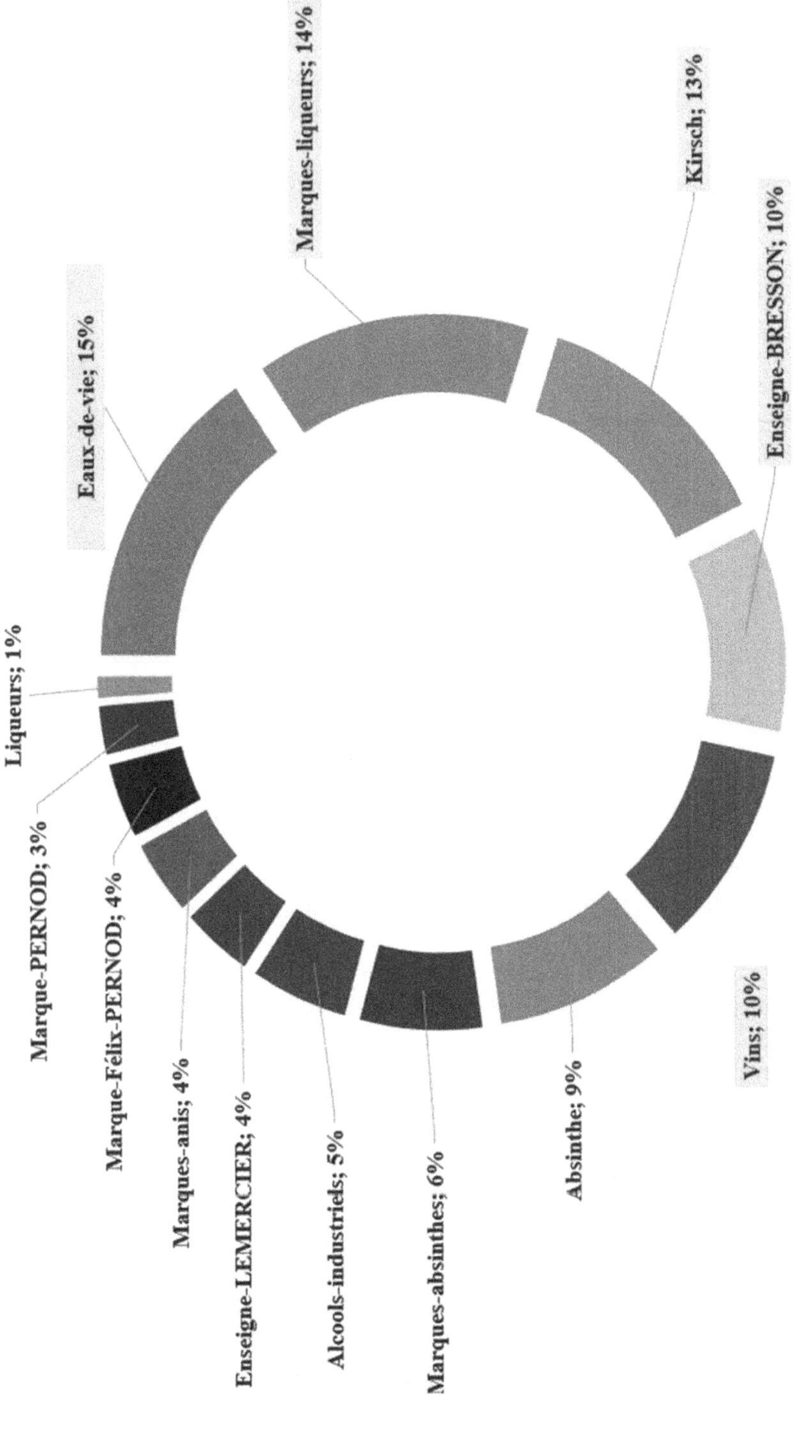

L'analyse diachronique des expressions, réparties par périodes (1855-1900, 1901-1920, 1921-1939), permet de dégager des tendances significatives. Ainsi, les marques associées au kirsch ne représentent qu'environ 1% des mentions, ce qui semble traduire une réticence à associer le kirsch à une logique de marque. À l'inverse, ce sont les liqueurs, et en particulier l'absinthe (jusqu'en 1915), puis les anisés (entre 1920 et 1939), qui dominent la communication des deux maisons.

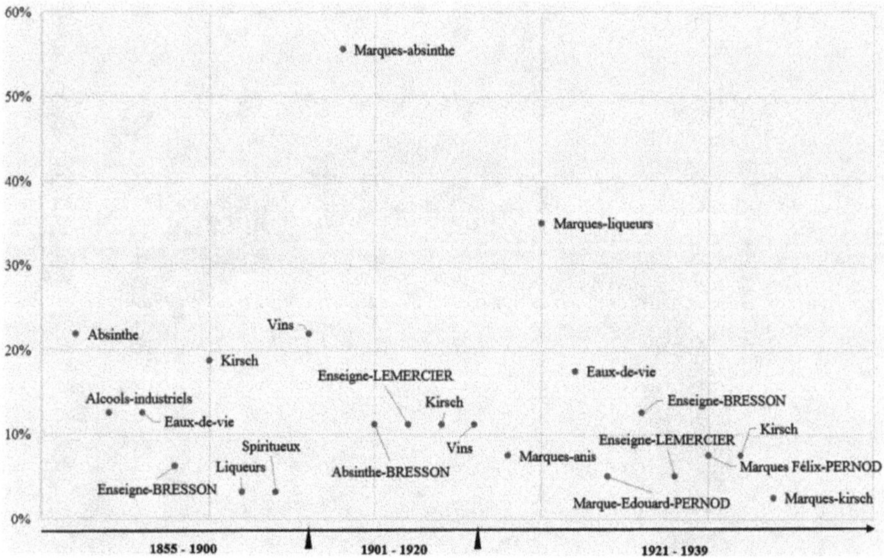

GRAPHIQUE 43. Statistiques des expressions utilisées (%) par les Établissements Abel Bresson et Lemercier Frères dans la presse écrite (1855–1939)

L'importance accordée à l'absinthe, puis aux anisés, traduit à la fois leur rôle économique central et les nombreuses controverses dont ils font l'objet. Fortement attaqués par les ligues antialcooliques et le lobby viticole, ces produits obligent les distillateurs à adopter une communication plus offensive. Face aux campagnes de dénigrement, ils cherchent à restaurer leur image à travers la presse en mettant en avant plusieurs arguments : la qualité des matières premières, la rigueur des procédés de fabrication, la modernité des équipements industriels, voire les vertus thérapeutiques de certains alcools. Ces discours visent à rassurer le consommateur, mais aussi à légitimer la place de ces spiritueux sur le marché.

Dans ce contexte, les maisons adoptent des stratégies différenciées. Chez Abel Bresson, la marque constitue un axe majeur de communication : 58% des expressions relevées dans les publications étudiées renvoient directement à des marques-produits. Cette approche traduit une volonté claire d'associer les qualités du produit à une identité commerciale forte, en misant sur la reconnaissance du nom pour résister aux critiques et fidéliser une clientèle.

GRAPHIQUE 44. Répartition des expressions utilisées par les Établissements Abel Bresson (1858–1939) selon trois catégories : enseigne, dénominations commerciales et marques-produits.

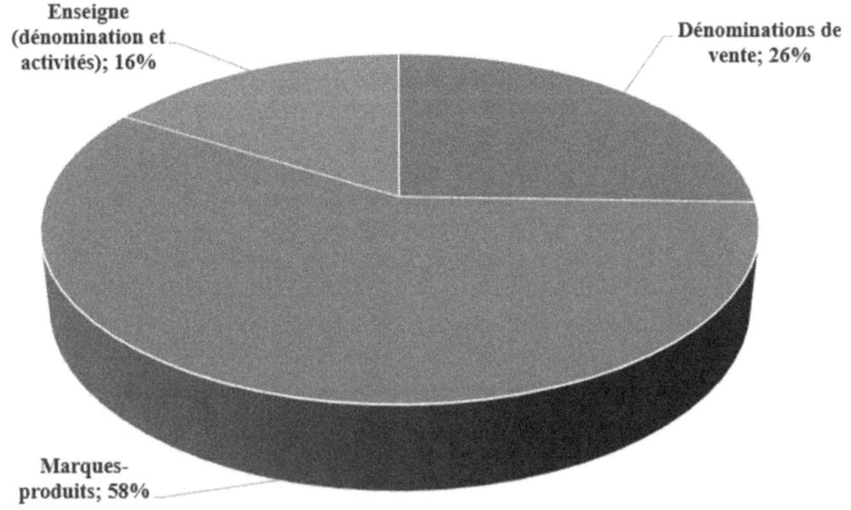

Ce positionnement s'appuie sur un portefeuille de marques dense et structuré, centré autour d'une marque-caution forte : « Abel Bresson ». Celle-ci constitue le socle identitaire de l'entreprise, autour duquel gravitent plusieurs marques dérivées créées selon une logique de déclinaison cohérente. Parmi celles-ci, on retrouve notamment « Bressi », « Bressu », « Bressono », « Bressonnette », « Bressonide », et « Bressiane ».

À ce noyau initial s'ajoutent plusieurs marques prestigieuses acquises dans le cadre d'une stratégie de croissance externe. Parmi les plus notables figurent « Édouard Pernod », « Junod » et « Nugue-Richard », des noms déjà bien établis dont l'intégration permet à la maison Abel Bresson d'élargir sa clientèle et d'enrichir son image de marque.

L'analyse des supports de communication et des expressions employées révèle une stratégie clairement orientée vers la notoriété, la légitimation et la différenciation. Les mentions les plus fréquentes concernent la marque dérivée « Bressiane » et l'enseigne fondatrice « Abel Bresson », soulignant leur rôle central dans la construction de l'image publique de l'entreprise.

La marque « Bressiane » bénéficie d'ailleurs, à la fin des années 1930, d'une campagne de communication d'envergure, démontrant l'importance que la maison accorde à cette étiquette dans son portefeuille. Cette opération, fondée sur une combinaison de visuels marquants, de slogans efficaces et d'un positionnement qualitatif, fera l'objet d'une analyse plus approfondie dans une section ultérieure. Elle illustre parfaitement la capacité des Établissements Abel Bresson à mobiliser les outils de communication modernes pour consolider leur position sur un marché en mutation, tout en capitalisant sur la puissance évocatrice du nom Bresson à travers ses multiples déclinaisons.

GRAPHIQUE 45. Pourcentage des expressions utilisées par les Établissements Abel Bresson dans les supports généralistes et spécialisés utilisés entre 1855 et 1939

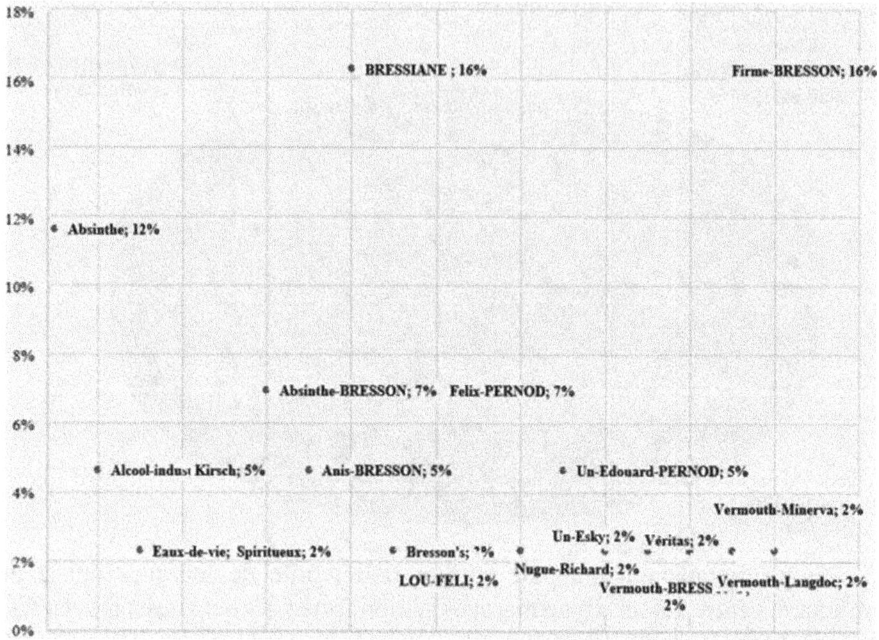

Lemercier Frères adopte une approche plus traditionnelle en matière de communication. Dans 84% des cas, les expressions relevées dans la presse se rapportent à des dénominations de vente génériques telles que kirsch, vin ou absinthe. Cette stratégie, centrée sur les types de produits plutôt que sur les marques, reflète une volonté de valoriser le savoir-faire artisanal et l'authenticité des productions, plutôt que de construire une image de marque spécifique.

GRAPHIQUE 46. Répartition des expressions utilisées par l'Établissement Lemercier Frères dans la presse écrite entre 1855 et 1939

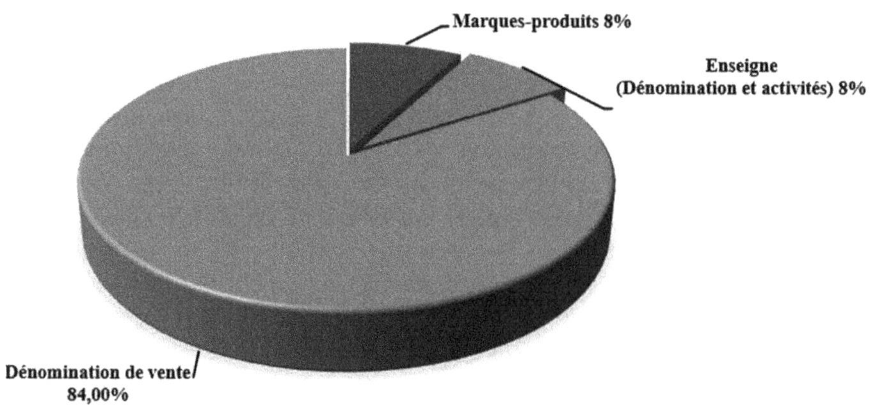

GRAPHIQUE 47. Pourcentage des expressions utilisées par l'Établissement Lemercier Frères dans les supports généralistes et spécialisés entre 1855 et 1939

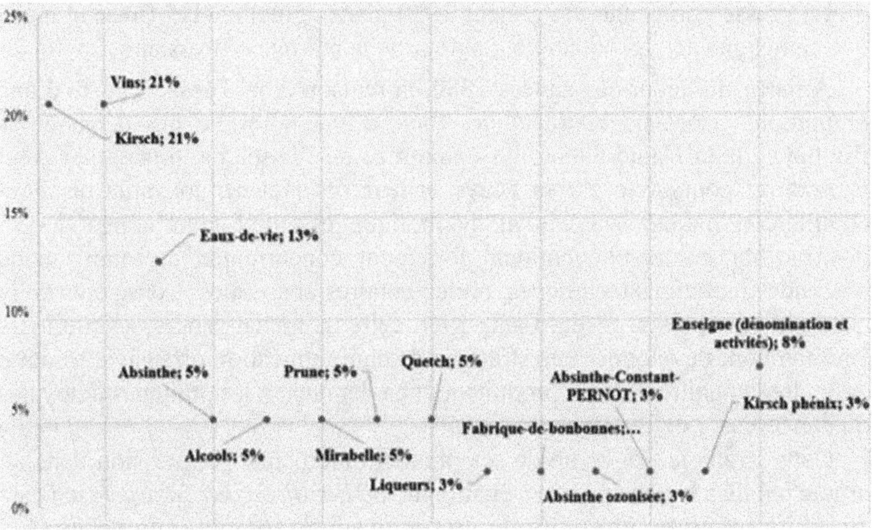

Les mentions de marques-produits (8%) et de l'enseigne (également 8%) sont marginales. Cette discrétion s'explique probablement par une vision plus paysanne et artisanale du métier, éloignée des logiques publicitaires ou perçues comme trop coûteuses. Cependant, quelques exceptions se signalent au début du XXe siècle, lorsque l'établissement met en avant ses absinthes « Constant Pernot » et « absinthe ozonisée Lemercier », ainsi que le « Kirsch Phénix », visible dans la presse jusqu'à la fin des années 1930.

FIGURE 72. Marques-produits de l'Établissement Lemercier Frères : « absinthe Constant Pernot », « absinthe ozonisée », « kirsch phénix »

SOURCE : Archives de l'Établissement Lemercier Frères.

Valorisation industrielle, dénonciation des falsifications et conquête des marchés coloniaux

Enfin, au-delà du simple référencement, certains supports sont utilisés comme de véritables vecteurs publicitaires. Trois séries de publications méritent ici une attention particulière :

– Le Panthéon de l'Industrie (1884, 1891), où les établissements se mettent en scène comme des vitrines de la modernité industrielle ;

– La presse algérienne, mobilisée par Abel Bresson dans les années 1900-1915 pour étendre sa notoriété coloniale ;
– La presse parisienne des années 1930, dans laquelle Abel Bresson mène une campagne active, notamment autour de la marque « Bressiane ».

À partir du début des années 1880, la maison Abel Bresson, forte d'une réputation désormais bien établie, jouit d'une notoriété qui dépasse les frontières de la Haute-Saône. La renommée de l'enseigne, fondée par Abel Bresson et poursuivie par sa veuve et leur fils Hubert, constitue un atout commercial majeur, un capital symbolique essentiel pour consolider sa position sur un marché national fortement concurrentiel et soumis à de profondes mutations techniques, réglementaires et sociales. Conscients de la nécessité de préserver et d'amplifier cette reconnaissance, les héritiers Bresson vont développer une stratégie de communication offensive, visant à défendre la qualité de leurs produits tout en dénonçant les pratiques déloyales ou dangereuses de certains concurrents.

Cette stratégie trouve un de ses premiers moments d'expression dans un article publié à la une de la revue nationale *Le Panthéon de l'Industrie*, en date du 7 septembre 1884. Cette revue encyclopédique consacrée aux manufactures et aux établissements industriels français accorde une place centrale à la maison Abel Bresson et à l'un de ses produits phares : la liqueur d'absinthe. Le journaliste, Frœmer, adopte une posture résolument engagée : tout en reconnaissant les controverses liées à l'absinthe, il en propose une lecture nuancée et défend vigoureusement la qualité des produits issus de la maison Abel Bresson. Il ne s'agit pas seulement de faire la promotion d'un établissement, mais aussi de mener un plaidoyer en faveur d'un produit diabolisé par les ligues antialcooliques, les hygiénistes et certains courants politiques et religieux.

Dans cette logique, l'article s'efforce d'abord de déconstruire les discours alarmistes autour de la liqueur d'absinthe. Frœmer écrit ainsi :

> *S'il est une boisson qui ait été conspuée, proscrite, calomniée par les uns, goûtée jusqu'à l'adoration par les autres, c'est bien l'absinthe. [...] Il y a exagération des deux côtés.*

Ce propos introductif invite à considérer la complexité du phénomène et à éviter les jugements simplistes. Le journaliste entend rétablir une vérité oubliée : l'absinthe, lorsqu'elle est correctement fabriquée et consommée avec modération, n'est pas intrinsèquement dangereuse. C'est l'industrialisation abusive, les falsifications, l'ajout de produits toxiques ou d'alcools de mauvaise qualité qui sont responsables des méfaits attribués à cette boisson. Ce discours permet d'introduire la distinction essentielle que l'article met en avant : celle entre les mauvaises absinthes, issues de procédés douteux, et les absinthes artisanales et contrôlées, telles que celles produites par la firme Abel Bresson.

Le texte précise que l'absinthe Abdel Bresson, élaborée à partir de plantes aromatiques cultivées dans l'est de la France, en particulier la feuille d'absinthe proprement dite, le fenouil et l'anis, et distillée à la vapeur, est non seulement inoffensive, mais aussi bénéfique :

L'absinthe est une boisson délicieuse, d'un parfum aromatique [...], si ce n'est toujours apéritive, au moins stomachique, et même fébrifuge.

La qualité de cette absinthe réside autant dans le choix des matières premières que dans les procédés techniques mis en œuvre. Frœmer insiste particulièrement sur la distillation à la vapeur, considérée comme une innovation majeure, garantissant une distillation lente, sans échauffement brutal, contrairement aux méthodes traditionnelles à feu nu. Cette technique moderne, plus coûteuse, est selon lui le signe d'un engagement « éthique » de la part du distillateur, qui refuse les raccourcis technologiques préjudiciables à la qualité.

Le journaliste souligne également le rôle déterminant du personnel de l'établissement, incarné par M. Hudelot, chef de fabrication fidèle depuis seize années. Ce dernier incarne l'expertise technique et l'attachement à la tradition, tout en assurant la maîtrise des innovations modernes. L'établissement Abel Bresson apparaît ainsi comme une synthèse entre tradition artisanale, rigueur industrielle et excellence technique.

L'ensemble du propos vise donc à légitimer un produit controversé en soulignant sa dimension hygiénique, sa fabrication maîtrisée et sa noblesse. L'absinthe de la maison Abel Bresson devient le symbole d'un art de produire qui s'oppose aux dérives marchandes et aux falsifications :

L'absinthe est une liqueur véritablement bienfaisante et hygiénique, lorsqu'elle réunit, comme dans la maison Abel Bresson, toutes les conditions de fabrication sérieuse et parfaite.

Le recours à la revue *Le Panthéon de l'Industrie* constitue un coup de communication stratégique. En s'adressant à un lectorat cultivé, intéressé par l'industrie, l'innovation et les débats de société, la famille Bresson cherche à inscrire son nom dans l'élite des producteurs de qualité. Ce type de publication permet d'allier contenu informatif, argumentaire technique et discours valorisant, et anticipe les techniques modernes de storytelling industriel.

Cette stratégie sera reprise quelques années plus tard, en 1891, par une autre firme fougerollaise : l'Établissement Lemercier Frères. Dans un contexte où la distillation est de plus en plus critiquée, notamment en raison des ravages de l'alcoolisme, la maison Lemercier Frères choisit elle aussi de défendre publiquement la qualité de ses produits et de dénoncer les dérives de la profession. Dans un article intitulé « Une grande distillerie à Fougerolles », publié dans *Le Panthéon de l'Industrie* en août 1891[45], le journaliste reprend

[45] G., « Une grande distillerie à Fougerolles », *Le Panthéon de l'industrie*, n° 842, août 1891, p. 234-235.

le même registre argumentatif que celui de l'article de 1884 : la distinction entre bonnes et mauvaises pratiques, entre producteurs responsables et industriels malhonnêtes. Le ton est même plus direct encore :

C'est à cette cause [les falsifications] qu'il faut surtout attribuer les ravages toujours croissants de l'alcoolisme, dus beaucoup plus à la qualité qu'à la quantité des boissons absorbées.

Ainsi, il ne s'agit pas de condamner globalement la distillation, mais de faire le tri entre les maisons vertueuses et les autres. Le journaliste cite les « très estimables maisons » qui ont résisté à la tentation du profit rapide, et qui permettent à la distillerie française de « l'emporter [...] sur toutes les autres ». La maison Lemercier Frères est érigée en exemple de cette distillation éthique et contrôlée.

Les installations industrielles de l'Établissement Lemercier Frères sont décrites avec précision : vastes bâtiments situés à proximité de la gare, distillerie moderne et en expansion depuis 1880, ateliers mécaniques outillés, machine à vapeur, réseaux de distribution reposant sur des wagons-réservoirs privés sillonnant les lignes françaises. À cela s'ajoute un ancrage territorial fort, lié à la production du kirsch, produit-phare de la maison, fondé sur la valorisation des cerises locales :

Fougerolles [...] est entourée de montagnes, sur lesquelles on récolte en abondance des cerises d'une saveur délicieuse [...].

Ce terroir devient un gage d'authenticité. Le kirsch Lemercier Frères, produit selon des méthodes naturelles, est présenté comme un « stomachique de premier ordre », aux vertus toniques et digestives. Sa fabrication exclut tout recours à des additifs ou à des méthodes de dilution : seuls les jus fermentés de cerise sont utilisés. Ce souci de pureté est essentiel pour se distinguer de la masse des producteurs de liqueurs frelatées.

L'article accorde aussi une place importante aux absinthes Lemercier Frères. Reprenant l'argumentaire développé pour la maison Abel Bresson, le journaliste insiste sur les effets bénéfiques d'une absinthe bien distillée, à partir de plantes rigoureusement sélectionnées. Il rejette la confusion entre absinthes de qualité et produits nocifs vendus sous le même nom :

Lorsque cette liqueur est bien préparée, avec de bons alcools et des plantes bien choisies, elle doit être considérée comme un excellent apéritif [...].

L'efficacité du message repose sur l'articulation entre l'éloge du savoir-faire artisanal et la valorisation des équipements industriels modernes. Cette alliance permet de défendre une image de la distillation comme activité noble, respectable, utile à la société.

L'article se clôt par une liste des distinctions obtenues par la maison Lemercier Frères : médailles d'or et de vermeil, palmes d'honneur, croix de mérite obtenues à Troyes, Épinal, Paris, Londres et Reims entre 1888 et 1889.

Cette reconnaissance officielle sert de garantie ultime pour attester la qualité des produits et renforcer la légitimité industrielle de l'établissement.

Ces campagnes médiatiques, parues dans *Le Panthéon de l'Industrie*, poursuivent donc un double objectif : redorer l'image d'une profession décriée et distinguer les maisons fougerollaises comme des modèles de rigueur, d'éthique et de qualité. Cette communication s'inscrit aussi dans une volonté plus large de défendre l'économie locale face aux menaces que font peser à la fois la concurrence déloyale et les campagnes prohibitionnistes. Il s'agit, en somme, de préserver la légitimité sociale et économique d'un secteur vital pour l'économie de la région.

Cette stratégie de distinction se prolonge au début du XXe siècle, notamment sur les marchés coloniaux. Les Établissements Abel Bresson, très présents en Algérie, poursuivent leur effort de communication en s'adressant cette fois à un public de consommateurs européens installés dans les régions d'Alger, de Constantine et d'Oran. Pour maintenir leurs parts de marché et renforcer la notoriété de leurs marques, Hubert Bresson recourt aux quotidiens algériens comme *L'Impartial*, *La Mutualité algérienne* ou encore le *Journal de la Chambre syndicale des débitants de boissons du département d'Alger*. Ces journaux relayent des slogans efficaces, jouant sur la mémorisation et la valorisation : « Demandez une absinthe Abel Bresson de Fougerolles[46] » ; « Absinthe Abel Bresson, La favorite des connaisseurs[47] » ou encore « Absinthe Abel Bresson, La meilleure[48] »

Les accroches publicitaires utilisées par les distillateurs fougerollais jouent un rôle essentiel dans la différenciation de leurs produits, mettant particulièrement l'accent sur la qualité supérieure. La marque de fabrique « La Meilleure[49] », sous laquelle l'absinthe Abel Bresson est commercialisée en Algérie, devient ainsi un véritable symbole d'excellence. Cette appellation forte véhicule une image de prestige, positionnant l'absinthe comme une boisson d'élite, réservée aux connaisseurs et aux amateurs avertis.

L'utilisation d'un nom de marque aussi évocateur, combiné à un discours publicitaire soigneusement orchestré, marque une étape importante dans l'évolution des stratégies de communication des distillateurs fougerollais. Ces derniers, autrefois ancrés dans des pratiques commerciales plus traditionnelles et locales, s'inscrivent désormais dans une dynamique de marché plus complexe, où la construction de l'image de marque et la différenciation par la qualité deviennent primordiales.

---

[46] *Journal de la Chambre syndicale des débitants de boissons du département d'Alger*, 14 avril 1910.

[47] *La Dépêche de Constantine,* 24 novembre 1912.

[48] *L'Écho sportif de l'Oranie,* 9 septembre 1911.

[49] Archives de l'écomusée de pays de la cerise à Fougerolles. D'après une circulaire envoyée par Hubert Bresson à sa clientèle professionnelle en Algérie datant du 28 décembre 1911.

FIGURE 73. « Demandez l'Absinthe Abel Bresson de Fougerolles », « Absinthe Abel Bresson, La favorite des connaisseurs », « Absinthe Abel Bresson, La Meilleure »,

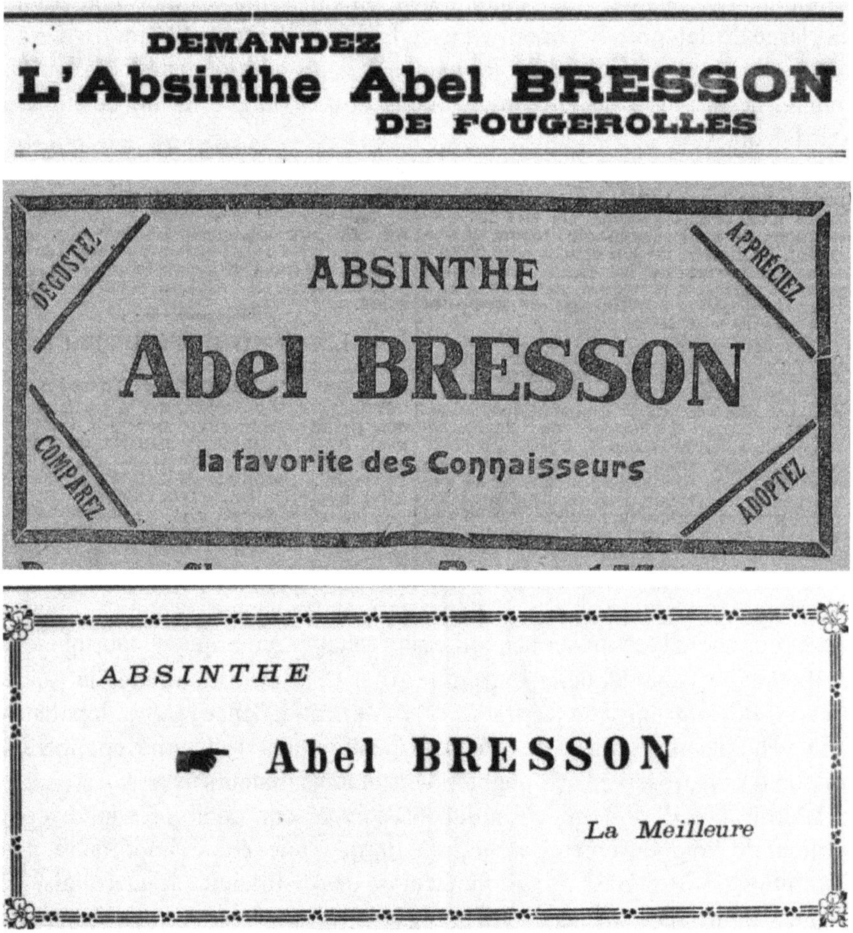

SOURCES : Publicités parues dans les quotidiens algériens (1910,1912 et 1913), *Journal de la Chambre syndicale des débitants de boissons du département d'Alger*, *La Dépêche de Constantine* et *L'Écho sportif de l'Oranie*.

En définitive, la stratégie médiatique déployée par les Établissements Abel Bresson et Lemercier Frères illustre la manière dont des entreprises familiales locales ont su mobiliser les supports de presse les plus adaptés à leur époque pour légitimer leur activité, valoriser leur territoire, dénoncer les pratiques concurrentielles néfastes et se positionner comme figures d'excellence dans l'industrie de la distillation française.

Des marques et des slogans curatifs

Au lendemain de l'interdiction de l'absinthe par la loi du 16 mars 1915, les distillateurs français doivent faire face à une réorganisation profonde du cadre législatif, moral et économique régissant la production et la commercialisation des spiritueux. La disparition soudaine d'un produit central de leur offre impose aux entreprises non seulement de repenser leur gamme, mais aussi de redéfinir leurs discours et leurs pratiques commerciales. Dans ce contexte de rupture et d'incertitude, les Établissements Abel Bresson se distinguent par leur capacité d'adaptation. Refusant la marginalisation, ils amorcent une reconversion audacieuse, à la fois commerciale, technique et symbolique, illustrant leur volonté de maintenir un rôle central dans l'industrie des boissons alcoolisées.

Dès le début des années 1920, la maison Abel Bresson lance un produit de substitution à l'absinthe : un vermouth, présenté comme une liqueur de vin aromatisée. Ce choix stratégique repose sur une double logique. D'une part, il s'inscrit dans une continuité gustative en s'adressant aux amateurs d'apéritifs, dans un contexte où les pratiques de consommation se transforment sous l'effet des normes hygiénistes et moralisatrices. D'autre part, il permet de se conformer aux nouvelles normes réglementaires, qui encouragent les spiritueux moins titrés, perçus comme plus compatibles avec une consommation modérée et responsable. Toutefois, ce segment est déjà fortement concurrencé par les vermouths italiens solidement implantés depuis la fin du XIXe siècle, ainsi que par les producteurs français qui cherchent eux aussi à capter cette demande. Se démarquer devient donc un impératif.

Pour imposer leur produit sur un marché saturé, les Établissements Abel Bresson mobilisent des instruments publicitaires innovants et ciblés. Ils orientent leur communication vers les territoires coloniaux, en particulier l'Algérie, où la presse francophone constitue un vecteur efficace pour atteindre une clientèle européenne friande de produits métropolitains. Ce positionnement géographique n'est pas anodin : les colonies offrent des débouchés prometteurs pour les spiritueux, tout en permettant d'expérimenter des campagnes publicitaires à plus faible coût.

Le slogan commercial « Oui !... mais le meilleur vermouth de Turin, c'est le Bressono »[50] condense la stratégie adoptée. Il joue sur une double logique :

[50] *L'Écho d'Alger*, Alger, 4 avril 1922.

s'inscrire dans l'imaginaire collectif associé à la qualité des vermouths italiens tout en affirmant une supériorité propre au produit Bresson. La marque *Bressono*, construite selon une esthétique italienne avec sa terminaison en *« o »*, évoque immédiatement Turin, berceau du vermouth, tout en intégrant le patronyme de l'entreprise. Ce croisement linguistique et symbolique entre imitation et originalité confère au produit une identité singulière, à la fois familière et différenciante.

Cette opération de construction de marque (branding aujourd'hui) va bien au-delà d'un simple argument commercial. Elle témoigne d'une réflexion approfondie sur les ressorts de la légitimité économique et symbolique dans l'entre-deux-guerres. En s'inspirant de modèles étrangers tout en revendiquant une excellence nationale, « Bressono » devient le support d'un récit publicitaire centré sur la qualité, le savoir-faire et l'innovation à la française. Le produit incarne une tradition modernisée, capable de rivaliser avec les standards internationaux tout en affirmant sa spécificité territoriale et culturelle.

FIGURE 74. Étiquette Vermouth BRESSONO.

SOURCE : Archives de l'Écomusée du Pays de la Cerise, Fougerolles.

Avec la montée des inquiétudes liées à l'alcoolisme dans les années 1930[51], notamment après le vote de la loi du 4 juillet 1931 instituant un système de soutien à la production vinicole, les producteurs doivent composer avec un double impératif : soutenir la consommation d'alcool tout en désamorçant les critiques morales et sanitaires. Dans ce contexte, on assiste à un retour d'une rhétorique ancienne : celle de l'alcool « bienfaisant », lorsqu'il est consommé dans un cadre modéré, hygiénique voire thérapeutique.

[51] HOWARD Sarah, *op. cit.,* p. 196.

Les Établissements Abel Bresson, désormais associés à la société Félix Pernod à partir de 1935, s'illustrent à nouveau par leur capacité à répondre aux enjeux du moment par une communication innovante. Dès cette date, plusieurs produits issus de leur collaboration font l'objet d'une campagne publicitaire active dans les quotidiens parisiens : l'Anis « Félix Pernod », la liqueur « Lou FÉLI », et surtout la « Bressiane », un apéritif original élaboré à base de pamplemousse et de gentiane.

FIGURE 75. Marques lancées par les Établissements Abel Bresson et soutenues par des campagnes publicitaires dans la presse écrite parisienne (dès 1935)

SOURCE : Archives de l'Écomusée du Pays de la Cerise, Fougerolles.

La marque « Félix Pernod » est d'abord utilisée comme marque-caution pour valider l'alliance commerciale. Elle est rapidement déclinée en produits distincts, dont l'anis « Félix Pernod », promu par des encarts parus dès 1936.

FIGURE 76. Encart publicitaire Félix Pernod

SOURCE : *Le Populaire*, Paris, 25 février 1936.

Mais la véritable innovation communicationnelle concerne la « Bressiane ». Le 16 mai 1936, un article paru dans *Le Journal* fait la promotion de la « Bressiane » avec un titre particulièrement évocateur : « Un apéritif que l'on peut prendre à jeun, de l'avis des médecins eux-mêmes »[52].

[52] *Le Journal*, Paris, 16 mai 1936.

Le texte promotionnel accompagnant le lancement de la « Bressiane » s'inscrit dans une logique d'argumentation pseudo-scientifique bien élaborée. Il valorise les vertus prétendues de ce nouvel apéritif sur le système digestif, en insistant notamment sur sa capacité à stimuler les sucs gastriques et à activer les glandes salivaires. Loin d'un simple discours gustatif, la « Bressiane » est présentée comme un véritable auxiliaire physiologique, un produit à mi-chemin entre l'alcool et le remède. On peut y lire :

> *Mais il ne faut pas que l'apéritif agisse brutalement car alors il provoque cette sécrétion mais il l'épuise en même temps [...]. La nouveauté de l'apéritif Bressiane, c'est qu'il est un pré-digestif [...] qui facilite ainsi la digestion. [...] C'est au pamplemousse mêlé à la gentiane que vous devrez ce bienfait. [...] La Bressiane est une trouvaille ! Goûtez-la et adoptez-la comme apéritif : vous vous en trouverez bien.*

Par le recours à une rhétorique d'inspiration médicale, le message publicitaire élève la « Bressiane » au rang de produit bienfaisant. Il ne s'agit plus seulement de proposer un apéritif au goût original, mais de promouvoir une expérience sensorielle améliorée, dotée d'un bénéfice fonctionnel implicite. Cette stratégie répond à une double logique : séduire le consommateur en quête de confort digestif et désamorcer les critiques des ligues antialcooliques en réinscrivant la consommation dans un registre hygiéniste et préventif. L'alcool n'est plus vu comme un vice, mais comme un agent thérapeutique intégré à l'hygiène de vie.

La campagne autour de la « Bressiane » se démarque également par sa cohérence et son efficacité sur les plans visuel, linguistique et médiatique. Le slogan central « Apéritif Pré-digestif » fonctionne comme un label identitaire, immédiatement reconnaissable et systématiquement répété pour imprégner durablement la mémoire du public. On le retrouve dans des encarts diffusés dans la presse quotidienne, notamment dans *Le Matin* durant les mois de mai et juin 1936. Ces annonces, conçues pour capter l'attention, s'inscrivent dans une stratégie de visibilité maximale.

L'affiche élaborée par l'agence HAVAS renforce cette dynamique. On y voit trois personnages dégustant la « Bressiane », disposés selon une composition circulaire qui permet une lecture fluide et continue, quelle que soit la position de l'observateur. Le produit y est mis en scène comme une véritable « cure quotidienne de santé », accessible et bénéfique. La répétition du nom et du slogan participe à la construction d'une image facilement reconnaissable. Il ne s'agit plus seulement de faire connaître un nom, mais de bâtir une véritable identité de produit, fondée sur la mémorisation, la confiance et la prescription. Ainsi, la « Bressiane » ne se contente pas d'occuper le marché des apéritifs : elle l'investit avec une stratégie de légitimation où santé, plaisir et modernité se trouvent étroitement liés.

FIGURE 77. Encart publicitaire « BRESSIANE, l'apéritif pré-digestif »

SOURCE : *Le Matin*, 24 juin 1936.

FIGURE 78. Encarts publicitaires « BRESSIANE, une trouvaille ! »

SOURCE : *Le Matin*, 20 mai et 24 juin 1936.

Cette stratégie de communication ne se limite pas aux supports publicitaires traditionnels tels que les encarts de presse ou les affiches. Les Établissements Abel Bresson et Félix Pernod réunis déploient une approche bien plus immersive et originale, en investissant activement le champ du parrainage culturel et sportif.

À Paris, Ils participent ainsi au parrainage des fêtes de quartier[53], contribuant à leur organisation et à leur animation. À Rennes, ils soutiennent des concours de chants radiophoniques[54] dans différents quartiers. À Nice, ils s'associent à un concours d'ouverture de la pêche[55], marquant leur présence dans un univers rural et balnéaire à la fois, loin des métropoles industrielles. Mais c'est surtout à Paris et en banlieue que leur stratégie atteint une forme de systématisation : des concours de belote sont organisés dans les cafés, sous le patronage explicite de la « Bressiane », avec des prix alléchants pouvant atteindre 100.000 francs[56]. Ces événements, souvent modestes en apparence, constituent en réalité des leviers puissants d'ancrage local, mobilisant les habitudes populaires, les réseaux d'amitiés et les logiques de quartier.

Ce type de « marketing expérientiel » repose sur une idée simple mais efficace : faire vivre la marque au plus près des sociabilités ordinaires, la faire exister dans les gestes et les rythmes du quotidien. En se plaçant au cœur des pratiques ludiques et festives, la « Bressiane » échappe à l'image d'un produit distant ou luxueux, pour devenir familière, conviviale, presque domestique. Elle n'est pas uniquement présente dans les boutiques ou sur les affiches, mais dans les parties de cartes entre amis, dans les bals de quartier, dans les plaisirs simples. La marque s'inscrit ainsi dans un imaginaire de proximité et de partage, renforçant son attachement au tissu social populaire.

L'innovation « marketing » se prolonge avec une opération originale : la création des « Miss Bressiane ». Ces hôtesses, spécialement recrutées pour l'occasion, sont chargées de circuler dans les cafés parisiens à des horaires soigneusement choisis, entre 11h et 13h, puis de 18h à 20h, pour y distribuer des cadeaux publicitaires et des échantillons. Cette animation, annoncée à l'avance dans les colonnes du *Petit Parisien*[57], crée un effet d'attente et d'anticipation, renforçant l'impact de la rencontre entre la marque et le consommateur. Loin d'une simple présence commerciale, ces apparitions suscitent la curiosité, génèrent une forme d'événement dans les lieux du quotidien, et produisent un contact direct, concret, presque personnalisé avec les usagers.

---

[53] *Bulletin meusien*, Paris, 26 août 1939.

[54] *L'Ouest-Éclair,* journal quotidien d'informations, politique, littéraire, commercial, Rennes, 18 septembre 1938.

[55] *Le Cri des travailleurs,* journal du Parti communiste français, Fédération (Alpes-Maritimes), Nice, 22 avril 1939.

[56] *Le Petit Parisien*, Paris, 20 avril 1937.

[57] *Le Petit Parisien,* Paris, 1er janvier et 8 janvier 1937.

FIGURE 79. Encarts publicitaires « Miss BRESSIANE »

SOURCE : *Le Petit Parisien,* Paris, 1er janvier et 8 janvier 1937.

Cette personnification de la marque constitue une étape supplémentaire dans la sophistication de la communication commerciale. La « Bressiane » n'est plus seulement un produit : elle devient un univers, une expérience, une relation humaine incarnée.

En définitive, l'ensemble de cette stratégie publicitaire autour de la « Bressiane » témoigne d'une maîtrise remarquable des logiques de marché et des attentes sociales de l'entre-deux-guerres. À la croisée de la santé, du loisir et de la modernité, les Établissements Abel Bresson et Félix Pernod réunis inventent un nouveau modèle de communication qui anticipe, par bien des aspects, les pratiques contemporaines du marketing intégré.

Toutefois, au-delà des actions menées dans la presse, les Établissements Abel Bresson comme l'Établissement Lemercier Frères recourent à d'autres formes de communication commerciale, déployées seules ou en appui des campagnes médiatiques. Ces techniques dites « hors média » s'expriment notamment à travers une communication relationnelle soignée, visible dans les en-têtes de factures, les correspondances commerciales, les étiquettes de produits et les slogans associés. À cela s'ajoutent des supports visuels variés, affiches d'intérieur, objets publicitaires, accessoires ou gadgets promotionnels, destinés à renforcer l'identification des marques et à entretenir un lien de proximité avec les clients. C'est l'analyse de ces dispositifs de communication que nous abordons à présent.

7.3.3. Communication hors média : des outils attractifs et performants

L'analyse de la communication hors média des Établissements Abel Bresson et Lemercier Frères repose sur un corpus documentaire riche, composé de 75 en-têtes de factures commerciales et 80 marques d'enseignes et marques-produits couvrant la période 1855-1940.

TABLEAU 43. Répartition du *corpus* de 75 en-têtes de factures

	1855-1881		1882-1920		1921-1940	
Nombre total des distilleries	12	100%	39	100%	24	100%
Dont Abel Bresson	8	67%	12	31%	10	42%
Dont Lemercier Frères	0	0%	9	23%	4	17%
Autres distilleries	4	33%	18	46%	10	42%

TABLEAU 44. Répartition du *corpus* de 80 marques d'enseignes et marques-produits

	1855-1920		1921-1940	
Total des produits avec marques-enseignes ou marques-produits	12	100%	68	100%
Dont produits appartenant à Abel Bresson	4	33%	58	85%
Dont produits appartenant à Lemercier Frères	3	25%	10	15%
Autres distilleries	5	42%		

Afin de mieux appréhender l'évolution de ces dispositifs de communication chez Abel Bresson et Lemercier Frères, notre analyse se structurera en trois grandes périodes chronologiques : 1839–1880, 1881–1920 et 1921–1940.

1839-1880 : Je produis donc je vends

Durant cette première phase, la situation concurrentielle sur le marché des alcools de bouche est relativement limitée, notamment pour les eaux-de-vie et en particulier pour le kirsch, produit emblématique du terroir fougerollais. Sa notoriété nationale et même internationale garantit aux producteurs locaux des débouchés solides. Cette position dominante commence toutefois à être remise en question avec la montée en puissance de la liqueur d'absinthe, dont la production explose à la faveur de la crise du phylloxéra dans les années 1860. L'absence de vin incite les consommateurs à se tourner vers les alcools distillés à partir de betteraves, rendant l'absinthe plus accessible.

Dans ce contexte d'abondance et de demande soutenue, les distillateurs fougerollais n'éprouvent pas le besoin de développer une communication commerciale structurée. Les en-têtes de factures de cette époque traduisent cette relative insouciance : ils se contentent d'indiquer l'activité principale et les produits disponibles, sans recours à des visuels attractifs ni à des slogans. Ainsi, en 1852, l'Établissement Abel Bresson mentionne uniquement la fabrication d'extrait d'absinthe, ainsi que le commerce de kirschenwasser, de vins fins, de liqueurs, de vermouth, de rhums, de cognacs et d'armagnacs.

FIGURE 80. En-tête de facture de la distillerie Abel Bresson datant de 1852

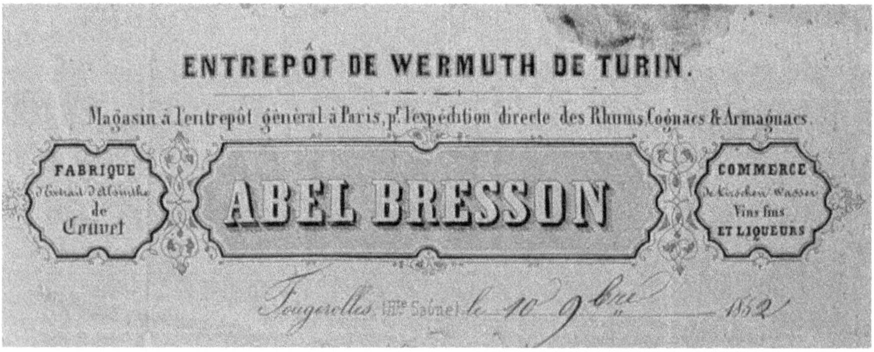

SOURCE : Collection Claude Roussey.

Cette même sobriété se retrouve dans les documents de 1862 et 1863, qui n'indiquent que la rectification d'alcools, la fabrication d'extrait d'absinthe et le commerce de kirchenwasser. Aucun effort particulier n'est fait pour construire une image de marque ou promouvoir les vertus des produits.

La situation commence à évoluer à partir des années 1870, lorsque les premiers signes de tensions sur le marché apparaissent. La méfiance croissante des pouvoirs publics et des ligues antialcooliques envers l'absinthe incite certains distillateurs à adopter une posture plus stratégique. C'est notamment le cas d'Abel Bresson, qui amorce une communication relationnelle plus structurée, préfigurant les logiques de marque modernes.

Dans une circulaire datée de 1877[58] , il présente un nouveau produit qu'il baptise « Bressonide », boisson anisée aux allures d'absinthe mais dépourvue de la plante controversée. Cette démarche vise à proposer une alternative acceptable aux yeux des consommateurs et des autorités, tout en conservant les attributs sensoriels de la liqueur d'absinthe.

> *Je ne viens point appuyer les reproches faits à l'extrait d'absinthe, qui certainement, n'est nuisible à la santé qu'en cas d'abus. Mais enfin, nos législateurs ayant jugé que ses effets démoralisaient ceux qui en font usage, j'ai cru devoir m'occuper de créer une boisson qui, par le goût et la couleur, peut parfaitement tromper le buveur d'absinthe. [...] Satisfaire le palais du buveur d'absinthe en y substituant une boisson similaire, sans en avoir les principes condamnés par quelques médecins, tel a été mon but en créant cette boisson que j'appellerai Bressonide.*

FIGURE 81. Abel Bresson L'inventeur de la « Bressonide » (D'après un en-tête de facture, 1877)

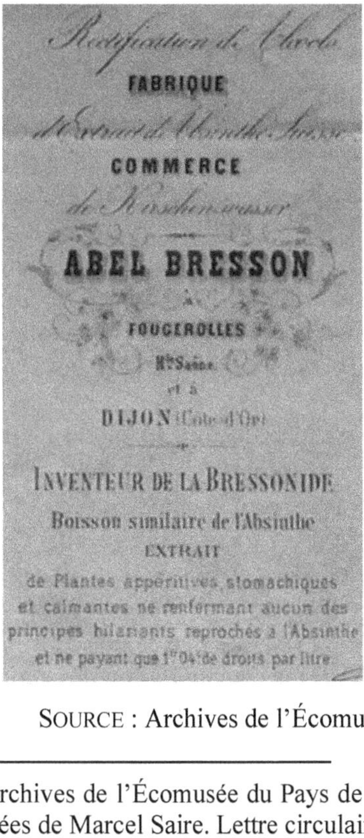

FIGURE 82. La marque déposée « LA BRESSONIDE » (D'après un en-tête de facture)

SOURCE : Archives de l'Écomusée du Pays de la Cerise, Fougerolles.

[58] Archives de l'Écomusée du Pays de la Cerise à Fougerolles, d'après des archives privées de Marcel Saire. Lettre circulaire datant des années 1870.

Outre l'argument sanitaire, Abel Bresson met en avant les avantages fiscaux de la Bressonide :

> *La Bressonide faite à 67 degrés ne paie que 1,04 franc de droits de régie par litre et moitié moins de droits d'octroi que l'absinthe. [...] Pour donner toute sécurité à l'acheteur, les colis lui seront expédiés après avoir été plombés par la régie au sortir de mes magasins.*

Cette boisson, présentée comme économique, sûre et qualitativement proche de l'absinthe, devient le fer de lance de la communication commerciale de la maison Bresson. Après la mort de son fondateur en 1878, son fils poursuivra cette stratégie en faisant de la Bressonide un produit identitaire, à la fois différenciant et rassurant.

Entre 1839 et 1881, l'analyse du corpus montre que la firme Abel Bresson semble être la seule distillerie fougerollaise à développer une communication relationnelle structurée, en s'appuyant à la fois sur des circulaires explicatives et sur des en-têtes de factures élaborés. En comparaison, les autres maisons locales, y compris l'Établissement Lemercier Frères, demeurent fidèles à une logique de production sans véritable mise en scène commerciale. Cette situation, appelée à évoluer dans les décennies suivantes, révèle dès cette période l'esprit novateur d'Abel Bresson et sa sensibilité précoce aux enjeux de la communication commerciale.

1881-1920 : soigner son image pour vendre ses produits

L'année 1881 marque une véritable rupture dans l'histoire de la distillation à Fougerolles avec l'arrivée du chemin de fer, qui ouvre des perspectives nouvelles en termes d'approvisionnement, de distribution et de visibilité nationale. Ce bouleversement logistique s'accompagne d'une montée en puissance de la concurrence : en 1877, Fougerolles compte déjà 18 distillateurs professionnels[59], auxquels s'ajoutent plusieurs distilleries artisanales. En 1893, ce nombre grimpe à 28, sans inclure les distilleries voisines installées à Luxeuil-les-Bains, Aillevillers ou Saint-Loup-sur-Semouse. Parallèlement, la concurrence venue de Pontarlier, berceau de l'absinthe, se fait pressante.

Dans ce contexte, la communication commerciale devient essentielle pour se distinguer. Les distillateurs adoptent une panoplie d'outils hors média : iconographie industrielle sur les en-têtes de factures, mise en avant des techniques de distillation comme la distillation à vapeur, valorisation des prix et récompenses, diffusion de gadgets promotionnels et étiquettes distinctives.

Les visuels des en-têtes de factures évoluent sensiblement à partir des années 1880, traduisant une prise de conscience aiguë des enjeux de l'image dans un contexte de concurrence croissante. Dans cette mutation des supports commerciaux, l'Établissement Lemercier Frères fait figure de pionnier à

---

[59] ADHS, 9M1. Rapports préfectoraux sur la situation industrielle du canton de Saint-Loup (1876-1877).

Fougerolles. Sa position géographique stratégique, à proximité immédiate de la gare nouvellement construite, devient un atout qu'il n'hésite pas à valoriser par une communication visuelle ambitieuse, largement en avance sur ses concurrents locaux.

Dès 1885, les en-têtes de ses factures ne se contentent plus d'aligner une liste d'activités ou de produits ; ils deviennent de véritables compositions iconographiques, minutieusement élaborées pour projeter une image de puissance industrielle, de maîtrise technique et d'enracinement territorial. L'usine y est représentée selon une perspective flatteuse, offrant une vue panoramique qui exagère volontairement les volumes, les proportions et la disposition des bâtiments afin de souligner l'importance des infrastructures. Ce n'est plus seulement un lieu de fabrication : c'est un monument économique, un marqueur de modernité.

La nature même des éléments représentés participe de cette stratégie. Une rangée de cerisiers foisonnants évoque la richesse agricole du terroir fougerollais, et, en creux, la qualité des matières premières utilisées pour la distillation. Le recours à cette végétation stylisée, presque décorative, joue ici un double rôle : il inscrit l'établissement dans un imaginaire local rassurant, celui du kirsch authentique, tout en servant d'écrin naturel à la modernité industrielle. On est bien au cœur d'un paysage transformé par l'homme, où la nature devient support du progrès.

Les deux maisons de maître représentées à proximité immédiate des installations renforcent ce discours. Par leur architecture bourgeoise et leur disposition symétrique, elles affirment à la fois la prospérité de la firme et le statut social de ses dirigeants. Ces demeures ne sont pas seulement des résidences privées : elles sont des signes extérieurs de réussite, visibles par tous les partenaires commerciaux qui reçoivent ces documents, et fonctionnent comme un gage implicite de sérieux et de stabilité.

La cheminée, de son côté, figure comme un totem industriel : sa hauteur est volontairement amplifiée, comme pour affirmer la puissance thermique de l'installation, la capacité de production continue, et l'usage d'une technologie de pointe, notamment la distillation à vapeur. Cette verticalité contraste avec l'horizontalité des bâtiments, attirant le regard et symbolisant l'élévation de la firme dans la hiérarchie industrielle locale et nationale.

Enfin, l'élément sans doute le plus frappant est l'inclusion d'une locomotive, soigneusement orientée dans le sens de l'arrivée. Cette présence ferroviaire n'est pas un simple clin d'œil à la modernité : elle incarne l'ancrage logistique de l'établissement dans les réseaux d'approvisionnement. Le train se présente comme une infrastructure connectée au site de production, chargée d'acheminer les matières premières et d'assurer la fluidité des échanges. La locomotive devient ainsi le symbole d'un établissement en prise directe avec les flux économiques de son temps, capable de répondre rapidement aux demandes du marché.

FIGURE 83. Distillerie Lemercier Frères d'après un en-tête de facture datant de 1885

SOURCE : Archives de l'Établissement Lemercier Frères.

L'ensemble de cette composition iconographique, en apparence simple, déploie en réalité un discours visuel riche, articulé autour de trois pôles fondamentaux : la nature (cerisiers), la technique (cheminée, bâtiments, train) et le capital (maisons bourgeoises, organisation spatiale).

Vers la fin du XIXe siècle, l'image iconographique mobilisée par l'Établissement Lemercier Frères dans ses en-têtes de factures connaît une transformation notable, révélatrice d'une inflexion stratégique majeure dans la manière de représenter l'entreprise et de communiquer avec ses partenaires commerciaux. Les éléments végétaux, notamment les cerisiers emblématiques de la production de kirsch, autrefois omniprésents dans les compositions visuelles, se font plus discrets, relégués en arrière-plan ou réduits à de simples motifs décoratifs. Cette mise à distance progressive du référentiel agricole n'est pas anodine : elle signale un déplacement de l'argumentaire commercial de la firme, qui ne s'appuie plus uniquement sur l'évocation du terroir et de ses ressources naturelles, mais affirme désormais son identité industrielle, sa capacité de transformation et son ancrage dans la modernité technique.

L'usine représentée dans l'iconographie s'élargit visiblement : de nouveaux bâtiments apparaissent, témoignant d'un processus d'agrandissement des capacités de production, en particulier avec l'adjonction d'une unité de rectification d'alcools industriels. Ce choix d'intégrer visuellement cette unité spécialisée, placée au cœur de la composition graphique, n'est pas anodin. Il atteste non seulement d'un tournant dans l'organisation productive de la maison Lemercier Frères, mais également d'une volonté de faire valoir une compétence technique spécifique, dans un contexte où les usages de l'alcool industriel se diversifient.

Le chemin de fer, qui était déjà esquissé dans les compositions précédentes, devient quant à lui un axe structurant de la représentation. Il ne s'agit plus d'un simple élément de décor : il est désormais central, traversant littéralement l'image, parfois même séparant physiquement les différentes zones industrielles représentées. La locomotive, placée cette fois dans le sens du départ, incarne une orientation résolument tournée vers l'extérieur. Ce changement de perspective, du train qui arrive vers l'usine (symbolisant les approvisionnements en matières premières) à celui qui en repart (indiquant la distribution des produits finis), marque un tournant discursif : Lemercier Frères ne se contente plus d'être un producteur local ; l'entreprise se veut désormais un acteur majeur de la distribution nationale, sinon internationale.

Par cette inversion du sens de la locomotive, l'établissement affirme sa capacité logistique et commerciale à desservir l'ensemble du territoire français. Il s'agit d'un véritable message de conquête, véhiculé non pas par des discours explicites mais par une iconographie soigneusement orchestrée, destinée à rassurer les partenaires commerciaux, à impressionner les concurrents et à séduire une clientèle élargie.

FIGURE 84. Distillerie Lemercier Frères d'après un en-tête de facture datant de la fin du XIXe siècle

SOURCE : Collection A. El Mostain.

À rebours de l'approche iconographique adoptée par l'Établissement Lemercier Frères, Abel Bresson choisit une posture résolument différente, marquée par une certaine sobriété visuelle mais une grande cohérence stratégique. Ses en-têtes de factures ne recourent pas à la mise en scène illustrée de ses bâtiments ou de ses équipements industriels. Aucun visuel ne vient orner les bordures du document ; aucune vue d'ensemble ne cherche à impressionner par des cheminées fumantes ou par des locomotives. Ce choix n'est pas imputable à un retard technique ou à une négligence graphique : il relève au contraire d'une logique de distinction fondée sur le prestige et la reconnaissance du nom « Abel Bresson » lui-même.

L'ensemble des éléments présents sur les en-têtes de ses factures relève d'un lexique sobre et descriptif, destiné à affirmer une expertise industrielle plus qu'une démonstration matérielle. Sont généralement mentionnées, les activités principales de la firme, rectification des alcools, fabrication d'extraits d'absinthe, distillation du kirsch, ainsi que la liste des implantations industrielles et commerciales : usines de production et entrepôts de stockage et de distribution. Ce discours écrit, en apparence modeste, fonctionne comme un langage de la légitimité fondé sur l'ancienneté, la maîtrise technique et la solidité des structures de diffusion.

Contrairement à ce que l'on pourrait penser au premier abord, l'austérité visuelle des factures, lettres commerciales et autres documents administratifs émis par la firme Abel Bresson ne reflète en rien une absence de stratégie iconographique dans leur communication. Ce dépouillement intentionnel relève d'un choix méthodologique : celui de distinguer les fonctions des supports utilisés. Là où les documents comptables visent à assurer une transparence, une efficacité et une lisibilité dans les relations commerciales quotidiennes, d'autres supports, plus narratifs et symboliques, sont mobilisés pour incarner l'image de marque de l'entreprise et transmettre une vision. C'est notamment le cas des cartes postales illustrées éditées localement.

Ces objets, destinés à des interlocuteurs triés sur le volet, négociants, distributeurs, visiteurs institutionnels ou partenaires commerciaux, jouent un rôle essentiel dans la stratégie de valorisation de l'établissement. Plus que de simples illustrations, ces cartes mettent en scène l'entreprise dans son territoire, lui conférant une identité visuelle forte. Véritables manifestes silencieux, elles valorisent son ancrage local et industriel, tout en exprimant une modernité maîtrisée et non ostentatoire.

À titre d'exemple, les deux cartes postales ci-après illustrent la stratégie visuelle des établissements Abel Bresson : sur la première, Hubert Bresson descend du train à la gare de Fougerolles, élégant et assuré, tandis que l'usine apparaît en haut à gauche, ancrée dans le paysage local. Sur la seconde, une femme, figure allégorique de la modernité, salue depuis un wagon en partance, avec l'usine visible cette fois en haut à droite. Ce double cadrage met en scène le lien étroit entre enracinement territorial et ouverture au monde, dans une composition visuelle sobre et parfaitement maîtrisée.

FIGURE 85. Cartes postales Établissement Abel Bresson, Fougerolles

SOURCE : Collection Claude Roussey.

D'autres stratégies sont mobilisées. La distillation à vapeur devient un argument technique de vente. Cette mention affichée dans les en-têtes de factures ou sur les étiquettes, sert à affirmer la modernité des procédés utilisés. Il s'agit de rassurer la clientèle sur la qualité constante de la production, tout en projetant une image de maîtrise technologique.

Parallèlement, la mise en avant des récompenses obtenues lors de foires et d'expositions devient un ressort stratégique central. L'accumulation de distinctions prestigieuses, palmes, diplômes, médailles d'or, mentions honorifiques, contribue à légitimer les produits aux yeux des professionnels et à asseoir leur crédibilité sur le marché. Certains établissements locaux, comme Auguste Peureux, n'hésitent pas à exhiber une vingtaine de prix dans leurs documents commerciaux, à la manière d'un palmarès ostentatoire.

Cette rhétorique des honneurs dépasse la seule ambition individuelle. Elle participe d'un effort collectif de valorisation du terroir fougerollais, où chaque médaille contribue à forger une image d'excellence partagée. Ainsi, les supports commerciaux, parfois saturés de distinctions, deviennent les vecteurs d'une identité de marque territorialisée, fondée sur l'alliance du progrès technique et de la reconnaissance officielle.

Abel Bresson, encore une fois, se singularise en refusant délibérément de recourir à l'argumentaire des médailles et des récompenses, pourtant omniprésent chez ses concurrents directs. Cette absence relève d'un choix stratégique mûrement réfléchi. Contrairement aux autres distillateurs fougerollais qui exhibent leurs palmarès avec emphase, la maison Abel Bresson s'abstient de toute mention de médailles, de prix ou de distinctions officielles dans ses en-têtes de factures, ses étiquettes ou ses circulaires commerciales. Ce positionnement traduit une volonté de se placer au-dessus des conventions de la concurrence locale, comme s'il n'était plus nécessaire de prouver sa valeur par les canaux classiques de légitimation.

En s'abstenant de surcharger ses supports commerciaux de signes distinctifs ou d'honneurs externes, la firme Abel Bresson cherche à se présenter comme une marque à part, assurée de son prestige, qui se passe de validation institutionnelle. Ce refus de participer à la surenchère des récompenses devient en soi un signe de distinction sociale, un outil de différenciation qui contribue à installer la marque dans une forme de légitimité naturelle, plus durable et moins contestable que les titres obtenus lors d'événements ponctuels.

À côté de la communication commerciale portée par les en-têtes de factures, les distilleries familiales de Fougerolles s'engagent dès la fin du XIXe siècle dans une autre forme de communication, plus collective et institutionnelle, qui leur permet de défendre leurs intérêts face à la concurrence, à la fraude et aux menaces réglementaires. Cette communication prend appui sur la création de structures professionnelles solides, qui vont jouer un rôle central dans la représentation du secteur au niveau local et national.

Le Syndicat des distillateurs du kirsch en Haute-Saône, fondé en 1893, marque une étape décisive. Il rassemble les principaux producteurs du territoire autour d'une stratégie commune : lutter contre les produits frauduleux, notamment les imitations allemandes, et obtenir des mesures de protection douanière. Le syndicat interpelle les élus, rédige des pétitions et mène un travail de sensibilisation auprès de la presse et des ministères, afin de défendre l'authenticité et la qualité du kirsch local. Il cherche aussi à construire une identité collective, en valorisant le savoir-faire local et les spécificités du terroir fougerollais.

Mais cette communication prend une autre dimension à partir de 1907, avec la création à Paris du Comité des Absinthes, sous l'impulsion du Syndicat central des distillateurs de France. Cette instance réunit les principales maisons productrices d'absinthe, dont les firmes Abel Bresson et Lemercier Frères, établissements majeurs de la distillation fougerollaise. Face aux attaques virulentes des ligues antialcooliques, des hygiénistes et de certains courants religieux ou politiques, ce comité se donne pour mission de défendre la filière auprès de l'opinion publique, de la presse et des parlementaires.

Le Comité produit des argumentaires, rédige des notes techniques et scientifiques, mobilise des experts et organise des campagnes d'information. Sa communication vise à contrecarrer l'image dégradée de l'absinthe, en distinguant les productions artisanales et légitimes des produits industriels bas de gamme, souvent responsables d'intoxications. Il affirme le sérieux et la responsabilité des distillateurs, leur respect des normes sanitaires ainsi que leur rôle économique dans les territoires. La présence d'Hubert Bresson, fils du fondateur de la maison Bresson, au sein de cette instance nationale témoigne de l'engagement actif des entreprises fougerollaises dans la défense du métier et de la réputation de la filière.

Cette communication syndicale, relayée dans la presse spécialisée, les journaux régionaux et les débats parlementaires, confère une visibilité renforcée aux distilleries locales. Elle unifie leurs voix autour de valeurs partagées, tradition, qualité, responsabilité, et leur permet d'exister politiquement à l'échelle nationale. Grâce à ces instances, les firmes familiales ne sont plus de simples actrices économiques isolées, mais des membres à part entière d'un corps professionnel structuré, capable de peser dans les décisions publiques.

Les Établissements Abel Bresson, en particulier, se distinguent par leur capacité à articuler communication individuelle et communication collective, en assumant un rôle de représentation dans les structures syndicales. Cette double stratégie permet de valoriser leur enracinement territorial tout en affirmant leur modernité et leur légitimité dans les grandes batailles qui marquent l'histoire des alcools de bouche au début du XXe siècle.

Par ailleurs, face à l'intensification de la concurrence et surtout à la pression croissante exercée par les ligues antialcooliques et le puissant lobby viticole, plusieurs distillateurs cherchent à restaurer leur image auprès des pouvoirs publics, des réseaux de distribution et des consommateurs. L'une des stratégies adoptées consiste en une tactique d'imitation, notamment à travers la prolifération d'étiquettes reprenant le nom évocateur de « Pernod » ainsi que les codes visuels de cette marque emblématique, synonyme d'absinthe de qualité.

Dans ce paysage concurrentiel saturé de copies, la maison Abel Bresson se démarque par une approche radicalement différente. Plutôt que de reproduire l'image d'un autre, elle acquiert en 1912 la marque Édouard Pernod, l'une des plus prestigieuses de la filière. Ce rachat renforce son positionnement sur le segment haut de gamme et légitime son usage du nom « Pernod ». elle l'accompagne d'une stratégie de valorisation sophistiquée de ses propres produits, qui s'appuie sur un étiquetage travaillé, parfois luxueux, et une identité visuelle cohérente et immédiatement reconnaissable.

Des affiches publicitaires et une large gamme d'objets promotionnels viennent appuyer la stratégie de distinction déployée par les Établissements Abel Bresson. Ces supports visuels et matériels ne se contentent pas d'accompagner la commercialisation des produits : ils participent activement à la construction d'un univers de marque cohérent, capable de séduire à la fois les professionnels et les consommateurs finaux.

L'un des visuels les plus évocateurs de la communication autour de l'absinthe est celui du perroquet vert, représenté sur une affiche où l'oiseau, malicieusement humanisé, s'apprête à déposer un sucre dans un verre d'absinthe. Inspirée de l'iconographie des maisons Pernod, cette image est reprise avec finesse par Hubert Bresson, qui y voit l'occasion d'inscrire sa marque dans une tradition visuelle déjà familière au public. Le perroquet, par sa couleur et son geste, incarne de manière allégorique la fameuse « fée verte » tout en introduisant une dimension ludique et domestique, propre à atténuer les inquiétudes morales et sanitaires croissantes autour de la liqueur. Cette figure populaire résonne également avec l'expression courante de l'époque : « étrangler un perroquet[60] », utilisée pour désigner l'action de boire un verre d'absinthe.

Mais cette communication par l'image ne s'arrête pas à l'affiche. Elle se prolonge dans une stratégie d'objets, une forme de « marketing relationnel » avant l'heure, fondée sur la diffusion d'accessoires offerts ou distribués lors des ventes, salons ou démarchages commerciaux. Parmi ces objets figurent des porte-clés, porte-crayons, cuillères à absinthe, toupies de comptoir, buvards, carnets de bal, feuilles de tabac, carafes, fontaines à absinthe, cendriers ou encore tapis de jeux. Chaque article porte l'estampille de la marque, contribuant à en ancrer visuellement l'identité dans l'environnement quotidien du consommateur.

---

[60] LARCHEY Etienne Lorédan, *Dictionnaire historique d'argot*, Paris, E. Dentu, 1881, p. 274. D'ailleurs, le perroquet a donné son nom au cocktail encore très connu de nos jours (Pastis mélangé au sirop de menthe).

FIGURE 86. Affiches publicitaires : « Oui !! Mais !! L'absinthe Bresson est la Meilleure », 1910-1915

SOURCE : Archives de l'Écomusée du Pays de la Cerise, Fougerolles.

Dans cette course à la légitimité, où chaque distillateur cherche à se différencier et à rassurer un public de plus en plus méfiant, les procédés de fabrication deviennent des arguments publicitaires à part entière. Il ne s'agit plus seulement de produire une boisson plaisante au goût ou efficace commercialement, mais de proposer une liqueur qui puisse répondre aux exigences nouvelles de l'hygiénisme ambiant, du discours médicalisant et des attentes morales des consommateurs et des autorités.

C'est dans ce contexte que l'Établissement Lemercier Frères innove en 1907 en lançant une « absinthe ozonisée », produit inédit dont la spécificité réside dans l'exposition prolongée de la liqueur à un gaz aux vertus réputées salutaires : l'ozone. Sur l'étiquette de cette marque déposée, la maison Lemercier Frères affirme que cette absinthe est « soumise longuement à l'action de l'ozone, un gaz bienfaisant et antiépidémique qui a reçu la pleine approbation des hygiénistes ». Ce message est typique d'un glissement de la rhétorique gustative à une rhétorique sanitaire, où la qualité du produit ne se mesure plus uniquement à ses arômes ou à sa transparence, mais à sa capacité supposée à protéger le corps contre les maux, les épidémies, ou la déchéance morale attribuée à d'autres boissons alcoolisées.

FIGURE 87. « Absinthe ozonisée », marque déposée, Lemercier Frères en 1907

SOURCE : Archives de l'Établissement Lemercier Frères.

Face à l'innovation « marketing » de ses concurrents, notamment l'« absinthe ozonisée » lancée par Lemercier Frères, Abel Bresson ne reste pas en retrait. Fidèle à sa tradition de différenciation par la qualité et l'anticipation stratégique, la maison Bresson conçoit à son tour des produits s'inscrivant dans la dynamique hygiéniste de l'époque. Elle lance ainsi deux nouvelles variantes de sa célèbre liqueur : l'absinthe surfine et surtout l'absinthe oxygénée.

Ces deux produits s'insèrent pleinement dans un discours de légitimation scientifique, qui vise à contrecarrer les attaques portées contre l'absinthe par les ligues antialcooliques, certains médecins et les partisans du vin. Ils ne sont pas seulement présentés comme des variantes gustatives, mais comme des liqueurs aux vertus apéritives, digestives, voire médicinales. L'absinthe surfine, élaborée avec des plantes et fleurs aromatiques issues des montagnes du Doubs et du Jura, se distingue par sa naturalité, son origine géographique rassurante et la promesse implicite d'un retour au produit noble et non frelaté.

Mais c'est surtout l'absinthe oxygénée qui témoigne de l'audace commerciale de la maison Abel Bresson. Elle est accompagnée d'une circulaire[61] promotionnelle très détaillée, adressée à la clientèle professionnelle, dans laquelle le procédé d'oxygénation est présenté comme une véritable révolution scientifique. Selon cette note, la liqueur est soumise, « dans toutes ses molécules, au contact de ce gaz vital et rédempteur par excellence : l'oxygène, dégagé industriellement dans des appareils admirablement perfectionnés ». L'oxygénation y est qualifiée de « vitalisation », conférant à l'absinthe des propriétés régénérantes, apéritives et même bénéfiques pour la circulation sanguine et la respiration. Voici un extrait particulièrement révélateur de cette rhétorique :

> *L'oxygène confère un pouvoir tout particulièrement apéritif à la liqueur d'absinthe et lui donne une suavité qu'aucune autre ne possède. Non oxygénée, l'absinthe détruit le sang parce qu'elle lui soustrait pour se brûler une partie du gaz oxygène fixé sur nos globules rouges. Oxygénée, elle nous cède, au contraire, de son gaz réparateur, et, tout en restant un précieux stimulant des nerfs, elle devient un adjuvant de premier ordre pour le sang et la respiration.*

Par cette reformulation du rôle de l'absinthe, désormais non plus nocive mais salvatrice, l'Établissement Abel Bresson tente un renversement symbolique audacieux. La fameuse « fée verte », que les discours publics et politiques s'acharnent à transformer en sorcière empoisonneuse, redevient dans cette stratégie un élixir de vie, une liqueur bienfaisante associée aux avancées de la science moderne.

Cette démarche publicitaire, à la fois technique et narrative, montre une parfaite maîtrise des ressorts de la communication de crise. À une époque où l'absinthe est de plus en plus décriée et soupçonnée d'être à l'origine de divers maux sociaux (alcoolisme, dégénérescence, criminalité), la maison Abel Bresson anticipe les réactions du marché. Elle propose un produit qui, par ses procédés de fabrication affichés comme rigoureux et innovants, se distingue de l'absinthe « populaire » ou artisanale, souvent stigmatisée comme frelatée ou toxique.

---

[61] Archives de l'Écomusée du Pays de la Cerise, Fougerolles. Circulaire non datée envoyée par l'Établissement Abel Bresson à sa clientèle.

Entre 1881 et 1920, les distillateurs de Fougerolles ne se contentent pas de suivre passivement les dynamiques du marché des alcools de bouche : ils y répondent avec une intelligence stratégique remarquable. L'exemple d'Abel Bresson est emblématique de cette capacité d'anticipation et d'innovation. En lançant successivement des produits comme l'absinthe « surfine » ou l'absinthe « oxygénée », la maison ne se limite pas à suivre une tendance commerciale. Elle s'emploie à redéfinir les codes du produit en introduisant un discours centré sur la qualité, la pureté et la sécurité du consommateur. Dans un contexte où l'absinthe est de plus en plus décriée et menacée.

Ce souci de différenciation, fondé à la fois sur des critères techniques et symboliques, permet à la firme Abel Bresson de maintenir une image d'excellence, tout en répondant à une double contrainte : les évolutions des goûts du public, de plus en plus sensibles aux questions sanitaires, et le durcissement de l'encadrement réglementaire. La volonté de transparence, l'accent mis sur les procédés maîtrisés et la mise en avant des pratiques vertueuses dans la sélection des ingrédients et la distillation font partie intégrante de cette stratégie de légitimation commerciale.

Face à l'imminence de l'interdiction de l'absinthe, les distillateurs fougerollais font preuve d'une nouvelle capacité d'anticipation. Dès les années 1870, Abel Bresson propose la « Bressonide », une liqueur anisée qui se distingue de l'absinthe par l'absence de la feuille d'absinthe dans sa composition. Plus qu'un simple produit de substitution, la « Bressonide » incarne une alternative structurée, répondant à la fois aux attentes gustatives du public et aux injonctions morales ou sanitaires de plus en plus présentes dans les débats parlementaires. La firme Lemercier Frères adopte une démarche similaire avec la création de « La Fougerollaise », un apéritif sans absinthe dont le nom met clairement en avant l'origine géographique et artisanale du produit. Là encore, le positionnement s'inscrit dans une volonté de rassurer les autorités, tout en continuant de fidéliser une clientèle attachée aux saveurs anisées.

En parallèle, ces entreprises perfectionnent leurs stratégies de communication hors média. Elles valorisent leurs installations techniques, leurs outils de production modernes, leurs marques et leurs savoir-faire transmis de génération en génération. La rhétorique commerciale mobilise désormais l'imaginaire de la santé, de la pureté, de l'origine contrôlée, et s'enracine dans une culture industrielle de plus en plus soucieuse de qualité.

Ainsi, entre 1881 et 1920, les firmes familiales de Fougerolles démontrent une capacité remarquable à adapter leurs gammes, leurs pratiques, leurs marques et leur communication aux mutations rapides du marché et de la législation. Elles construisent des réponses concrètes à la crise de l'absinthe, tout en pérennisant leur activité par la diversification et par la valorisation stratégique de leur patrimoine immatériel.

FIGURE 98. Étiquette Absinthe Bresson surfine

SOURCE : Collection M-C Delahaye. Musée de l'Absinthe, Auvers-sur-Oise.

FIGURE 88. « LA FOUGEROLLAISE », marque déposée par l'Établissement Lemercier Frères en 1910

SOURCE : Archives de l'Établissement Lemercier Frères.

1921-1940 : diversifier et attirer pour vendre et fidéliser

L'interdiction de l'absinthe en 1915 bouleverse profondément le paysage distillatoire de Fougerolles. Plusieurs établissements ne parviennent pas à surmonter cette crise : certains ferment définitivement leurs portes, d'autres s'engagent dans des stratégies de fusion ou de réorientation, recentrant leur activité sur des produits du terroir comme le kirsch, ou se diversifiant vers d'autres eaux-de-vie et liqueurs à base de vin. Même l'un des fleurons du secteur, l'établissement Pernod Fils, héritier direct de l'inventeur de l'absinthe, cesse toute activité mono-produit en 1917. Son usine de Pontarlier est d'abord reconvertie en hôpital militaire avant d'être cédée à la chocolaterie suisse Peter, Cailler, Kohler.

La crise de l'après-absinthe, qui perdure jusqu'au début des années 1920, provoque une remise en question profonde des logiques de production et de communication. Face à la disparition de leur produit phare, les distillateurs fougerollais adoptent de nouvelles orientations stratégiques, caractérisées par une diversification prudente mais résolue.

Cette réorientation coïncide avec une série de réformes législatives favorables à la relance du secteur. Le décret du 24 octobre 1922 autorise la fabrication et la commercialisation des apéritifs à base d'anis titrant jusqu'à 40°, offrant une alternative légale à l'absinthe. En 1924, des accords parlementaires favorisent l'usage des excédents viticoles à des fins distillatoires, renforçant le développement de liqueurs à base de vin. La loi de propagande du 4 juillet 1931 soutient la consommation de vin pour enrayer sa surproduction, tandis que le relèvement du taux d'alcool autorisé dans les spiritueux à 45° en 1938 stimule le dynamisme du secteur. L'assouplissement des règles d'ouverture des débits de boissons achève de libéraliser le marché.

Ce contexte favorable engendre un véritable foisonnement de produits et de marques d'apéritifs : vins aromatisés (fermentation arrêtée, moûts sucrés, macération de plantes), vermouths (vins fortifiés et aromatisés), bitters (à base de gentiane et d'oranges amères), boissons anisées (anis, badiane, fenouil), etc. La créativité s'épanouit tant dans les recettes que dans les modes de communication.

Cette période de l'entre-deux-guerres constitue une nouvelle « belle époque » des alcools de bouche, marquée par une volonté affirmée d'éviter les erreurs passées. Les distillateurs placent désormais le produit au cœur de leur stratégie de communication. L'iconographie industrielle disparaît progressivement des en-têtes de factures, remplacée par des mentions textuelles plus sobres relatives au statut juridique de l'entreprise, au capital social, aux entrepôts ou aux succursales.

L'Établissement Lemercier Frères illustre bien cette évolution : il abandonne toute référence visuelle à ses usines, ses titres et récompenses, pour ne plus afficher que sa raison sociale, son statut juridique et son capital. De leur côté, les Établissements Abel Bresson poursuivent leur stratégie fondée sur la notoriété de leurs installations, mais introduisent une nouveauté décisive : la communication axée sur les produits phares, en particulier les boissons anisées et les vermouths.

FIGURE 89. En-têtes factures Lemercier frères (1938)

FIGURE 90. En-têtes facture Abel Bresson (1929)

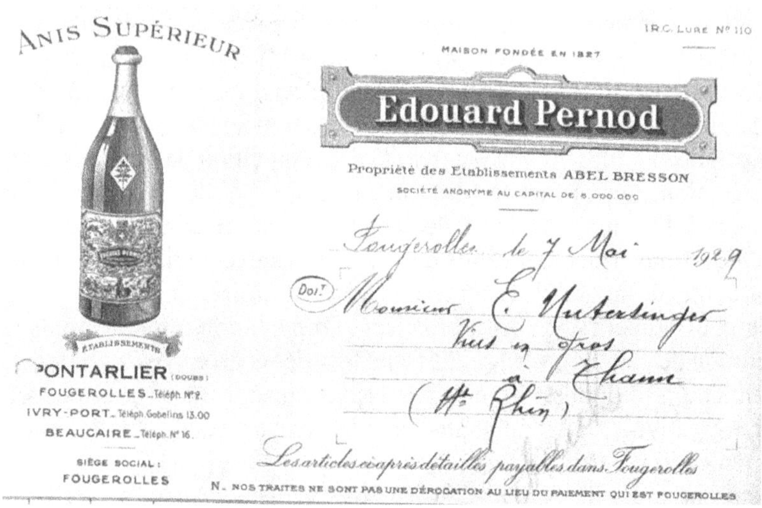

SOURCE : Collection A. El Mostain.

Dans cette nouvelle configuration, la liqueur anisée s'impose comme le substitut naturel à l'absinthe. Elle devient la pierre angulaire de la communication produit chez de nombreux distillateurs fougerollais. Ce ne sont plus les enseignes qui s'affrontent, mais leurs marques. Chaque établissement décline sa propre offre anisée : « Un Peureux » pour la maison Peureux, « Une Bleue » et « Un Lemercier » pour l'établissement Lemercier Frères, tandis que les Établissements Abel Bresson déploient une stratégie multi-marques ambitieuse avec « Édouard Pernod », « Un Junod », « Bressonnette », « Bressonide », ou encore « Lou Féli ».

FIGURE 91. Marques phares appartenant aux distillateurs fougerollais (1921-1940)

Établissement « Fils Peureux »

Établissement « Lemercier Frères »

Établissements « Abel Bresson » et à partir de 1935, Établissements « Félix Pernod et Abel Bresson réunis »

SOURCES : Archives de l'Écomusée du Pays de la Cerise, Fougerolles ; Établissement Lemercier Frères ; Collection A. El Mostain.

La communication des distillateurs fougerollais continue de s'appuyer sur l'héritage symbolique de l'absinthe, en entretenant une filiation entre les liqueurs anisées modernes et la fée verte, figure emblématique de cette boisson autrefois interdite. Ainsi, à la fin des années 1920, les Établissements Abel Bresson adaptent leur célèbre affiche du perroquet, un symbole fort de la consommation d'absinthe, pour promouvoir leur nouvelle liqueur anisée, « Édouard Pernod ». Ce choix stratégique de continuité visuelle illustre l'art de transformer un symbole controversé en atout commercial.

Les archives des Établissements Abel Bresson, conservées, en partie, à l'Écomusée du Pays de la Cerise à Fougerolles, témoignent de cette évolution. On y trouve des affiches publicitaires marquantes et évocatrices telles que celles de « L'absinthe Édouard Pernod », « Absinthe Bresson » et « Anis Édouard Pernod », qui jouent sur l'idée de perpétuation d'une tradition tout en l'adaptant aux nouveaux contextes de consommation.

FIGURE 92. Affiches publicitaires : « L'absinthe Édouard Pernod », « Absinthe Bresson » et « Anis Édouard Pernod ».

SOURCE : Archives de l'Écomusée du Pays de la Cerise, Fougerolles.

Cette relation entre passé et présent se manifeste également dans des représentations symboliques fortes. Une affiche réalisée entre 1938 et 1939 par les Établissements Félix Pernod et Abel Bresson réunis montre la célèbre fée verte versant une liqueur dans un verre d'absinthe, en présence d'une bouteille de « Lou Féli 45 ». En touchant une bouteille étiquetée « Absinthe Édouard Pernod », cette scène suggère subtilement une forme de transmission, voire de renaissance de la tradition absinthique dans un cadre désormais légal.

Loin d'être anodine, cette image établit un pont visuel et émotionnel entre l'ancienne absinthe interdite et les nouvelles liqueurs anisées. Elle véhicule un message de continuité maîtrisée : on ne transgresse plus, on perpétue. La fée verte incarne ainsi un mythe transformé, une mémoire réactivée dans un cadre désormais légal, au service d'une stratégie « marketing » subtile fondée sur la nostalgie et la qualité retrouvée.

FIGURE 93. Affiche Félix Pernod « Féli 45 », 1938-1940

SOURCE : Collection M-C. Delahaye. Musée de l'Absinthe, Auvers-sur-Oise.

FIGURE 94. Dépliant publicitaire « Félix Pernod » (1935-1940)

SOURCE : Archives de l'Écomusée du Pays de la Cerise, Fougerolles.

Cette continuité symbolique est renforcée par des supports publicitaires comme les dépliants, qui jouent un rôle central dans la construction d'un imaginaire collectif renouvelé autour des liqueurs anisées. Ces documents imprimés, diffusés auprès des commerçants, des représentants ou insérés dans les colis de marchandises, permettent d'ancrer visuellement et textuellement la nouvelle identité des produits dans une filiation assumée avec l'absinthe d'avant 1915.

Un exemple emblématique en est le dépliant publicitaire des Établissements Félix Pernod, édité entre 1935 et 1940, pour promouvoir l'anis « Le Félix ». Ce support met en scène, de manière explicite, le lien entre le passé glorieux de la marque Édouard Pernod et sa réinvention à travers une boisson conforme aux nouvelles normes. La typographie, les illustrations, les éléments de langage empruntés à l'univers de la fée verte, tout concourt à faire de cette publicité un outil de résilience commerciale et culturelle.

Mais pour éviter un nouvel écueil, les distillateurs fougerollais élargissent leur offre au-delà des seuls produits anisés, afin de ne pas reproduire les erreurs d'un mono-produit comme ce fut le cas avec l'absinthe. L'Établissement Lemercier Frères, notamment, adopte une stratégie de diversification structurée autour de cinq gammes bien définies : les vins, les apéritifs (comprenant à la fois les boissons anisées et les liqueurs de vin), les eaux-de-vie (avec le kirsch en tête), les sirops et les vinaigres. Chaque catégorie est accompagnée de marques soigneusement construites, à la sonorité évocatrice et au positionnement « marketing » clairement défini.

La marque « La Bleue », par exemple, joue explicitement sur la nostalgie de l'absinthe en mobilisant un imaginaire populaire fort, appuyé par un slogan accrocheur : « Buvez une bleue toujours préférée, jamais oubliée… ». En une phrase, la publicité ravive la mémoire sensorielle et affective des consommateurs, tout en promettant une expérience gustative fidèle et inégalée.

De son côté, la marque « Anis Lemercier » s'inscrit dans une logique plus scientifique, voire hygiéniste, en mettant en avant les vertus médicinales du produit. Le slogan associé, « Cet anis obtenu par distillation de plantes de premier choix, se recommande par ses qualités toniques et stomachiques », mobilise une rhétorique de santé et de naturalité, en écho aux discours médicaux et diététiques en vogue dans l'entre-deux-guerres.

Les autres marques, comme « Purvin », désignant un vinaigre, ou « Vraiquetsch », nom donné à une eau-de-vie de quetsche, renforcent quant à elles l'ancrage régional et artisanal de la maison Lemercier Frères. Elles conjuguent authenticité du terroir et inventivité nominale, afin de séduire un public à la recherche de qualité, de nouveauté et d'origine contrôlée.

À travers cette offre élargie, Lemercier Frères parvient à repositionner son image : celle d'une distillerie moderne, respectueuse des savoir-faire traditionnels, mais capable d'innover et de s'adapter aux mutations du marché des spiritueux.

Les Établissements Abel Bresson vont encore plus loin, constituant un portefeuille très large de produits couvrant l'ensemble des catégories d'apéritifs et intégrant même des spiritueux d'importation comme le gin, la vodka ou le whisky. À chaque marque son slogan :

Marques	Slogans
Bressono	*Oui !... mais le meilleur vermouth Turin c'est le Bressono.*
Ambroisy	*Vin tonique et reconstituant. Les sucs héroïques qui entrent dans sa composition donnent la force aux muscles et la chaleur au sang.*
Quina Bresson	*Ce produit à base de vin vieux est un apéritif des plus salutaires et peut être considéré comme le meilleur des toniques.*
Le Mandéen	*L'apéritif Le Mandéen à base de mandarines... est le plus parfait et le plus tonique des apéritifs.*
Liqueur de Goudron	*Liqueur hygiénique, apéritive et digestive [...] éminemment hygiénique en raison des principes balsamiques.*
Bressiane	*L'apéritif pré-digestif [...] que les hygiénistes recommandent au début des repas comme apéritif et digestif à la dois*

La période 1921-1940 se distingue ainsi par une redéfinition complète des stratégies commerciales. Face à la crise, les distillateurs fougerollais s'adaptent : ils passent d'une logique d'enseigne à une logique de marque, d'une valorisation industrielle à une valorisation thérapeutique et sensorielle du produit. Ils diversifient leurs gammes, investissent l'imaginaire publicitaire et s'attachent à construire une offre cohérente, attractive et rassurante, à la fois pour la clientèle nationale et pour les marchés d'exportation. Le slogan commercial « Produit français » devient un marqueur identitaire fort, garant de qualité et de distinction face aux produits étrangers.

En complément des étiquettes de produits servant de supports directs de communication à destination du consommateur final, les affiches d'intérieur des débitants de boissons occupent une place croissante dans l'univers publicitaire de l'entre-deux-guerres. Déclinées sous divers formats, ces affiches visent à stimuler l'imaginaire du client au moment de la consommation. C'est le cas de l'affiche illustrant le perroquet vert, déposant un sucre dans un verre de liqueur anisée, ou encore celle de la marque « Féli 45 », qui fait symboliquement renaître l'absinthe Édouard Pernod à travers une nouvelle liqueur. Une autre affiche, parmi les premières utilisées par les Établissements Abel Bresson pour promouvoir une autre marque de liqueur anisée « Bressonnette », se distingue également par son esthétique soignée.

FIGURE 95. Carton publicitaire « Un ESKY, Produit français »

SOURCE : Archives de l'Écomusée du Pays de la Cerise, Fougerolles.

FIGURE 96. « BRESSONETTE », affiche d'intérieur
Imp. R.O.F. A. Buriot, Fougerolles

SOURCE : Archives de l'Écomusée du Pays de la Cerise, Fougerolles.

La figure blanche, représentée sur fond noir, incarne une forme de raffinement et rappelle la silhouette du Pierrot, figure emblématique du théâtre de la Commedia dell'arte, symbole de mélancolie douce et de rêverie. Ce contraste visuel reflète le positionnement haut de gamme de la boisson, tout en évoquant un univers élégant et aspirant. En convoquant cette imagerie culturelle, l'affiche inscrit la marque « Bressonnette » dans une continuité artistique et émotionnelle destinée à toucher la sensibilité du consommateur. Cette représentation cherche ainsi à susciter un imaginaire de distinction, de finesse et de nostalgie poétique. À travers le personnage stylisé, c'est une promesse de singularité et de qualité qui est adressée au consommateur : parmi toutes les liqueurs anisées disponibles, « Bressonnette » serait celle qui fait rêver, celle qui vaut l'exception.

Dans le même esprit, une affiche datant du milieu des années 1920 met en scène la liqueur anisée « Junod », marque acquise par les Établissements Abel Bresson en 1922. L'image montre un personnage libre et souriant, aux couleurs évocatrices de l'absinthe, intégré dans un losange représentant symboliquement la France. Ce personnage, qui tient dans sa main une bouteille de Junod, adopte une posture en forme de croix qui n'est pas sans rappeler les convictions chrétiennes de la famille Bresson. Cette image, utilisée non seulement sur les bouteilles et les affiches, mais aussi sur des objets publicitaires tels que des boîtes métalliques de jeux de cartes, participe d'une logique d'omniprésence visuelle. L'association de ce personnage avec des supports ludiques accentue son ancrage dans la vie quotidienne du consommateur et renforce la proximité affective avec la marque.

FIGURE 97 UN JUNOD, ancienne boite métallique à cartes à jouer, années 1920.

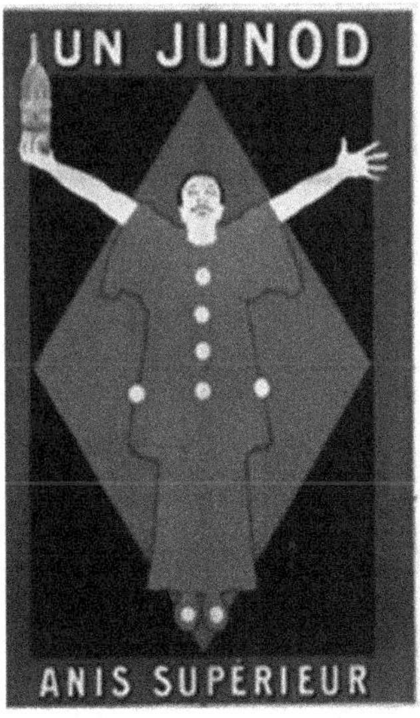

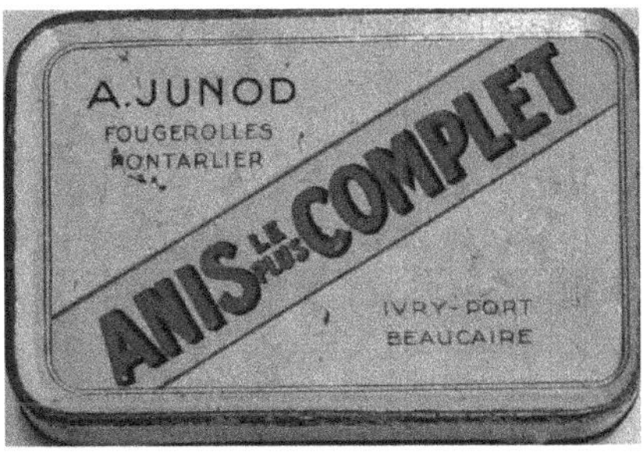

SOURCE : Collection A. El Mostain.

L'apéritif, encore peu diffusé avant la Première Guerre mondiale, s'impose dans les années 1920 et 1930 comme un véritable phénomène social. Il devient un symbole de modernité, porté par des campagnes publicitaires plus audacieuses et un étiquetage résolument attractif. Les producteurs n'hésitent plus à employer des couleurs vives, des formes stylisées et des compositions visuelles dynamiques. Le texte se mêle à l'image pour construire une narration marchande. Les affiches et les étiquettes invitent le consommateur à voyager : les illustrations évoquent des animaux exotiques pour les liqueurs lointaines, des navires pour les rhums des îles, des flammes pour les spiritueux corsés, ou encore des végétaux pour chaque saveur spécifique.

Les Établissements Abel Bresson multiplient ainsi les marques et diversifient leurs univers graphiques, cherchant à séduire une clientèle variée et à conquérir de nouveaux segments de marché. À cela s'ajoute le recours à des slogans évocateurs et à des agences spécialisées. Dès 1936, la maison collabore avec l'agence HAVAS pour élaborer sa stratégie publicitaire autour de la « Bressiane ». Cette professionnalisation de la communication marque un tournant dans les pratiques commerciales locales.

À l'opposé, l'Établissement Lemercier Frères fait preuve d'une grande retenue en matière de communication. Hormis un article publié dans *Le Panthéon de l'Industrie* en 1891, la maison n'a jamais véritablement investi dans la publicité, ni dans la presse, ni à travers des affiches d'intérieur. Cette discrétion peut s'expliquer par une culture d'entreprise d'inspiration paysanne, mais aussi par la prudence des dirigeants, peu enclins à engager des dépenses sans garantie de retour immédiat. Leur choix de transformer la société anonyme en société à responsabilité limitée en 1927 confirme cette stratégie de maîtrise de la croissance.

Une autre hypothèse repose sur la structure même de leur marché. Les exportations de Lemercier Frères restent limitées, ce qui permet à l'entreprise de maintenir un rythme de production maîtrisé et d'écouler ses volumes sur le marché national sans recourir à des campagnes de séduction intensives. En revanche, les Établissements Abel Bresson, fortement tournés vers l'international, subissent de plein fouet la crise économique de 1929[62]. Pour compenser la baisse de leurs exportations, ils intensifient leur présence sur le marché intérieur en redoublant d'efforts publicitaires.

Ces divergences traduisent deux visions du marché des alcools de bouche : l'une tournée vers l'expansion et la conquête de parts de marché par des moyens modernes, l'autre attachée à une logique plus prudente, fondée sur la stabilité et l'ancrage territorial.

---

[62] CHESSEL Marie-Emmanuelle, *La Publicité. Naissance d'une profession 1900-1940*, Paris, édition CNRS, 1998, p. 98-99.

FIGURE 98. Étiquettes de produits de marque Abel Bresson (Bitter, Grog, Rhum, et liqueur de pamplemousse et gentiane) 1921-1940

SOURCE : Archives de l'Écomusée du Pays de la Cerise, Fougerolles.

Conclusion

Contrairement à d'autres secteurs économiques du XIXe siècle, le marché des alcools de bouche se distingue très tôt par une forte intensité concurrentielle. Dès les années 1870, la crise du phylloxera et l'essor de la distillation, notamment autour de l'absinthe, bouleversent les équilibres Chaque distillerie possède ses propres eaux-de-vie et ses propres liqueurs qu'elle essaie de valoriser en les distinguant des nombreux concurrents locaux et nationaux. À Fougerolles, deux firmes incarnent ces dynamiques de manière contrastée : la maison Abel Bresson, chef de file d'une stratégie d'innovation, et l'Établissement Lemercier Frères, plus en retrait, adepte d'un modèle prudent fondé sur l'imitation et la continuité.

Le développement de ces deux entreprises repose sur des stratégies commerciales divergentes. La firme Abel Bresson engage dès les années 1870 une politique ambitieuse, fondée sur la croissance interne et externe, l'anticipation des mutations du marché, la diversification des produits, et un usage pionnier des outils publicitaires. En face, Lemercier Frères adopte une posture conservatrice : ses dirigeants limitent la prise de risque, refusent d'investir dans la réclame moderne (Publicité), et commercialisent leurs produits sous des appellations génériques. Cette prudence s'inscrit dans une culture entrepreneuriale issue du monde paysan, davantage tournée vers la préservation du patrimoine que vers la conquête de nouveaux marchés.

Notre étude montre clairement que la notion de stratégie commerciale n'est pas absente des distilleries fougerollaises, mais qu'elle se décline à des intensités variables. Les Établissements Abel Bresson fonctionnent avec une vision à long terme, structurée par des actions cohérentes et coordonnées : création de marques fortes, recours à « la publicité média et hors média », exportation, élargissement des gammes, relations de confiance avec la clientèle. L'Établissement Lemercier Frères, au contraire, adopte une démarche à court terme, souvent opportuniste, marquée par des revirements, abandon de la rectification des alcools entre 1895 et 1907, transformation de la société anonyme en SARL entre 1921 et 1927, qui trahissent un manque de cap stratégique structurant.

Le kirsch constitue néanmoins un point d'ancrage commun. Produit du terroir, porteur de valeurs identitaires, il structure la légitimité des distillateurs locaux. Même s'il ne représente qu'une part modeste du chiffre d'affaires, le kirsch est le point d'entrée obligatoire dans l'activité : nul ne peut prétendre à la distillation sans produire cette eau-de-vie emblématique. Son conditionnement spécifique, le bôt, et l'abandon progressif de l'appellation germanique « kirschwasser » renforcent son ancrage territorial et sa singularité sur le marché.

Dans ce contexte, les relations entre firmes évoluent. Le leadership d'Abel Bresson n'exclut pas des coopérations ponctuelles avec Lemercier Frères, à travers des contrats croisés ou des marques communes. Il s'agit là d'une forme de stratégie commerciale conjointe, pensée pour optimiser la production et renforcer la présence sur le marché national, dès les premières décennies du XXe siècle.

La pression du marché, exacerbée par les critiques des ligues antialcooliques, les résistances de l'administration et le lobbying viticole, contraint les distillateurs à inventer en permanence : diversification des produits, segmentation de l'offre, innovation « marketing », développement de marques distributeurs, ouverture à l'exportation, fidélisation par crédit, et bien sûr multiplication des supports de communication. Ces choix relèvent d'une adaptation constante aux contraintes de la demande et traduisent une intelligence commerciale partagée, mais dont Abel Bresson demeure le principal initiateur.

Dès 1870, cette firme familiale adopte une logique de marque, en développant une enseigne éponyme et des marques dérivées : « Bressonide », « Bressonnette », « Bressi », « Bressu », « Bressono », « Bressiane »... Chaque marque est construite comme un univers en soi, porté par un discours et une promesse de consommation. Cette stratégie produit est doublée par une stratégie média offensive, inaugurée dès 1884 avec une parution de prestige dans *Le Panthéon de l'Industrie*, suivie d'autres insertions pour Lemercier Frères et Cogneux en 1891, et amplifiée après la Première Guerre mondiale par la montée en puissance de la publicité moderne.

L'analyse croisée des dynamiques commerciales de ces deux firmes montre que le succès n'est jamais le fruit du hasard. Il repose sur une série de décisions stratégiques, explicites ou implicites, prises dans un environnement instable. Mais cette réussite prend des formes différenciées. La firme familiale Abel Bresson, fondée par un entrepreneur extérieur à Fougerolles, s'impose comme un modèle de modernité commerciale : anticipation des tendances, innovation produit, professionnalisation de la communication. En face, Lemercier Frères incarne une forme de conservatisme rural, soucieux d'équilibre plus que de conquête.

Ainsi, derrière le dynamisme de l'industrie de la distillation à Fougerolles se dessinent deux philosophies entrepreneuriales distinctes. L'une se veut audacieuse, conquérante et structurée autour d'une marque forte ; l'autre préfère la prudence, l'ancrage territorial et la gestion raisonnée. C'est dans cet équilibre, parfois conflictuel, souvent complémentaire, que s'est construite l'histoire commerciale de la distillation fougerollaise entre 1870 et 1940.

Conclusion générale

1. Rappel de la problématique et hypothèses

Au terme de notre étude de l'industrie de la distillation à Fougerolles, de l'évolution du marché français des alcools de bouche et des représentations sociales associées à l'alcool de bouche en général et aux spiritueux en particulier, une question centrale a guidé notre démarche :

> *Comment des firmes familiales rurales, implantées à Fougerolles, ont-elles réussi à émerger, croître, résister et pérenniser leurs activités entre 1839 et 1940, au sein d'un marché des alcools de bouche particulièrement instable et soumis à de fortes pressions économiques, législatives et sociales ?*

Pour y répondre, nous avons retenu quatre hypothèses structurant notre analyse :

1. La distillation est indissociable du territoire sur lequel elle est née et s'est développée.
2. Dès le XIXe siècle, un contexte concurrentiel fort stimule l'émergence de pratiques mercatiques.
3. La firme familiale rurale se dote d'une stratégie à long terme, fondée sur des choix commerciaux et mercatiques mûrement réfléchis.
4. La firme familiale montre une forte résilience et une capacité de résistance remarquable face aux bouleversements du marché.

2. Principaux résultats de la recherche

Notre recherche a visé à cerner les facteurs ayant permis à l'industrie fougerollaise de la distillation, et plus particulièrement aux Établissements Abel Bresson et Lemercier Frères, de se maintenir et de prospérer malgré les aléas d'un marché instable. Cette démarche a mis en évidence plusieurs enseignements majeurs.

2.1. Entre vin valorisé et alcool stigmatisé

À partir des années 1860, le marché français des boissons connaît une transformation structurelle liée à la crise du phylloxera. Ce fléau ravage les vignobles et entraîne une baisse spectaculaire de la production viticole, ouvrant un espace pour les boissons issues de la distillation, comme le kirsch ou l'absinthe. Cette évolution provoque un bouleversement des équilibres économiques et sociaux autour de la consommation d'alcool. Alors que le vin est érigé en boisson nationale, symbole de santé, d'hygiène et de tradition[1], les spiritueux sont progressivement désignés comme les vecteurs de tous les maux sociaux. À la fin du XIXe siècle, une opposition radicale se construit entre le vin, promu par les hygiénistes et les autorités publiques, et les alcools distillés, stigmatisés comme dangereux, voire criminogènes. L'absinthe cristallise cette défiance : accusée de provoquer hallucinations, folie et criminalité, elle devient la cible privilégiée des ligues antialcooliques, du puissant lobby viticole et de nombreux parlementaires. Ces pressions aboutissent à l'interdiction officielle de l'absinthe en 1915[2].

Dans un contexte fortement marqué par les discours hygiénistes, les spiritueux sont perçus comme des menaces pour la santé publique, l'ordre social et même la survie de la nation. L'alcool distillé est ainsi assimilé à un « poison social », et son usage est dénoncé dans une rhétorique eugéniste qui redoute la dégénérescence du peuple français.

Cependant, cette condamnation des alcools forts n'est ni linéaire ni absolue. Dans certaines circonstances, l'État reconnaît à la distillation une fonction stratégique. Ainsi, durant les conflits armés, les spiritueux fournissent un précieux alcool neutre pour les poudreries de guerre. Par ailleurs, dans l'entre-deux-guerres, les distillateurs obtiennent un soutien relatif avec les accords de Béziers (1922), qui organisent la répartition du marché entre les producteurs d'alcool de vin, destiné à la consommation de bouche, et d'alcool de betterave, réservé à un usage industriel, notamment comme carburant national.

Cette ambivalence dans le traitement public des spiritueux illustre les tensions profondes qui traversent la société française face aux enjeux de santé, de morale, d'économie et d'identité. Elle constitue le cadre dans lequel les distillateurs fougerollais doivent adapter leurs stratégies, entre contestation sociale et reconnaissance ponctuelle de leur utilité économique.

2.2. Une interdiction qui redistribue les cartes

L'interdiction de l'absinthe en 1915 n'a pas abouti à une diminution durable de la consommation d'alcools forts. Bien au contraire, cette mesure radicale a profondément recomposé le paysage industriel et commercial des spiritueux. Ce processus d'« extinction naturelle »[3] a renforcé la structuration du secteur.

---

[1] PASTEUR Louis, *Études sur le vin : ses maladies, causes qui les provoquent, procédés nouveaux pour le conserver et pour le vieillir*, Paris, Imprimerie impériale, 1866, p.56.

[2] Décret-loi signé le 16 mars 1915 par Raymond Poincaré qui met fin à l'industrie florissante des fabricants d'absinthe.

[3] SAGNES Jean, « La fraude à la charnière de deux siècles (XIXe et XXe) dans le Midi viticole », *La revue des œnologues et des techniques viti-vinicoles*, janvier, avril et juillet 2007.

On assiste à un déplacement des compétences : la production cesse d'être le cœur stratégique de l'activité au profit de la distribution et de la communication commerciale. Le développement de marques, la fidélisation des détaillants et la conquête de nouveaux marchés deviennent des leviers de différenciation. En cela, la disparition de l'absinthe agit comme un catalyseur des transformations commerciales du secteur[4].

Le retour aux produits du terroir, notamment le kirsch de Fougerolles, bénéficie d'un regain d'intérêt, porté par un discours valorisant les traditions, les savoir-faire régionaux et la qualité naturelle des eaux-de-vie locales[5]. Toutefois, cette dynamique est entravée à partir de la fin des années 1930 par les lois Vichy qui réintroduisent une stigmatisation morale des spiritueux.

2.3. Un enracinement territorial décisif

La pérennité de l'industrie de la distillation à Fougerolles entre le XIXe et le XXe siècle ne saurait être expliquée sans une prise en compte attentive de son enracinement territorial profond. Loin d'être une simple localisation géographique, cet ancrage s'apparente à un système complexe d'interactions entre ressources naturelles, traditions techniques, structures sociales et dynamiques entrepreneuriales. Il constitue non seulement un facteur de stabilité, mais aussi un levier stratégique de différenciation et de légitimation économique.

Cet enracinement se manifeste tout d'abord dans la relation intime entre le produit phare de la région, le kirsch, et son terroir. Né de pratiques agricoles séculaires, le kirsch de Fougerolles est élaboré à partir d'une variété locale de cerises, cultivée sur un sol granitique et dans un climat spécifique. Ces caractéristiques pédoclimatiques ont façonné un produit singulier, dont l'identité repose autant sur la qualité de la matière première que sur la maîtrise technique de la distillation sans repasse. Ce procédé, transmis de génération en génération, confère à l'eau-de-vie une finesse et une authenticité reconnues par les connaisseurs et les marchés.

L'intégration de cette production dans un système productif local (SPL) s'est structurée progressivement, à mesure que les distillateurs, agriculteurs, tonneliers et commerçants ont mis en place des formes d'organisation collectives et solidaires. Dès la fin du XIXe siècle, les acteurs du territoire manifestent une volonté de défendre leur savoir-faire, en créant des syndicats professionnels et en encadrant la qualité de la production. Cet effort collectif débouche, plus d'un siècle plus tard, sur l'obtention en 2010 de l'Appellation d'Origine Contrôlée (AOC) kirsch de Fougerolles, qui consacre juridiquement et symboliquement cette inscription dans le territoire.

---

[4] DAUMALIN Xavier, DOMENICHINO Jean, GUILLON Jean-Marie, *Paul Ricard*, op. cit., p. 80-82.

[5] FORT Fatiha et COUDERC Jean-Pierre., « Le terroir : un avantage concurrentiel », *Revue d'économie rurale*, n° 264-265, 2001.

Mais l'histoire de la distillation fougerollaise ne se réduit pas au seul kirsch. Elle comprend aussi une dimension de projection vers l'extérieur, fondée sur des logiques d'innovation, de conquête de marchés et de diversification. À cet égard, la figure d'Abel Bresson illustre une dynamique entrepreneuriale ambitieuse, capable d'articuler enracinement local et extension nationale. Bien qu'extérieure à l'univers rural fougerollais à son arrivée, Abel Bresson parvient à s'implanter durablement grâce à une stratégie fondée sur la valorisation du produit local, mais aussi sur l'introduction de nouveaux procédés industriels, le développement de marques fortes et l'acquisition d'entreprises concurrentes. L'achat de la maison Édouard Pernod en 1912 témoigne de cette volonté d'élargir le champ d'action de l'entreprise tout en consolidant ses bases à Fougerolles.

Ainsi, l'innovation ne s'oppose pas à la tradition : elle s'en nourrit. Dans le cas fougerollais, l'implantation territoriale fonctionne comme un capital symbolique, un réservoir d'authenticité et un outil de distinction. Il confère aux produits une valeur ajoutée fondée sur l'origine, la qualité artisanale et l'imaginaire régional. Cette valorisation du territoire rejoint les analyses de Bernard Pecqueur sur la constitution de « paniers de biens et de services territorialisés[6] », où la performance économique repose sur la combinaison de ressources matérielles (produits, infrastructures) et immatérielles (savoir-faire, identité, histoire collective).

Aujourd'hui, l'enracinement territorial de l'industrie de la distillation à Fougerolles continue d'offrir des perspectives intéressantes en termes de valorisation patrimoniale et économique. Après le succès de l'AOC kirsch, de nouvelles démarches pourraient venir renforcer cette dynamique. La reconnaissance d'une Indication Géographique Protégée (IGP) pour l'absinthe de Fougerolles offrirait une nouvelle opportunité de réintégrer dans le patrimoine local un produit longtemps stigmatisé. L'absinthe, qui porte en elle une riche histoire et des savoir-faire techniques précieux, pourrait ainsi bénéficier d'un renouveau, en capitalisant sur son passé tout en s'adaptant aux attentes du marché contemporain. Ce processus permettrait également de développer le tourisme, en attirant des visiteurs curieux de découvrir les origines et les secrets de ces produits emblématiques.

Cette dynamique s'inscrit dans une tendance plus large de redécouverte des savoir-faire anciens, où le territoire, loin d'être un simple cadre géographique, devient une ressource stratégique dynamique au service du développement territorial.

---

[6] PECQUEUR Bernard, « Qualité et développement territorial : l'hypothèse du panier de biens et de services territorialisés », *Économie rurale*, n°261, 2001, p. 37-49 ; MOLLARD Amédée et PECQUEUR Bernard, « De l'hypothèse au modèle du panier de biens et de services. Histoire succincte d'une recherche », *Économie rurale*, n°300, 2007, p. 110-114.

FIGURE 99. Variables justifiant la prétention de la liqueur d'absinthe de Fougerolles à la certification IGP

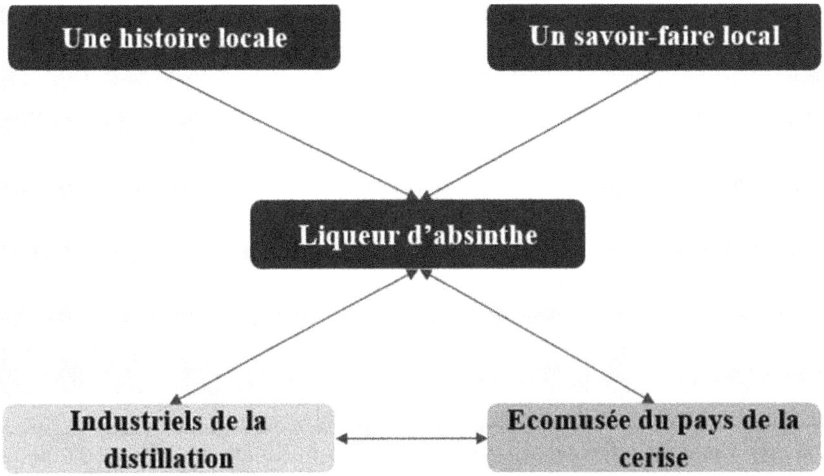

L'histoire de la distillation fougerollaise démontre que la réussite économique ne dépend pas uniquement des marchés, des innovations techniques ou des stratégies familiales. Elle repose également sur un ancrage spatial structurant, fait de mémoire, de solidarités communautaires, d'attachements identitaires et de représentations collectives. C'est ce territoire, au sens plein du terme, qui a permis à des entreprises rurales comme Bresson et Lemercier de perdurer, de se transformer, et parfois même de rayonner bien au-delà de leur vallée.

2.4. L'importance des facteurs humains et culturels

La trajectoire des entreprises familiales de Fougerolles ne peut être comprise sans prendre en compte l'impact décisif des facteurs humains, sociaux et culturels. Loin de se limiter à une lecture strictement économique, leur développement repose aussi sur des logiques relationnelles, des systèmes de valeurs et des représentations héritées, qui structurent les comportements entrepreneuriaux.

Dans le cas de la famille Bresson, la réussite s'appuie sur une stratégie de transmission anticipée, pensée à l'échelle intergénérationnelle, et intégrée aux logiques d'expansion de l'entreprise. La succession y est conçue comme un processus structurant, fondé sur la complémentarité des héritiers et la continuité de la vision du fondateur. Cette organisation s'inscrit dans les configurations repérées par Jacques-Jouvenot[7], pour qui les entreprises familiales pérennes reposent sur des schémas de transmission réfléchis et

[7] JACQUES-JOUVENOT D., *op. cit.*

adaptés aux enjeux de long terme, et par Bauer[8], qui souligne l'importance du maintien d'un équilibre entre héritage patrimonial et capacité d'adaptation.

À l'inverse, dans le cas des Lemercier Frères, issus d'un enracinement agricole ancien, la succession demeure marquée par les caractéristiques d'une culture familiale traditionnelle, souvent réticente aux mutations. L'absence d'une stratégie de transmission explicite et les difficultés liées à la disparition prématurée d'un héritier naturel provoquent une forme d'inertie organisationnelle. Les tensions successoriales freinent les initiatives d'innovation, limitent l'élargissement des horizons économiques et entravent le renouvellement générationnel. Cette configuration correspond aux analyses de Claude Gresle[9], qui a observé, chez les petits patrons industriels du Nord de la France, une forme de reproduction familiale rigide dans laquelle la priorité accordée à la préservation de la cellule domestique et au respect des hiérarchies traditionnelles peut inhiber la créativité entrepreneuriale et bloquer l'adaptation aux nouvelles contraintes du marché.

Ainsi, l'exemple fougerollais confirme l'importance des déterminants non économiques dans la trajectoire des entreprises rurales : les modes de gouvernance, les représentations de l'autorité familiale, le rapport à l'innovation ou encore la façon d'envisager l'avenir collectif jouent un rôle crucial dans la pérennité, ou au contraire dans la fragilisation, des dynamiques entrepreneuriales. Ces éléments viennent conforter l'hypothèse selon laquelle les entreprises familiales rurales ne sont pas seulement des structures économiques : elles sont aussi des institutions sociales et culturelles, enracinées dans des univers symboliques spécifiques et marquées par des arbitrages entre tradition et modernité.

2.5. Croissance maîtrisée ou développement ambitieux ?

Les trajectoires des firmes fougerollaises Abel Bresson et Lemercier Frères révèlent deux modèles entrepreneuriaux nettement distincts. La stratégie adoptée par les Établissements Abel Bresson témoigne d'une orientation volontariste, articulée autour d'un triptyque fondé sur l'innovation technique, la modernisation de la gouvernance et l'investissement dans le développement commercial. Cette posture proactive permet à la firme de s'inscrire pleinement dans le modèle des « entreprises familiales pérennes innovantes », tel que conceptualisé par Ben Mahmoud-Jouini, Bloch et Mignon[10], où la capacité à se projeter dans le long terme cohabite avec une dynamique continue de transformation organisationnelle et technologique.

---

[8] BAUER M., *De l'Homo œconomicus au pater familias*, *op.cit.*

[9] GRESLE F., *op. cit.*

[10] BEN MAHMOUD-Jouini Sihem, BLOCH Alain, MIGNON Sophie, « Capacités d'innovation des entreprises familiales pérennes. Proposition d'un cadre théorique et méthodologique », *Revue française de gestion,* 1/2010, n° 200, p. 111-126.

Le recours à des technologies de pointe, comme les colonnes Savalle ou Egrot, ou encore l'usage du dictograph d'Edison, témoigne de cette volonté d'intégrer les apports de la modernité industrielle. Par ailleurs, les acquisitions et/ou fusions stratégiques (notamment avec les maisons Édouard Pernod, Junod ou encore Félix Pernod) traduisent une vision d'expansion territoriale et commerciale ambitieuse, qui dépasse largement le périmètre local et positionne l'entreprise sur le marché national, voire international.

À l'inverse, la trajectoire de la firme Lemercier Frères incarne une logique de préservation patrimoniale. Cette stratégie de croissance maîtrisée, centrée sur un enracinement territorial fort et une prudence dans la gestion des risques, rappelle les dynamiques familiales décrites par Pierre Lamard[11] et Jean-Pierre Daumas[12], dans leurs travaux sur les entreprises patrimoniales rurales ou semi-industrielles. Ces auteurs montrent que la priorité accordée à la continuité familiale, à la protection du capital domestique et à la stabilité de l'organisation interne peut produire des effets ambivalents : elle garantit une certaine robustesse face aux aléas conjoncturels, mais tend à limiter les possibilités d'innovation ou d'adaptation rapide aux transformations du marché.

Dans ce contexte, l'opposition entre les deux stratégies ne relève pas uniquement d'un choix économique, mais d'un véritable projet d'entreprise, porté par des conceptions différenciées du temps, de la transmission et du rapport à l'extérieur. La famille Bresson opte pour un développement extensif et structuré, mobilisant les outils de l'entreprise moderne ; les Lemercier dans une tradition d'économie familiale et de capitalisme prudent, soucieux de protéger l'héritage sans le mettre en danger par une prise de risque excessive.

Ces deux logiques entrepreneuriales, bien que différentes, reflètent les tensions constitutives des entreprises familiales rurales face à la modernité industrielle : concilier ancrage territorial et ouverture, transmission patrimoniale et transformation stratégique, héritage culturel et dynamique d'innovation.

2.6. Des stratégies commerciales différenciées

L'analyse comparée des logiques commerciales mises en œuvre par les Établissements Abel Bresson et Lemercier Frères met en lumière deux approches stratégiques divergentes, qui reflètent des visions de l'entreprise, du marché et du consommateur profondément différentes.

La maison Abel Bresson adopte dès les années 1870 une stratégie commerciale offensive, marquée par une forte capacité d'innovation et de structuration mercatique. Cette stratégie inclut la création de marques

[11] LAMARD Pierre, *Histoire d'un capital familial : le capital Japy (1777-1910)*, Belfort, Société belfortaine d'émulation, 1988.

[12] DAUMAS Jean-Claude, *L'amour du drap Blin & Blin (1827-1975). Histoire d'une entreprise lainière familiale,* thèse de doctorat en Histoire, Paris, 1995.

dérivées, « Bressonide », « Bressonnette », « Bressi », « Bressu », « Bressono », « Bressiane »..., la personnalisation des produits, le soin apporté au conditionnement (comme le fameux bôt du kirsch), la segmentation de l'offre, et une communication multicanal systématisée. À travers des supports variés (affiches, presse spécialisée, circulaires, illustrations thématiques), l'entreprise construit un univers symbolique fort, cohérent et identifiable, fondé sur des figures comme le perroquet vert ou le Pierrot.

Cette stratégie s'inscrit dans une logique de marque totale, où l'ensemble des éléments tangibles et intangibles du produit participe à sa différenciation[13]. Elle préfigure les principes modernes du marketing intégré[14] et s'apparente aux pratiques des entreprises familiales innovantes qui cherchent à créer un lien affectif durable avec leur clientèle, au-delà de la seule dimension transactionnelle.

À l'opposé, la stratégie commerciale de la firme Lemercier Frères repose sur une logique plus conservatrice. Elle privilégie une certaine forme d'imitation raisonnée, en adoptant certains outils ou codes promus par la maison Abel Bresson, tout en conservant une identité propre, enracinée dans la tradition locale. La diffusion des produits se fait de manière plus discrète, via un réseau de partenaires fidèles, avec une faible exposition médiatique et une mise en avant de la continuité, de l'authenticité et du sérieux artisanal. Cette orientation rappelle les configurations étudiées par Pierre Lamard et Jean-Pierre Daumas dans le cadre d'entreprises patrimoniales rurales, où l'héritage joue un rôle structurant dans la stratégie de marque.

Ces deux modèles, l'un fondé sur la différenciation créative, l'autre sur une reproduction plus prudente, traduisent des approches contrastées face à la concurrence, à l'innovation et à la perception du consommateur. Ils valident ainsi notre hypothèse 2, selon laquelle un contexte concurrentiel marqué dès la fin du XIXe siècle favorise l'émergence de pratiques commerciales diversifiées. Ils confirment également l'hypothèse 3 : les stratégies commerciales des firmes familiales sont étroitement liées à leur trajectoire historique, à leur projection dans l'avenir et à leur rapport au risque.

Cette diversité de trajectoires montre que, dans un même espace géographique et face à des conditions de marché similaires, différentes stratégies peuvent coexister. Ces orientations dépendent des ressources disponibles, mais aussi des valeurs, des priorités, des représentations portées par les familles dirigeantes, ainsi que de leur capacité à articuler tradition et modernité afin d'adopter des réponses variées aux enjeux économiques.

---

[13] VOLLE Pierre, *Marketing : comprendre l'origine historique*, Paris, Eyrolles, 2011 ; LAMBIN J.-J., *Le marketing stratégique*, Paris, McGraw-Hill, 1986 ; FILIATREAULT P., *Comment faire un plan de marketing stratégique*, Montréal, Transcontinental, 1997.

[14] KOTLER, DI MAULO, ARMSTRONG, CUNNINGHAM, WARREN, *Le marketing : de la théorie à la pratique*, 2e éd., Montréal, Gaétan Morin, 1998.

3. Perspectives et valorisation patrimoniale

Au terme de cette recherche/étude, il apparaît clairement que l'histoire industrielle et commerciale de la distillation à Fougerolles constitue une ressource patrimoniale majeure. Le kirsch AOC, reconnu officiellement depuis 2010, illustre le rôle de la tradition dans la structuration d'un produit de terroir porteur de sens et de valeurs. De même, les démarches souhaitées et encouragées en vue de l'obtention d'une IGP pour l'absinthe de Fougerolles rappellent combien le passé industriel peut nourrir les projets futurs.

Contrairement à l'Appellation d'Origine Contrôlée (AOC), qui impose des critères stricts en matière de provenance des matières premières et de transformation locale, l'Indication Géographique Protégée (IGP) constitue un label européen plus souple, conçu pour valoriser l'ancrage territorial tout en permettant une certaine flexibilité dans les conditions de production. Alors que l'AOC exige que l'intégralité du processus, de la culture des matières premières à la transformation finale, soit effectuée dans une zone géographique délimitée, l'IGP permet qu'une partie des ingrédients ou des étapes de production provienne de zones voisines, à condition que le produit conserve un lien identifiable avec le territoire revendiqué.

Dans cette optique, la mise en valeur des savoir-faire locaux, des sites industriels désaffectés (distilleries, tonnelleries, vanneries) et de l'imaginaire collectif associé à l'univers des spiritueux constitue un axe de développement territorial stratégique. En associant les forces vives locales, écomusée, distillateurs, bouilleurs de cru, élus, associations, établissements scolaires, historiens, chercheurs, il devient possible de constituer un véritable « panier de biens et de services territorialisés »[15].

La valorisation patrimoniale des territoires productifs s'inscrit dans une approche plus large de développement local fondé sur les ressources endogènes[16], mais aussi sur la construction d'un récit territorial partagé. Dans ce cadre, la mémoire industrielle devient un levier d'action publique, un support de légitimation identitaire et un moteur d'innovation culturelle. L'ancrage dans l'histoire permet alors d'inventer de nouvelles formes de production symbolique, par le tourisme industriel, la muséographie des savoir-faire ou la création de labels de qualité.

Par ailleurs, la reconnaissance officielle de produits issus de traditions locales, comme le kirsch AOC ou l'absinthe de Fougerolles potentiellement

---

[15] PECQUEUR Bernard, « Qualité et développement territorial : l'hypothèse du panier de biens et de services territorialisés », *Économie rurale*, n°261, 2001, p. 37-49 ; MOLLARD Amédée et PECQUEUR Bernard, « De l'hypothèse au modèle du panier de biens et de services. Histoire succincte d'une recherche », *Économie rurale*, n°300, 2007, p. 110-114.

[16] GUMUCHIAN, Hervé., & PECQUEUR, Bernard, *La ressource territoriale*, Paris, Economica, 2007.

IGP, renforce l'attractivité économique et culturelle du territoire. Ces dispositifs s'inscrivent dans les logiques d'économie de la qualité[17] et dans les dynamiques de patrimonialisation des productions alimentaires[18], où le lien au lieu devient un gage de distinction, de confiance et de durabilité.
La richesse historique mise au jour, encore largement méconnue, appelle donc une mobilisation collective. Elle engage non seulement une mémoire industrielle à préserver, mais aussi un projet culturel, touristique et économique à construire, dans lequel la distillation artisanale et industrielle de Fougerolles pourrait retrouver toute sa place dans le patrimoine des spiritueux français. En conjuguant tradition, innovation et ancrage local, cette stratégie pourrait servir de modèle pour d'autres territoires ruraux désireux de faire de leur passé une ressource pour l'avenir.

[17] SYLVANDER, Bertil. La qualité : du consommateur final au producteur. *Etudes et Recherches sur les Systèmes Agraires et le Développement*, 1994, p. 27-49.
[18] LAURENS Lucette, « Le patrimoine alimentaire comme bien commun », *Anthropologie et sociétés*, 33(2), 2009, pages 89-107.

Glossaire

Acétification : transformation (du vin, de l'alcool éthylique...) en vinaigre.

Alcool brut : alcool non raffiné obtenu à partir de vins, de moûts ou de jus fermentés.

Alcool rectifié extra neutre (REN) : alcool épuré, fabriqué directement à partir de moût fermenté, de titre alcoométrique supérieur à 96,4%. Le vin est traité d'abord sur une colonne dite épuratrice qui élimine les impuretés volatiles : esters, aldéhydes. Le vin sortant en pied de cette colonne épuratrice gagne ensuite une colonne dite « distillatrice-rectificatrice ».

Alcool surfin : alcool ayant une composition analytique voisine de l'alcool rectifié extra-neutre. Cependant, le fait de travailler en deux temps : production de bruts puis épuration des bruts, confère à cet alcool des qualités organoleptiques supérieures au REN. L'alcool surfin est souvent dénommé alcool de bouche.

Alcool 3/6 : appellation fort ancienne qui peut s'écrire « trois-six ». Elle est la seule restée en usage parmi de nombreuses appellations similaires comme le deux-trois, le trois-quatre, le trois-cinq, le trois-sept... Elle désigne les alcools marquant 33 degrés d'après l'alcoomètre Cartier dont trois parties en poids, mélangées à un poids égal d'eau, devait fournir six parties d'eau-de-vie

Amer : boisson appelée aussi bitter, c'est une liqueur apéritive fabriquée à partir de l'infusion de plantes amères.

Apéritif : le mot « apéritif » provient de l'ancienne terminologie médicale. Il est dérivé du verbe latin *asperire* qui signifie ouvrir. À l'origine, l'adjectif latin *aperitivus* s'appliquait aux médicaments qui « ouvraient » ou purgeaient l'organisme de ses déchets, sueur, urine ou excréments. L'emploi de l'adjectif « apéritif » pour décrire les effets d'un « médicament qui ouvre les pores, qui rend les humeurs plus fluides et facilite le mouvement des liquides » était encore le seul sens accordé à ce mot dans le dictionnaire Littré de 1866. En 1873, ce même Littré l'associe à des boissons comme dans la phrase : « Le lait doit être presque apéritif ». Ce mot devint bientôt un substantif, de plus en plus de monde utilisant le terme « apéritif » pour désigner une boisson alcoolisée prise avant un repas. La première référence littéraire en la matière provient d'une nouvelle de Guy de Maupassant, *Les Épingles*, publiée en 1888. Cette désignation fut rapidement adoptée par l'usage populaire, entrant dans le langage publicitaire et pseudo médical employé par les fabricants de liqueurs.

Apothicaire : personne qui préparait et vendait des médicaments. Aujourd'hui on utilise, dans l'usage ordinaire, l'appellation « pharmacien ».

Arquebuse : plante vivace cultivée comme plante condimentaire et ornementale. Connue sous le nom citronnelle ou aurone *(Artemisia abrotanum)*, elle peut atteindre 1 m à 1,30 m de haut. Les feuilles fraîches de cette plante, au goût citronné, peuvent servir de liqueur en les macérant dans de l'alcool neutre.

Bergamote (Essence de) : fruit d'une espèce de citronnier dont l'écorce fournit une huile essentielle employée en parfumerie.

Benjoin (Essence de) : parfum du suc résineux secrété par un arbre, le Styrax qui croît en Indochine et à Sumatra. Il possède une odeur balsamique qui rappelle celle de la vanille. Il entre dans la composition de l'encens.

Bouilleur de cru : personne habilitée à produire ses propres eaux-de-vie. Ce n'est pas une profession mais un statut qui découle du statut de propriétaire récoltant (ne pas confondre avec distillateur qui est une profession). Certains bouilleurs de cru bénéficient d'une allocation en franchise leur donnant droit à une exonération de taxes sur les 10 premiers litres d'alcool pur qu'ils produisent. C'est ce que l'on nomme "privilège", et par abus de langage "droit de bouillir". Depuis 1959, ce privilège n'est plus transmissible par héritage. Depuis 2008, les bouilleurs de cru ne bénéficiant pas du privilège sont taxés à 50% sur les dix premiers litres d'alcool pur et ensuite à 100%.

Campagne de distillation : période de l'année au cours de laquelle la distillation est autorisée par la loi.

Cédrat (Essence de) : fruit du Cédratier de la famille des citronniers. Il a une écorce épaisse très aromatique que l'on mange confite dans du sucre. Du zeste du Cédrat on retire par compression ou par distillation une huile essentielle utilisée en parfumerie.

Chambellan : gentilhomme chargé du service de la chambre d'un monarque ou d'un prince.

Chanoine : membre du clergé attaché au service d'une église.

Chapiteau : partie supérieure couvrant la cucurbite (appelée aussi chaudière, chaudron ou marmite) où viennent se concentrer les vapeurs.

Chari : c'est un élément architectural typique des Vosges-saônoises. C'est une avant-grange qui pouvait servir à abriter un chariot et qui porte de ce fait la dénomination de Chari.

Col de cygne : tube conducteur des vapeurs en forme de col de cygne comme son nom l'indique.

Collier : correspond à l'attelage qui était le moyen de transport répandu avant l'avènement du transport par rails et de l'automobile. C'est une voiture tirée par un ou plusieurs chevaux (un collier et plusieurs colliers).

Colonne : on appelle un alambic à colonne, un alambic utilisé pour la distillation des alcools industriels. Il permet de distiller en continu, en opérant une rectification au cours même de la distillation grâce à un système de chicanes.

Consortium : une collaboration temporaire entre plusieurs acteurs à un projet ou programme dans le but d'obtenir un résultat.

Contributions indirectes : administration chargée de recouvrer les impôts indirects, dont les taxes sur les alcools. Autrefois appelée Régie.

Cucurbite : récipient central dans lequel est chauffé le produit à distiller et qui reçoit la source de chaleur.

Dénaturation : processus par lequel on ajoute à l'alcool éthylique un produit dénaturant pour rendre le mélange impropre à la consommation alimentaire. Ces alcools sont utilisés par la suite dans différentes industries comme l'industrie pharmaceutique et la parfumerie.

Distillation : du latin *distillare*, tomber goutte à goutte. Opération consistant à échauffer une matière jusqu'à vaporisation de ses principes volatils. Ces vapeurs seront ensuite condensées, retrouvant alors une forme liquide. C'est l'opération de séparation de l'alcool, de l'eau et des impuretés, dans une colonne de distillation. Elle conduit à un alcool brut ou flegme. Ce dernier subit alors des opérations complémentaires selon les marchés visés : la déshydratation pour l'usage en carburant, la rectification pour l'industrie, la rectification et le surfinage pour l'industrie et l'alimentaire.

Eau-de-vie : du latin *aqua vitœ*, l'eau-de-vie est un produit de la distillation d'un liquide faiblement alcoolisé produit à partir de vin, de fruits, d'herbe ou de grains. Elle désigne couramment de nombreuses boissons alcoolisées telles que l'armagnac, le cognac, la vodka, le whisky, le rhum, le calvados, la gentiane ou le kirsch. Ce liquide est appelé aussi eau-de-vie blanche ou alcool blanc.

Fermentation : processus naturel qui provoque la transformation du sucre des fruits en alcool éthylique et en gaz carbonique.

Feu-nu : distillation dite « charentaise », durant laquelle l'alambic est en contact direct avec le feu.

Flegme : produit d'une première distillation qui doit être repassé. Autre dénomination de la queue de distillation ou petites eaux.

Foulon (moulin à foulon) : un foulon, du latin *fullo,* le foulon est un bâtiment (le plus souvent un moulin à eau) où l'on battait ou foulait les draps, ou la laine tissée dans de l'argile smectique pour les assouplir et les dégraisser. Le moulin était exploité par un ouvrier foulon ou foulonnier. Il pouvait aussi servir pour les cuirs et peaux.

Fût : récipient de bois, de forme arrondie, composé d'un assemblage de douelles et destiné à contenir le liquide. Plus communément appelé tonneau. À Fougerolles, les fûts ont une contenance de 600 à 800 litres. Au-delà, on parle de foudres.

Gin : eau-de-vie de grain ou de mélasse aromatisée. Cette aromatisation peut s'effectuer de façon naturelle, par infusion ou macération de l'alcool avec des épices, des aromates et des herbes, ou bien de façon artificielle, en mélangeant des essences de gin naturelles ou artificielles.

Goudron de Norvège : produit visqueux et collant de couleur noire, obtenu par carbonisation du pin à l'abri de l'air (une pyrolyse) suivie d'une distillation. Aussi appelé goudron de Stockholm.

Hypocras : une ancienne boisson à base de vin, sucrée au miel et aromatisée. C'est une boisson connue dans toute l'Europe médiévale, où on l'a d'abord appelée « claret » ou « piment ». La légende attribue son invention au médecin grec Hippocrate, au Ve siècle av. J.-C., mais en réalité, le nom d'« hypocras » se rencontre pour la première fois au milieu du XIVe siècle.

Kirsch et kirschwasser : étymologiquement, *kirschwasser* veut dire « eau-de-vie de cerises ». Kirsch veut dire « cerise » et Wasser veut dire « eau ». C'est une eau-de-vie obtenue par la distillation du jus fermenté de cerises. Pour se distinguer du kirschwasser de la Forêt Noire (Allemagne), les distillateurs fougerollais ont opté pour le mot « kirsch » au lieu de kirschwasser.

Lie : eau-de-vie issue d'une distillation de sous-produits de la fabrication du vin. La lie de vin désigne les levures mortes et résidus végétaux qui sédimentent au fond du contenant à l'issue de la fermentation du raisin

Liquoriste : fabricant et/ou vendeur de liqueurs alcoolisées.

Marc : ensemble que forment les pellicules, les pépins et la rafle obtenus du pressurage du raisin après les avoir séparés du moût. Le marc est donc ce que l'on pourrait appeler « les parties solides » du raisin alors que le moût est ce que l'on pourrait appeler « la partie liquide ».

Marque-caution : marque qui apparaît sur des produits hétérogènes et qui est suivie d'une autre marque (par Abel Bresson suivie de la marque Bressonide).

Mélasse : résidu de la fabrication du sucre à partir de la betterave sucrière ou de la canne à sucre. (La mélasse de betterave contient 50% de saccharose et celle de canne

30% de saccharose). Elle sert à l'alimentation du bétail et, dans le cas de la canne, à la fabrication du rhum.

Métier juré : artisans de même métier qui doivent jurer de respecter un statut particulier, ce qui permet à leur juridiction disciplinaire de pouvoir les sanctionner civilement pour manquement à leur serment. Ils ont le droit de s'administrer eux-mêmes et sont considérés comme égaux à l'intérieur de la communauté qui a une personnalité juridique.

Michaëlis : inventeur luxembourgeois (Frédéric Michaëlis) du système Michaëlis dit « aux cuves tournantes » ou « méthode luxembourgeoise » pour la fabrication de vinaigre. Ce procédé est breveté en 1880.

Mistelle : moût de raisin frais auquel on a ajouté de l'alcool pur pour en empêcher la fermentation. Les mistelles servent à la fabrication de vins de liqueur : vermouth, madère, etc.

Muid : unité de mesure de liquide. La valeur varie d'une région à une autre. À Paris, le muid de liquide était de 268,22 litres, en Haute-Saône, il était de 272,41 litres aux XVIIIe et XIXe siècles.

Musc (Essence de) : substance très odorante contenue dans une poche placée sous le ventre du mâle du même nom. Genre de chevreuil. Le musc végétal se retire de la mauve musquée.

Nérolis (Essence de) : huile essentielle extraite de la fleur d'oranger.

Phylloxera : insecte (puceron) qui ronge les racines, la tige et la feuille de la vigne. Le phylloxera fait de grands ravages dans les vignobles.

Pipe : récipient de bois en forme arrondie d'une contenance de 600 à 650 litres. La demi-pipe a une contenance de 300 à 350 litres.

Poiré : boisson alcoolisée effervescente, similaire au cidre, de couleur jaune pâle à jaune doré, obtenue par fermentation du jus de poire issu de variétés spécifiques de « poires à poiré ».

Prélat : dignitaire ecclésiastique catholique nommé par le pape (exemple : évêque nommé à la tête d'un diocèse).

Raffineur d'alcool : personne qui effectue l'opération de purification de l'alcool brut afin d'obtenir des alcools neutres de grande pureté chimique et organoleptique (le raffinage peut être le résultat d'une succession de plusieurs distillations).

Rectification : opération qui permet d'obtenir des distillats d'un degré alcoolique élevé. Un alcool distillé plusieurs fois voit son degré alcoolique augmenter, c'est ce qu'on appelle « repasse ». Depuis le XIXe siècle, les alambics sont souvent munis d'organes de rectification, pouvant aller de la lentille à la colonne.

Réfrigérant : équipement qui comprend soit un serpentin soit un ou deux tuyaux droits et un système de circulation d'eau qui en assure le refroidissement.

Régie : ancien nom des contributions indirectes. À Fougerolles, on donne encore le nom de Régie à la recette locale.

Rhum : eau-de-vie originaire des Amériques, produite à partir de la canne à sucre ou de sous-produits de l'industrie sucrière.

Serpentin : partie de l'alambic plongée dans une circulation d'eau froide. Les vapeurs d'alcool s'y condensent.

Tafia : liqueur provenant de la distillation des gros sucres, écumes et mélasses de la canne à sucre.

Vodka : eau-de-vie de céréales, plus rarement de pomme de terre.

Zinc (sur le) : boire debout, boire au comptoir.

Bibliographie

Thèses doctorales liées à l'histoire des entreprises et au marché des alcools naturels et industriels en France

– ALLIMANN Lucien, *L'Eau-de-vie de cerises ou kirsch (Étude analytique)*, thèse de doctorat en pharmacie, Université de Nancy. Faculté de pharmacie, 1935.

– AURIERES AURIERES Jean-Marie, *La lutte contre l'alcoolisme*, thèse de doctorat en droit, Université de Toulouse, 1955.

– COLLIN Anne-Hélène, *Dans un verre d'absinthe*, thèse en pharmacie, Université Henri POINCARE, Nancy1, 2008.

– DAUMAS Jean-Claude, *L'amour du drap Blin & Blin (1827-1975). Histoire d'une entreprise lainière familiale,* thèse de doctorat en Histoire sous la direction de M. CHALINE Jean-Pierre, Paris, 1995.

– DECROOS Pierre, *La réglementation légale de l'absinthe*, thèse pour le doctorat en Droit, Université de Nancy, Faculté de Droit, 1910.

– LAMARD Pierre, *Histoire d'un capital familial au XIXe siècle : le capital Japy (1777-1910)*, Société belfortaine d'émulation, Belfort, 1988.

– LWANGO Albert B.R, *l'entreprise familiale et son capital social, fondement et limites de l'avantage concurrentiel à travers la croissance et la succession*, thèse soutenue à l'Université catholique de Louvain, 2009.

– MARBEAU Pierre, *Le régime des alcools d'industrie et des alcools de bouche en France*, thèse pour le doctorat en sciences politiques et sociales, Université de Paris, Faculté de droit, 1932.

– OLIVIER Jean-Marc, *Société rurale et industrialisation douce : Morez (Jura) (1780-1914)*, thèse pour le doctorat d'histoire sous la direction de Clause-Isabelle Brelot, Université Lyon 2, 1998.

– PELLERIN-DRION Sylvie, *De la Goutte au Calvados, entre artisanat et industrie, l'étonnant parcours d'un produit d'appellation*, Thèse de doctorat en Histoire contemporaine, Paris 10, 2012.

– SEMPE Henri, *Régime économique du vin,* thèse de doctorat en droit, Université de Bordeaux, Faculté de droit, 1898.

– WEIL Robert-Gabriel-Isaac, *Le monopole de l'alcool industriel*, thèse pour le doctorat en droit, Université de Paris, Faculté de droit, 1932.

Littérature consacrée aux alcools et à l'alcoolisme

– BARROWS Susanna, *After the Commune : Alcoholism, Temperance, and Literature in the early Third* Republic, *in* John M. Merriman (éd.), *Consciousness and Class Experience in Nineteenth-Century Europe*, New York, Holmes & Meier, 1979.

– BECK François, LEGLEYE Stéphane, DE PERETTI Gaël, « L'alcool donne-t-il un genre ? », *Travail, genre et sociétés* 1/2006, n° 15, p. 141-160.

– BERLIVET Luc, « Les démographes et l'alcoolisme. Du fléau social au risque de santé », *Vingtième Siècle. Revue d'histoire* mars 2007 (n° 95), p. 93-113.

– BERNARD Henri, « Alcoolisme et antialcoolisme en France au XIXe siècle : autour de Magnus Huss », *Histoire, économie et société,* 1984, volume 3, numéro 4, p. 609-628.

- DARGELOS Bertrand, « Genèse d'un problème social. Entre moralisation et médicalisation : la lutte antialcoolique en France, 1850-1915 », *Lien social et Politiques*, n° 55, 2006, p. 67-75.
- DARGELOS Bertrand, « Une spécialisation impossible. L'émergence et les limites de la médicalisation de la lutte antialcoolique en France (1850 – 1940) », *Actes de la recherche en sciences sociales* 1/2005 (n° 156-157), p. 52-71.
- DEVANCE Louis, « Stratégies de l'antialcoolisme en France au début du XXe siècle », *Actes du 106e Congrès National des Sociétés Savantes*, Perpignan, 1981, *in* : « Les boissons : production et consommation aux XIXe et XXe siècles », *Histoire moderne et contemporaine*, T1, Paris, 1984.
- DELAHAYE Marie-Claude, « Grandeur et décadence de la fée verte », *Histoire, économie et société*, année 1988, volume 7, numéro 4, p. 475-489.
- DELAHAYE Marie-Claude, *L'absinthe : Dictionnaire des marques A-B,* Auvers-sur-Oise, Musée de l'Absinthe, septembre 2003.
- DELAHAYE Marie-Claude, *Pernod 200 ans d'entreprise*, Auvers-sur-Oise, Musée de l'Absinthe, Auvers-sur-Oise, 2005.
- DELAHAYE Marie-Claude, *L'absinthe : Les affiches,* Collection Artemisia Tome 4, Auvers-sur-Oise, Musée de l'Absinthe, 2003.
- FILLAUT Thierry, NAHOUM-GRAPPE Veronique, et TSIKOUNAS Myriam. *Histoire et alcool*. Éditions L'Harmattan, Paris, 1999.
- FISSARTIER (Docteur), *De l'alcoolisme moderne. Étude sociale sur le poison à la mode en France*, Paris, Leclerc, 1861.
- GAILLARD Philippe, *Les cafés en Savoie (1815-1939)*, Université de Savoie, Chambéry, 1989.
- GARRIER, Gilbert, *Histoire sociale et culturelle du vin*, Paris, Larousse, 1998.
- GIDE Charles, *De la suppression ou de la réglementation des débits de boissons*, Paris, L. Larose & L. Tenin, 1904.
- GRIVEAU Paul, *L'alcoolisme : fléau social : mœurs, législation, droit comparé,* Paris, Marchal et Billard, 1906.
- GUYOT Yves, *La question de l'alcool : allégations et réalités*, Paris, F. Alcan, 1917.
- HOWARD Sarah, *Les images de l'alcool en France, 1915-1942*, Paris, CNRS éditions, 2006.
- JACQUET Louis, *L'alcool, étude économique générale : ses rapports avec l'agriculture, l'industrie, le commerce, la législation, l'impôt, l'hygiène individuelle et sociale*, Paris, Masson, 1912.
- LALOUETTE Jacqueline, « Les débits de boissons entre 1880 et 1914 », *Ethnologie française*, nouvelle série, T12, n°2, avril-juin 1982, p. 131-136
- LEDERMAN Sully, *Alcool, alcoolisme, alcoolisation*, Paris, PUF, 1964.
- LEGRAIN Paul-Maurice, *Hérédité et alcoolisme, Étude psychologique et clinique sur les dégénérés buveurs et les familles d'ivrognes,* Paris, O. Doin, 1889.
- LEGRAIN Paul-Maurice, *Un fléau social : l'alcoolisme*, Paris, Gautier, 1896.
- MAGNAN Valentin, *Étude expérimentale et clinique sur l'alcoolisme : alcool et absinthe, épilepsie absinthique*, Paris, Renou et Maulde, 1871.
- MALIGNAC Georges et COLIN Robert, *L'Alcoolisme*, Paris, Presses Universitaires de France, 1954.

– MICHEL Guy, « la distillation du kirsch à Fougerolles », *Bulletin SALSA* n°25, Vesoul, 1993.
– NOIROT Louis, *Exposé des travaux des conseils d'hygiène publique et de salubrité du département de la Côte-d'Or, de 1860 à 1866*, Lamarche (Dijon).
– NOURRISSON Didier, *Le Buveur du XIXe siècle,* Paris, Albin Michel, 1990.
– NOURRISSON Didier, « Aux origines de l'antialcoolisme ». *Histoire, économie et société*, 1988, 7e année, n°4.
– PASTEUR Louis, *Études sur le vin : ses maladies, causes qui les provoquent, procédés nouveaux pour le conserver et pour le vieillir*, Imprimerie impériale, Paris, 1866.
– ROUBINOVITCH Jacques, *Aliénés et anormaux*, Paris, Felix Alcan, 1910.
– SAGNES Jean, « La fraude à la charnière de deux siècles (XIXe et XXe) dans le Midi viticole », *Revue des œnologues et des techniques viti-vinicoles*, janvier, avril et juillet 2007.
– SANDBLOM Marlène, *L'impact culturel sur la politique de santé publique (une étude comparative entre la Suède et la France)*, Växjö Universitet, Institutionen för humaniora, 2008.
– SAVALLE, Désiré, *Progrès récents de la distillation*, Paris, G. Masson, 1873.
– SÉRIEUX Paul, *Valentin Magnan sa vie, son œuvre*, Paris, Masson, 1921.
– STIEBEL Gilbert, *La mafia de la goutte au pays des Bouilleurs de Cru*, éditions Baudinière, 1935.
– THÉOFILAKIS Fabien, « À l'ombre du comptoir : débitants et débits de boissons à Belleville (1860-1914) », *Revue d'histoire du XIXe siècle*, 26/27 / 2003, p. 65-84.

Littérature consacrée à l'histoire des entreprises et à la firme familiale (histoire et concepts)

– ALLOUCHE José et AMANN Bruno, « La confiance : une explication aux performances des entreprises familiales », *Économie et Société*, Série Sciences de Gestion, numéro spécial, n° 25, 1998, p. 124- 154.
– ALLOUCHE José et AMANN Bruno, *Le retour triomphant du capitalisme familial : gestionnaires et organisations*, Toulouse, Presse de l'Université des Sciences Sociales de Toulouse, 1995
– ANDERSON R. C. et REEB D. M., « Founding-Family Ownership and Firm Performance : Evidence from the S&P 500 », *Journal of Finance*, 58, 2003, p. 1301-1329.
– BAUER M., *De l'Homo œconomicus au pater familias. Le patron d'entreprise entre le travail, la famille et le marché*, Jeux de famille, Paris, Presses du CNRS, 1991.
– BEN MAHMOUD-JOUINI Sihem, BLOCH Alain, MIGNON Sophie, « Capacités d'innovation des entreprises familiales pérennes. Proposition d'un cadre théorique et méthodologique », *Revue française de gestion* 1/2010 (n° 200), p. 111-126.
– BLOCH Alain, KACHANER Nicolas et MIGNON Sophie, *La stratégie du propriétaire*, Collection Village Mondial, Pearson France, 2012.
– BOURDIEU P., « Stratégies de reproduction et modes de domination », *Actes de la recherche en sciences sociales*, n° 105, décembre 1994, p. 3-12.

– BRELOT Claude-Isabelle et MAYAUD Jean-Luc, *l'industrie en sabots, la taillanderie de Nans-sous-Ste-Anne (Doubs), les conquêtes d'une ferme-atelier aux XIXe et XXe siècles,* éditions Jean-Luc Pauvert/Garnier, 1982.

– CHANDLER A. *Scale and Scope, The Dynamics of Industrial Capitalism*, Harvard University Press Cambridge MA. 1990.

– COASE Ronald, « La nature de la firme », (traduction en français de *« The nature of the firm »*, 1937), *Revue française d'économie*, 1987, Volume 2, Numéro 1, p. 133-163.

– DAUMALIN Xavier, DOMENICHINO Jean, GUILLON Jean-Marie, *Paul Ricard et le vrai pastis de Marseille*, Marseille, éditions Jeanne Laffitte, 2009.

– DAUMAS Jean-Claude, « Le capitalisme familial : logiques et trajectoires », *Actes de la journée d'études de Besançon du 17 janvier 2002*, Presses universitaires franc-comtoises.

– DAUMAS Jean-Claude, « Les dirigeants des entreprises familiales en France, 1970-2010. Recrutement, gouvernance, gestion et performances », *Vingtième Siècle. Revue d'histoire* 2/2012, n° 114, p. 33-51.

– DAVIET Jean-Pierre, « Mémoires de l'entreprise française du XIXe siècle » , *Revue d'histoire du XIXe siècle*, Ed. La société de 1848, 1er décembre 2001, p. 105-119.

– DAVIS J. A. et TAGIURI R., *Bivalent Attributes of the Family Firm*, Santa Barbara, CA, Owner Managed Business Institute, 1982.

– DOMENICHINO Jean, « De la cornue à la charrue : le nouveau visage des Distilleries Ricard », in EFFOSSE, Sabine, DE FERRIÈRE LE VAYER, Marc, et JOLY, Hervé (dir.), *Les entreprises de biens de consommation sous l'Occupation*, Tours, Presses Universitaires François-Rabelais de Tours, 2010.

– DYER W. G., « Potential contributions of organizational behavior to the study of family-owned businesses », *Family Business Review*, 7, 1994, p. 109-131.

– GRESLE F., *L'Univers de la boutique. Les petits patrons du Nord, 1920-1975*, Lille, Presses universitaires de Lille, 1981

– HALL A, MELIN L, NORDWVIST M, « Entrepreneurship as Radical Change in the Family Business : Exploring the Role of Cultural Patterns », *Family Business Review*, vol. 14, n° 3, 2001, p. 193-208.

– HOLLAND P. G. et BOULTON W. R., « Balancing the family and the business in a family business », *Business Horizons*, vol. 27, n° 2, 1984, p. 16-21.

– JACQUES-JOUVENOT Dominique, *Choix du successeur et transmission patrimoniale*, Paris, L'Harmattan, 1997.

– LANDES David S, « French Entrepreneurship and industrial Growth in the Nineteenth Century », *Journal of Economic History*, IX, mai 1949, p. 45-61.

– LAZONICK W., *Business Organization and the Myth of the Market Economy*, Cambridge MA.1991.

– LEVISON H., « Conflicts that plague family businesses », *Harvard Business Review*, vol. 49, n° 2, 1971, p. 90-98.

– LUMPKIN G. T., MARTIN W. et VAUGHN M., « Family Orientation : Individual-level Influences on Family Firms Outcomes », *Family Business Review*, vol. 21, n° 2, 2008, p. 127-138.

– MAYAUD Jean-Luc, *Les Secondes Républiques du Doubs,* Paris, Les Belles-Lettres, 1986.

- MENDELS Franklin, « Protoindustrialization, the first phase of the industrialization process », dans Journal *of Economic History*, mars 1972, pp. 241-261.
- MEYER, M.W. and ZUCKER, L., *Permanently Failing Organizations*. Newbury Park, CA: Sage Publications, 1989.
- MILLER D. et al, « Combler le vide institutionnel : le comportement social et les performances des entreprises familiales comparés à ceux des autres entreprises des marchés émergents dans le secteur des hautes technologies », *Mangement International*, vol. 14, n°1, 2009.
- NORDQVIST M., *Understanding the role of ownership in strategizing : A study of family firms*, Unpublished Ph.D. Dissertation, Jonkoping International Business School, 2005.
- PENOT Alexis, « Entreprises et entrepreneurs à travers l'histoire », *Entreprises et entrepreneurs à travers l'histoire,* 12 décembre 2011.
- PETITEAU Natalie, *L'horlogerie des* Bourgeois *conquérants. Histoire des établissements Bourgeois de Damprichard*, Besançon, Annales littéraires de l'Université de Besançon, 1994.
- SCHEIN E. H., « Organizational Socialization and the Profession of Management », *Industrial Management Review*, vol. 9, n° 2, 1968, p. 1-16.
- TAGIURI R. et DAVIS J. A., « Bivalent Attributes of the Family Firm », *Family Business Review*, vol. 9, n° 2, 1996, p. 199-208.
- WARD J. L., *Keeping the Family Business Healthy : How to Plan for Continuing Growth, Profitability and Family Leadership*, San Francisco, CA Jossey-Bass, 1987.

Littérature consacrée à l'histoire économique, industrielle et sociale

- ANDERBEGANI Nicolas, « Vichy décrète la prohibition : 23 août 1940, quand le pastis rit jaune », *Histoire(s) de la Dernière Guerre (1939-45, au jour le jour)*, novembre-décembre 2010, n°8, p. 18
- BARJOT Dominique, CARON François, « L'annuaire statistique de l'Économie française, XIXe -XXe siècle », *Histoire, économie et société Année 1990*, Volume 9, Numéro 4, p. 591-614.
- BEAUD Michel, « Économie, théorie, histoire : essai de clarification », *Revue économique*, volume 42, n°2, mars 1991. p. 167.
- BERSTEIN Serge, *La France des années 1930*, Paris, Armand Colin, 2011.
- BONINCHI Marc, *Vichy et l'ordre moral*, Paris, PUF, 2005.
- DANNEQUIN Fabrice, « L'influence de l'eugénisme galtonien dans la pensée de Joseph Alois SCHUMPETER », *Revue Interventions économiques*, n°46, 2012.
- DAUMAS Jean-Claude, *La mémoire de l'industrie : de l'usine au patrimoine*, Besançon, Presses universitaires de Franche-Comté, 2006.
- De CLOSETS, *La France et ses mensonges*, Paris, Denoël, 1977.
- DEBRÉ Robert et SAUVY Alfred, *Des Français pour la France*, Paris, Gallimard, 1946
- DELALANDE Nicolas, *Les Batailles de l'impôt*, Paris, éditions du Seuil, Collection l'univers historique, mars 2011.
- DENORD François, « Aux origines du néo-libéralisme en France. Louis ROUGIER et le Colloque WALTER Lippmann de 1938 », *Le Mouvement Social* 2/2001 (n° 195), p. 9-34

– GAILLARD Philippe, *Les cafés en Savoie (1815-1939),* Université de Savoie, 1989.
– GASNIER Marina, LAMARD Pierre, *Le patrimoine industriel comme vecteur de reconquête économique*, Lavauzelle, 2007.
– GASNIER Marina, LAMARD Pierre, « Friches industrielles et réappropriation territoriale », *Historiens et géographes*, n°405, 2009, p.177-182.
– JACKSON Julian, *La France sous l'occupation 1940-1944*, Paris, Flammarion, 2004.
– LAMBERT Jean, *Le patron : de l'avènement à la contestation*, Paris, Bloud et Gay, 1969.
– LEYRET Henri, *En plein faubourg. Notations d'un mastroquet sur les mœurs ouvrières*, Paris, Charpentier, 1895.
– MARGAIRAZ Michel, *L'État, les finances et l'économie. L'histoire d'une conversion 1932-1952*, vol. I, Paris, Comité pour l'histoire économique et financière de la France / IGPDE, 1991.
– MUCCHIELLI Laurent, « Criminologie, hygiénisme et eugénisme en France (1870-1914) : débats médicaux sur l'élimination des criminels réputés incorrigibles », *Revue d'histoire des sciences humaines,* 2000, 3, p. 57-89.
– PALMADE Guy P, *Capitalisme et capitalistes français au XIX*e *siècle*, Paris, A. Colin, 1961.
– PAXTON Robert, *La France de Vichy : 1940-1944*, Paris, éditions du Seuil, 1973.
– SAY Jean-Baptiste, *Traité d'économie politique*, Paris, Calmann-Levy, Collection Perspectives de l'économique - Les fondateurs, 1972.
– SCHNEIDER William H, « L'eugénisme en France, le tournant des années trente », *Sciences sociales et santé,* Volume 4, N° 3-4, 1986. Handicap et politique sociale, p. 81-114.
– SMITH Adam, *The wealth of nations, 1776* (traduction française de Germain Garnier), *La richesse des nations*, Tome 2, Paris, 1843.
– STOSKOPF Nicolas, *La petite industrie dans le Bas-Rhin 1810-1870*, Strasbourg, Éditions Oberlin, 1987.
– TAGUIEFF Pierre-André, « Eugénisme ou décadence ? L'exception française », *Ethnologie française,* nouvelle série, T. 24, No. 1, Penser l'hérédité, janvier-mars 1994, p. 81-103.
– VIGNA Xavier, *L'espoir et l'effroi. Luttes d'écritures et luttes de classes en France au XX*e *siècle*, La Découverte, 2016.
– VON BUELTZINGSLOEWEN Isabelle, « La guerre, l'Occupation et le régime de Vichy : de nouvelles perspectives pour le travail social », *Vie sociale* 3/2008, n° 3, p. 19-28.
– WARTELLE J.-C., « La Société d'Anthropologie de Paris de 1859 à 1920 », *Revue d'histoire des sciences humaines,* n° 10, 2004, p. 125-171.

Littérature consacrée au marketing (histoire et concepts)

– BAKER Michel, *Marketing : Theory and Practice*, New York, Mac MILLAN, Paris, Dunod, 1996.
– CHESSEL M.E, *La Publicité. Naissance d'une profession 1900-1940*, Paris, édition CNRS, 1998.

– DRUCKER Peter Ferdinand, *Managing in turbulent times*, New York, Harper and Row, 1980.
– FILLIATREAULT Pierre, *Comment faire un plan de marketing stratégique*, Montréal, éditions Transcontinental Inc, 1997.
– FULLERTON R.A, « How Modern is Modern Marketing ? Marketing's Evolution and the Myth of Production Era », *Journal of Marketing*, 52, 1998, p. 108-125.
– GERVEREAU Laurent, *Voir, comprendre, analyser les images*, Paris, La Découverte, 1994.
– HOWARD Sarah, *Les images de l'alcool en France, 1915-1942*, CNRS éditions, 2006.
– KOTLER, DI MAULO, ARMSTRONG, CUNNINGHAN, WARREN, *Le marketing : de la théorie à la pratique, 2e édition*, Montréal, Gaétan Morin, 1998.
– LAMBIN, J.J., *Le marketing stratégique : fondements, méthodes et applications*, Paris, McGraw-Hill, 1986.
– LENDREVIE Jacques et LINDON Denis, *Théorie et pratique du marketing*, Paris, Dalloz, 2000.
– LINDON Denis, *Marketing politique*, Paris, Dalloz, 1986.
– MAILLET Thierry, *Le marketing et son histoire ou le mythe de Sisyphe réinventé*, Paris, Poket, 2010.
– MARTIN Marc, *Trois siècles de publicité en France*, Paris, Odile Jacob, 1992.
– OLIVIER Alain et De MARICOURT Renaud, *Pratique du marketing en Afrique*, Paris, Edicef, 1990.
– RICHARD Ernest, « Historique du marketing », *L'Actualité économique*, vol. 41, n° 3, 1965, p. 461-464.
– SEDILLOT René, *Histoire des marchands et des marches*, Paris, Fayard, 1964.
– TSIKOUNAS Myriam, « La publicité, une histoire, des pratiques », *Sociétés & Représentations*, n° 30, déc. 2010, p. 197-209.
– VOLLE Pierre, *Marketing : comprendre l'origine historique*, Paris, Eyrolles, 2011.
– WARD Richard Ernest, « Historique du marketing », *L'Actualité économique*, vol. 41, n° 3, 1965, p. 461-464.

Littérature consacrée à l'économie rurale

– BAUX Etienne, *Agriculture et vie rurale en Quercy Au XIXe siècle : 1789-1914*, Conseil général du Lot (Editeur), Archives du Lot, 1982.
– BERTRAND Claude et Georges, *Une géographie traversière: l'environnement à travers territoires et temporalités*, Paris, éditions ARGUMENTS, 2002.
– BËTSCH Gilles et CORTOT Hervé, *Plantes qui nourrissent, plantes qui guérissent dans l'espace alpin*, Gap, Librairie des Hautes Alpes, 2004.
– BLANC Michel, « La ruralité : diversité des approches », *Economie rurale*, n°242, 1997, p. 5-12.
– DELCOUR Denise, *Savoir Populaire alpins. Soigner le coup de froid dans le Briançonnais*, Gap, Librarie des Hautes-Alpes, 2004.
– FORT F. et COUDERC J.-P., « Le terroir : un avantage concurrentiel à l'exportation », *Revue d'économie rurale*, n° 264-265, juillet-octobre 2001.

- JEAN Bruno, *Territoires d'Avenir : Pour une Sociologie de la Ruralité,* Sainte-Foy, Presses de l'université du Québec, 1997, p. 42.
- KAYSER Bernard, *Les sciences sociales face au monde rural*, Toulouse, Presses universitaires du Mirail, 1989, p. 13.
- LAURENS Lucette, « Le patrimoine alimentaire comme bien commun », *Anthropologie et sociétés*, 33(2), 2009, pages 89-107.
- LEVY J. et LUSSAULT M, *Dictionnaire de la Géographie et de l'espace des sociétés*, Belin, 2003, p. 1032.
- MALTE-BRUN Conrad, *Traité élémentaire de géographie*, Bruxelles, Berthot, Ode et Wodon, H. Remy, et H. TARLIER, 1830.
- MOLLARD Amédée et PECQUEUR Bernard, « De l'hypothèse au modèle du panier de biens et de services. Histoire succincte d'une recherche », *Économie rurale*, n°300, 2007, p. 110-114.
- PECQUEUR Bernard, « Qualité et développement territorial : l'hypothèse du panier de biens et de services territorialisés », *Économie rurale*, n°261, 2001, p. 37-49.
- POLGE Marion, « Petite entreprise et stratégie de terroir », *Revue française de gestion* 3/2003, n° 144, p. 181-193.
- RASTOIN J.L, « Le groupe stratégique des entreprises de terroir », *Conférence, universidade do Algarve-Faro*, 11 novembre 1997.
- RIEUTORT Laurent, « Du rural aux nouvelles ruralités », *Revue internationale d'éducation de Sèvres*, 2012, n°59, p. 43-52.
- SYLVANDER, Bertil. La qualité : du consommateur final au producteur. *Etudes et Recherches sur les Systèmes Agraires et le Développement*, 1994, p. 27-49.
- TOPALOV Anne-Marie, *La vie des Paysans Bas-Alpins à travers leur cuisine. De 1890 à nos jours*, Aix-en-Provence, Édisud, 1998.

Littérature consacrée à l'histoire locale

- DUMONT Jean-Marie, « Fougerolles, terre de surséance », *Bulletin de la Société d'agriculture, lettres, sciences et arts de la Haute-Saône*, Vesoul, n° 17, 1984, p. 19-33.
- GRANDJEAN Pierre, *La région de Fougerolles, le milieu rural : Etude économique et sociale*, Mémoire agrégation,1972.
- GRANDJEAN Pierre, *Un amour de Terroir*, Association Environnement, Nature, Patrimoine de Fougerolles, 1994.
- LECREUX Auguste (abbé), *Chroniques de Fougerolles*, mars 1912.
- MICHEL Guy Jean, « L'établissement des lignes de chemin de fer en Haute-Saône », *Bulletin SALSA n° 11*, Vesoul 1977.
- PEYRE Olivier, ANTOINE Jacques, SIMON Bernard, *De l'orgueil à l'amertume : une histoire de la filature de Fougerolles-le-Château*, Filature édition, 2005.
- PIRAULT DES CHAUMES, Jean-Baptiste-Vincent, *Voyage à Plombières en 1822*, Paris, Guillaume, 1823.
- PIVATY Jean Jacques, *Distillation et Distilleries,* édition Jean Jacques PIVATY, 2011.
- RODIER Paul, *Les verreries des hautes forêts de Darney*, Épinal, Imprimerie et lithographie Henry FRICOTEL, 1909

– VALENTIN Michel, SIMON Bernard, TAICLET Françoise, *Histoire de la Seigneurie de Fougerolles*, Franche-Comté édition, 2004.
– VION-DELPHIN François, *Le kirsch de Fougerolles : un terroir, une tradition, une renommée*, Univers, 1986.
– VOISENAT Claudie, *Pratiques et représentations symboliques de la distillation dans deux régions de l'est de la France*, Mémoire de DEA, 1987.

Ouvrages littéraires

– DABIT Eugène, *L'Hôtel du Nord*, Paris, Denoël, 1963.
– DRIEU LA ROCHELLE Pierre, *Chronique politique*, 1934-1942, Gallimard, 1943.
DRIEU LA ROCHELLE Pierre, *Le Feu Follet,* Gallimard, 1931.
DRIEU LA ROCHELLE Pierre, *Mesure de la France,* Grasset, 1964.
DRIEU LA ROCHELLE Pierre, *Notes pour comprendre le siècle,* Gallimard, 1941.
– ERCKMANN-CHATRIAN, *Le banni*, roman patriotique, Paris, J. Hetzel, 1882.
– GIRARD Sylvie, de MEURVILLE Elysabeth, *L'atlas de la France gourmande*, Paris, 1990.
– LABREURE David, *Louis Ferdinand Céline : une pensée médicale*, Université Paris 1 Panthéon Sorbonne - DEA Histoire et philosophie des sciences, 2005.
– L.F CÉLINE, « L'année Céline 1990 », *Revue d'actualité célinienne.*
– L.F CÉLINE, « Note sur l'organisation des usines Ford à Détroit » (1925), *Cahiers Céline 3*, Paris, Gallimard, 1977.
– L.F CÉLINE, *Bagatelles pour un massacre*, Paris, Denoël, 1937.
L.F CÉLINE, « Entretien radiophonique avec Louis PAUWELS » (1960), *in Anthologie Céline 1894-1961,* sous la direction de Paul Chambrillon, Éditions Frémeaux & Associés, France, 2000.
L.F CÉLINE, *L'école des cadavres,* Paris, Nouvelles Éditions Françaises, 1941.
L.F CÉLINE, *Les beaux draps, Paris,* Denoël, 1941.
L.F CÉLINE, *Voyage au bout de la nuit*, Paris, folio Gallimard, 1932.
– SIMON Pierre-Henri, *Procès du héros*, Paris, Payot, 1967.

Autres Ouvrages

– LARCHEY Etienne Lorédan, *Dictionnaire historique d'argot*, Paris, E. Dentu, 1881.
– LITTRE Émile, *Dictionnaire de la langue française*, Paris, Hachette, 1873-1874.
– Société d'Agriculture, Lettres, Sciences et Arts de la Haute-Saône, *Nouveau dictionnaire des communes*, Tome III, 1971.
– RIVOIRE de la BATIE, *Armorial du Dauphiné*, Lyon, Librairie ancienne d'Auguste Brun, 1867.
– ROBUCHON Joël (Sous la direction de), *Larousse Gastronomique*, Paris, Larousse, 2000.
– STANZIANI Alessandro, *Histoire de la qualité alimentaire*, Paris, éditions du Seuil, Collection Liber, janvier 2005.

Table des matières

Deuxième partie

Fougerolles, un territoire tourné vers une dynamique économique autour de la distillation

Troisième partie

Stratégies de croissance et dynamique commerciale des firmes familiales

Conclusion générale

Publications d'Abdelhak El Mostain

El Mostain A. (2023).
« Imaginer le futur à partir du passé ».
In : Forest, J. & Bocquet, B. (dir.), *Imaginer le futur à partir du passé.*
Bruxelles : Peter Lang, p. 131-159

El Mostain A. (2022).
« Et l'alambic créa l'eau-de-vie. Retour sur l'histoire technique de l'alambic ».
e-Phaïstos. Revue d'histoire des techniques, X-1.

El Mostain A., Berriet-Solliec, M., Lapostolle, D., Lépicier, D., & Mangin, G. (2022).
« Rethinking Rural Development at the Village Level : "The Villages of the Future" in France (Bourgogne Franche-Comté Region) ».
World, 3(1), 69-85.

El Mostain A. (2021).
« Une société biterroise aux racines haut-saônoises : la société familiale Abel Bresson, du négoce à la firme industrielle (1839-1940) ».
Annales du Midi. Revue de la France méridionale,
vol. 133, n° 313-314, p. 129-148.

El Mostain A. (2020).
« La belle époque de l'absinthe à Fougerolles (Haute-Saône) ».
e-Phaïstos. Revue d'histoire des techniques, X-1.

El Mostain A. (2018).
« Distiller les cerises à Fougerolles aux XVIIIe et XIXe siècles : une petite histoire du kirsch ».
e-Phaïstos. Revue d'histoire des techniques, VI-1.

Structures éditoriales du groupe L'Harmattan

L'Harmattan Italie
Via degli Artisti, 15
10124 Torino
harmattan.italia@gmail.com

L'Harmattan Hongrie
Kossuth l. u. 14-16.
1053 Budapest
harmattan@harmattan.hu

L'Harmattan Sénégal
10 VDN SICAP AMITIE 3
BP 45034 Dakar-Fann
direction@senharmattan.com

L'Harmattan Cameroun
Tsinga/Derrière polyclinique FECAFOOT
BP 11486 Yaoundé
Jacques.koukam@harmattan.fr

L'Harmattan Burkina Faso
Villa 281, secteur 23 623, rue 14.32
Ouagadougou
zagbie@outlook.fr

L'Harmattan Guinée
Almamya, rue KA 028 OKB Agency
BP 3470 Conakry
harmattanguinee@yahoo.fr

L'Harmattan RDC
185, avenue Nyangwe
Commune de Lingwala – Kinshasa
matangilamusadila@yahoo.fr

L'Harmattan Congo
219, avenue Nelson Mandela
BP 2874 Brazzaville
deunovmikhael@gmail.com

L'Harmattan Mali
Immeuble Mgr Jean Marie Cissé
Aci Hamadallaye
BP 145 Bamako
syllaka@yahoo.fr

L'Harmattan Togo
Djidjole – Maison Amela
face EPP BATOME
02 BP 20680 Lomé
didieramela11@gmail.com

L'Harmattan Côte d'Ivoire
Résidence Karl – Cité des Arts
Abidjan-Cocody
03 BP 1588 Abidjan
harmattan.ivoire@gmail.com

L'Harmattan Bénin
Rue 604, (Immeuble à l'entrée
de la rue UCAO- Cite de Saint-Jean)
Cotonou
stepcorpus@gmail.com

Nos librairies en France

Librairie internationale
16, rue des Écoles
75005 Paris
librairie.internationale@harmattan.fr
01 40 46 79 11
www.librairieharmattan.com

Librairie des savoirs
21, rue des Écoles
75005 Paris
librairie.sh@harmattan.fr
01 46 34 13 71
www.librairieharmattansh.com

www.ingramcontent.com/pod-product-compliance
Lightning Source LLC
LaVergne TN
LVHW080926071026
849535LV00013B/4113
9782336544328